上海国家会计学院
智能财务研究院系列丛书

从0到N
财务数字化
实战精粹

金源 刘勤 等/著

中国财经出版传媒集团
中国财政经济出版社

图书在版编目（CIP）数据

从 0 到 N：财务数字化实战精粹 / 金源等著. ——北京：中国财政经济出版社，2023.2（2023.10 重印）

（上海国家会计学院智能财务研究院系列丛书）

ISBN 978 - 7 - 5223 - 1854 - 7

Ⅰ.①从… Ⅱ.①金… Ⅲ.①数字技术 - 应用 - 财务管理 Ⅳ.①F275

中国国家版本馆 CIP 数据核字（2023）第 003079 号

责任编辑：温彦君	责任校对：张 凡
封面设计：陈 倩	责任印制：党 辉

从 0 到 N：财务数字化实战精粹
CONG 0 DAO N：
CAIWU SHUZIHUA SHIZHAN JINGCUI

中国财政经济出版社 出版

URL：http://www.cfeph.cn

E - mail：cfeph@cfeph.cn

（版权所有 翻印必究）

社址：北京市海淀区阜成路甲 28 号 邮政编码：100142

营销中心电话：010 - 88191522

天猫网店：中国财政经济出版社旗舰店

网址：https://zgczjjcbs.tmall.com

北京富生印刷厂印刷 各地新华书店经销

成品尺寸：185mm×260mm 16 开 21 印张 430 000 字

2023 年 2 月第 1 版 2023 年 10 月北京第 3 次印刷

定价：80.00 元

ISBN 978 - 7 - 5223 - 1854 - 7

（图书出现印装问题，本社负责调换，电话：010 - 88190548）

本社质量投诉电话：010 - 88190744

打击盗版举报热线：010 - 88191661 QQ：2242791300

基金项目：中国会计学会重点科研课题
"智能财务视阈下业财融合研究：体系架构、实现路径与应用趋势"（2021KJA05）
上海市会计学会重点课题
"智能技术驱动下的企业财务数字化转型研究"（SHKJ2020ZD02）
上海国家会计学院智能财务研究院系列丛书

编委会成员

金源　刘勤

陶怡华　魏振　徐燕

李成智　刘丽丽　庄璐怡

致 谢

感谢以下为本书案例撰写提供帮助的企业（按拼音顺序排序）：

北京动力源科技股份有限公司

合思

汇付天下有限公司

金蝶集团

科大讯飞股份有限公司

三井住友海上火灾保险（中国）有限公司

上海爱信诺航天信息有限公司

上海交通大学医学院附属仁济医院

上海医药集团股份有限公司

上海艺赛旗软件股份有限公司

申能集团商务服务有限公司

新奥集团股份有限公司

云简业财·简约费控

感谢各位专家、同仁在本书撰写过程中提供的指导和帮助，感谢中国财政经济出版社对本书出版给予的全力支持！

序言（一）

伴随着新一代信息技术在各行各业中的快速渗透，数字化已演变成为当今社会经济发展的时代潮流。面对疫情带来的诸多不确定性，数字化更是显示出其巨大的优势和韧性，成为当前推动整个社会发展的新兴力量。在我国经济转型升级和全球化进程不断加快的大环境下，企业之间的竞争不断加剧，成千上万的企业都在寻找新的变革动力来提升自身的核心竞争力。显然，这轮财务数字化发展浪潮是帮助企业实现跨越式发展的极好机会。

传统的基于手工和半自动化的财务管理模式已不能适应越来越复杂的业务发展需要，随着企业对财务、业务数据的要求越来越高，新的理论和概念层出不穷，新的技术和工具持续发展，财务数字化转型已是大势所趋，并成为中国大多数企业的共识。一些头部机构开始向财务数字化方向发力，不断改革创新以紧跟时代步伐，上海国家会计学院智能财务研究院的系列丛书正是顺应这一发展趋势，与理论界和实务界同仁努力探索的成果。

几年来，我们共同见证了财务数字化发展的巨大成就。在互联网时代下，财务数字化风起云涌，不断演进，从数字技术到云计算，从移动互联到人工智能，其中的发展成果无不反映了企业对于财务数字化的要求和期望。这不仅为我国企业财务工作带来了巨大便利，也推动着我国会计行业向现代化迈进。作为中国会计信息化事业的一线工作者，我们深感推广财务数字化之路的责任重大和使命光荣。这次我很荣幸地接受金源先生的邀请，共同参与本书的撰写工作，希望能为本书的实践应用注入一些理论支持，对企业在数字化转型中可能遇到的痛点和难点问题进行分类探讨，同时为读者提供一些可参考的建议。我由衷希望这本书能对财务数字化的推广发展和躬行实践有所裨益。

一代人有一代人的长征路，财务数字化或许就是我们这一代企业和财务人的新征程。目前，我国的财务数字化工作仍处于起步阶段，在这漫长而又充满挑战的征途上，我认为应遵循以下策略：

第一，企业应明确自身的角色定位和发展方向。任何的改革和转型都会面临重重阻碍，财务数字化之路是一项系统性工程，需要企业领导者有持续的魄力和耐力。就变革的本质而言，数字化必须服务于企业的发展战略，为了数字化而数字化无异于削足适履、舍本逐末。企业必须直面数字化转型带来的阵痛，时刻保持清醒的头脑，敢于正视自身问题，立足自身调整优化。本书在具体应用场景中考虑到了不同行业、不同规模企业的实际情况，希望能够对读者有所帮助。

第二，财务数字化也需删繁就简，突出重点。尽管本书尽可能全面地呈现了财务数字化的应用方法和实战场景，但企业有必要按照自身战略布局，把有限资源运用到最需数字化之处。人人都说全面数字化前景广阔，然而乱花渐欲迷人眼，这是一个长期发展规划而非短期目标，真正落地到实际业务中很难一蹴而就、一应俱全，不得已会有所取舍。企业在实施财务数字化时一定要抓住关键节点才能事半功倍。希望本书能帮助企业做一个战略布局上的系统性思考，让企业能够聚焦主赛道和优势业务，制定适合自身发展的财务数字化规划，培养和提升财务数字化转型能力，解决现阶段发展中面临的瓶颈问题，通过数字化赋能主业。

第三，纸上得来终觉浅，在财务数字化各种场景解读的基础上，本书汇集了国内一批成功的财务数字化案例，这些案例对处于不同发展阶段的企业而言具有较强的参考价值和借鉴意义。道阻且长，而行则将至，希望每一位致力于实现财务数字化转型的同路人都能遂心如意。这也是我撰写此书的初心。

最后，感谢各位专家在本书完成过程中提供的指导与帮助，并期待读者一如既往地鼎力相助。

刘　勤

序言（二）

数字化时代是充满机遇和突破的最好时代。

——题记

当下，企业数字化转型正在重塑商业世界，数字时代应运而生。在这种浪潮的冲击下，财务工作发生了翻天覆地的变化，财务的外延不断延伸，拓展出一番更为广阔的天地，我深感如今的数字化时代正是充满机遇和突破的最好时代。

数字化加速了行业洗牌，也促使人们不断突破，寻找转型升级的新引擎。例如，业财融合的理念由来已久，但随着企业管理的精细化、智慧化发展，如今的业财融合早已不再局限于业务和财务的打通，而是流程、数据乃至系统的全方位融合。在这个大智移云物链的时代里，传统的财务管理正不断与新技术接轨、与新思路结合，向财务数字化转型既是大势所趋，也是机遇所在。如何制定财务数字化的目标成为众多企业转型之路上的第一节必修课，我认为需要遵循以下原则：

一是应与公司的长远战略目标相一致，必须将财务数字化放在公司经营发展的大局中去思考。财务数字化既要和企业的核心业务流程深度融合，又要协同联动管理职能，为企业的战略目标实现提供数据支持服务，增强企业综合能力。

二是要以数字化技术为手段。财务人员要善用数字化工具、流程、平台等新型的科学技术，开发各种先进的财务管理系统，构建起全面统一的财务管理体系，驱动并实现企业的业务转型和运营优化，将企业各个部门的工作有机地融入到整个组织体系中去，形成一个高效运转的整体，提高工作效率和管理效率。

三是财务数字化的落脚点需要实现企业价值的最大化，在大智移云物链的背景下，要充分利用好财务数字化资源，让"数字资产"成为企业内部生产要素中优化配置的关键一环，赋能企业运营。

四是要坚持以人为本，达到人尽其才，才尽其用的目的。财务数字化建设离不开人才的培养与引进，企业需要打造一支素质过硬的财务团队，充分发挥他们的智慧优势和成长潜能，为企业发展注入不竭动力。

然而知之非艰，行之惟艰。近年来，大家都在逐渐了解数字化的意义，也都迫在眉睫地启动转型，很多企业付出了艰辛的努力，也投入了大量的资源，但是真正能够落地达成预期的不多，对于数字化的理解、规划、路径以及步骤等也都还在摸索过程中。在实战中，我们通过调查问卷发现，大家面对数字化转型的困惑和焦虑主要聚焦在变革方法论、组织转型、变革路线规划等方面，如：

（1）数字化系统搭建好就等于数字化转型吗？

（2）引入数字化技术，意味着对传统工作方式的变革，如何在组织内部建立数字化的文化和数字化的思维？

（3）目前，企业普遍面临数字化组织运维的挑战，应如何建立承载数字化人才的组织体系？

（4）如何找寻适合企业自身情况的数字化转型落地路径和实施步骤？

解决这些问题是实现财务数字化转型的必由之路，也是本书在撰写过程中重点着墨的部分。在本书中，源于我们近年来的发现和思考，糅合了众多成功企业的数字化实践和探索，归纳总结出了财务数字化转型的实现路径，从财务系统数字化、管理链路交互化以及决策支持数智化三个方向和九个实操场景入手，并辅以九个不同类型典型企业的实践案例，展现了财务数字化在实战中的运用场景和实施方法，期待读者能从这本书里获得更多实战方面的经验和技巧，引发更高层次的思考，也希冀更多的企业能够从数字化转型中受益。

本书书名中的"从 0 到 N"蕴含着我们对本书的期许。我想，"从 0 到 1"是数字化的起笔和始创。常言道：万事开头难，无论是概念转变还是技术应用，财务数字化从无到有的历程都尤为艰辛，需要更多的创新和勇气。而"从 1 到 N"则是模仿和超越、不断改进优化趋于完美的过程。财务数字化在不同公司、不同场景的运用中既有相近的模板和路线，也要考虑行业背景、公司规模等现实情况并不断地加以调整和修正，因而离不开读者的自我再创造。希望随着阅读的深入，读者心中的疑虑和困惑能被慢慢解开，找到适合自己的转型路径。一旦跳出困境，拨开眼前迷雾，我们便能成为颠覆力量，真正实现"从 0 到 N"的跃迁。

我非常荣幸地邀请到上海国家会计学院刘勤教授一同参与本书的编写，希望将前沿理论融入我们的实践过程，帮助企业实现从数字化理论到实践的全面升级。同时，也在此衷心感谢在成书过程中给予我们支持和帮助的团队、同仁，以及在实践案例中给予鼎力支持的各家企业。

滚滚长江东逝水，浪花淘尽英雄。未来的世界是数字的世界，在这个快速迭代的数字时代，我们财务人是否也有机会争当一回弄潮儿，勇立潮头、奋楫争先呢？我希望能把我对这个时代的见解和实践经验付诸笔端，也衷心希望更多的人能够参与到财务数字化转型的事业中来，为行业的发展贡献更多的智慧和力量。

金　源

目 录

第一部分 理论引领：探究数字化转型的内涵与路径

第1章 参透财务数字化内涵 （3）
1.1 从信息化到数字化的大跨步 （3）
1.2 财务与数字化的化学反应 （6）

第2章 明晰财务数字化转型路径 （11）
2.1 规划"一二三四"的转型蓝图 （11）
2.2 聚焦转型的核心实现路径 （14）
2.3 沉淀转型的实施步骤 （17）

第二部分 多管齐下：从点到面实现财务系统的数字化

第3章 费控管理数字化 （27）
3.1 费控管理概述 （27）
3.2 数字化费控管理体系建设 （30）
3.3 费控系统建设经验总结与常见问题 （44）
3.4 费控管理系统应用案例 （46）

第4章 财务数字化中的移动支付 （55）
4.1 移动支付的"前世今生" （55）
4.2 移动支付在财务中的应用 （59）
4.3 移动支付实施方法与常见问题 （64）
4.4 移动支付应用案例 （67）

第5章 资金管理数字化 ……………………………………………………（77）
5.1 数字时代的资金管理 ……………………………………………（77）
5.2 资金管理系统建设 ………………………………………………（81）
5.3 从资金管理到智慧司库 …………………………………………（94）
5.4 资金管理数字化应用案例 ………………………………………（97）

第6章 税务管理数字化 …………………………………………………（103）
6.1 税务管理发展变迁 ………………………………………………（103）
6.2 数字化税务管理系统建设 ………………………………………（110）
6.3 迎接"以数管税"时代 …………………………………………（117）
6.4 税务管理数字化应用案例 ………………………………………（122）

第7章 会计档案电子化 …………………………………………………（130）
7.1 重新认识会计档案 ………………………………………………（130）
7.2 电子会计档案系统实施路径 ……………………………………（134）
7.3 电子会计档案系统建设总结与展望 ……………………………（144）
7.4 电子会计档案系统应用案例 ……………………………………（149）

第三部分 打通链路：消除财务管理中的信息孤岛

第8章 构建财务工作流平台 ……………………………………………（159）
8.1 基于云计算的低代码工作流平台 ………………………………（159）
8.2 财务工作流平台应用实践 ………………………………………（169）
8.3 财务工作流平台的建设 …………………………………………（171）
8.4 财务工作流平台部署经验总结与常见问题 ……………………（179）
8.5 财务工作流平台应用案例 ………………………………………（183）

第9章 玩转流程自动化技术 ……………………………………………（190）
9.1 RPA 与 IPA ………………………………………………………（190）
9.2 RPA "数字大厦"的建造——从 0 到 1 直到 +∞ ……………（200）
9.3 财务 RPA 实战经验总结与常见问题 …………………………（211）
9.4 RPA 应用案例 ……………………………………………………（214）

第 10 章　打造财务数据中台 ……………………………………………………（221）
　10.1　数据中台建设的必要性 …………………………………………………（221）
　10.2　财务数据治理 ……………………………………………………………（225）
　10.3　财务数据中台建设 ………………………………………………………（242）
　10.4　数据中台建设经验总结与常见问题 ……………………………………（247）
　10.5　财务数据中台应用案例 …………………………………………………（249）

第四部分　全面赋能：实现财务决策支持的数智化

第 11 章　数据分析与决策支持 …………………………………………………（259）
　11.1　数据驱动下的决策支持 …………………………………………………（259）
　11.2　常用数据分析工具 ………………………………………………………（266）
　11.3　数据分析进阶——从统计学到机器学习 ………………………………（273）
　11.4　数据分析与决策支持相关问题解答 ……………………………………（283）
　11.5　数据分析与决策支持应用案例 …………………………………………（285）

第五部分　总结展望：推动财务数字化的持续变革

第 12 章　财务数字化建设总结与展望 …………………………………………（295）
　12.1　财务数字化建设总结 ……………………………………………………（295）
　12.2　财务数字化建设中的信息安全 …………………………………………（301）
　12.3　财务数字化的"明天"和"后天" ………………………………………（310）

参考文献 …………………………………………………………………………（318）

第一部分

理论引领：探究数字化转型的内涵与路径

本部分主要对财务数字化转型理论基础及实施路径进行总体介绍。在明确财务数字化的内涵与转型意义的基础上，介绍了长期实战过程中摸索出的财务数字化转型蓝图和转型路径，最后给出了切实可行的实施步骤。本部分包含的章节如下：

第1章　参透财务数字化内涵

第2章　明晰财务数字化转型路径

第1章 参透财务数字化内涵

近年来,社会最不缺的就是技术相关的时髦词儿,之前常被挂在嘴边的信息化和人工智能、大数据、云计算等技术名词,最近又被悄无声息地替换为数字化转型、智能化升级,这些新名词的出现对于财务从业者来说既是在营销希望,也是在贩卖焦虑。因为一方面技术正在深刻重塑财务行业,催生了新的岗位和机会;另一方面,技术的迅速迭代又会给财务从业者一种"上顿饭还没消化,下顿饭又摆上桌了"的焦虑感。

财务人员要想"拥抱"这些新兴概念,第一步是要准确理解其内涵。本书在介绍财务数字化转型理念和后续技术场景时,都会先用财务人员最易懂的方式讲清相关概念(What),再讲明这种理念与技术的应用为何对财务有重要意义(Why),进而再从实战视角阐述如何把理念最终落地(How)。下面,让我们一起来了解数字化内涵,体会信息化到数字化的大跨步,感受财务与数字化的化学反应,迈出转型第一步。

1.1 从信息化到数字化的大跨步

在"技术时髦词"当中,"信息化"与"数字化"总是被相提并论,一些企业在谈及实践转型时也习惯将二者混为一谈。这种"混淆"本质上是由于信息化和数字化之间既有交叉、歧义的部分,也有递进、演化的逻辑。所以要讲明白数字化转型,就要先讲清从信息化到数字化这个逻辑。

从流程角度来看,信息化是指企业将自身的业务经营活动,人、财、物的管理过程等,通过各类信息系统"从线下搬到线上",以减少人工处理、方便企业的运营和决策,其并不改变公司现有的商业流程。例如,利用会计信息系统进行总分类账、明细账、日记账的账簿处理,可以提高数据处理的时效性和准确性、减轻会计人员的工作强度,但并没有改变传统会计核算流程。

而数字化则截然不同,它是基于移动互联网、大数据和人工智能等新一代信息技术,对商业流程或作业方式进行赋能、改造和重塑,从而实现从最终用户到中后台的全流程自动化和体验升级,进而产生全新的商业模型。与信息化的"线下流程线上化"相比,数字化最大的不同在于其是一个业务流程重塑和再造的过程。

从数据运营维度来看,信息化时代建立起的都是相对独立的信息系统,其特点是"一类业务、一个信息系统、一个数据库",这样带来的直接问题就是"数据孤岛"。数字化转型在此基础上往前跨了一大步,可以实现公司的业务系统、财务系统、运营系统等公司内系统间的打通,以及对外部客户的互联,通过"架桥"连通系统间的"数据孤岛"。在此基础上再依托新技术,赋予系统状态感知、实时分析、科学决策和精准执行的能力。

总体来说,信息化是数字化的基础,是企业转型的初级阶段,是立足于信息化手段来提升内部管理效率;数字化则是企业转型的进化阶段,它在新技术的加持下进行企业运营的全面优化和商业模式的重构。表1-1呈现了信息化与数字化的具体差别。

表1-1　　　　　　　　　　信息化与数字化

阶段 对比维度	信息化	数字化
时代背景	互联网兴起 ERP 流行	大智移云物区
应用范围	单个系统	全域集成
数据分析	数据统计型	算法模型
组织结构	维持型发展	变革型发展
数据价值	数据只是数据	数据沉淀为资产
业务数据	业务生成数据	数据赋能业务
核心价值	提升管理效率	重构商业模式
驱动模式	流程驱动	数据驱动
管理要素	组织+流程+系统	场景+数据+算法

在数字化时代,一切都将被重新定义,生产力不再是机械动力,而是云、区块链、5G、AI等新技术;生产资料不再是土地和能源,取而代之的将是数据。如图1-1所示,生产关系将促使产业链上下游的组织管理方式和价值的重构。

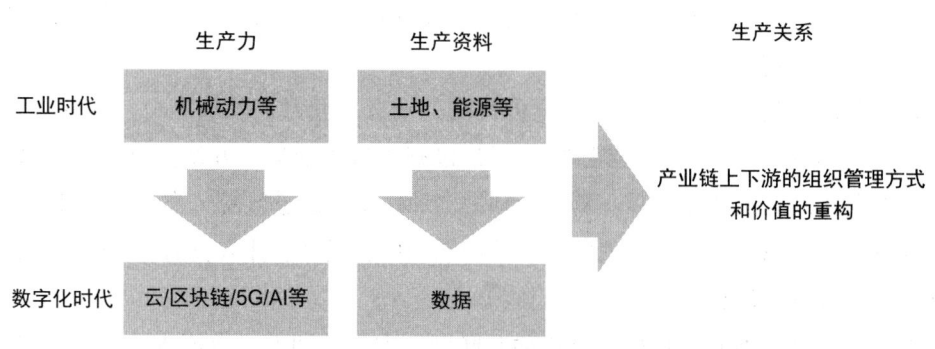

图1-1　数字化时代生产关系变革

第一部分 理论引领：探究数字化转型的内涵与路径

基于以上表述，数字化内涵可以进一步凝练为如图1-2所示的"三位一体"模式。

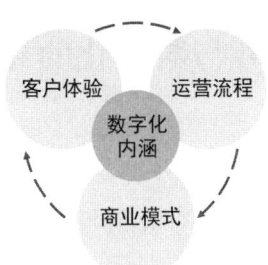

图1-2 数字化的内涵

- 客户体验：数字化转型使客户得以享受到简洁流畅的美好体验，实现全程在线连接，无人工介入的断点，实时无等待。
- 运营流程：数字化建设可以在全流程实现相关人员即时连接和知识共享，通过数字技术驱动实现商业决策智能化。
- 商业模式：数字化转型将带来新的产品和服务，进而催生全新的组织模式、授权机制和资源配置，推动企业跨界，工业时代定义的商业边界将被彻底颠覆。

麦肯锡在全球范围调研了800多家传统企业，结果显示，尽管已有70%的企业启动了数字化，但是其中71%的企业仍然停留在试点阶段，而这其中又有85%的企业在试点阶段停留时间已达一年以上。在推进数字化转型的实践过程中，不少企业管理者会有疑惑，为什么上了数字化系统，也做了可视化财务报表，但是依然没有达到预期的数字化转型效果呢？

一方面，须知冰冻三尺非一日之寒，企业在转型过程中不可急功近利，变革领导者需意识到表面上技术应用和系统搭建只是数字化的器用，如何让自身复杂的业务场景与数字技术深度融合，如何构建变革领导力，改变企业的组织、流程和广大员工形成已久的工作习惯，才是数字化转型制胜的核心与关键，这是一场破而后立的攻坚战。

另一方面，不谋万世者，不足谋一时；不谋全局者，不足谋一隅。数字化转型并非简单地引入某种技术或者工具，而是需要从业务、组织、人才层面共同推进，帮助数字化转型落地。要认识到数字化转型是复杂的系统工程，需要有明确的目标、核心点、清晰有效的路径，再结合技术工具将每个环节按照规划路径来逐步建设，仅仅解决一个环节的内容是绝对不够的。只要新技术的发展不止步，数字化转型就是一个持续进步、持续为企业创造价值的过程，只有开始，没有结束，所以这也是一场需要长期深耕的持久战。

贯彻"空谈误国，实干兴邦"的理念，本书会从实战的视角谈财务数字化转型，以期为读者呈现转型过程中涉及的各个环节：顶层设计、蓝图规划、项目实施、信息系统建设和持续运营等，期待能给读者带来启发和帮助。

1.2 财务与数字化的化学反应

1.2.1 财务新定位：认识变革的机遇与挑战

随着商业的逻辑与本质不断变化，财务管理也一直在经历定位上的推陈出新，大致经历了以下三个阶段：

后视镜财务——总结历史

仪表盘财务——反映当下

导航仪财务——驱动未来

财务遇见数字化，为财务人员带来的不仅是工作方式的被动改变，更多的是需要财务人员主动去思考，财务工作如何由传统的后视镜财务、仪表盘财务转型为致力于价值创造的导航仪财务，这是财务数字化转型的根本目的，也是在转型过程中卓越财务领导人需要持续思考的问题。

财务数字化转型和战斗机作战方式的革新有异曲同工之妙，此处借此类比，以对财务各个阶段的定位做进一步阐释。

传统战斗机的作战方式为目视格斗空战，即两架飞机在目视范围内进行空战，其具体距离受到能见度、飞机大小等多重因素影响，局限性很大，飞行员素质至关重要。这就如同传统的手工记账模式一般，全部依赖账房先生的个人能力。

后来超视距作战方式出现，飞行员能够在看不到敌机的情况下作战。此时，需要根据不同视角和范围对敌机情况进行预判。这一阶段飞行员就像是手握计算器的会计，可以通过简单的外部工具来拓宽自己的视野，提高工作效率。

再之后出现了无人机远程打击，通过高新技术让操作者置身战场之外，从而可以从更高的视角来俯视战争。这里的指挥官就是信息化企业中的财务人，能够用各种高精尖技术来快速获得战斗时的全部数据，而且视野也不再拘泥于战场上的空中视角，但是最终仍需依靠指挥官的个人判断分析来做出决策。

最后阶段是通过集中控制中心完成目标锁定后，各战斗链路协同作战，实现以数据为主、以人为辅的数据作战模式，进行数据控制权的比拼。这里就像是数字化转型下的财务决策，运用深度学习、强化学习等机器学习算法，不再只着眼单点任务，而是以链路的方式进行全局思考，重新构建这些单点的工作方式并契合在整个链路中。在明确的目标指引下，在决策需求之前便呈现出所需的数据，管理者可以据此"站在后天看明天"，以更广阔、更前瞻的视角去构想企业的未来。

在这个迭代进化的过程中，财务数字化转型不仅是变革的机遇，也面临巨大的挑战，主要源自以下方面：

①数字化基础设施不健全带来的挑战：原有的财务信息化无法适应数字化的要求，也没有直接打通业财流程，导致业务数字化转型后反而引发财务数据无法实时在线、信息孤岛、业财融合缺失等问题，为财务工作带来了挑战。

②财务人员认知及定位转变带来的挑战：推进业财一体化对原有财务职能定位和运行模式带来了挑战。在传统财务模式下，财务人员的定位仅限于掌握财务专业知识，谨慎细心地完成日常本职工作。而数字化转型需要业财一体化，这对财务传统职责进行了重塑，财务人员需要突破对自身账房先生角色认知，逐步具备既懂财务又懂业务的能力，流程管理的能力和数据分析的能力。从前财务日常工作是以核算为主，集中在业务流程完成后，随着数字化的不断深入，财务人员不仅要从财务数字中知其然，更要从前端业务中知其所以然。此外，财务人员的角色将在流程里不断前置，从业务发生时就参与到业务中，逐渐转变为价值经营模型的设计者。

③技术高速迭代带来了跨界挑战：如果要问财务人员在数字化转型过程中的最大挑战是什么？作者认为主要是财务人员在这个过程中的"身份认知"以及产生的跨界"技术焦虑"。

一方面，现在的财务人员基本都不是"母胎数字化"，在学历教育阶段通常只接受过系统的财务知识教育，缺乏适应和搭建数字化财务体系所需的数字技能，例如数字问题解决方案、数据策略与规划、数据分析、数据可视化等。发展迅速但又复杂的转型之路，对财务人员从认知、工作习惯等方面都提出了更复杂多变的要求，财务人员需要不断学习新的技术工具来应对需求。

另一方面，数字化转型给财务带来的是功能变化，随着智能化的提升，重复任务在减少，财务这支队伍的职业特性将来会由程序操作型转变成为专家咨询型，由机械性重复性工作转型成为高增值的创造价值的工作。这就要求传统的财务人员要习惯于和数据分析师、数据架构师、软件工程师等组成团队，具有很大的挑战性。

1.2.2 破旧而立新：直面转变的六边形结构

了解财务数字化转型的必要性和可能面临的风险挑战之后，下面通过"六边形体系"阐述数字化转型到底需要"转"哪些方面，参见图1-3。

（1）管理理念的转变：创新

数字化的财务需要以更加开放和创新的理念去拥抱变化。财务需要持续关注并梳理现有的工作内容和流程，及时发现问题，通过多方位沟通，尝试打破传统的思考方式，更灵活地去调整和优化业务流程。

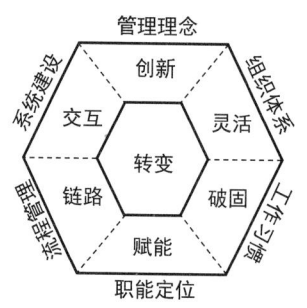

图 1-3 数字化转型"六边形体系"

信息化时代的通用管理理念,是以高效率与低成本为目标,以分工、协作、流程化、标准化为手段进行企业管控,这也使传统财务习惯于流程化的管控形式,这样虽然能够提高组织的业务效率,但是冗长的传导链条也带来了信息失真、决策缓慢、压制创新等众多弊端,无法充分发挥员工能动性,满足敏捷快速、精准响应的管理需求。

财务数字化转型背景下,管理理念需要经历从管控到赋能的转变。赋能的基本理念是为了追求集体利益最大化而赋能、授权,使员工可以更多、更好、更快地创造可归因的价值增量。

(2)组织体系的转变:灵活

站在创新的视角,同样需要赋予财务角色新的内涵,打造一个数字化的财务团队。未来的财务部门将会是"AIA"的模式:AI 是人工智能,后面的 A 是会计师。将目标、人员以及组织与整体转型路径相匹配,通过管理+运营+技术的转型,将整个财务团队打造成一个灵活、高效、全面的财务专业团队。该团队没有固有边界,可以根据管理的需要随时构建组织架构和运转模式,通过专业人员以及工作协同的灵活搭配,具备目标一致、自主决策、动态协同的特性,可以迅速响应外部市场要求,实现组织内资源的灵活有效配置,推动精准决策和内外部创新。

(3)工作习惯的转变:破固

对于传统财务来说,改变固有的工作习惯并不容易,但这却十分必要。因为不久以后,财务数字化的推进将催生虚拟数字员工(如 RPA 机器人)和人机协同的超级财务团队,传统以人为中心的业务流程和工作方式将转变为以"人+机器"为中心,实现人机多重交互协同、共享员工、游戏式学习、社交化办公的新型工作方式,引发工作方式和习惯的新革命。

(4)流程管理的转变:链路

财务深度参与公司从业务规划、落地、发展、收获到再投入的生命周期,以及日常运营的每个流程链路,不仅是运营流程中的重要环节,也是控制流程中的核心节点,具有贯穿性和全局性的特点,因此财务团队在工作开展过程中,也形成了更注重链路式的思考模式及工作方式。财务人员的思考不能只局限于自己的工作节点而是要延伸到上下游环节,以目标结果为导向来推进财务工作,提升价值。

(5) 系统建设的转变:交互

数字化建设必然少不了搭建系统,但是要认识到建立系统模块只是搭建了一个基础,只提供了数据获取的入口,要想将数据运用起来进一步创造价值,还需通过数据治理解决以下问题:不同系统间数据规范不统一、数据不贯通、数据重复录入、数据不一致等。"数据孤岛"问题将极大限制运营效率和效益,限制自动化和实时化的推进速度,更限制以数据为驱动的所有流程设定。无法完成数据生命周期有效推进,直接违背了前面所提到的数字化的内涵。

(6) 职能定位的转变:赋能

传统的财务开展工作更多是在业务发生后,带有滞后性,所以财务数据也是带有滞后性的事后报表。因此如果问题都是在这个环节才被发现,就意味着更严重的滞后性,解决问题的方式也是从最后一个环节往前追溯,耗时长耗力多,同时问题容易积累,导致数据流转的流程成为无效流程。

财务数字化背景下,财务对管理层决策的支持,需要从事后协助转变成提前预测、事中预警以及管理驾驶舱,使得对广泛分布的业务的感知能力大幅加强。

财务人员未来的定位将转变为价值经营模型的设计者、财务服务数字化平台的搭建者与维护者,以及数据价值的挖掘者。

1.2.3 谋定而后动:明确转型的意义和目标

财务数字化转型进一步拓宽了财务管理的内涵,通过与数字技术相结合,将服务概念进行了衍生,将那些无法通过传统手段提升效率的职能效能进一步提高。

为实现上述价值,财务数字化转型工作的整体目标可以归纳为如图1-4所示的五个方面。

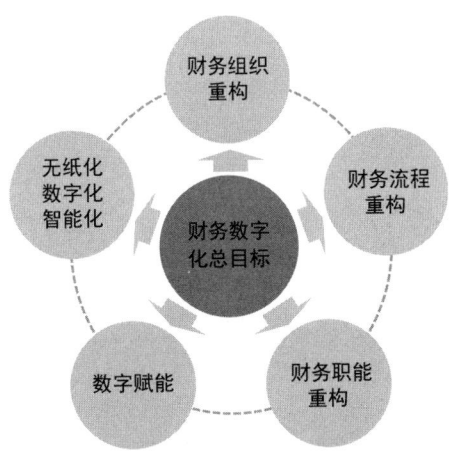

图1-4 数字化转型总目标

无论数字技术的影响如何深刻，财务管理的初心永远都是推动乃至引领企业的价值创造。通过完成以上目标，最终实现由过去传统的后视镜财务、仪表盘财务，到以价值创造为核心的导航仪财务的蜕变，这种价值导向也契合财务管理的本心。

从短期目标和长期目标的权衡角度来看，数字化转型在关注长期目标的同时，也需要找准突破口，通过实行一些"速效方案"促进短期目标达成，让企业在短期内看到变革的效果，这也能帮助变革领导者和基层财务工作者树立起转型的信心。

第 2 章　明晰财务数字化转型路径

了解数字化的内涵后，财务人员又该怎样谋划自己的数字化转型路径呢？财务的数字化转型由来已久，很多人都喊着数字化转型的口号，却不知道自己是已然窥其门径，还是依旧在宫墙外望，不得其门而入；入门数字化转型后，我们也容易被浮云遮眼，不知道自己的企业正处于数字化的哪个阶段。在本章中，我们将从规划转型蓝图、聚焦核心实现路径、沉淀实施步骤这三方面揭开财务数字化转型的序幕，让数字化这个方兴未艾的概念不再神秘。

2.1　规划"一二三四"的转型蓝图

在开始面对财务数字化或者要着手开展数字化转型的时候，大家的脑海里可能会出现各种问题，如图 2-1 所示。

图 2-1　财务数字化面临的主要问题

如果这些问题无法妥善应对，财务数字化转型将会成为空中楼阁，因为它是一个认知、管理、业务、技术、战略、组织、人员和文化的高度融合的过程。只有从整体融合的视角去准备，才能真正走好财务数字化转型之路。

第 1 章已经介绍了财务数字化转型的 Why 和 What 部分，既然本书聚焦于财务数字化实战,在面对财务数字化转型这么一项复杂的系统工程时,不仅要理清内涵,明确目标,更关键的是需要明确转型的核心内容和实现路径,再结合前沿技术按照规划的实现路径分步建设,这一过程绝不仅仅是解决点上的问题,而是需要从流程整体和系统交互的角度去思考和规划,避免走弯路。所以我们数字化转型的第一步就是规划财务数字化转型的蓝图,以数据为驱动,通过一个核心,两大方向,三驾马车以及四位一化来完成财务数字化转型,以此来赋能企业发展。财务数字化转型蓝图详见图2-2。

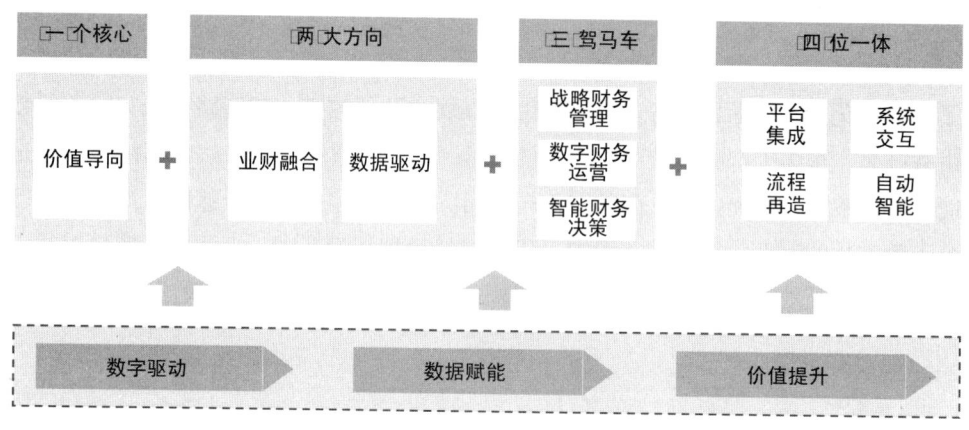

图2-2 财务数字化转型蓝图

2.1.1 一个核心:价值导向

财务数字化转型要紧扣财务管理的终极目标——推动乃至引领企业价值创造。

作为开展数字化转型的组织,需要有清晰明确的、共同认知的愿景。结合数字化内涵,提升客户满意度以创造高价值是转型过程中的核心导向,包括提高用户体验,降本增效,完成财务功能前置,实现业财融合,赋能管理决策。

如果对价值创造做进一步分解,可分为对存量业务进行精益化管理产生的精益价值和发掘潜在价值区带来的创新价值。

这里推荐一个帮助分析识别高价值业务的工具——德勤的企业价值地图(Enterprise Value Map),在这幅占了德勤整个办公室半个墙面的地图上,围绕如何提升价值,德勤将企业创造价值的来源从开源(增加收入)、节流(减少成本)、资产管理和预期管理四大方面,逐步细化为675个具体的问题。德勤将这些最细化的问题称为"价值驱动力"。

通过运用类似工具可以全面、高效地帮助企业分析基于核心业务逻辑的企业价值空间,发现价值洼地、制定价值提升策略、促进内外部和跨部门价值协同创造。以价值为核心的财务数字化转型示意图见图2-3。

价值导向也从另一个角度回答了前面的问题:"为什么企业上了数字化系统,但是依然无法达到预期的数字化转型效果呢?"其中一点就是在整个数字化转型的过程中,变革领导者可能忽略了核心价值导向,单纯为了建设系统,而不以价值为导向的数字化转型,是无法达成理想的目标的,也是不值得做的。

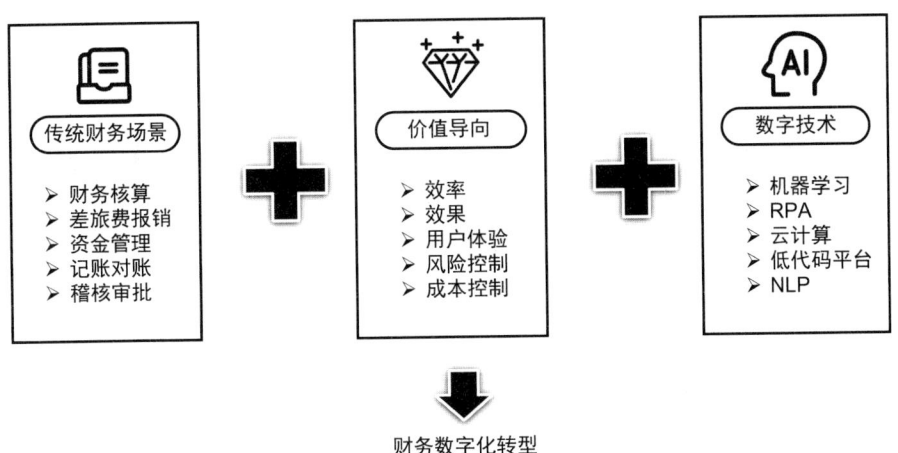

图 2-3　以价值为核心的财务数字化转型

2.1.2　两大方向:业财融合 + 数据驱动

前面说到财务工作涉及了数据从采集、清洗、存储、挖掘、应用到赋能的完整生命链,贯穿了从业务属性到财务属性再到业财融合属性的全过程,且财务工作需要前置到业务前端。因此,业财融合以及数据驱动是财务数字化转型的两大方向。

2.1.3　三驾马车:战略财务管理 + 数字财务运营 + 智能财务决策

战略财务管理、数字财务运营以及智能财务决策作为三驾马车,需要共同拉动企业战略目标,实现价值提升;在财务运营的组织体系中通过角色转型,实现敏捷管理和降本增效;同时通过数据赋能决策,使财务决策实现实时高效的功能提升。三驾马车示意图见图2-4。

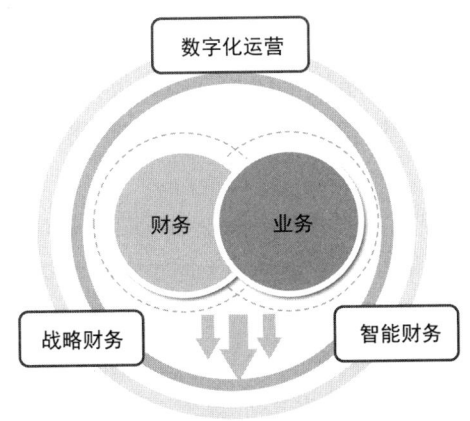

图 2-4　财务数字化转型三驾马车

2.1.4 四位一体：流程再造 + 系统交互 + 平台集成 + 自动智能

在传统流程式管理模式下，业务是基于管理层级和功能划分逐层推进的，但随着企业业务规模的持续增长，业务流程的不断复杂化，原有系统已无法满足要求，原有流程也可能会限制数字化转型的推进。

四位一体就是从流程再造开始，通过系统交互避免形成"数据孤岛"。同时在系统无法交互的情况下，通过搭建一体化平台打通系统间的断点。同时，随着技术浪潮叠加各类自动智能技术，推动传统应用向现代化应用的演进。

2.2 聚焦转型的核心实现路径

企业在数字化转型过程中最核心的痛点往往是受限于传统的组织形式及管理模式，在数字化转型过程中缺乏行之有效的转型方法论、明确的目标和实现路径。因此在确立了蓝图指导方向之后，下面进一步对转型的实现路径进行梳理。

2.2.1 财务专家型团队 + 创新管理模式 = 组织重构

数字化转型背景下，对财务人才需求发生了较大的转变。在传统财务模式下，财务组织呈金字塔结构，即大多数财务人员都在进行烦琐冗余的交易处理，呈现人工密集的状态；数量中等的财务人员从事数据收集以及报告和合规相关工作；仅少部分的财务人员参与决策支持，在事前发现问题，事后进行总结处置。

当下人机协同已是大势所趋，整个财务部门的人才结构也发生了翻天覆地的变化。随着 RPA 等流程自动化和数字化技术的应用，底层核算处理所需的财务人员数量骤减，更多的财务人员需要参与到决策支持，为业务提供价值。同时能够帮助企业充分利用业务交易中产生的海量结构化和非结构化数据，以达到数据驱动、提高洞察力、优化决策、改善效率等目标。人才结构从"金字塔"到"菱形"的示意图见图 2-5。

在此过程中，人才的转型有赖于企业聚焦于如下两大方面：

①关注团队的构建方式，弥补员工的能力差距，建设数字化知识学习的文化并使之可持续发展；

②建立敏捷型组织和团队。将组织中的财务人员由原先只负责单一职能转变为可以灵活交互从事复合型工作的状态。财务人员根据目标或项目灵活组合的过程如图 2-6 所示。

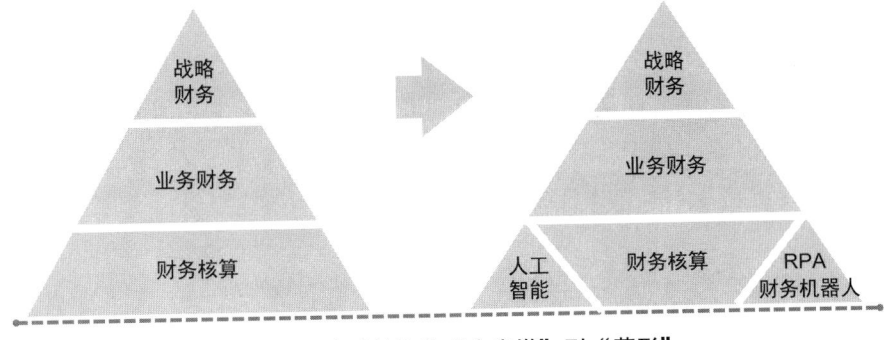

图 2-5 人才结构从"金字塔"到"菱形"

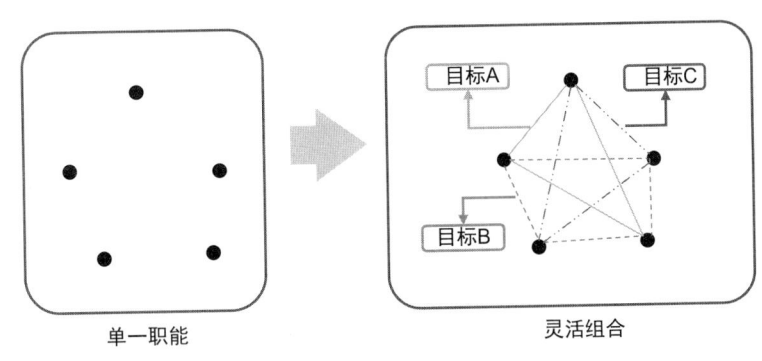

图 2-6 财务人员根据目标或项目灵活组合

基于这样的变革,我们需要找到一种新的管理模式。实现组织扁平化、虚拟化和共享化,以共有目标为导向,打造更灵活敏捷的管理模式,让财务人找到自己的定位和梯队。

在此,分享上海财经大学孙铮教授关于财务新定位的两句话:"卓越财务在坚守契约精神的同时,能够将科技赋能集成到自己的工作当中去。卓越财务不纠结自己是否存在,而在乎自己如何存在。"

2.2.2 传统系统建设+新技术工具叠加运用=体系重塑

历次科技革命都会催生新的产业格局,以云计算、大数据、人工智能为代表的新一代数字技术不但成为经济增长的新动能、产业发展的新蓝海、高质量发展的新引擎,也是财务数字化转型的第一驱动力。它们与财务场景深度融合,形成了一系列深刻影响财务人员的技术和系统,如:RPA、财务云、电子发票、会计大数据分析与处理技术、智能流程自动化(IPA)及机器学习等。传统的系统建设搭配新技术工具呈现"新技术+新系统"的体系重塑,为财务工作开创"新局面"。

2.2.3 数字化运行+全链路=流程再造

优秀的流程需要具备一些基本属性,包括定义明确且已形成共识的标准、可稳定高效地运行、良好的用户体验、可应对风险的约束能力。

财务人员需要意识到数字化的财务工作不仅仅是把流程从线下搬到线上，而是全链路的流程再造。财务人员需要从根本上意识到以数据为驱动，数据从产生到流转过程中不断被附上标签和属性，从而将业务数据转化为财务属性数据，进行业财数据的融合，并以此对流程进行梳理重构，识别核心的流程节点进行交互打通，实现全链路的流程再造。

2.2.4 数据生命周期+全方位赋能=决策支持

数字化转型的一大目标是建立基于数据驱动决策的流程型组织，这与国务院国资委近期发布的《关于中央企业加快建设世界一流财务管理体系的指导意见》中提出的"从流程驱动为主向流程驱动与数据驱动并重转变"的机制变革理念是相辅相成的。

信息化时代的系统基本都是流程驱动的，它的起点是人的经验和直觉，并基于此进行流程的设计和规则体系的输出。数据驱动则不同，它的起点是系统中采集到的数据，通过数据建模和机器学习，实现基于数据的分析和决策体系的输出，贯穿数据的全生命周期。需要强调的是，流程驱动是数据驱动的基础，就好比前面讲到的从信息化到数字化是企业的"进化论"，不能仅单纯依靠数据驱动，必须要以流程搭建为基础来确保数据的输入和输出。财务在这一过程中需要前置数据标准，从采集端、流转交互及数据挖掘全过程搭建起数据颗粒度规则，转型为数据科学家。

随着财务数字化转型的推进，数据治理逐渐被提上企业日程，这种转型背景下，财务人员需要转型为懂战略、懂业务、懂数据分析的复合型人才。

基于以上叙述，我们将核心路径进一步聚焦在以下五个关键内容——组织人员、系统建设、流程交互、技术应用以及数据决策，详见图2-7。

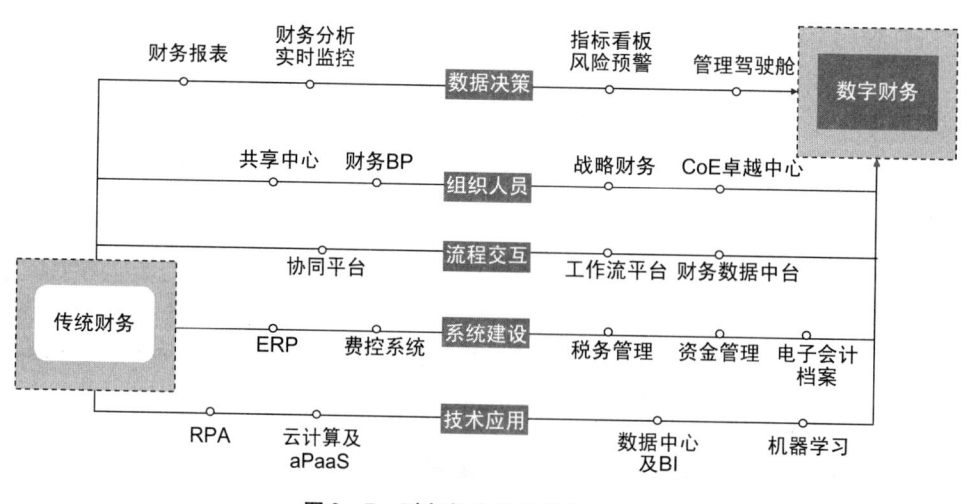

图2-7 财务数字化转型核心路径

2.3 沉淀转型的实施步骤

从实际情况来看，大多数企业转型面临的最核心难点并不是资金和技术，而是缺少切实可行的实施步骤，导致转型没有抓手。所以在明确了路径规划之后，我们给出财务数字化转型实施的"四步走"，如图2-8所示。

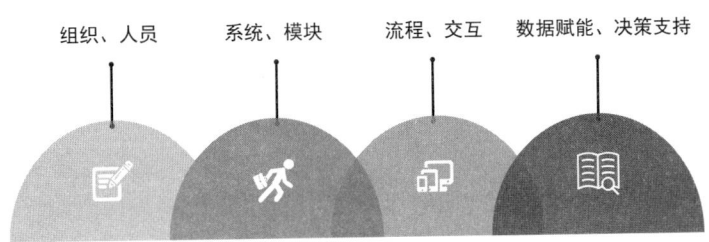

图2-8 财务数字化转型"四步走"

很多企业的财务在面对数字化、系统化和技术等相关事项时都会觉得天然就是IT技术部门的事情，没有意愿更没有信心去担当建设的规划师和主力军。其实，财务人员恰恰是财务数字化的核心驱动者，财务人员既熟悉需求，也具备足够的专业性，因此完全可以转变为数字化转型的主导者，规划出更具实际价值的方案，结合敏捷的组织架构，以终点定起点，转型为产品项目经理。

因此财务人员需要主导财务数字化的落地建设。如果把数字化转型的建设比喻成建造一栋财务数字化大楼，通过设计框架将财务数字化落地的步骤清楚呈现，并根据不同的项目逐层搭建。其中，数据好比是水电能源，需要畅通传输且不断点，所以在设计以及基础搭建的时候就需要时时考虑到如何保持数据的交互。最后将数据能源引入决策顶楼，完成封顶。财务数字化大楼设计框架如图2-9所示。

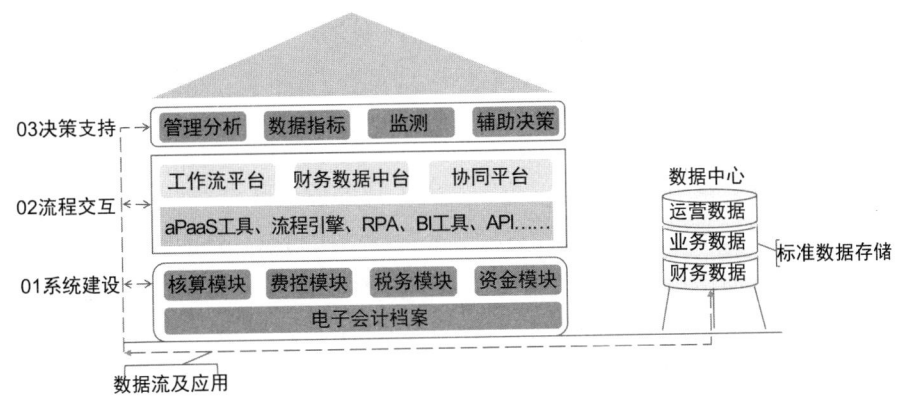

图2-9 财务数字化大楼

2.3.1 转型步骤一：创新组织管理模式，创建"TAO"财务组织体

数字化转型过程中如果缺乏配套组织和管理模式的支持，新财务角色可能会由于无法与组织适配而被"逼死"。因此，需要借鉴全新的组织协同方式来创建一个开放、不受边界限制，快速形成且高度互动的组织体，该组织体主要由事件或目标驱动，自发产生共享的协同行为并形成自主交互，这样才能满足财务数字化转型中对于组织的柔性要求。

对此，我们提出"TAO"（Targeted Autonomous Organization，目标自主性组织）财务组织体，搭建起贯通但又稳固的目标性协同运维体系，将标准化、专业化、可拓展化进行结合，同时以系统、流程以及数据为底层支持，有序进行，敏捷高效，在提高财务常规核算效率基础上输出战略专家、业务合作伙伴、流程专家和数据科学家。

整个组织体有一致的使命、愿景和价值观，同时有着明确的规则，财务人员的工作内容将打破职能边界，以共同目标为前提，快速形成应对模式。这样能够更好地激发组织的效能及实现价值流转，以此来应对VUCA时代易变、不定、复杂与模糊的内外部环境。

在"TAO"体系下有四个子级组织体，分别为战略财务＋财务BP＋财务共享服务中心＋财务数字化CoE（卓越中心），详见图2-10。每一个子组织体都能基于目标需求进行重组。采用一种灵活多变的形式却又能更坚实稳健地支撑业财一体化。

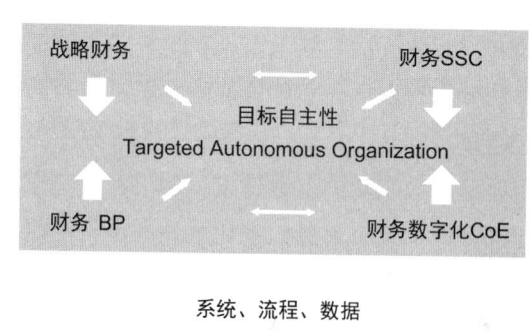

图2-10 "TAO"体系

各部分的具体内涵如下：

（1）财务BP：拥有财务技能的业务合伙人

在业财融合的大背景下，业务部门对于财务人员的诉求已经不只停留于预算、报表、资金等传统职能，而是希望财务人员能够将财务管理专业知识、技能、案例，结合业务需求情况融会贯通，从而给出针对业务需求定制式的财务管理方案，在这种需求下，财务BP（Finance Business Partner，财务业务伙伴）应运而生。财务BP具体来讲是公司通过组织模式的改变将财务的触觉主动前置到业务活动中，深入了解业务模式，追踪业务动态，从而做到业务的痛点在哪里，财务BP就到哪里。积极促进业财的跨部门协同，让财务业

务化，业务理性化，努力促成业务财务双向融合，为决策提供支持，从而赋能企业发展。

相较于业务人员，财务 BP 所懂的业务方向应该更偏全局、偏数据维度、偏制度设计和资源配置而非业务细节实操。业务人员和财务 BP 在业务方面关注点的对比见图 2-11。

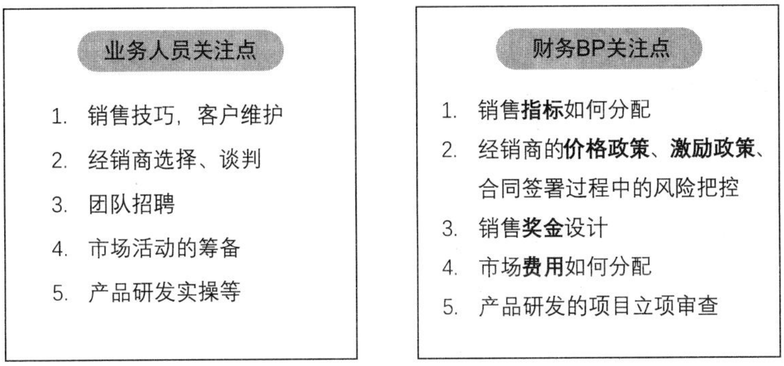

业务人员关注点	财务BP关注点
1. 销售技巧，客户维护 2. 经销商选择、谈判 3. 团队招聘 4. 市场活动的筹备 5. 产品研发实操等	1. 销售**指标**如何分配 2. 经销商的**价格政策**、**激励政策**、合同签署过程中的风险把控 3. 销售**奖金**设计 4. 市场**费用**如何分配 5. 产品研发的项目立项审查

图 2-11　业务人员与财务 BP 的不同关注点

（2）财务共享服务中心：财务管理职能的去重复化和标准化

财务共享服务中心是一种会计和报告业务管理方式，其目的是解决企业中财务管理职能重复化、效率低下的弊端，通过财务共享服务中心可以将不同地点的实体会计业务集中起来记账和报告，保证会计记录和报告的规范完整、结构统一，节省人力成本，精简财务部门，提高效率。

2013 年财政部印发的《企业会计信息化工作规范》中首次明确了对于企业建设共享服务中心的要求。2021 年 11 月财政部发布的《会计改革与发展"十四五"规划纲要》中明确了"十四五"时期以会计职能的拓展升级为目标，以数字化信息化技术为支撑，推动会计职能实现拓展升级。

财务共享服务中心的建设主要基于财务分层，会计核算工作全部在共享服务中心实现，把一些最频繁但不增值的事务性财务业务如费用报销、应收应付、总账报表、成本核算等进行改进、梳理和统一，大幅缩短业务人员的报销时限，提高财务审核的处理效率，可以看作一个"会计工厂"，能够实现批量处理单据，同时为企业提供大数据和必要的基础数据分析。

作为一种战略性业务架构，共享服务以客户服务和持续改进的文化为核心，实现价值导向服务，促使组织在更大范围内能够聚焦核心能力，从而使各业务单元创造更多的附加价值。同时，财务共享可以通过服务于数据的产生、连接与使用的全过程，跳出原本仅服务于传统财务工作的框架限制，从而实现对于数据价值的守护与创造。

财务共享服务中心的建设需要考虑适用性，并非所有企业都适用，但是大部分企业都可以参照财务共享服务中心的理念，将重复的、可标准化的基础财务工作以共享服务的方式进行管理，以此来优化财务工作流程、提升财务工作效率。因此共享模式的发展是财务转型过程中的一大变革，加速了会计职能的升级改造。

(3) 财务数字化 CoE（卓越中心）：财务数字化转型的助推器

卓越中心（Center of Excellence/ Expertise，CoE）设立的目的是推动组织内的创新和改进，它可以打破地理和组织孤岛。维基百科对卓越中心的定义是"一个卓越中心（CoE）是针对某焦点领域提供领导力、最佳实践、研究、支持与或培训的一个团队、共享设施或实体。焦点领域可能是技术（例如 Java）、商业概念（例如 BPM）、技能（例如谈判）或更广泛研究（例如女性健康）的领域。卓越中心也可能旨在重振停滞不前的举措。在组织内，卓越中心可以指一群人、一个部门或一个共享设施。它也可以称为能力中心（Competence Center 或 Capability Center）。"

在财务数字化转型过程中，可以利用卓越中心（CoE）的机制，建立一种目标和工作机制明确、跨团队的组织运行模式，有效进行工作搭配持续优化追求卓越，通过专业人员灵活搭配有效解决问题，也就是找最专业的人最有效地解决问题，它应该由那些愿意打破界限和采用新方法拓展业务的人来组成和领导，他们将负责推动变革，因此这些人首先需要在相关专业领域中具有良好的信誉和影响力。

财务数字化 CoE 建立的总目标是作为财务数字化建设的指挥部，指导各项财务数字化建设工作。其包括的四大核心要点见图 2 – 12。

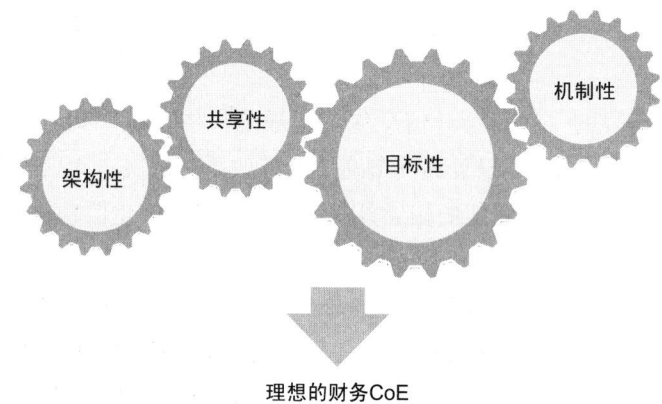

图 2 – 12　财务 CoE 的核心要点

- 架构性：建立认知一致的"道路规则"，并将实际的项目及方案与业务优先级联系起来，同时建立明确的标准；
- 共享性：共享财务数字化的知识、技能、资源和最佳实践，避免团队间工作冗余或重复；
- 目标性：财务数字化建设沿着一致的目标轨道推进；
- 机制性：明确组织职责、组织形式、成员分工以及运行机制。

财务 CoE 将和前述的财务 BP、财务共享服务中心一道形成企业财务数字化转型的重要驱动力。通过 CoE 能够增强财务数字化领域的专业知识，并通过知识管理来推动业务改进。

（4）战略财务：企业战略的参与者、推动者

战略财务管理包括以下几个方面：一是熟悉市场和业务，参与公司发展战略的设计和规划；二是基于公司战略来设计商业模式，以及匹配该商业模式的财务模型，要根据业务假设去搭建财务模型，推算商业模式是否成立，并在实践中反复验证并持续改进；三是进行有效的资源配置，这是战略能否落地的关键一环，任何一家公司的资源都是有限的，有轻重缓急之分，所以对于公司重点的业务方向要确保资源投入、对于非重点甚至要限制发展的业务，则要控制资源的分配。四是通过预算管理和绩效考核，来确保公司战略的实现。用战略眼光和战略思想来规划、设计财务管理体系，熟悉市场及业务，参与公司商业模式的设计，基于商业模式建立业务假设和财务测算模型，利用战略化思维的财务能力，不断优化，赋能企业战略实施。

从实操角度，战略财务需要将企业的长期目标（包括财务目标、客户目标、内部流程目标等）和行动计划转换为可量化的财务预测模型，在不同的经营、投资和筹资的预设条件下，模拟和分析目标指标及数据。

在"TAO"的体系框架下，通过点与面相互配合的方式，避免了"全"和"精"难以兼顾的问题，有效推进战略财务管理：

①整体面的统筹、规划：保障各体系整体框架上的财务结果合规性、合理性以及优化性，有全局观的汇总信息、统筹规划，同时避免完整性的缺失。

②具体点的深入、落地：下沉至业务前线，协助公司战略推进及落地，形成匹配业务发展的财务政策、财务解决方案以及业财打通的核算体系。

③点面的敏捷结合：根据公司业务的需求，快速有效地进行点面结合形成财务集成专家团队。

2.3.2 转型步骤二：从 0 到 1 搭建基础系统及平台

建设方案规划完成后，就可以开始搭建基础系统底座了。这个过程遵循从简单到复杂的原则，通过系统以及平台的搭建从而建立起数据流交互的基础。需要搭建的基础系统包括以下几类：

- 财务核算系统（或 ERP），完成常规会计记账及报表等功能，同时为对接前端数据源系统留好对接标准，以便后续根据数据可以自动推送。
- 办公协同的 OA 平台并对接费控及采购管理系统，完成采购、员工报销到支付的全程管控，再叠加电子合同，将采购业务全流程从业务发生时就以数字形式线上推进。
- 资金管理系统，管理企业各项资金业务。
- 税务管理系统，打通业财相关的税务发票管理。
- 电子会计档案系统：通过电子会计档案系统，实现凭证、账簿、报表的电子化，

并且将合同、采购、核算、资金、税务等系统信息以电子化的方式进行关联存档,实现无纸化的财务管理。

2.3.3 转型步骤三:通过系统和数据交互,减少信息孤岛

传统的财务处理流程都是基于线下操作习惯在流转,由于存在数据断层,会在流程中设置更多的处理节点。因此,在搭建系统的过程中需要时刻梳理和重构已有的线下处理流程,前面提到,数字化不能仅像信息化那样,简单地把线下流程照搬到线上,真正的数字化流程需要以目标价值为驱动,从线上数据流通的维度重新定义流程,缩短处理链路,同时保证在没有人工参与的情况下数据流转的准确性和规则约束性。

数据以及系统的交互化建设可选择建立统一的"大"系统,或者分步骤按模块逐个搭建,然后形成具有企业特色的统一管理平台,通过流程标准化管理进行协同。

系统交互的集成方案一般通过接口完成,但如果异构系统间必须要借助人工干预,还可以通过搭建工作流平台、RPA等方式将复杂的业务流按节点有序连接和推进。财务人员需要学会使用新技术、新方法实现传统思维的突破。

最后,企业通过系统集成、协同平台、工作流平台的平台化管理思路,同时使用电子会计档案作为数据落地重要环节,最终形成数据集市从而达到数据赋能的目的,详见图2-13。

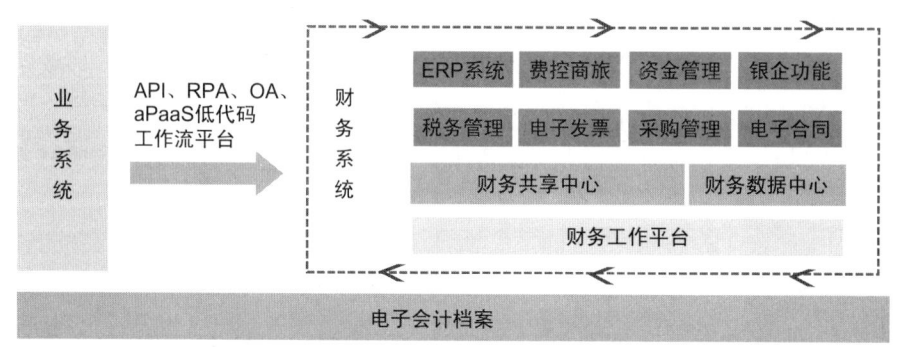

图2-13 运用新技术实现流程重构

2.3.4 转型步骤四:建立财务数据中台,实现决策支持数智化

数据是数字化转型的能源,当企业完成数据治理,通过统一的数据标准使数据和业务情况都条分缕析地呈现时,公司利用大数据进行标准化、智能化、可视化和移动化的报表分析,可以实时监控、处理各项交易数据,提高风险预警能力,还可以进一步借助数字化工具卓越的计算能力对数据进行挖掘,从而对企业决策做出有效支撑。

数字化建设需要统一规划信息系统间的数据流向,将分散的业务进行数据整合,建立财务数据中台,形成数据联动,构建集数据采集、数据存储、数据加工、数据分析、数据

展现于一体的数据全生命周期建设模式，集中存储的财务标准化数据，可以通过 BI 等工具呈现，形成各类报告提供决策支持。决策支持数智化情况见图 2-14。

图 2-14　决策支持数智化

第一部分为大家系统地呈现了财务数字化转型的来龙去脉以及全景蓝图，并给出了切实可行的实施步骤。世事往往知易行难，能读懂和干明白之间仍有着巨大的差异，本书的定位是帮助读者成为财务数字化转型的实战派，所以从下一章开始将进入本书的重点部分，我们会为大家呈现从财务系统数字化到管理流程交互化，最终实现决策支持数智化的实战场景。

第二部分

多管齐下：从点到面实现财务系统的数字化

本部分涵盖财务数字化转型过程中各种基础系统底座的建设，在讲清系统建设的 What、Why、How 之后，会为读者分享财务数字化的探路过程中总结出的实战经验，也会通过 Q&A 的形式解答实务工作中各个系统搭建上大家最为关心的问题，同时介绍行业内优秀企业的实践案例作为参考借鉴。本部分包含的章节如下：

第 3 章 费控管理数字化

第 4 章 财务数字化中的移动支付

第 5 章 资金管理数字化

第 6 章 税务管理数字化

第 7 章 会计档案电子化

第3章 费控管理数字化

在数字化浪潮的席卷之下,企业发展获得了更多的机会,也面临更大的挑战。从最常用的费用报销和支付场景入手,企业通过建设数字化费控管理体系,逐步打通业务及财务流程,提升核算的标准化、规范化。同时,金税四期、全面数字化的电子发票等新政推行,也将助力企业打破传统组织和传统审批机制,提高管理效率。

传统企业运行中,费用支付以及报销流程繁复,审核内容繁杂,一直是困扰财务和企业员工的难题。从企业管理角度来看,报销带来的费用支出也经常会脱离企业的掌控。而财务人员面对贴得层层叠叠的发票苦不堪言,检查、稽核、打款更需步步小心,稍有不慎便会带来风险以及员工的抱怨。那么,企业该如何基于数字化背景下的费控管理进行转型?在建设过程中需要着重考量哪些问题?是否仅仅搭建一个系统就等于数字化转型?本章内容将会逐一阐述。

3.1 费控管理概述

3.1.1 费控管理的内容及痛点

费用管理的主要内容可以分为两方面,包括对私的费用报销和对公的费用付款,具体如图3-1所示。

这两类费用支出有着不同的流程和管控点,需要分别进行梳理并识别出核心节点,同时为建立完整的数据链路打好基础。

(1) 对私费用报销

对私费用报销是指业务经办部门在业务发生时,先行垫付费用并取得原始凭据,再按规定的审批程序办理垫付费用归还员工个人的经费结算活动。

基本流程:员工申请,提交发票等附件——业务审核——财务审核——报销打款——财务记账。对私费用报销流程如图3-2所示。

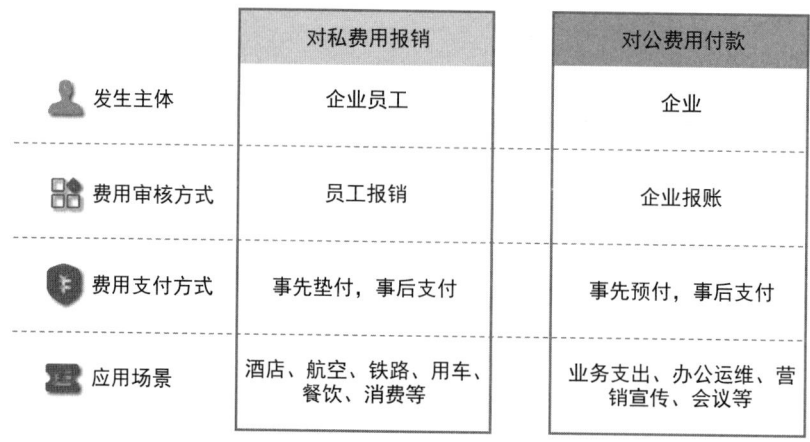

图 3-1 费用管理的主要内容

图 3-2 对私费用报销流程

流程中的痛点如图 3-3 所示。

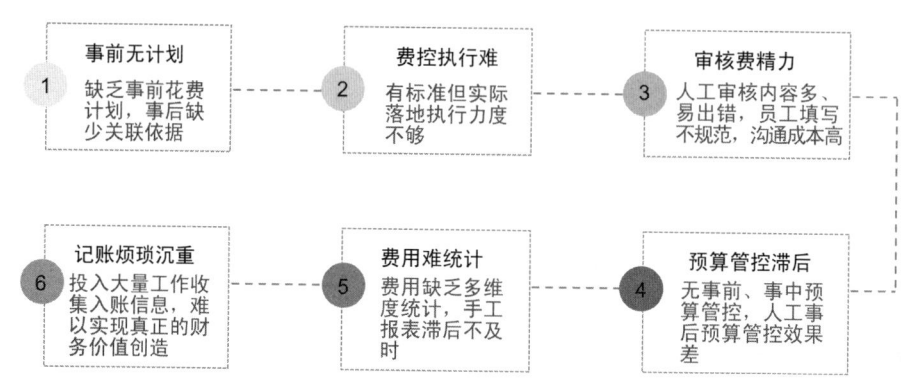

图 3-3 费控流程的痛点

除以上列出的流程痛点外，还有以下内容待解决：

①员工体验方面。员工在报销的时候，发票种类多、数量多，难以归集，漏报、丢票的情况时有发生；填写单据操作烦琐、耗时耗力，粘贴票据易出错；报销单据审批、处理周期长，员工垫资成本高，资金压力较大。同时，如果费控流程无法使用移动端操作，很多手机里的证明材料需转存至电脑或打印成纸质形式，增加了报销流程的复杂程度，且付款、报销规定若遇到变化，员工难以实时查询，容易出错。

另外,价格信息不透明,打折信息不明确,财务人员无法进行全面的商旅、采购价格比对,对采购、商旅价格缺少执行预测和控制预警,导致成本较难控制。

②电子凭证与传统报销不匹配。目前大多数企业正处于纸电混合时期,账簿、凭证的保管都还是纸质、电子相结合,大部分企业还无法真正做到报销、核算无纸化以及会计档案管理的无纸化,运用新的电子凭证反而会给企业财务报销造成困难。

(2) 对公费用付款

对公费用付款是指依据企业之间签订的合作协议,约定企业间发生费用的内容、费用产生的金额、费用结算的方式等内容,再依据协议的约定发起付款请求,将相关款项转账到对方企业的对公账户。

基本流程:员工申请,提交协议、发票等——业务审核——财务审核——对公付款——财务记账。对公费用付款流程如图3-4所示。

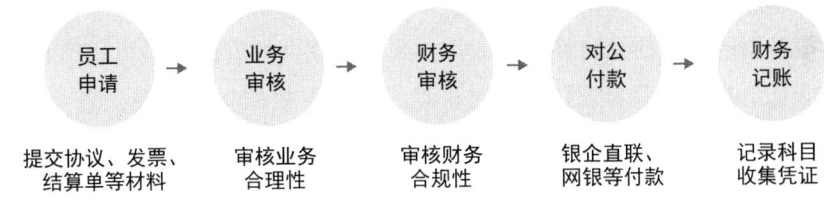

图3-4 对公费用付款流程

除了与对私费用报销共有的痛点外,对公费用付款的流程中还有以下痛点:

①支付和费用归属期以及来票有时间差:对公付款中如付款按批次支付,供应商按批次提供发票,由此产生的时间差会导致申请人及财务审核人都需要烦琐地登记付款频率及发票提供情况。需要考虑如何对发票追踪登记,以及与之前已经支付的批次进行关联等。

②组织架构复杂且多变:集团组织体系复杂、人员分布分散、跨组织协作再加上权限逻辑维度多,导致核算难度大。

3.1.2 费控管理的核心需求

在费控管理流程中,无论是对私费用报销还是对公费用付款,都需要考虑的核心需求包括:

(1) 四个"统一"

统一制度:有统一明确的财务制度,制度需要符合企业的管理文化,能让每个员工了解,并能根据制度分解到详细的审核规则进行管控。同时,制度体现的管控要求也决定了费控管理数字化建设的整体方案。若要求强管控,就需要再结合预算编制和管理要求,把费用发生规则落实到每一个管控节点;若要求额度管控,就无需详细分解控制节点,而是设置好额度限制即可;若要求动态与业务执行的收入比对进行费用控制,那就需要与滚动收入关联等。

统一门户：有统一的数据采集门户，将对私费用报销以及对公费用付款产生的业务起点集成统一，向前对接业务系统，向后对接银企支付、税务以及 ERP 财务核算系统等，保持该数据链路畅通没有断点，将所有的支出活动产生的数据与业务和财务属性交互，直至最后入账。

统一组织：打破法人组织边界，以虚拟组织架构实现灵活敏捷，应对快速变化的组织架构以及不同法人归属的核算痛点。

统一权限：根据统一的职级规则设定审批权限。同时，建立多重权限组合功能，流程可以根据临时组织架构以及特定内容等进行审批权限的灵活配置。

（2）降本增效

①精细化管理颗粒度，从源头控制成本支出。企业需要全面、及时地收集各类费用信息，及时了解各级部门的预算使用情况，从而能够在费用发生前多维度地规划预算管控体系。根据不同维度建立按年度期间的预算模型，且配置到系统流程中，在费用发生时进行主动控制，提升财务信息的及时性和高效性，最终达到费控管理的预算环节精细化、费用发生环节透明化、报销环节合规化。同时推动将预算管控的责任前置到各费用发生部门，而非仅仅是财务环节，从本质上提升管理效能。

②解放员工劳动力，提升用户体验。需要分别从员工申请角度、管理层审批角度以及财务审核三个角度来优化体验和提高效率。

③聚焦流程梳理。流程重构，实现数据交互，并能同时应对纸质凭证和电子凭证的双重需求。

④挖掘数据价值，推进业财一体化。将费用支出中的零散数据进行整合，把无序的数据变成井然有序的业务、财务信息资源，有助于挖掘信息价值。

以上需求要全部达到，通过人工操作是无法实现的，也无法获得完整的数据链，无法实现事中管控的及时性及有效性，更谈不上事前防范风险。因此企业需要建立一个数字化费控管理体系，通过搭建基础系统，与业务系统及财务系统交互，同时对接外部第三方提供的各类商旅类应用服务等，实现高效、统一的费用支付门户，保持业务数据发生过程的链路完整、规则有效配置以及数据多点应用。

3.2 数字化费控管理体系建设

3.2.1 数字化费控管理体系的方案设计

梳理完痛点和需求，才能有效地规划符合目标的建设方案。数字化费控管理体系具体方案设计蓝图如图 3-5 所示。

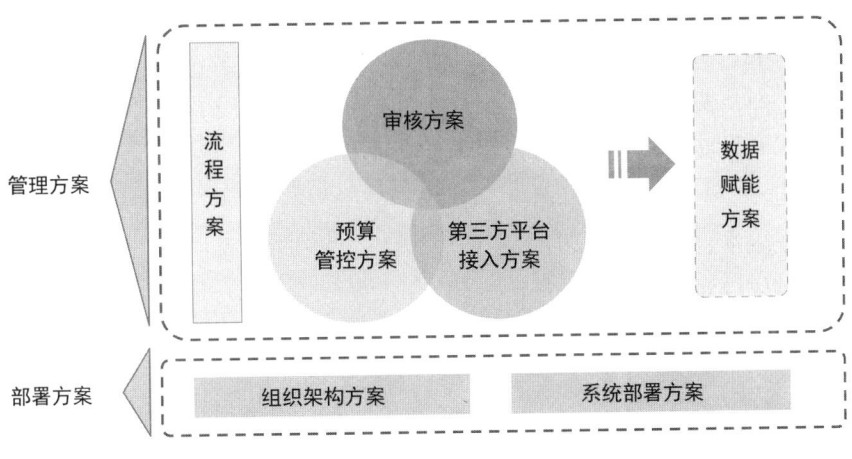

图 3-5　方案设计蓝图

(1) 部署方案

①组织架构方案。搭建基础系统时要考虑门户及组织架构统一,且使用一套规则和流程让组织架构更具备灵活性,从而突破法人边界。在设计方案时就需要考虑该费控管理体系的组织范围,确保一定范围内应用相同的规则。针对不同组织架构的管控方式和规则不一样的情况,进行分权设置,赋予不同的模块权限。

②系统部署方案。费控管理体系在设计时需要依据产品类型选择合适的方案,如:采用本地化部署或是 SaaS 部署。主要从以下几方面进行考量:

- 建设及运维成本

本地化部署通常企业需要自备服务器等硬件设施,购买基础软件并支付系统实施成本,一次性投入成本较高。而 SaaS 部署通常按订购的服务数量在服务期限内向厂商支付费用,需要持续地投入成本。

从运维成本的角度考虑,SaaS 部署完全依赖 SaaS 服务提供商,本地化部署从硬件到网络都需要企业专业人员运维,投入成本相对较高。若遇到如税务发票管理规则或者其他合规性变动较快等情况,将对系统更新迭代的速度要求较高,此时由专业团队研发维护的 SaaS,更新迭代更快,更能满足不断升级的要求。

- 企业背景

对于不同规模的企业来说,可以根据实际情况具体评估后选择不同的部署方式。如付款量、差旅量等情况。每年付款量、差旅量相对较低或者波动幅度大的企业,可以考虑选择 SaaS 服务商部署;差旅报销占比大的企业,则可以考虑本地化部署费控平台,引入更多接口,根据企业实际情况进行定制,在后期实现全流程打通。

- 灵活度及安全隐患

大多数 SaaS 产品都是以标准化内容为主要销售方向,较本地化部署缺乏灵活性,在很多情况下无法满足企业个性化需求。

SaaS搭载云服务的架构设计造成其在安全性上存在许多不确定性和未知危险，数据遭窃或损失都有可能，换句话说，数据丢失与泄露风险较大。

综上所述，SaaS更适合不具备技术开发能力的中小公司，而本地化部署则更适合规模较大、具备技术开发能力或有二次开发需求的企业。

- 供应商选择

考虑到搭建成本、业务发生频次及规模等问题，挑选一家质优价美的供应商尤为重要，因此需要对供应商及其产品进行比较。

首先，进行供应商的选型调研，考察供应商的行业资质和业界口碑，确保其能在可预见的未来持续经营。在启动调研阶段后，依据企业最大承载量进行压力测试，如：响应速度、稳定程度、负载情况等。同时重点关注保障数据安全性的措施。

其次，调研与测试该供应商的产品功能以及与其他系统的交互延展性，包括是否能与内部异构系统串联，实现数据打通的能力。同时考虑产品更新迭代需求，或内部异构系统更换数据接口时改造与升级的工作量。

另外，需要考虑不同供应商针对系统上线后的运维成本。企业除了初始建设成本外，还需要比较供应商售后报价内容的不同维度，包括后续的维护费用以及协议中是否有未包含的其他隐性成本。

（2）管理方案

①审核方案。费用审核主要根据业务发生的情况以及制度规则，通过审核附件凭证，包括合同、发票等，来判断费用发生的真实性以及合规性。同时将费用分为日常支出和专项支出等不同维度，以此来分层设计审核方案，提高企业的财务管理效率。

- 费用发生真实性

费用发生真实性是指费用真实发生且实际存在，并能如实客观地反映业务情况。发票查验是费用审核中的一个核心要点。

识别出发票信息，审核是否真实有效。费用审核时，需要对相关的发票、行程单、明细单、协议等支持性文件进行检查及审核，纸质发票需要转换成结构性数据并查验其真实性，查验发票主体抬头、发票开具方与协议方的准确性以及是否重复等。如果遇到电子发票还需要查验是否是源文件，确保不是打印件或者照片等。

关联业务场景，审核费用发生与业务活动的适配性。考虑在业务发生时就将费用关联到相关业务场景的审批状态或相关证明数据，比如差旅或费用采用申请审批、打卡等方式确认费用发生的真实性，改变原先线下人工事后审核的方式。

通过存储的发票数据，分析费用发生与业务内容是否匹配。单单检查费用附件单据本身是否真实有效，还不足以完全说明费用发生的真实性。费用发生的业务实质与其对应的附件单据在逻辑上关联的一致性也是检查费用发生真实性的有效手段。比如，员工在某段时间出差，报销时除了检查差旅费用对应发票、行程单等自身的真实性外，还需要确保相关费用确实是在出差期间发生的，因此需要根据附件单据的信息要素判断其与业务的内在逻辑，判断业务及费用发生的真实性。

- 费用发生合规性

费用发生合规性是指费用发生的事项符合企业的规章制度和管控要求。管理层希望从源头考量各项费用支出，就需要将审核规则不断前置。比如，在费用发生前，若根据规则需要进行采购申请，那么在采购申请阶段就冻结预算，后续的费用报销或支付，可以关联获批的申请并做预算扣除。在审核规则执行时，根据费用管控标准，在员工提出申请时就进行审核规则判断，进行弹窗提示或对不符合的情况进行警告，在提交阶段就将超标、不合规的流程进行阻止。在这一过程中需要财务人员全方位考虑审核规则，对每个规则逻辑都吃透，并能将其结合到合规性检查的方案设计中，通过系统线上配置的方式对规则进行实时管控。

多维度细化费用数据标签，匹配不同管控标准。根据管理维度充分考虑企业的费用管控标准和灵活性需求，确保费用申请时能实时完成合规性审核。因此，需要将费用发生时产生的数据维度进行细化，并打上各类数据标签，搭配形成不同组合来匹配审核标准。这样既可以根据不同需求提高审核灵活度，又可以维系数据链的完整性，以备后续的数据赋能，比如，可以将标签细分到组织+科目+职级+职能+人员等。同时相关配置可以随时依据管理需求的变化即时调整更新，以此打破原先人工无法达到的多类型费用自定义审核，协助企业更有效地进行费用管控。

统一的权限规则搭配灵活转签。除了常规的权限设置外，能根据事项特殊性来灵活调整权限审批的流程。比如，在差旅费报销中，费控管理系统能够通过员工提交的申请内容及其所在的岗位、级别自动进入权限签批节点。在超出费用标准的特殊情况下，可以在审核人的审核界面增加"加签"选项，将原本不在预设流程中的相关人员加入流程进行审核，审核过程中如遇问题也不需要再从头开始进入流程。

利用发票、合同数据判定费用申请的合规性。系统设计时，利用技术工具将发票信息转换成结构化数据，并通过对该数据的读取自动判断发票的品名、发生时间、公司名是否符合相关要求，金额是否符合合同以及合同对应的剩余支付额度。对按频次付款的场景，可以自动通过付款台账记录避免重复付款，对先付款后来票的情况，设计通过自动推送待办流程补齐发票，超时未处理的还会推送催办流程，无需再进行人工统计。

②预算管控方案。预算管控关系到企业配置资源的方式，同时也能通过预算进行业绩度量。但在传统情境下，对费用类的预算控制往往是在业务发生后，即进行报销或付款时，灵活性有限，事先干预难度较大。在数字化体系中，企业应该根据自身业务情况，将预算管控环节尽可能前置到费用发生之前。在费用尚未发生时就从根源上减少和避免预算

超支。

需要签订合同的费用。在采购合同签订前建立采购申请流程,并在申请时冻结预算,签订合同以及付款申请都关联该采购申请,待付款完成时解除冻结进行预算扣除。超出预算的费用在计划阶段就开始管控,避免合同签署后才发现不在预算范围内,但又不得不支付的情况。

无需签订合同的零散费用付款及报销。在该类费用付款及报销申请时系统自动判断该项费用是否在预算内,超出费用预算的申请流程无法被流转,需申请人完成预算调整或者预算新增后再进行提报。

提前配置好预算科目、业务类目以及会计科目的映射关系。企业通过预算科目制定详尽的企业预算。员工使用费控管理系统提交付款或报销申请时选择业务类目,流程会根据业务类目自动映射预算科目和会计科目,从而达到企业员工从业务场景关联到财务管控和核算的目的。

③流程方案。在对私和对公两类费用的基础流程线上化的过程中,需要打破传统思维,通过每个场景详细分析,避免简单直接搬运。其中,可以考虑将流程分为专项费用以及常规费用,有些常规费用流程规则或者额度非常明确,且每月常规发生,则可以考虑将流程进行标准化配置为无需审核。比如,将员工报销分解为日常报销、差旅报销、快速报销等。公司可以将日常手机费、团建费、体检费等常规的固定报销纳入快速报销的流程中,设定好额度以及发票的审核规则之后,形成快速流程,提交申请后通过系统设定的管控标准自动审核并流转至财务部门,进而安排打款。不仅减少了管理层以及财务人员无价值的审核投入,也提高了员工的申请效率。但若申请人申请的内容和金额超出标准,则需要进入到新的流程进行逐级审核。

目前,各类业务及财务凭证正处在纸电混合的阶段。因此,在电子发票查验环节,需要同步建立电子凭证的流程,在确保电子源文件之后,无需打印该电子发票,并可与需要提供纸质凭证的流程一起流转。

流程是保障数据流通的途径。为了实现数据交互,还需要考虑将费控管理流程与其他管理流程通过系统进行对接,获得关联信息或者交叉校验等。通过打通公司内部多个流程,突破信息壁垒,达到费控管理流程上的闭环,实现费用的全程管控。在规划中通常可以选择常用的,与业务流程关联性强的优先打通,如图3-6所示。

比如,通过对接人事系统,打通业务流程,可以同步组织架构以及员工的行为数据,用以满足审批规则等数据需求;对接采购系统,可以从费用发生的采购申请源头开始一站式管控;对接税务管理系统,可以多渠道入口采集费控流程涉及的发票信息,同时进入费用流程中触发付款。

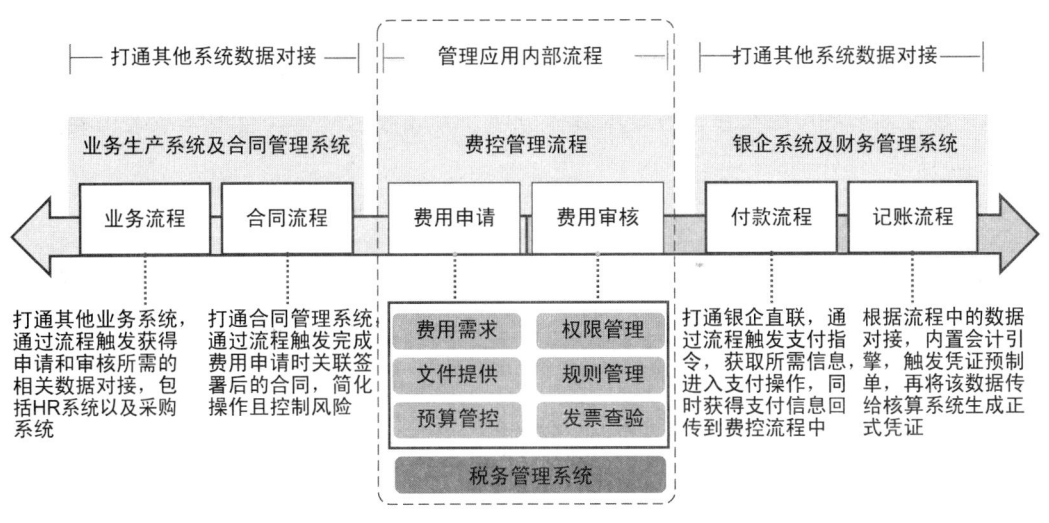

图 3-6　流程驱动打通内部管理系统

又如，通过对接财务核算系统，打通记账流程，将生成核算凭证所需要的数据在流程记录中打上标签，如核算科目、核算金额、业务属性等不同维度，实现从数据到凭证的转化，自动生成记账凭证。

④第三方平台接入方案。

• 从员工角度

通过接入第三方商旅平台，实现一站式预定，提升员工差旅及采购体验，减少甚至消除个人垫资。通过自动计算员工差旅补贴，有利于员工差补透明化，便捷化。最终实现彻底消灭差旅报销流程。

• 从财务角度

通过商旅、采购等第三方平台实现自动管控费用、统一结算及对账开票。平台的后台结算系统能够随时获取企业消费明细数据，在月末结算时，通过平台自动结算并确认开具统一发票，实现快速入账。采用月结方式，减少付款次数，简化付款流程，有利于减少财务重复工作。

• 从公司角度

通过接入第三方平台能够发挥规模效益，提高差旅及采购费用的议价能力，获取较低的价格，有效节省差旅预订成本。同时，随着员工使用量的提升，反而可以按使用量摊薄服务费成本，有效降低公司的管理费用。公司接入采购平台可以集中管理供应商，控制采购成本。

⑤数据赋能方案。在设计数字化费控管理体系的管理方案时，需要时刻贯穿以数据为驱动，沉淀下来的业务数据、财务数据及运行效用的数据，经过数据收集、整合以及搭建各类数据模型后，输出各类分析报表以及检查报表。让这些被赋能的数据形成业务、财务以及运营的实时信息资源，及时有效地挖掘信息价值，满足管理需求并为业务决策提供支持。

3.2.2 数字化费控管理体系的实施

基于前文对蓝图中每个设计方案的具体分解,完成数字化费控管理体系架构的搭建,如图3-7所示。

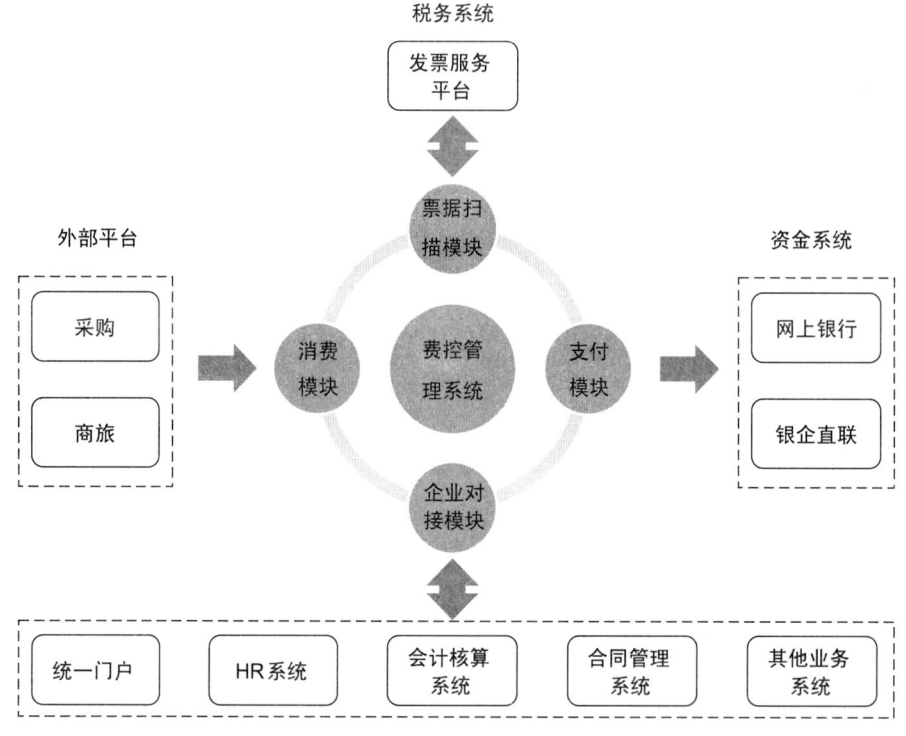

图3-7 数字化费控管理体系架构图

数字化费控管理体系的建设是一个长期过程,根据体系架构图,可以将实施分为三个阶段。

第一阶段是费控管理体系的基础建设,这一阶段的目标就是系统框架的搭建,将流程配置到线上。要避免只是将原来的流程从线下搬到线上,或者简单地将原来的办公自动化流程从老系统搬到新系统,而是需要重构流程,确保数据从采集到最终应用的完整链路。

第二阶段是管理服务提升,这一阶段将接入商旅等第三方平台,提升用户体验,实现精细化管理。这一阶段人工操作进一步降低,同时通过规则设置大幅减少个人垫资,逐步消灭报销行为。

第三阶段是全流程费用管控及自动化处理,关注流程与系统的打通,包括自动推凭至EAS、附件的带入、电子会计档案的归档、全流程数据的获取、挖掘数据价值,进行事后稽核与数据赋能等。分阶段实施如图3-8所示。

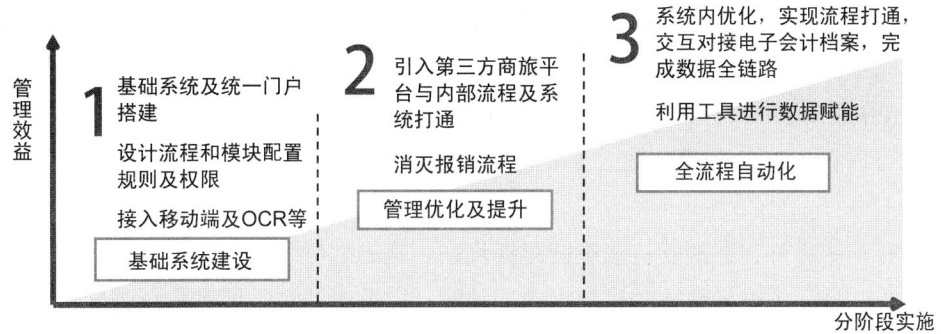

图 3-8　数字化费控管理体系实施阶段

（1）基础系统建设

在这一阶段，企业主要引入了电子化系统，将原先线下的流程再造后置于线上，在一定程度上打破时空限制，申请方、审批方、审核方都可以在线上进行操作，实现费控管理的透明化。这一阶段实施主要从以下几个方面展开：

①进行基础系统搭建，包括硬件与网络资源等。同时建立异构系统交互所需的接口与规范以及统一门户，为后续对接财务核算系统实现自动推凭打下基础。

②依据设计好的业务方案进行流程及模块搭建，将全新的费用控制流程置于线上，在全过程留痕的同时增加透明度。统一入口门户，使各方可以直观了解到流程的进展，也便于标准和规范化的管理。

③利用技术工具获取结构化数据，实现凭证的系统性校验。比如，针对纸质发票，使用OCR扫描识别集成电子影像。OCR扫描能够将线下纸质发票自动提取信息上传至系统，可以结构化识别增值税普票、专票、电子发票、卷票、区块链发票的所有关键字段，包括发票基本信息、销售方及购买方信息、商品信息、价税信息等，同时也支持增值税二维码识别功能。通过识别票面左上角的二维码获取发票代码、发票号码、开具金额、开票日期、校验码五个字段信息，与识别到的对应字段信息进行匹配校验，保证更高的识别准确率。同时与发票验真接口结合，经过用户确认后，将提取的发票代码、发票号码、开具金额、开票日期四个关键字段，自动接入税务局发票查验平台进行真伪查验，有效降低人力成本，控制业务风险。同时针对电子发票使用电子签章防篡改校验，判断发票是否为源文件，防止用复印件或者修改过的PDF。

④将管控制度相关内容转换成合规性规则，在费控流程上进行管控配置。通过配置好的审核规则，自动进行审核，并阻止不合规的流程，有效控制审核风险。比如，所有流程在流转过程中，除前文预算方案中设计的管控内容外，还可以设置预算警戒线，如50%、75%等，在预算余额达到警戒线时弹出预算不足的相关提醒，提醒审核人注意。

⑤接入移动端，方便员工及管理层随时随地进行费用申请、费用审批。在移动端即可简易填单，比如，用选择项替代填写项或者叠加自动填单功能，接入"记忆式"填报字段

自动取值，系统自动完成发票信息与单据信息的转换，提高用户填单效率，同时有效规避信息误填风险。纸质凭证也可以用手机拍照上传，建立移动票夹，随时随地记录业务票据信息，并支持通过票据发起付款及报销，方便快捷。此外，费控管理系统缩短了审批时间，员工可以在线查阅审批进度，实时了解付款进程，在紧急情况下也可以实现催办、代办。

⑥除移动审批外，还能支持多维度配置代办、集成批量审批、加签会签等功能，形成多渠道审批，满足不同场景下的审批诉求。同时，审批中的实时预算执行情况可视化展现预算数与发生数，月度报表BI推送展现月度占比与累计占比等，可以让管理层对费用执行情况一目了然，大大提升审批时效。

⑦建立发票池，将原来线下的票据通过发票影像系统存档，解决发票易丢失、难保存、保管成本高、调阅困难等问题。

（2）管理优化及提升

通过第一阶段的基础建设，企业实现了对费控流程的基本管控。但是前文介绍的对私费用中有关报销的痛点仍然存在，尤其是与差旅费用有关的信息不对称、数据滞后、票据收集难、报销周期长导致员工垫资压力等问题。因此，需要进入到第二阶段优化管理，提升效能。

在这一阶段，企业可以通过接入商旅、采购等第三方平台实现"一站式"服务，进而实现事前、事中、事后全过程控制。同时，员工无须再与零散的供应商、差旅服务方对接，助推无垫资、无报销，提升用户体验。企业也能获得更多数据，从预算管控、费用管控及数据稽查等层面实现精细化管理，如图3-9所示。

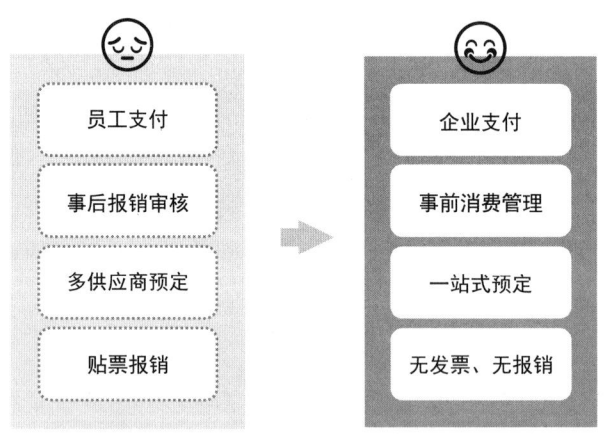

图3-9 第三方平台解决方案

接入第三方平台后，费控系统将企业消费需求根据一定规则提供给第三方平台，再由第三方平台提供符合规则的产品或服务方案，供企业进行选择。以接入商旅平台为例，企业可预先设置不同员工职级的机票、酒店、高铁、用车差旅标准，禁止员工超标预订。对于加急事宜可设置系统特殊流程规则，要求员工填写违规原因并提交管理者进行审批。对于走特批流程的员工，月度报表将自动发送给指定收件人。

在设定规则前，建议考虑管控强度的可调节性。系统后台支持根据时间段、项目等设置管控强度，并能自由切换、平稳过渡。企业则可根据自身发展阶段选择适合的管控模式。具体管控强度设置可参考表 3 – 1。

表 3 – 1 管控强度及内容

管控强度	管控内容
弱管控	在弱管控下，企业对商旅费用的管理较为宽松。如仅提供机票起飞时间前后一小时最低价格推荐；结合员工职级设置机票、酒店、高铁、用车的差旅标准，禁止员工超标预订，或是系统要求员工填写违规原因并提交管理者进行审批
中管控	在中管控下，企业可以加大对差旅其他方面的管理。如增加飞机、火车的舱位管控，保证员工出行符合差旅标准。同时引入福利金政策，如鼓励员工优先选择协议酒店入住等，激励员工选择企业有 VIP 服务或签署协议的差旅服务商
强管控	在强管控下，企业将执行航空、酒店、铁路、用车全方位严格管控制度。如在提供机票起飞时间前后一小时最低价格推荐的基础上，增加违反该政策的申请审批流程，使员工超过标准预定必须走审批流程。同时增加员工乘坐航班、航线等的管控，由激励员工预订协议酒店升级成为强制员工入住协议酒店等，全面提升管控的强度和执行力，最大程度地压缩差旅费用

同时，需要梳理和完善差旅一站式服务流程，包括预算冻结、TMC 多渠道集成、一站式平台预定、差标检验和预算扣除这几个关键节点。接入第三方商旅平台后，差旅费报销流程将转变为如图 3 – 10 所示的流程。

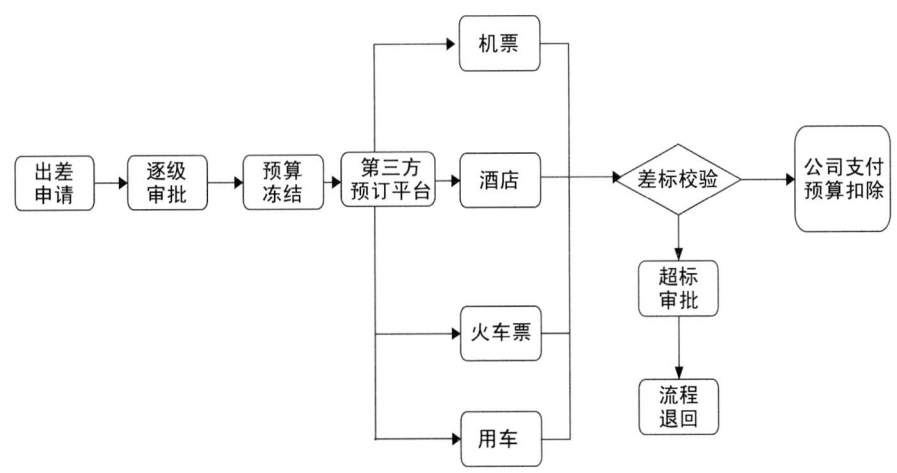

图 3 – 10 商旅平台接入后的差旅费报销流程图

企业将第三方平台通过统一数据接口与内部系统对接，实现接入以及一站式管理，如图 3-11 所示。

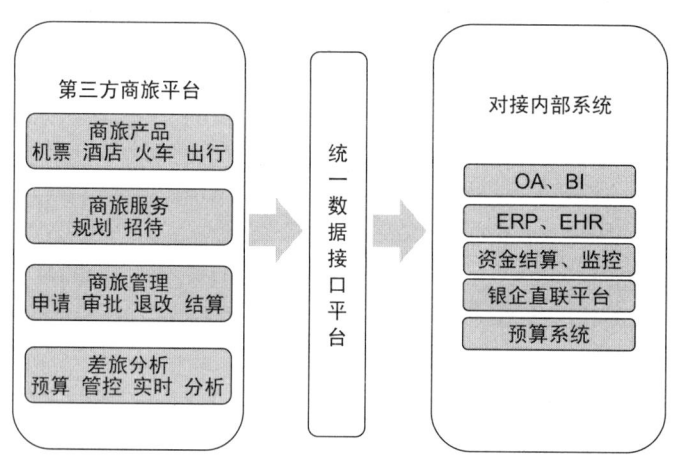

图 3-11　一站式差旅管理示意图

接入过程主要把握以下几方面：

①实施预算冻结：对于员工提交的申请金额，按差旅费用类型及部门全年预算进行双重管控。

②差异化差标管控：对于员工可申请票价区间，按员工职级及出差地区物价进行双重管控。

③职能多级别审批：通过自定义权限及审批流程、自定义预算使用预警值，进行双重管控。

④平台集成预定：支持多供应商比价呈现，订单信息随时返回至企业费控后台，可根据预算使用情况进行相应限制。

⑤对公统一结算，无纸化流程：自动生成月结账单，按产品类型开具发票，通过智能填单进行对公结算。整个过程全线上操作，无需垫资，无需贴票，真正实现无纸化办公。

⑥数据分析管理：沉淀业务数据，支持自动财务核算及各维度增值分析。

（3）全流程自动化

在这一阶段，企业的主要目标是加强流程间的交互、打通，填补第二阶段仍存在的断点，实现全流程无纸化、自动化、逐步消除人工参与，实现一站式付款、报销、记账功能。在解决传统报销问题的基础上，实现风险预警、决策支持、数据挖掘、数据稽核等溢出价值，让企业的费控管理体系成为数字化转型的重要铺垫。在本阶段有望实现的全流程驱动费用执行情况如图 3-12 所示。

①系统打通交互，接入电子会计档案。根据设计方案，将费控管理系统与企业内部多个系统进行集成，打通商旅、电子发票、税务、ERP、业务系统、人事系统以及采购系统等，形成费用的线上闭环，以打造统一入口、统一流程、统一消息、统一应用。接入银企

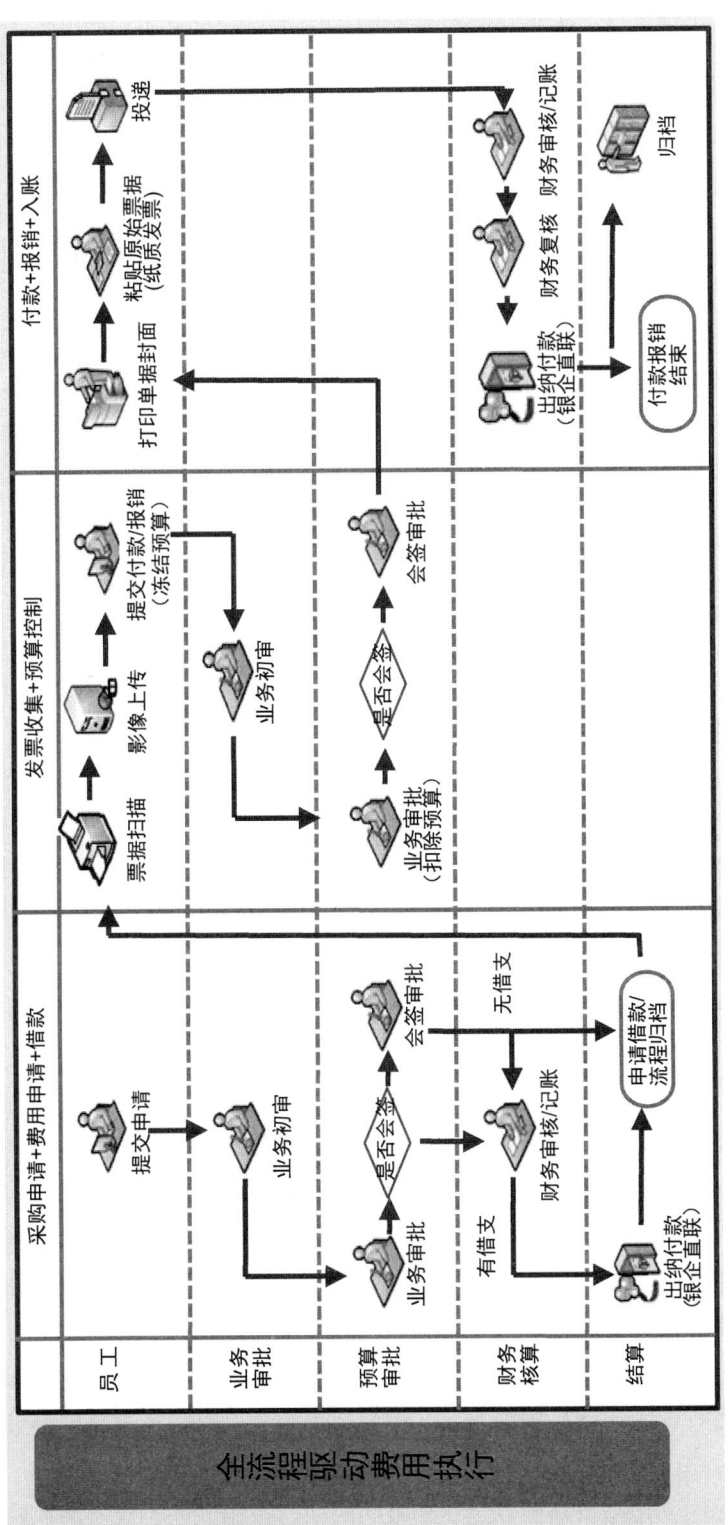

图 3-12 全流程驱动费用执行示意图

直联实现自动支付以及自动推凭。伴随业务活动发生的付款、报销流程完成后，以流程驱动生成的会计凭证，可以自动归档进入电子会计档案系统，实现跨部门全流程管理。企业费用支出业务全流程如图3-13所示。

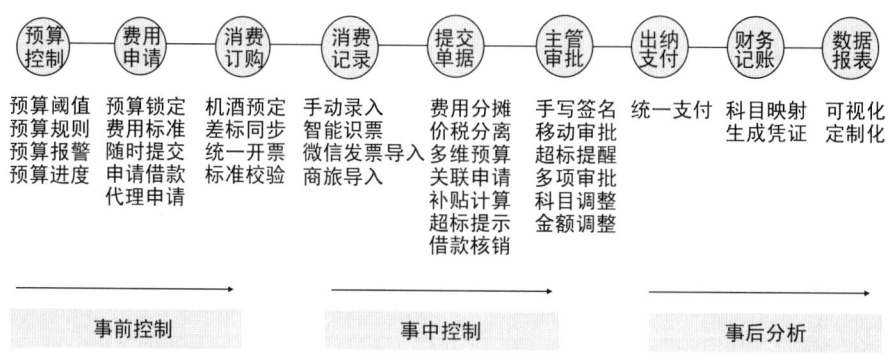

图3-13 企业费用支出业务全流程图

②数据赋能。数据赋能是数字化转型的成果体现之一。在数字经济的新时代，数据显然已经成为了新的生产要素。在这个阶段，企业通过流程打通后，能将原本分散在不同系统中的数据进行收集整合，比如，人事组织架构数据、流程数据、票据数据、业务交易数据、CRM系统销售数据等，为后续分析和应用数据做好铺垫。

在此基础上，通过数据标准体系建设进行数据清理及分析，将数据统一归集到数据门户，按数据源接口标准实时汇集，实时查验。财务不再通过Excel，而是通过BI支持，将结构化数据呈现出丰富的图形化展示，财务人员通过自助数据查询功能对数据进行处理，自助灵活地达成期望的数据结果，实现直观且多维度的分析。除了各类指标看板外，公司还能够直观地看到员工费用使用情况，了解和评估员工的行为和工作效率。以财务部门为例，通过数据分析能够清晰地知晓待审核事项停留的时间，观察财务人员是否存在长间隔时间审核、集中至加班时间审核等行为，从而判断财务人员的审核效率。

③稽核管理。即使事前和事中能通过发票验真、发票抬头审核、差标控制、重复报销检测等手段进行费用审核，也依然可能存在凭证为真但行为不合规或不合逻辑的情况，此时就需要后期再对费控管理系统收集的数据进行稽核。在后期稽核中，为提高稽核抽样的有效性和针对性，实现稽核、质量问题闭环管理，可以从以下几个方面设计稽核维度：

第一，发票连号预警。发票连号通常有较大报销舞弊的风险，发票连号稽查能够直接代替财务肉眼识别，准确、快速告知财务风险，提升工作效率。

第二，品名违规预警。在费用提报时，虽然大部分违规项目会在提报时被拦截，但仍有可能出现因为各种原因未被拦截的发票，事后数据稽查可有效地弥补这部分的内容。

第三，顶额开票。公司的报销制度会对每项报销项目有明确的额度限制，如果业务人员报销的金额，每次都是以顶额整数金额来报销的话，报销金额不真实的风险较高。

第四，同一商户多次出现预警。对于交际应酬费，除了部分大型连锁店会多次出现外，其他小型商户很难多次出现，因此有可能存在着虚报风险。

第五，周末节假日招待预警。报销工作日以外时间的交际应酬费用，很可能存在报销业务不真实、公费私用的情况。为了杜绝此类情况，可以将开票日期在周末及节假日的报销单稽查出来。

除了以上列举的内容外，公司需利用沉淀数据进一步进行稽查，将流程中规则无法全覆盖的部分持续进行完善。

3.2.3　上线安排及效用评估

（1）上线安排

费控管理项目建设完成后，需要进行一系列的上线安排，包括：

①常规项目建设目标验收，主要由项目成员以及组织各部门相关员工一起配合进行，由员工执行费用报销及付款全流程后，判断是否实现了相关目标及意义。

②项目上线前分阶段进行上线和推广的安排，让员工充分了解流程的变化以及操作步骤，包括培训期的时间预留、问题答疑应对、过渡期的规则安排等，确保这些安排都能触达到每个员工。

③收集各方反馈的问题，进一步考虑优化的方案安排。

（2）持续进行效用评估

验收合格后，费控管理项目将作为企业内部的重要系统长期存在，需要评估效用，并根据使用反馈与管理的要求进行持续建设优化。整体效用评估可以从以下几个方面着手：

- 成本优化以及效率提升方面

通过搭建的费控管理体系及系统，评估人工投入的减少情况；通过管控费用支出以及商旅平台接入，评估整体成本降低了多少。

从系统交互层面，评估现有的流程是否能满足更新的管理需要，其他相关系统的建设及信息输出是否及时有效关联纳入；评估与其他流程的交互是否顺畅，线上流程以及系统打通后使流程效率提升了多少等。

- 员工体验方面，包括员工、财务以及管理层三个维度

整体建设是否能满足方案设计的多维度需求。对员工而言，费控管理系统操作过程中的满意度如何，常用功能完整程度，流程是否便捷等。对于财务而言，关注审核内容的合规性，查看附件的便捷性以及数据统计能力的提升，是否真正提高了审核、管控、核算的效率以及人工的工作量是否有效减轻等。对管理层而言，关注是否能满足他们及时了解各项业务活动的进展情况，方便评估、优化业务策略，预算、报销、监控的信息是否能实时一体化更新等。

另外，针对已经接入的商旅、采购平台提供的服务是否能满足员工及企业的需要；更换或增加第三方平台是否方便；增加内部系统或串联点是否便捷；商旅平台功能员工使用

体验，订车、订餐、订机票、订酒店是否方便等。

- 大数据应用赋能方面

需要评估目前的数据维度是否满足了数据分析、稽查、赋能等方面的要求。

- 提升财务价值方面，从审核单据转型为数据分析

费控管理体系的建立，会使财务人员原先基础的审核工作发生翻天覆地的变化。费控管理系统很大程度上缩减了财务人员的投入时间，提高了支付、核算效率。原先重复烦琐却低附加值的工作由系统取代，财务人员的工作价值得到提升，更多聚焦在建立审核模型或者数据分析，为业务提出改进建议。

3.3 费控系统建设经验总结与常见问题

3.3.1 费控系统建设经验总结

（1）明确目标和规划方案

在搭建费控管理体系及系统前，需要充分识别费控管理的痛点，整理出明确的需求和目标，投入充足的时间和精力调研，耐心且全面梳理流程、节点、数据的链路线，不吝啬抠细节，从而形成完整的建设方案。

（2）避免不必要的系统开发

在系统建设规划、招标前，大家都认定任何一套系统软件产品其实都具有较强的通用性、功能的标准性、流程设置的规范性。但往往在实施过程中，除了在业务流程方面具有个性化需求外，还存在一些由于企业内部的特殊性需求提出的大量的二次开发。比如，为了保持原来的操作习惯，硬要通过定制化开发把现有的制度和流程一成不变地搬到新系统中去。可现实交付使用后，系统供应商会阶段性地对系统进行新功能扩充，推出新的升级版本，往往系统的升级都是针对标准产品，不会考虑企业用户的二次开发部分，如果系统二次开发量过多出现BUG的机率较多，系统复杂度以及耦合度增加，会降低系统的稳定性。

经验上，二次开发需求往往会使系统合理的逻辑屈服于企业固有的、习惯的工作方法，所以在建设中必须把握好二次开发的原则。因提升个别工作效率而会影响流程稳定性的坚决不做，因特殊化需求未对流程及管理水平有帮助的尽量少做。做合理性分析，打破固有思维，学会有所取舍，有所突破，有所改变。避免为了系统建设而系统建设，花费大量人力手工填补缺失的关联信息，和最初的目标南辕北辙。

（3）以数据为驱动

在数字化费控管理体系的建设过程中，要始终坚持以数据为驱动，推进无纸化财务为

目标，才能搭建出有效的数字化管控体系。

首先，统一电子凭证流转，内部系统避免烟囱式建设，成为数据孤岛及断点。随着外部凭证的电子化普及，比如电子银行回单、全电发票、电子合同等，通过流程驱动形成完整数据链路，接入记账系统自动生成会计核算凭证。所有数据有了业务属性＋财务属性＋业财属性＋密钥安全属性，实现财务核算无纸化。

其次，统一数据入口，采集完整数据流，赋能数据。业务数据在费用场景发生时就能进入到数据链中，通过数据逻辑的关联和处理，在满足多维度查询、实时精准查询等基础上建立模型，通过技术工具形成指标看板以及数据稽查报告，充分挖掘其内在价值。

最后，利用数据关联，搭建信用机制，从源头推进自主管控。信用管理体系是依据员工的报销行为而构建的，信用报销体系设定员工基础分数若干，在此基础之上根据员工的报销行为，系统可以给予信用分增加或者扣减。通过一个全面的信用管理体系，让员工自己意识到信用的重要性，从而自发地减少违规行为的发生。对信用高的员工的审批流程进行适当简化、财务审核环节免详审或抽审。反之，信用分低的员工审批流程长，层层审核。这样的管理措施，不仅能让员工自觉规范自己的报销行为，还能减少财务的审核时间，有效地提升审核效率。图3－14展示了信用管理体系框架。

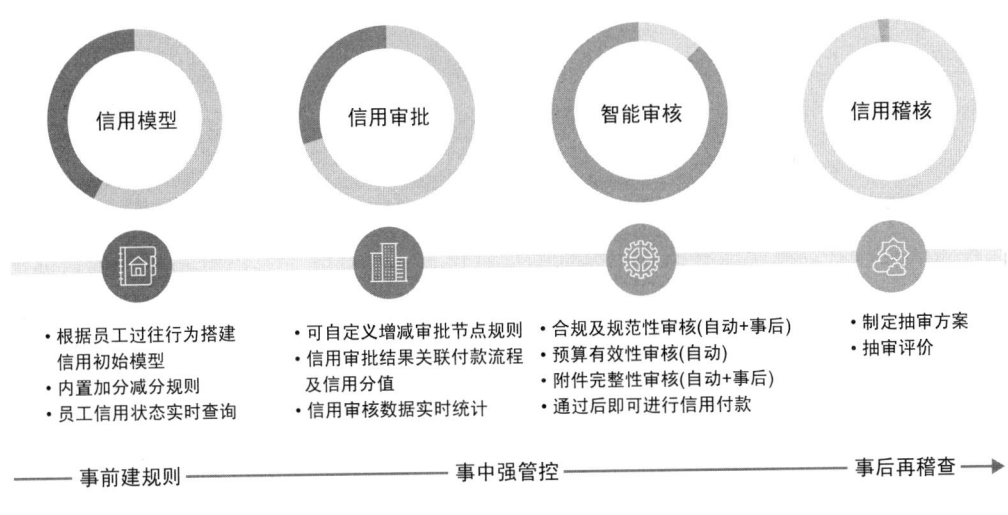

图3－14 信用管理体系框架

（4）体系建设持续优化

数字化费控管理体系的建设很难一次达到所有需求，它是一个长期进化的过程。作为一项面向广大员工的体系和系统，员工对其感知度是很高的，需要持续纳入员工及管理层的意见建议，充分考虑使用者的体验来不断优化。

比如，前面提到通过第三方商旅平台满足员工一站式差旅服务，无需差旅报销。后续还需要考虑接入商城、用餐、办公用品采购及供应商托管等，逐步实现多场景的聚合。通过整合丰富的供应商资源，提高渠道议价能力，降低成本。同时企业统一支付、统一开票的消费模式,让员工彻底告别所有报销。

3.3.2 费控系统建设的常见问题和对策

Q1:引入费控管理系统进行自动审核后,财务人员还需要审核什么内容?

引入费控管理系统后,财务人员对于简单重复的发票、单据审核工作内容将快速减少,能够将更多精力投入事后稽查、为费控管理系统匹配规则等工作中。财务人员可以根据申请员工的信用等级,或者费用所属项目、部门的风险程度进行抽查,发现费控管理系统存在的流程化、系统化问题并进行及时调整,发现申请人和审批人的不合规问题后,也能够及时予以纠正和警示。财务人员还能及时发现费控管理系统规则考虑不完善的情况,为规则的制定及执行查漏补缺。

费控管理系统的自动审核推动了财务人员的转型升级。智能财务时代,在大大提高财务工作效率的同时,财务人员能够跳出简单的审核工作,从事更高附加值的工作,服务更广阔的群体。除了对大数据的挖掘和运用能力、互联网思维等,财务人员数据赋能价值也将大大提升,更多财务人员有机会成长为决策支持和管理型财务人才。

Q2:在系统无法直接对接的情况下产生了数据断点,人工介入工作量更大了,怎么办?

尝试利用新技术工具。新型工具的引入可以为系统创造新的价值。RPA作为辅助数字化的转型工具,主要的功能就是将工作信息与业务信息交互,通过机器人来按照事先设计的流程执行。RPA可以高效地解决重复性的、有规律的工作,将财务人员从每日单调烦琐的工作中解放出来,提高工作效率。

Q3:系统突然出现错误或者数据传输不畅的情况怎么办?

理想的费控管理系统能够实现全流程闭环管理,通过打通企业内外系统实现数据的自由流通。但是在实操过程中,全流程管理的各个环节很难同时上线,难免有先后顺序,而且数据在流通过程中也可能出现意想不到的阻碍。因此建议在系统间数据接口以外,再留有手工上传接口,以备在自动推凭或附件无法传输等特殊情况下,可以手工上传回单或附件,进行校验等流程后,将上传的信息纳入流程。

3.4 费控管理系统应用案例

3.4.1 费控报销系统应用实践背景

北京动力源科技股份有限公司(以下简称"动力源")成立于1995年,是我国第一家在上海证券交易所主板上市的电源行业企业,业务聚焦数据通信、智慧能源、新能源汽车三大板块，应用领域包括通信运营商、轨道交通行业、公用电源、民用基础设施、光伏、储能、电动车充换电、新能源汽车核心零部件等。凭借自身在电力电子及信息化技术领域的研发和技术优势，现已成为中国铁塔、中国移动、中国联通、中国电信、阿里巴巴、百度、腾讯等国际知名企业的设备主流供应商，所研发的产品广泛应用于国家重点建设项目，包括国家体育场、国家奥林匹克体育中心、上海世博园、港珠澳大桥、大兴国际机场等项目。

2011年，动力源开始财务数字化转型，并着手布局业财融合战略。在能效管理方面，动力源擅长且长期帮助大型企业提供解决方案，但在财务管理方面，企业自身却受制于报销系统冗杂、运转效率低下之苦。

在手工报销的掣肘下，企业从员工贴票、填写付款申请单，到财务手工录入系统，层层审批打款，报销方式依赖于手工处理、流程烦琐复杂。财务耗费大量时间从事低价值的基础性工作，员工报销流程漫长，体验不佳，管理者无法掌握数据信息做到精准管控。

此后，动力源开始了漫长的系统自研之旅，先后自建费控系统、采购管理系统、销售管理系统、生产制造管理系统、基于OA系统开发的报销系统。虽然系统实现了部分操作流程线上化，但过程依然复杂，离预期有很大差距。例如，发票自动认证、发票查验真伪，成了企业自建系统无法解决的"硬伤"。

2021年，动力源与费控报销行业领先企业合思展开全维度合作。动力源在工程、差旅、招待等多个场景使用"无需报销"解决方案后，员工报销周期从4周大幅缩减至1周以内，效率提升了300%；旗下各平台及子公司费用会计编制由过去的6人降到了3人，人员成本支出节约50%；管理者可以随时查看财务数据，动态掌握企业信息，彻底摆脱企业传统费控"盲盒"模式。

3.4.2 业务场景介绍及核心痛点

业务覆盖面广，报销模式复杂。动力源主营业务通信基站建设覆盖面广，业务人员常常需要深入到全国各地乡镇、农村开展项目，因此报销模式非常复杂，机票、酒店费用由企业支付，火车、出租车费用由个人垫资，渠道不完全统一。

公司组织架构复杂，各主体流程繁复。由于公司业务分散在全国各地，人力资源组织架构复杂，分公司通过PC端OA系统发起出差申请，总部则必须发起纸质出差单申请。出差申请通过后，员工需要在原本的差旅服务供应商再次提交订票申请，流程重复。

体验差、合规难，员工、财务倍受困扰。员工在各系统间进行切换，体验差、报销周期长、抱怨及投诉严重。如费用发生后，员工贴票、填写付款申请单，经过财务手工录入系统，层层审批打款，报销流程烦琐复杂；财务报销审批、预算、差标分散管理，数据统计耗时费力、制度落地有偏差。假票、错票、重票情况无法避免，财务耗费大量时间从事财务验真、查重、差旅标准核对、贴票、制作会计凭证等低价值的基础性工作。

数据信息滞后且不精准。手工统计数据报表滞后严重，管理者无法实时掌握数据信息，难以做到清晰了解；数据报表欠缺，管理者无法通过综合分析报表发现问题，对业务运营及时纠偏。

基于以上情况，动力源对于费控报销数字化升级提出了以下构想：

（1）加强费控

新增数字化报销系统，需囊括差旅费执行标准、人均用餐标准，以及是否有事前申请、发票是否合规是否连号等多项执行标准与管控节点；费用标准前置控制；审批权限规范管理；将企业固有的预算系统、CRM系统、报表中心等功能与新设的报销系统兼容运转，生成实时看板，便于管理层对于企业财务信息管控。

（2）降本提效

降低财务人力成本、提升财务作业效率，提升企业财务岗位人力资源效能；差旅订购集中管理，提升谈判资本；统一收集财务数据，逐步改进财务岗位作业流程。

（3）财务合规高效

从源头上杜绝假票、错票、重票；借助自动化工具处理财务发票核对、验真等基础工作；提升财务数据真实性、准确性、及时性。

（4）流程优化

优化报销申请审批流程，消除冗余节点；适应移动办公状态，实现移动报销、移动审批；缩短费用报销周期，减少由员工垫款带来的不便；一站式报销体验，消除企业原本"差旅业务在分某通，报销及预算管控在泛微OA系统，记账在U8系统"的情况导致的信息分散，员工报销效率低下问题。

3.4.3 费控报销系统架构实施

（1）系统建设方案

2021年4月底，动力源费控报销系统升级正式启动。彼时，动力源多个业务线审批流程中的审批节点、授权金额、职级角色各有区别，整体流程审批慢，维护相对复杂。

经过深入分析，结合易快报Open API（开放接口）与审批引擎自定义功能，通过Open API自动同步各部门负责人，加快了审批进度，满足了动力源需求。图3-15呈现了动力源费控报销系统的布局规划。

动力源费控报销系统布局拆分为三个版块，贯穿员工、供应商、企业财务处理流程。

员工在接到出差任务后，从系统中发起差旅申请，通过后可直接在费控商旅平台按照预设的差旅标准订购机票/酒店/火车票，即可前往出差。通过费控商旅平台的聚合能力，可以实现同屏比价，极大地方便了员工的使用，事前无需个人垫资，事后不再重复贴票重

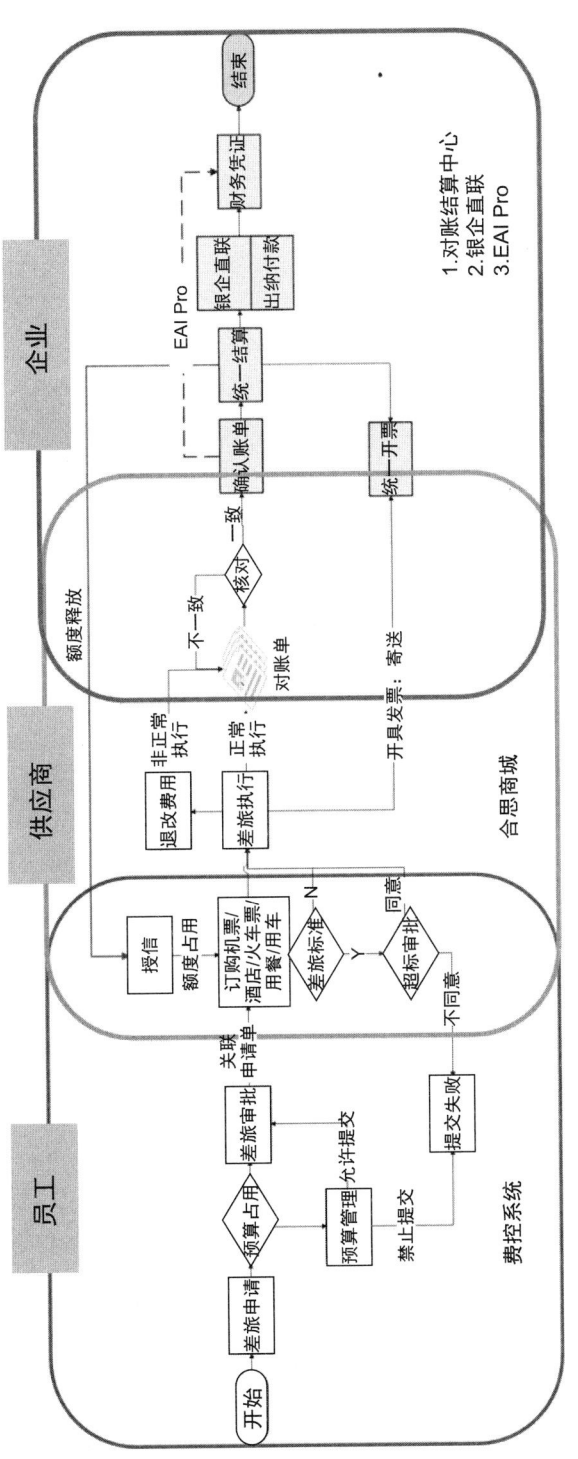

图 3-15 动力源费控报销系统布局

复报销，极大地释放了员工的生产力，可以让一线业务人员的精力聚焦在业务上。

①出差申请：从申请到订票，一键切换，便捷高效。费控商旅平台产生的所有订单都会被自动同步到系统的对账结算中心。系统会自动检查订单数据是否完整，并为其匹配申请单、发票。图3-16呈现了费控商旅平台App界面。

图3-16 费控商旅平台App界面

对于退改签、人员部门变更等特殊情况，费控商旅系统依然可智能识别并处理。在订单信息确认无误后，系统还可以根据企业管理的颗粒度，自动将订单拆为不同的对账单，交由各部门负责人或者成本中心负责人审批确认。

②费控商旅平台的差标控制：根据动力源的差旅报销行为规范，可在费控商旅平台中进行各项配置，图3-17列示了机票差标控制的设置。

③对账结算中心配置：对账结算中心是"无需报销"解决方案中的枢纽，是连接商城订单、费控以及EAI Pro（自动化生成会计凭证的工具）的数据中转站，数据的流转过程也是动力源费控报销系统落地的核心部分。企业财务在月底批量接受发票、账单、凭证等，无需报销需要配置的内容项及关联关系，配置的先后顺序如图3-18所示。

第一，通过账单模板设置，配置账单所需字段，完成费用类型合理规划。以机票为例，可将未来生成凭证用辅助核算项如项目、部门预置到费用类型上，用来承接对账单上的字段。

第二，完成费用生成赋值规则，如取申请单：将申请单上的某字段赋值到费用字段上，完成项目、客商等自定义扩展档案。取账单：将对账单上的某字段（如服务费金额、退费金额）等赋值到费用字段上，完成操作。取固定值：固定某字段，无需赋值。

第三，导入账单后，系统自动分类汇总，在一个窗口即可以看到每项费用构成。

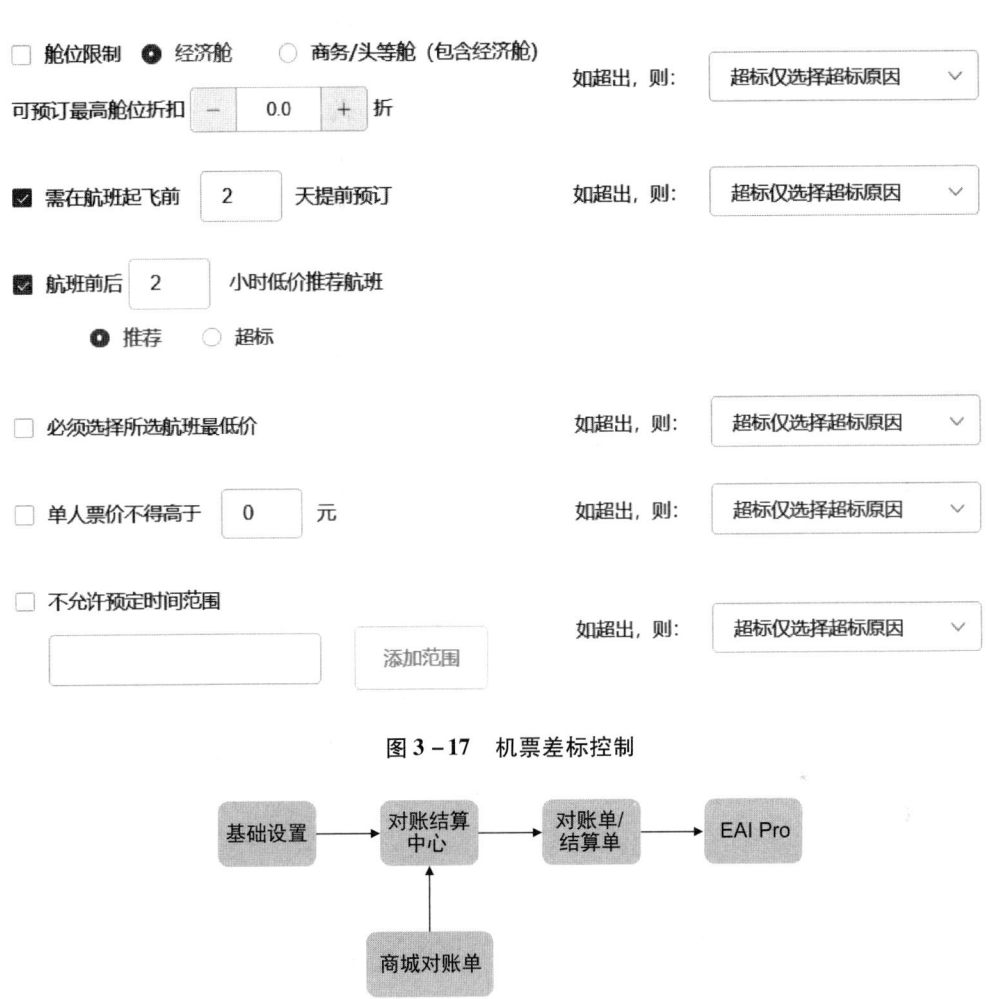

图 3-17 机票差标控制

图 3-18 对账结算中心配置顺序

第四，对账单的审批。各业务线负责人在审核账单时，可以穿透到订单明细中进行，检查出差的真实性。

第五，完成对账单审批后，可在 EAI Pro 中一键生成凭证。图 3-19 呈现了消费对账单据详情。

（2）主要功能模块

动力源采用合思及合思商城两大产品。通过易快报系统，动力源打通费控报销全链路，实现从申请、订购、验票、报销、支付、记账等全链路自动数字化闭环。员工因公消费实现无需垫资、无需开票、无需提单；财务压力极致释放，数据流程安全合规；企业实现"事前、事中、事后"全流程费用管控。

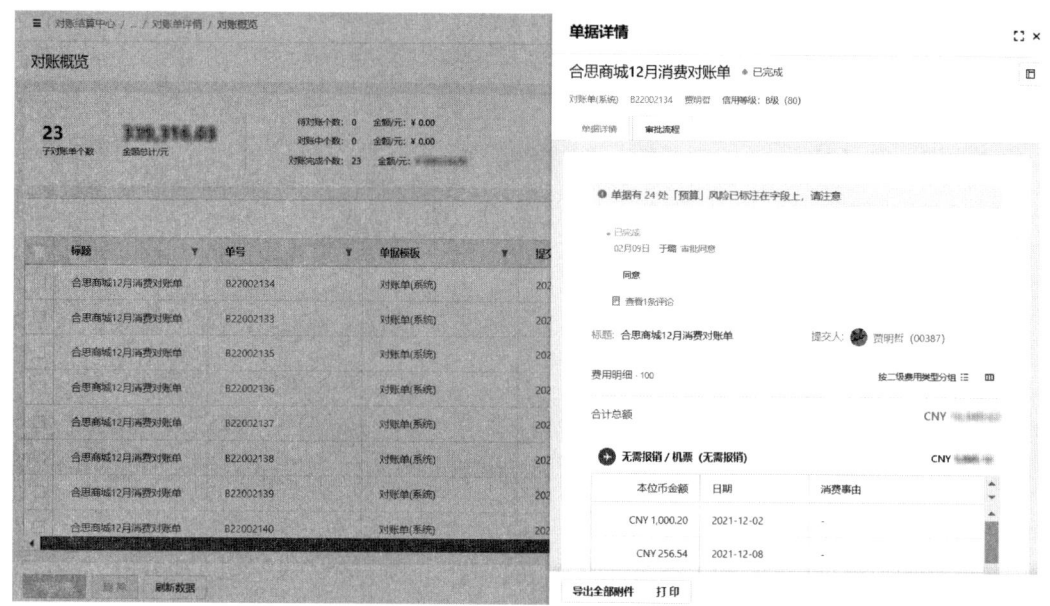

图 3-19 消费对账单详情

通过合思商城（费控商旅平台）的企业聚合消费解决方案，动力源覆盖超95%的消费场景，包括机票、火车票、酒店、用车服务、用餐服务等；聚合比价一省到底，优质低价展现、查询预订无需多平台切换；预设消费标准，智能审批，多维度差标控制，支持超标审批与混合支付等灵活方式，深入消费场景管控费用；支持企业自有采购协议托管、上传以及代预订服务，满足企业个性化需求；提供月结垫资服务，全场景提供对公统一开票服务。

整体而言，动力源在完成费控报销系统全面升级后，从预算、消费、报销、对账和报表等方面实现了费控系统重塑和全维能力提升。

预算方面，更多维的实时数据也使得"事中""事后"分析控制情况不断完善。

消费方面，统一资金账户、统一票台、统一服务台、统一规则主数据；同屏比价有效降低支出成本，且通过"员工提前申请＋公司授信给员工"的虚拟卡服务方式，非商城内的商家也可以被覆盖到。所有商城内的消费输出"消费总发票"，系统将发票和消费申请自动匹配，员工因公消费从此无需垫资、无需开票、无需提单。

报销方面，系统会把控每笔消费数据是否符合预算要求，自动同意、驳回。人工只要审核消费真实性即可。

对账方面，系统可以帮助财务人员自动完成消费和账目的匹配，财务工作量直线下降。

报表方面，系统可以根据企业内不同角色实时推送个性化＋细颗粒度的数据报表，人工完全不用参与统计过程，更实时的财务数据可以更好助推业务决策，让数据产生更大价值。

（3）具体实施步骤

动力源费控报销系统应用实践场景的交付过程共分为14步，包括收款账户（对公）、创建供应商档案、创建供应商账户、配置统一开票、账单模板设置、费用类型、费用生成配置、对账单设置、对账单拆分配置、账期配置、单据模板：结算单配置、对账结算中心：结算单配置、单据模板：对账单配置、EAI Pro 配置，整体实施周期约1个月。图3－20呈现了费控报销系统实施路线图。

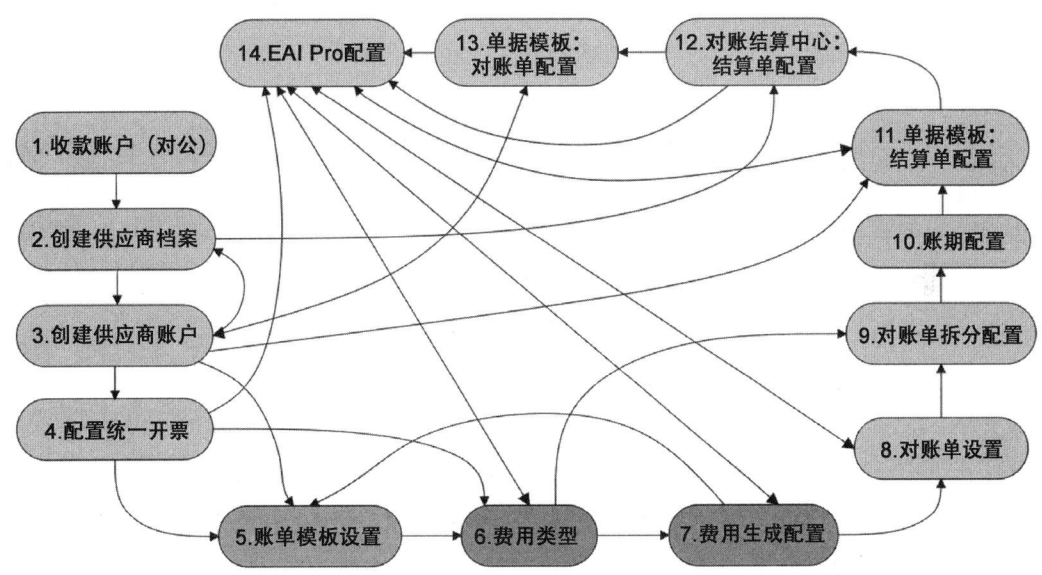

图3－20　费控报销系统实施路线图

在上述14个步骤的全链路设置中，逐步完善动力源费控报销系统的整体实施。首先，创建收款账户，在收款账户中创建对公账户；其次，通过创建供应商档案、供应商账户及完成统一开票设置，建立公司在供应商管理方面的底层数据信息。另外，通过完成账单模板设置，在供应商账户下添加该账户的账单模板及所需要的字段，并通过完成费用类型设置，在费用类型—报销字段，添加账单中用于辅助决策、统计需求、凭证规则所需要的字段，同时完成费用生成配置。

比较关键的是，在实施过程中完成对账单设置并绑定供应商账户，确立对账单拆分规则。在对账单拆分配置过程中，按业务线设置拆分规则并完成账期设置，设置账期的开始时间、结束时间并由此确定时间周期。

随后，分别在单据模板和对账结算中心中完成结算单设置，可按法人实体分别结算；建立对账单设置中的单据模板，开通对账结算中心后，系统会自动创建一个对账单模板，基础设置保持不变。最后，进行 EAI Pro 插件配置，完成此项配置之后，在 EAI Pro 中下载对账单、结算单后，即可一键生成凭证。

（4）系统使用推广

动力源费控报销系统启动应用后，通过标准培训手册及全员线下培训，确保公司管理、销售岗位和分、子公司的全体员工熟练使用。

3.4.4 费控报销系统案例应用评价

（1）建设成效

过去，动力源员工报销周期普遍在 4~8 周。在使用合思"无需报销"解决方案后，员工报销周期大幅缩减至 1 周以内，效率提升了 300%~700%，人员成本支出节约 50%。

动力源公司的员工：申请单信息自动赋值，聚合消费，同屏比价。员工极大缩短填报时间（拍照、扫码、录入），简化报销流程，提升使用体验；员工报销周期从 4~8 周缩减至 1 周以内，效率提升了 300%~700%；因公消费无需垫资，消灭冗余环节，打破漫长报销惯例。

动力源公司的财务：审批有依据，费控更合规，统一结算。财务人员无需将时间花费在发票核验真伪、认证、审批等流程，降低基础工作压力；从手动制单进化到智能制单，节省更多精力做更有价值的工作；费用会计编制由过去的 6 人降到了 3 人，人员成本支出节约 50%。

动力源公司的管理：事前预算—事中控制—事后分析的全程费控，实时了解企业经营状况。管理者能够随时查看财务数据，动态掌握企业信息，通过综合分析报表发现问题，对业务进行高效、及时、准确的决策；彻底摆脱企业传统费控先发生后追责的"盲盒"模式。

（2）未来优化方向

①计划将管理方案嵌入财务信息系统，强调处理时效，实现闭环管理，达到降本增效的目的。

②结合数字化发展趋势，计划通过建立管理中台，把财务系统与研发、生产、销售等子系统进行数据口径统一，进一步深入整合。

在"无需报销"解决方案的加持下，动力源享受"无需报销"的不仅是员工，财务从报账、对账等烦琐的基础事务中解放出来，释放更多创造力，并向企业管理决策层发展；企业管理者无需审批报销，通过事前、事中、事后的精准管控，在保障因公消费合规的情况下，实现企业数字化改造升级。

（案例作者：陈华林，动力源通信、海外业务线财务总监；马春荃，合思创始人兼CEO）

第4章 财务数字化中的移动支付

移动支付发展十余年来,早已作为一种生活方式进入寻常百姓家,但其在企业层面为财务管理工作带来的深刻变革却往往为人所忽视。移动支付的深度应用会如何影响财务人员工作?其作为一种技术驱动力又将如何助力企业财务数字化转型?企业如何为自己"量身定制"移动支付解决方案?优秀的移动支付方案如何做到与企业的业务模式完美契合?以上问题大家都会在本章找到答案。

4.1 移动支付的"前世今生"

4.1.1 To C 端:移动支付只是"手机出示付款码"吗?

移动支付是允许用户使用其移动终端如手机、智能手环等,接入通信网络或使用近距离通信技术如 WIFI、移动网络、近场通信(Near Field Communication,NFC)完成信息交互,对所消费的商品或服务进行账务支付的一种服务方式。

根据艾瑞咨询《2021 年中国移动支付行业研究报告》,2021 年平均每人每天使用移动支付 3 次,通过二维码支付的比例超过 85%。它还能推动经济增长,改善就业环境,助力数字政务,推动普惠金融发展,促进消费升级。2022 年我国居民支付方式分布情况如图 4-1 所示。

而二维码这种支付方式在给我们生活带来极大便利的同时,也存在着支付路径较长的痛点,目前主流的二维码支付需要五个步骤:解锁手机—寻找 App—打开 App—出示二维码—等待完成支付。NFC 很好地解决了这一痛点,小额支付用手机一靠近就完事,大额支付双击电源键即可,支付路径更加简短便捷,大大缩短了支付时间。

银联的"闪付"更是玩出了新花样,它结合扫描支付和 NFC 两种支付方式,达到了 1+1>2 的效果,银联手机闪付通过"双击电源键,哒哒两下直接付"让用户在支付时不用再打开 App,没有网络也能直接调出支付二维码界面,让移动支付更便捷。

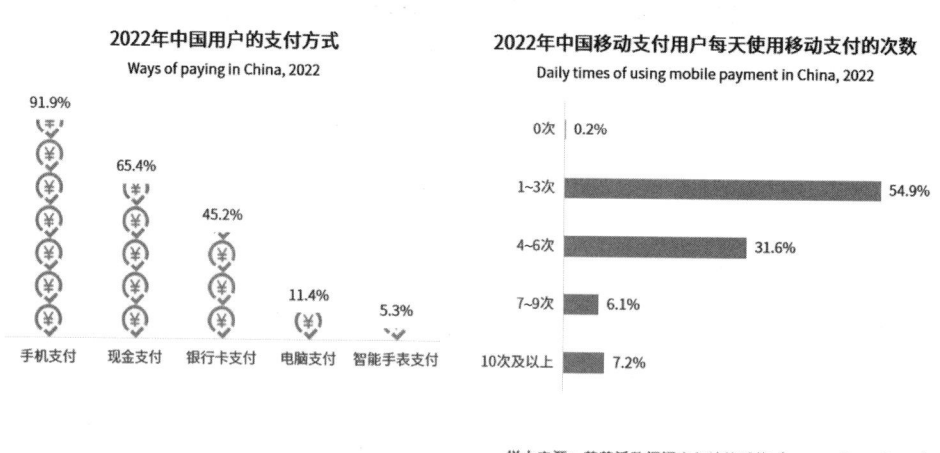

图 4-1 2022 年我国居民的日常支付方式

4.1.2 To B 端：移动支付服务商的一站式解决方案

前文介绍了个人用户视角下的移动支付，但移动支付不仅在 To C 端大放异彩，在 To B 端更是通过服务商提供的一站式解决方案，满足商户支付、账户、钱包、营销、运营等全方位业务需求。

以微信支付为例，靠"会员+支付"的模式，将用户的"消费场景"和"会员身份"进行了绑定。每一笔交易的发生，都帮助商家构建起了更完整的用户画像，提供更丰富的用户信息，助力更精准地提升运营能力。餐厅可以让顾客关注其微信公众号后，利用公众号内置的小程序点单，并于顾客注册会员之后发放一定的优惠券，同时通过公众号这一便利的信息渠道让客户可以及时地得知店铺的优惠打折活动。这种做法是通过移动支付先获取了商户营销所需的客户信息，再借助专门的卡券营销系统和会员卡系统，把优惠券发给有消费需求的顾客，旨在促进顾客的重复购买。

像上述这种商户依托于微信公众号等平台服务赋能营销管理的模式称之为 PaaS 模式（Platform as a Service，平台即服务），同时一些移动支付服务商还提供了 SaaS 模式（Software as a Service，软件即服务），例如，餐饮 SaaS 软件囊括了顾客点单、后台分单合并、食材采购管理、人员考核等运营活动和管理功能，商户通过购买整个软件包再进行一些本地化配置，即可搭建出从订单到收款全流程的系统。商家不必自行去办理收款工具，移动支付服务提供商为商家提供的收款解决方案可以支持多种支付方式，包括银行卡、各类电子钱包等，商家可以轻松应对不同消费者的移动支付工具偏好。

4.1.3 移动支付发展四阶段

数字经济的发展需要适应时代要求，过去二十年来中国电子支付产业一路走来，已然经历了如图4-2所示的四个发展阶段。

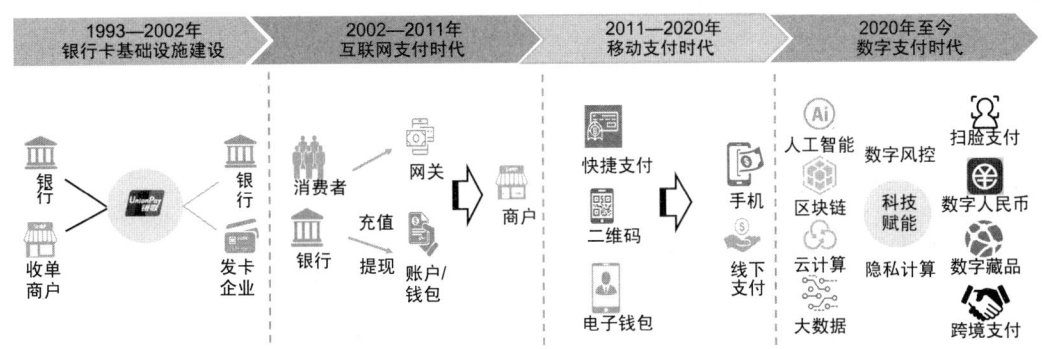

图4-2 移动支付发展四阶段

第一阶段是银行卡基础设施建设时期（1993—2002年）。1993年中国开始启动金卡工程，2002年中国银联在上海成立，通过金卡工程和银联体系的建设，在全国范围内实现了银行卡的联网通用，实现了"一卡在手，走遍神州"，完成了中国银行卡基础设施的建设。

第二阶段是互联网支付时代（2002—2011年）。2000年以后，互联网在全球兴起，支付也迎来了非常迅速的发展。基于电子商务和行业定制化解决方案的互联网支付得到极大的应用。2011年中国人民银行颁发了全国第一批支付牌照，标志着支付进入持牌经营的全新时代。

第三阶段是移动支付时代（2011—2020年）。快捷支付的出现，极大提升了移动端支付的便利性，电子钱包和二维码的应用则使得移动支付逐渐成为主流支付方式，并推动支付行业进一步向纵深发展。

第四阶段是数字支付时代（2020年至今）。这一阶段，数字人民币相继在多个城市进行试点，科技水平进步的同时也提升了支付行业的风控合规水平，支付正在成为各行各业数字化转型的基础设施。

4.1.4 移动支付"沃土"中生长出的数字人民币

（1）中国的数字人民币 vs 比特币

作为数字货币的鼻祖，比特币近些年来不断闯入人们的视野，它的涨涨跌跌也时刻牵动着无数"挖矿者"的心。与此同时，数字人民币也在渐渐走近我们的生活，中国人民银行从2014年就开始研究数字货币，2016年成立了中国人民银行数字货币研究所。2020年以来，在上海、苏州、成都、北京等试点地区，地铁、便利店已经开始推广数字人民币的支付。2021年，有关数字人民币概念的股票也是涨势喜人。从2022年7月15日开始，上海地铁"Metro 大都会"App 已全面支持使用数字人民币支付。

那么，数字人民币究竟是什么？它是否跟支付宝、微信支付一样，是一种移动支付方式吗？

数字人民币（Digital Currency Electronic Payment，DCEP），从命名可以看出其兼具数字货币和电子支付两层含义，数字人民币既克服了比特币这类去中心化加密货币的各项弊端，又不单单限于支付宝、微信支付的工具定位。数字人民币是中国人民银行发行的数字形式的法定货币，由国家信用背书，是法定的数字货币，功能属性与纸钞完全一样，只不过是数字化形态，它的定位是流通中货币（M0 级），目的是向数字经济发展提供通用性的基础货币。

（2）数字人民币的特点

数字人民币设计兼顾实物人民币和电子支付工具的优势，既具有实物人民币的支付即结算、匿名性等优点，又具有电子支付工具成本低、便携性强、效率高、不易伪造等特点。具体来讲有以下六点：

第一，没有交易手续费。与实物人民币管理方式一致，中国人民银行不向指定运营机构收取兑换流通服务费用，指定运营机构也不向个人客户收取数字人民币的兑出、兑回服务费，这也是相比当前移动支付的一大核心优势。

第二，支付即结算。从结算的角度看，数字人民币与银行账户松耦合，基于数字人民币钱包进行资金转移，可做到实时到账。

第三，安全性。数字人民币综合使用数字证书体系、数字签名、安全加密存储等技术，实现不可重复花费、不可非法复制伪造、交易不可篡改及抗抵赖等特性，国家已初步建成多层次安全防护体系，保障数字人民币全生命周期安全和风险可控。

第四，可控匿名。在强调交易可追踪的同时，数字人民币还遵循"小额匿名、大额依法可溯"的原则，高度重视个人信息与隐私保护。

第五，数字人民币通过加载不影响货币功能的智能合约实现可编程性，使数字人民币在确保安全与合规的前提下，通过加载智能合约，数字人民币可在触发时间、场景、角色等特定条件下实现有条件支付，可便捷地解决三方资金信任、定向贷款消费、定向用途拨款等问题。

第六，双离线支付，数字人民币实现了真正的无网络交易，如同实物钱包一样，在没有网络时，双方同样可以便捷地交易，通过 App 扫码就可以支付。

总而言之，数字人民币既不同于比特币，也与支付宝、微信支付等移动支付不属于同一个概念。它既借鉴了区块链加密货币的可追溯性和不可篡改性特点，又充分融合了第三方支付平台的高并发性能，在不改变政府信用背书的前提下，既提高了货币流通效率，又解决了货币犯罪问题，还为人民币国际化做好了最根本性的铺垫。数字人民币绝对算得上中国金融史上最伟大的科技创新、制度创新和人文创新。

（3）数字人民币的未来

作者认为在可预见的未来，数字人民币与商业银行账户存款、第三方支付账户余额将长期并存。这是因为近年来银行间支付清算系统（如大小额支付系统和网上支付跨行清算系统等）、商业银行行内系统以及第三方支付机构等支付系统持续完善，较好地满足了经济发展的需要。因此，如果强制立刻用数字人民币替代现有纸币和硬币，不但不会提高支付效率，还会造成现有系统和资源的巨大浪费。

目前数字人民币的应用还主要集中在 To C 端，但随着数字化转型成为越来越多企业生存和发展的主要方式，"云办公"及"线上经营"的推广，数字货币也将获得更加广泛的应用场景。尤其是随着国家不断规范电子发票和会计电子档案，未来数字人民币将会在企业端得到更广泛的应用。

4.2 移动支付在财务中的应用

移动支付的解决方案尤其契合收款频次较多的企业，例如，餐饮、大型商超等实体店消费的场景。在这些场景中，移动支付可以从如下角度赋能企业财务管理。

4.2.1 助力企业现金管理破局

（1）赋能资金收款、对账、分账流程

一般企业的资金收款流程包括收款环节、对账环节，连锁企业还涉及分账环节。在移动支付普及之前，企业在现金管理方面普遍存在以下核心痛点：

首先，存有大量现金不安全。其次，在收款对账环节，财务需要进行现金实物盘点，对账十分不便捷，现金收款的收款信息无法自动关联到企业上下游业务单据等。最后，在小额高频支付场景下，依靠人工完成以上核对工作是极其困难的，也是不经济的，实操过程中也往往会出现现金长款短款的现象。

这些问题通过移动支付均可以得到妥善解决。因为移动支付在交易的同时还可以产生结构化的数据，企业可以实现所有订单信息和收付款平台流水数据的自动获取，然后把这些数据进行自动匹配和核销，完成自动对账。而且对账工作做完以后，可以把所有的对账和交易的信息自动导入企业的 ERP 系统或者会计核算系统，自动入账生成凭证，可以非常方便地完成数字化的资金管理。

以国内领先的支付公司汇付天下为例，其面向十余个领域的数百万商户，针对诸多智慧零售痛点，推出"斗拱"支付 PaaS 平台整合了聚合支付、账户服务、营销赋能、资金管理的功能。通过统一支付入口、聚合对账、智能路由、灵活分账、终端设备二次开发、经营助力,连接行业各方参与者,打造聚合生态,帮助商家更好地服务消费者。轻松实现一站对账,多维度多渠道的交易数据统计,财务人员降本增效。实现支付即会员,帮助商家沉淀消费数据,增加用户黏性。轻松对接电子发票,发票与订单对应,零售门店轻松开启"逢票必开"模式。

为了帮助读者更直观地理解移动支付这方面的功能,这里举一个通过移动支付助力鲜奶企业订户收款的平台建设项目,鲜奶订送企业具体业务模式如图4-3所示。

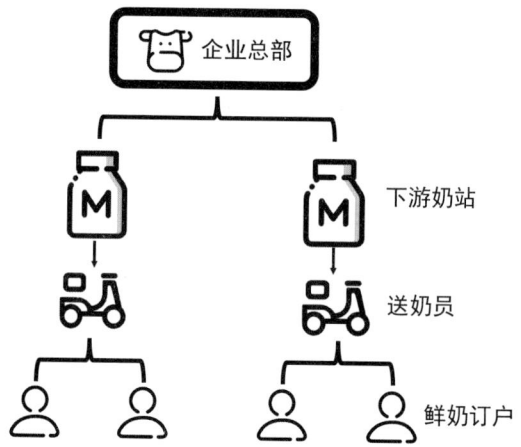

图4-3 鲜奶订送企业具体业务模式

移动支付赋能整个鲜奶企业资金收款、对账、分账过程如下:

①奶站通过送奶员向终端鲜奶订户配送鲜奶,消费者扫描送奶员专属收款码支付交易款,资金进入项目的移动支付资金管理平台。

②资金进入平台后,自动归属收款码关联的奶站账号,并自动冻结,由总部统一分配和管理。

③总部依据约定的资金分配规则进行资金划付处理,其中一部分资金转账至总部指定的实体银行账户,作为奶站向总部订货的货款;剩余部分资金解除冻结,作为奶站的利润归还奶站,解冻后的资金支持奶站自主提现。

④平台通过银行系统的API接口将资金转账至总部指定的银行实体账户时,需按照指定的格式和内容传参转账信息(如奶站的单位名称和银行卡账号)。

通过将移动支付嵌入该流程,企业可以实现集团层面的资金统一管控,明晰资金清分数据,保障资金安全,减少冗余资金划拨操作,提高资金流转效率。

(2)助力企业信贷及余额理财

①提高现金管理效率上的"各显神通":在企业现金管理过程中,由于现钞的特殊性,企业往往不会实时进行缴存,现金又是没有收益的,移动支付和数字人民币可以说是各显神通,都给出了提高现金管理效率的妥善方案。

企业通过移动支付渠道收到的现金暂存在第三方支付公司,支付公司可以与金融机构合作对接低风险流动性高的银行理财产品,协助企业提高资金收益率。

数字人民币利用其实时到账的特性,也可以达到类似效果。收到付款后,企业可按约定自动转至关联的结算账户。若购买银行"现金类"等理财产品,当天起息,缩短企业现金闲置成本,协助企业提高资金收益率。同时企业也可以实现现金风控管理,杜绝截留挪用的可能。

②打通业财数据,便于金融机构授信评估:在银行对企业进行授信并发放贷款的过程中,如何验证企业收入、收款、开票等信息的真实性和有效性一直是个难点,特别是数量众多的中小企业,银行通过传统的审核方式对企业进行授信审查面临数据和投入成本的多重压力。

前面提到,移动支付和数字人民币的应用可以使交易数据以电子化的方式存在于资金系统、财务系统中,如此便实现了业财数据的打通,这些数据比单纯的收款数据更加真实、可靠,降低了金融机构授信的风险,也有助于企业快速获得急需的资金,这种数据打通还可以通过结合本书第 11 章将要介绍的数据分析工具,帮助企业发掘更多的商业机会。

(3)加快推进电子会计档案进程

对于财务人员而言,一手管钱、一手管票的模式已经延续百年,但随着信息化水平的提高,尤其是我国央行发行的法定数字货币、移动支付和电子票据等技术的发展,这种模式正在发生革命性的变化。据统计,基层财务人员 70% 的精力都应用在处理票据上和核对数据上。而电子发票、电子回单是以结构化数据和版式文件存储,同时具备了计算机识别和人工识别的能力,可以提供智能的归集、查验、入账,在给财务人员减负的同时,还提升了管理效率和风险控制能力。

在企业经营活动中,配合移动支付,开具或取得以电子方式存储的电子发票,并形成企业的电子会计档案存储。这种"全程"电子化会大大提高企业的经营管理效率和水平。

4.2.2 移动支付在产业链融合方面的应用

(1)数字化支付助力产业 B2B 上下游结算

过往,企业在供应链采购时,对于大额集中采购,普遍采用 ERP 系统进行统一管理,以银行转账的方式统一付款,信息化程度高的企业往往会自行打通自身业务系统和财务系统,再通过银企直联来付款,从而实现从订单到付款流程的"不落地"。这种模式导致了对账和付款方面存在如下困境。由于企业与外部供应商之间没有系统连接,不同企业之间系统结构一般存在差异,对接实施和开发成本高昂。在企业与企业的系统没有打通的情况下,企业与供应商之间的对账工作就落在了财务人员头上。具体可参考图 4-4。

图 4-4 当前供应链结算痛点

数字化的支付服务促进产业链融合是指第三方移动支付平台通过为产业链上下游企业提供统一接口的 PaaS 服务，包括 B2B 支付服务、灵活多样的结算服务、财务智能对账、可定制电子回单和数据服务，实现打通上下游的业务流、资金流，使参与交易的上下游企业可以获得清晰的交易信息、资金动态和对账结果信息。

(2)"多级账户体系"促进营销渠道数字化

在供应链中分销商连接着生产商和零售商，但很多行业由于营销穿透较为困难，往往需要多级分销商才能使商品到达最终零售商，这种多级分销的模式对上下游都带来资金效率和压力，资金需要灵活周转，但是由于数字化程度低，导致资金结算效率低下，而上下游由于账期不匹配导致分销企业现金流紧张，融资需求非常迫切。分销体系导致的账期不匹配情况可参考图 4-5。

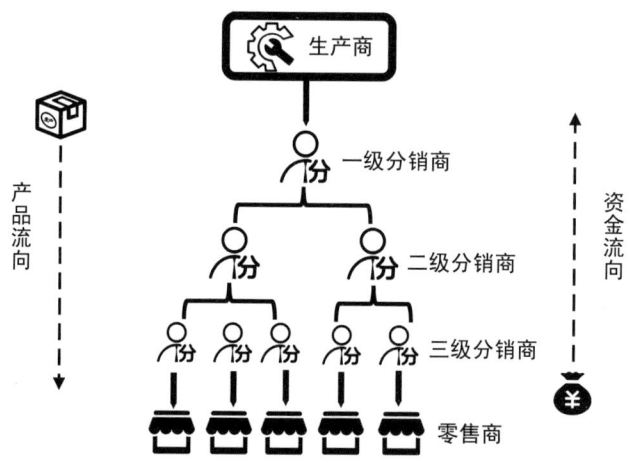

图 4-5 分销体系导致的账期不匹配

供应链分销服务平台可以同时服务行业内的上下游分销商，在平台上实现采购、销售、收付款、大额转账等功能，平台依托支付公司的"多级账户体系"进行多级分销结算、多角色分润、生成结算电子回单，大大便利了分销企业的业务人员和财务人员的工作。

4.2.3 移动支付加速业财融合

(1) 打破数据孤岛，实现会计自动核算

传统企业的会计核算系统或是嵌入在 ERP 系统中或是有一套单独系统，但无论哪种情况，与前台收款系统交换数据时，都需要先从收款系统导出再导入会计核算系统，而两个系统的数据表一旦不一致，需要员工手工处理数据，费时费力且易造成数据失真，严重影响工作效率与数据的准确性。

而移动支付系统可以很好地解决这一问题，移动支付系统可以将核对一致的收款、订单、发票数据发送至会计核算系统，按照预设规则由系统自动生成凭证，降低中途篡改的风险，促进业财一体化建设。

(2) 提供多维数据，提升管理会计应用

移动支付使信息流、支付流、供应链物流、资金流相关的数据更加容易获取，可以提供更复杂、粒度更细、信息量更大、要求更实时化、频率更高、更及时的数据，为管理决策提供有效支撑。具体包含如图 4-6 所示的财务和非财务数据。

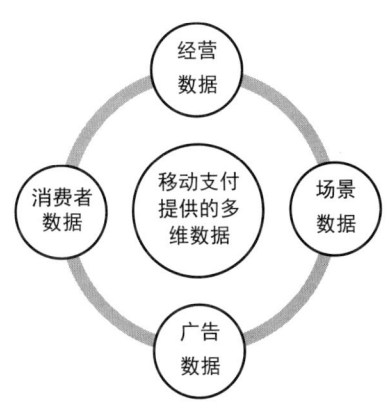

图 4-6 移动支付提供的多维数据

①经营数据：包括交易规模、交易笔数、单笔交易金额、会员数量、经营时间分布、人流分布。

②场景数据：包括门店位置、行业、品类。

③消费者数据：包括身份信息、消费行为、LBS 信息、分享转发次数、用户浏览人数。

④广告数据：包括广告转化率、广告次数、效果、广告成本。

通过对多维数据的分析，管理会计可以交叉比对财务、业务数据，结构化与非结构化的数据，再恰当结合本书第 11 章介绍的数据分析技术，可使搭建的决策模型更加完善，形成的分析报告与结论能够更好地为管理决策提供支持，发掘新的商业机会。

4.3 移动支付实施方法与常见问题

4.3.1 移动支付方案落地"五步走"

由于企业自行搭建移动支付解决方案平台难度大且性价比低，目前业界普遍采用的方式是企业作为甲方向专业的移动支付解决方案服务商定制解决方案。

解决方案从协商到落地实现一般需经过如图4-7所示的流程。

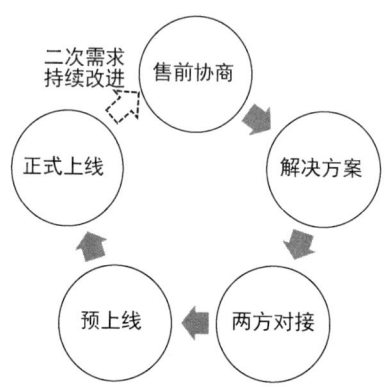

图4-7 解决方案从协商到落地实现的过程示意图

（1）售前协商阶段

企业方根据自身业务需求公开招标，或通过代理商、银行等渠道直接与解决方案服务商的销售部门取得联系，如果服务商能够满足企业方的业务需求，则双方根据业务复杂程度和预期交付时间协商整个项目的费用，并签署最终协议。

（2）解决方案阶段

服务商给出交付方案，其中，需要明确企业方提供哪些API接口，使用哪些功能，服务商具体为该项目分配的工程师和工作时段。之后，双方就解决方案的具体细节展开协商，达成一致后进入对接阶段。

（3）两方对接阶段

对接阶段具体分为产品对接和技术对接。在产品对接方面，企业方需确认软件能否提供与其业务相匹配的功能或相应字段，例如，生成报表功能双方提供字段是否一致，不一致情况下能否个性化定制等。在技术对接方面，要考虑企业方可以提供的接口能否满足服务商的要求，这一阶段主要是服务商提供测试终端，进行相应的测试对接，发现并解决问题。

(4) 预上线阶段

服务商先用自己的账号完整地跑通整个业务流程，例如，在前面提到的奶站例子中，通过跑通流程，检查小票是否完整呈现送奶员和奶站的必要信息，检查系统能否完成划拨资金，是否能成功提现，提现的备注是否满足客户当初的要求等，并对不足之处进行进一步改善。

(5) 正式上线阶段

项目正式上线后，运营开始介入，在日常运行过程中也应当注意跟踪交易、结算、备注、报表等方面是否达到了预期效果。

4.3.2 项目落地过程问题及对策

Q1：定制化产品功能的协商不到位

服务商标准化的 SaaS 产品是为了适配大多数用户需求而设计，可能会对外呈现出客户不想呈现的信息。例如，在奶站的例子中系统可能会呈现奶站向总部的资金划付比例，而客户的要求是这一信息不能给终端客户看到，类似的细节需要双方在对接阶段或预上线阶段尽早发现，如果上线之后才纠正，可能涉及商业机密泄露等问题，会为双方都带来不必要的损失。

Q2：项目实施过程中的需求变更

项目正式上线后，客户可能会根据运行情况提出二次需求，例如，增加一个分账方或是在某个步骤增加开票需求，此时就需要重新回到上面的协商阶段，进入新的一轮循环，重新就新的需求达成一致并进行开发，从而完成整个产品的持续迭代升级。

Q3：对第三方支付公司风控政策不熟悉

为移动支付提供收单服务的多是第三方支付公司，每一笔交易需要符合第三方支付公司的风控政策。在我国从事第三方支付业务必须拥有中国人民银行颁发的第三方支付牌照（即支付业务许可证），第三方支付的监管机构是中国人民银行及其分支机构，按照"属地原则"进行监管。作为非银支付机构，第三方支付公司需要做好客户信息安全、资金安全，以及做好反洗钱、金融诈骗等金融风险防范，为此，第三方支付公司一般会在业务处理系统中设置风控规则，对于满足风控特征的交易进行干预甚至拦截。

在实践中，一般企业作为第三方支付公司的商户，在与第三方支付公司沟通需求时，通常会把支付结算过程与国内的银行结算体系进行类比，进而不太理解第三方支付公司的交易处理与银行交易处理的差异。例如，第三方支付公司对特定交易采取的风控措施势必会导致商户交易不成功或被打断，再如，第三方支付公司把消费者的消费款项结算给商户时的金额与消费者消费的金额不一致（这是因为第三方支付公司结算给商户的金额是扣除了交易手续费的收款净额）。对于这类问题，企业应与第三方支付公司多沟通、了解，印证相关政策和规则，并且与第三方支付公司积极探讨可行的问题解决方案。

Q4：项目落地后为财务工作可能带来新的挑战

新的支付方式与传统现金或银行卡支付存在较大差异，账务处理方法也需要相应更新，同时，新老支付方式并行也会增加核算工作的复杂性。移动支付新系统落地后，所有信息流都是电子化，此时企业需要实现资金信息、交易信息、物流信息等多种信息的融合，这些情况将对财务人员专业技能提出新的要求。另外，在移动支付模式下，企业可能同时对接了微信支付、支付宝、银联云闪付等多种支付通道，收款记录多种多样，每个支付通道的到账延迟可能也不一样，这种多渠道对接移动支付的模式将会给财务对账带来不小挑战。

面对以上问题，财务人员应当意识到，改革必然面临阵痛，但阵痛过后，将是新的机遇。支付数字化为财务工作从提升效率、改善效果、降本增效等各个方面都带来了新的机遇。相比传统的现金和银行卡刷卡交易，移动支付克服了验钞、找零、清点、输入密码、打印签单、签字等烦琐流程，将财务人员从低价值的劳动中解放出来，同时，参与系统部署的过程中也使财务人员本身信息素养得到了提升，从而更好地拥抱财务数字化转型新时代。

Q5：什么样的企业需要搭建移动支付平台？

移动支付平台一般适合面临以下痛点的企业：支付渠道多，收银效率低；多种支付渠道接入成本高；支付渠道零散，收银汇总难度高；支付后无交易分析，门店运营凭感觉；线上线下消费数据同步难；渴望开拓更多特色营销玩法；无推广渠道；用户消费频次低，无客户分析能力。

Q6：移动支付解决方案服务商如何选择？

目前全国拥有支付牌照的企业众多，作者认为可以从如下角度挑选最适合的解决方案服务商：

①综合实力：从公开数据了解公司近年来财务状况、市场份额、综合排名、累计融资规模，从而对目标厂商的综合能力做到充分评估。

②成功案例：厂商官网一般会公布该企业在细分行业的一些成功案例，寻找已经在本公司所在行业有过大量标杆性的成功先例和丰富的实施经验的厂商。

③客户口碑：通过厂商过往服务的客户了解其产品功能、售后服务、持续运维等方面服务是否到位。

④与现有信息系统契合度：寻找移动支付平台可以通过API接口完美接入企业现有信息管理系统平台的服务商。

⑤综合考量用户界面、安全性、部署时间等其他因素。

Q7：移动支付系统的安全如何保证？

目前，移动支付系统的安全性主要通过以下安全机制进行保障：U盾、双重身份验证、防截屏录屏技术、防界面劫持技术、对称加密和公钥加密等加密技术，数字签名和证书颁发机构的认证技术,以及本地防火墙等。随着信息技术不断发展,这些安全机制也在日益更新,对移动支付系统安全性的保障也更为稳定和牢靠。在本书的第 12 章会对财务数字化建设中有关数据安全的问题进一步展开介绍。

Q8:数字人民币后续将如何影响现有移动支付系统和资金管理模式?

其一,最直观的影响就是对会计记账科目的改变,其实,数字人民币和纸币、硬币类似,存到手机 App 里和放在钱包里没有区别,并没有存到银行。所以一般直接按库存现金记账。如果后续银行可提供专门的数字人民币账户并可以计息,则可记为银行存款。而传统的移动支付方式如支付宝、微信则是作为其他货币资金记账。

其二,会方便企业现金理财。因为数字人民币可以实现交易即清算,可以实时到账,可以及时把这些资金转入理财账户进行理财。在企业现金管理过程中,由于现钞的特殊性,企业往往不会实时进行缴存,现金又是没有收益的,数字人民币恰好能够解决企业的这个痛点。数字人民币实时到账,收款后立马进入钱包。企业可按约定自动转至关联的结算账户。若购买银行"现金类"等理财产品,当天起息,缩短企业现金闲置成本,协助企业提高资金收益率。同时企业也可以实现现金风控管理,杜绝截留挪用的可能。

其三,可以提供对账新模式。现金对账一直是许多商户的痛点。财务需要进行现金实物盘点以及对账,十分不便捷。实物与财务账务的一一匹配在实际操作中也是无法实现的,对账只能做到余额核对,明细核对是做不到的。这种情况下,通过数字人民币的应用可以非常好地解决现金对账问题,可以把所有订单信息和收付款平台流水进行数据的自动获取,把这些数据进行自动匹配和自动核销来完成自动对账。而且对账工作完成以后,可以把所有的对账和交易的信息自动导入企业的 ERP 系统或者会计核算系统,自动入账自动生成凭证。这会极大地简化财务的工作量,提高财务的工作效率。此外,这些数据不像原来传统模式下都是纸质存储的,它完全可以电子化地存在财务和业务系统中,方便实现电子化的财务管理。

4.4 移动支付应用案例

4.4.1 案例背景

突如其来的新冠肺炎疫情虽然重创了百货、购物中心行业,但同时也使这些企业痛定思痛,加速向智慧化、场景化、优化体验方向的转型升级,借力数字化技术来实现"人货场"的重构,转型成为"智慧零售商"。

面对当下商场中更加高频的第三方支付应用场景，面对新兴消费场景下的支付新需求，传统支付交易流程应该被重新定义。技术主导型的商业模式革新正日益成为产业变革中的一股强大推力。本案例将以汇付天下有限公司为某大型线下综合商城提供的移动支付解决方案为例，为读者介绍移动支付在 To B 端的真实商业环境下如何助力线下实体商城数字化，以及移动支付在应用场景中如何为企业持续创造价值。

（1）线下商城介绍

线下商城一般有两种经营模式，一种是较为传统的小型百货商城模式，这种模式下关注的重点在于货品质量、种类和价格，品牌的重要性相对较低。而另一种则是综合购物中心模式，这种模式通常集购物、餐饮、娱乐、休闲、儿童体验等业态于一体，致力于打造精致生活的一站式体验，该类线下商城通常会通过吸引一些优质品牌商入驻，从而利用品牌方的私域流量完成对线下商城的引流。本案例所介绍的移动支付应用场景主要是围绕综合购物中心模式展开。

线下商城同时也会有自身前端的会员小程序提供给会员顾客进行各种积分、促销、直播等活动，以及搭建自身的电商平台实现线上线下一体化。图 4-8 呈现了智慧线下实体商城的全景规划。

图 4-8 智慧线下实体商城的全景规划

（2）商场管理公司从事的业务

很多大型线下综合商场都是商场管理公司（集团公司）在统一管理运作，然后以招商的方式，出租铺位给品牌方从而收取租金和管理费用。商户销售商品时，商场管理公司统一收费开发票，商户和消费者交易完成后，商场管理方根据约定将款项转给商户。在这个流程中，商场管理公司完成了资金的归集与划拨，这是其在资金管理层面的作用。图 4-9 呈现了线下商场从商场管理公司到终端消费者的层级结构。

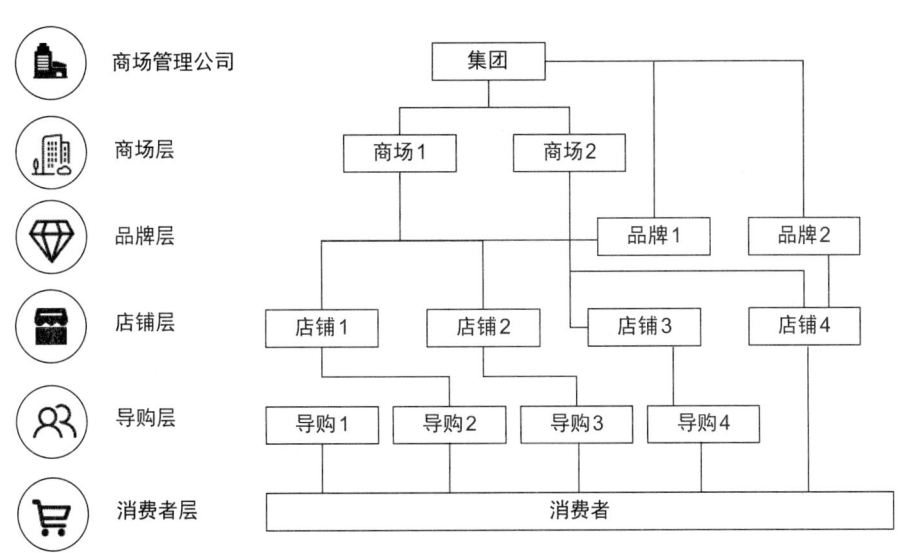

图4-9　线下商场从商场管理公司到终端消费者的层级结构

通过这种层次结构，一方面，商场管理公司可以充分整合多品牌多业态资源，于生态内互相引流实现交叉销售，实现生态规模效应，提高用户体验。另一方面，也可满足集团资金管控与灵活调配诉求，实现资金在集团体系内的纵向及横向流动。

在用户运营层面，商场管理公司会通过线上电商平台或其他渠道策划一些补贴活动，例如，发放优惠券、策划积分抵扣活动等。此外，商场管理公司还会负责一些商场层面的广告投放、新媒体运营、装修设计和布置陈列等业务。

（3）从"人货场模型"看数字化转型需求

"人货场模型"是来源于传统零售业的一个营销分析模型，如图4-10所示。

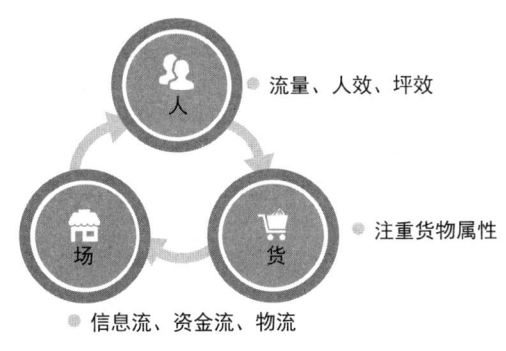

图4-10　人货场模型

①人：取得流量并提高转化率。

销售人员：如何将销售人员业绩与薪酬有效挂钩。

顾客：如何提高顾客留存率和复购率，如何通过促销活动和通过其他平台进行引流，如何促进客户消费提高客单价，如何将分散的流量统一沉淀为品牌自有会员，如何经营

②货：应对消费需求日益个性化。

商品质量和数量：如何识别或制造爆款，如何及时补货，如何处理滞销品。

商品销售：如何实现智能导购，如何利用会员数据实现精准营销。

③场：信息流、资金流、物流管理。

商场经营者：如何进行资金有效归集和利润分配，如何尽可能简化资金流转，如何健全会员数字化管理体系。

商场门店租户（入驻在商场中的商家，简称"商户"）：如何高效地进行门店收银、财务对账、对商场的租金缴纳。

移动支付配合大数据分析技术会对上述问题中的大多数给出解决方案，接下来的应用场景中将会对此展开详细介绍。

4.4.2 线下实体商城数字化

下面将以汇付天下提供的综合购物中心移动支付解决方案为参照，结合聚合支付、商场停车场、第三方平台积分/优惠券兑付以及消费分期等场景，为读者呈现移动支付如何有效赋能线下商城的数字化转型。

（1）聚合支付：线下收款、线上收单集中管理

商场 A、B 是某集团名下所属的两个综合性购物中心，商户 X、Y 分别是海底捞开设在商场 A、B 中的两家分店。所谓聚合支付，可以理解为顾客在海底捞消费之后，通过商户的收银系统，选择刷 POS 机或者扫二维码付款，但该款项并不直接进入海底捞的银行账户，而是暂存入该商场所属的集团统一账户（简称为"主账户"，该主账户一般由第三方支付机构代为管理，本案例中为汇付天下有限公司）中聚合起来，顾客在海底捞的其他分店消费也是先存入主账户，然后再定期由主账户统一打至海底捞所在开户银行的银行账户中。线上渠道亦是同理，例如，客户通过某奶茶店 App 下单购买一杯位于商场 A 门店的奶茶，这笔销售收款也会先统一存入商场所属的集团统一账户，先将各奶茶分店的资金进行归集，后续再统一转入奶茶品牌方的银行账户。从而完成一个资金先统一聚拢，再集中划拨的过程，至于这么做的好处，后续会逐步揭开。图 4-11 呈现了第三方支付收单过程。

（2）商场和品牌方会员统一管理

在传统商场模式下，用户在商场中的门店消费后，可以凭借消费小票进行商场会员的积分。

随着移动支付体系的逐渐成熟，目前部分商场已经能够打通商户和商场的会员体系，技术上通过一码双会员，实现商场和商户的会员共享，从而实现一次扫码两次积分。这样，一方面可以吸引更多在商场购物的顾客成为商户品牌的会员，另一方面也促进了品牌

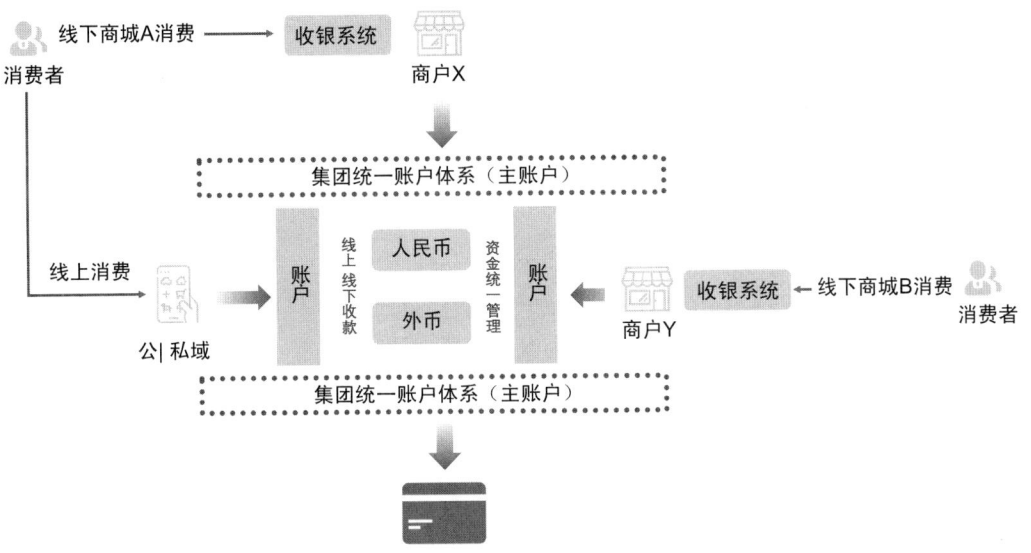

图 4-11 第三方支付收单过程示意图

会员在商场的消费，在极大便利消费者的同时，增加了商场和商户的用户黏性，实现商场、商户、消费者三方共赢的局面。

通过追溯会员消费记录，商场管理公司可以看到顾客在各个门店的消费情况，从而判断哪些门店对商场总体贡献度更高。也可以看到通过线下商城增加了多少会员、门店跟顾客有哪些互动，以及达成了多少转化，可以实现商场层面的系统化运营。

这种打通也为进一步开展商场和商户综合分析打下了数据基础，借助大数据分析算法（关联规则挖掘、分类算法等），可帮助进行更合理的商场商户联动的活动策划以及支持用户画像、运营广告资源分配等决策，这种联动模式如图 4-12 所示。

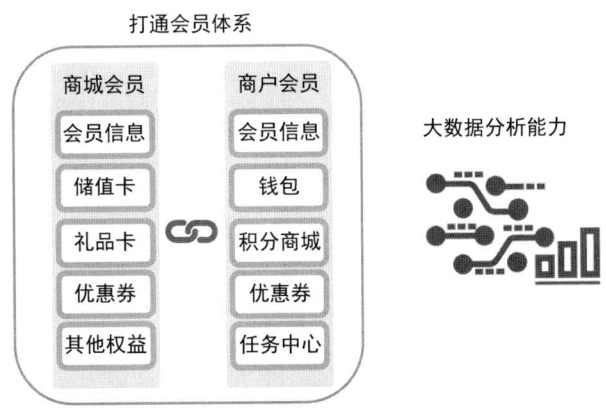

图 4-12 打通会员体系进行综合数据分析

同时，商场和商户均可以完成线上线下一体化运营，通过基于移动支付的营销工具实现线上与线下同步,不必担心因参与手段不一样,导致活动不同步的情况。

由此可见,通过移动支付的有效部署,只需一套系统,即可统一管理线上商城运营、线下门店收银、会员营销等诸多环节,这极大加速了商场的数字化转型进程。

(3) 商场智慧停车场

依托于移动支付系统、停车管理系统和商场会员管理系统的打通,商场将有能力提供如下智能停车服务:

①在线缴费:前面提到过,顾客通过在商户消费,可以同时积攒商场积分和商户积分,积分比较实在的作用之一就是可以抵扣停车费或兑换停车券,这是一种对于顾客消费的有效促进。此外,通过与用户支付宝的绑定,可完成类似于ETC的自动扣费而不必每次离场时都手动扫码支付。

②顾客进场:顾客进入停车场时,通过连通光学字符识别技术的摄像头,可实现顾客车辆牌照的自动识别。

③停车查询:提供停车费用自动计算及扣费、停车位置的系统记录以及App自助查询等服务。

④顾客离场:出场自动抬杆,离场自动扣费,减少等待时长。

如图4-13所示,对于顾客来说,这一过程高效、清晰、便捷,极大优化了其在商场的购物体验。

图4-13 智能停车服务

此外,商场通过将停车场对接移动支付平台,可以实现统一对账、灵活结算以及数据集成。同时也会使得对于顾客积分的管理更加透明,这背后的机制是商场会先预存一部分资金到其在汇付天下所开设的营销账户中(独立于主账户之外),用于后续与积分有关的结算,最终该账户中的金额将形成对消费者的补贴。商场和汇付天下会预先约定一个积分和现金之间的兑换比率,假设该换算比为100∶1,则其如果预计要发放1000000积分,需存储10000元到其营销账户中。

假如某顾客此次停车花费13元，利用积分抵扣了3元，实付10元。则商场的营销账户中的钱就会被提取出3元，加上顾客支付的10元共计13元，转至商场的停车场子账户中。其抵扣模式如图4-14所示。

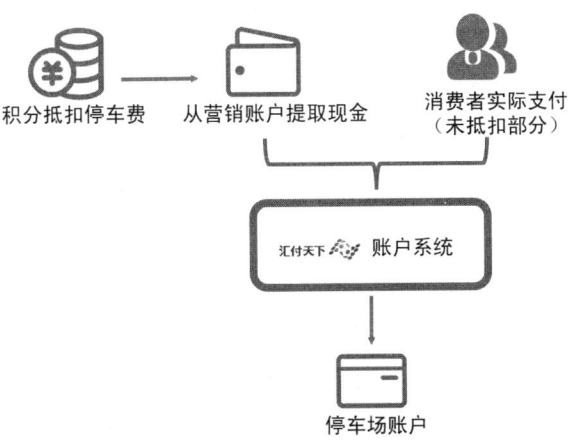

图4-14　积分抵扣停车费

（4）充分利用公域流量：美团优惠券核销、银行信用卡积分兑换

随着大众点评、美团、小红书等生活信息类平台的迅速繁荣，这类平台已成为全网最大的公域流量池之一，也成为线下实体商户沉淀私域流量的重要引流渠道。考虑到公域流量中，粉丝流动性极强，无法有效留存，因此将生活类平台粉丝引流到私域去做沉淀与转化势在必行。

商户在美团发布优惠券就是实现这种引流的极佳方式之一，顾客通过在商户现场核销平台购买的优惠券，完成如图4-15所示的从线上到线下的流量转化。

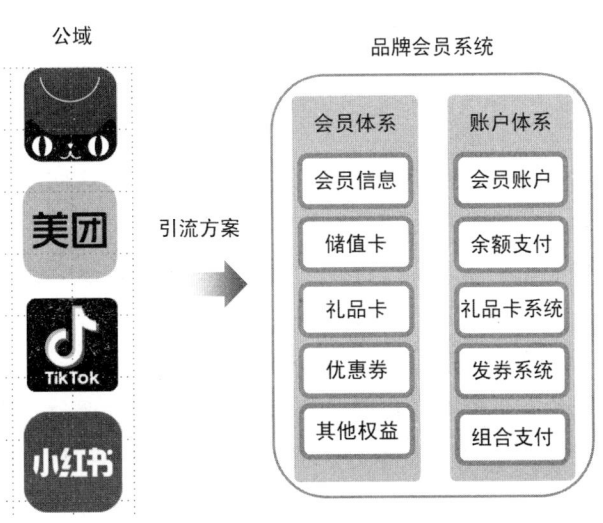

图4-15　公域流量引流

在这一过程中，移动支付起到了至关重要的作用。这一流程具体如下：首先品牌商户会去平台上发布优惠券，当顾客购买并核销了美团优惠券后，美团会将钱打到汇付天下所管理的商场主账户中，之后美团会把结算明细发给商场管理公司，再由汇付天下代为按照结算明细进行品牌商户与其他银行中介机构之间的分账。

另外，一些银行为了推广自身的信用卡，也会在线下商城开展信用卡消费攒积分活动，这一原理与我们前面介绍过的停车场积分营销户原理十分类似，银行先在汇付天下开设积分营销户，顾客最终在哪个品牌商户消费，汇付天下就将积分营销户中的款项打到品牌商户的账户中，通过这个链路完成信用卡发卡行对品牌商户的补贴。

（5）集中客户申诉管理

无论是线下商场还是线上商城中，消费者购买后对产品不满意并申请退货退款均是十分常见的场景。如果是通过各种线上支付渠道（如微信、支付宝、数字人民币以及各种银行卡付款渠道）而非现金付款，那么，退货后退款到账时间就要由对应平台方的客服处理效率决定，商场本身对此难以控制，但由于消费者对内在原理并不清楚，所以就会将退款慢带来的不良购物体验归结为商城服务不到位，从而可能会降低客户的复购率。

汇付天下通过与各个支付渠道打通，定期将各支付渠道的客诉信息提取出来，为客户搭建起统一的客户申诉信息管理平台，从而完成散布在各种平台退款信息的集中整合处理。这样既提高了客户申诉的处理效率，也使公司对于整个客诉处理流程更加可控。

另外，在过往通过电话处理客户投诉时，客服人员的绩效难以考察，在搭建统一的客户申诉信息管理平台后，可实现从客户申诉到最终客服答复的全流程追踪，有助于更精准地记录处理的时间延迟，进而帮助搭建起更为完整的客服绩效考评体系。

4.4.3 移动支付的应用价值

（1）资金管理价值

前面提到了移动支付平台能提供的一大重要功能是聚合支付，它可以实现同一集团/品牌总部下各分部资金的统一归集以及按时、按需划拨。通过这种方式将为企业提供更灵活、友好的资金归集能力，解决了各门店结算账户不同，线下归集的难题，帮助品牌方聚拢资金，获取规模溢价；同时也可实现连锁资金统一管理，快速周转，力求最大限度实现资金的价值创造。图4-16呈现了资金统一划拨与归集流程。

（2）打通商场业财数据，开展多维数据分析

移动支付系统部署之后，企业可以通过数据中台实现支付平台与业务系统的业财数据对接，这极大方便了后续企业通过数据分析技术和手段赋能管理决策从而实现数字化经营，具体如图4-17所示。

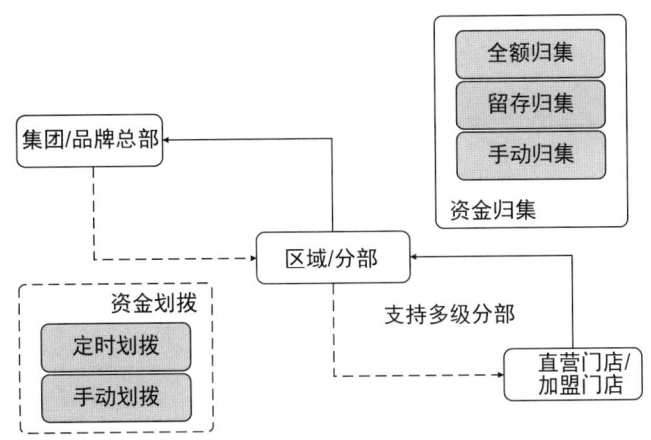

图 4-16 资金统一划拨与归集

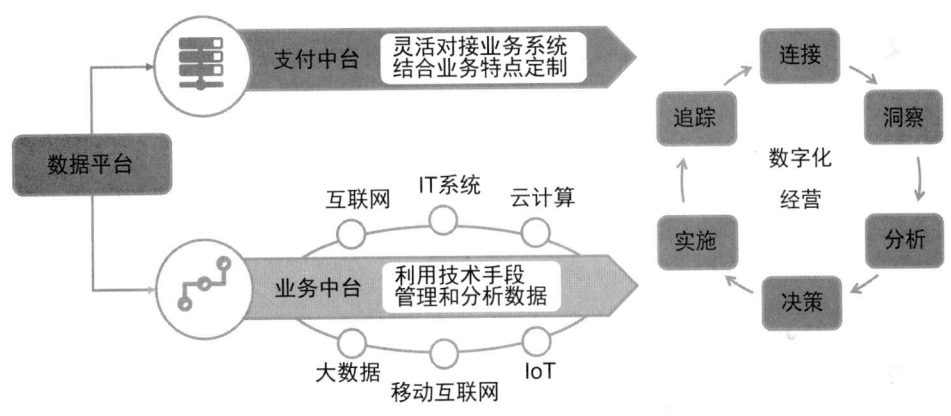

图 4-17 打通商场业财数据

(3) 全方位助力实体企业数字化经营

从前面线下商城的例子中,我们可以直观感受到移动支付的应用可以极大改善 To C 端的收款效率和用户体验。但移动支付的价值并不止于此,从交易角度来看,如果将企业的客户和供应商同时接入移动支付平台,就可以实现彼此之间应收应付的更规范管理,助力实现供应链融资。从营销角度来看,可以把交易作为通道,将抖音、美团等各平台的公域流量引入企业沉淀为私域流量,拉动销量增长,同时也可以围绕积分、优惠券开发出更多营销"新玩法",极大提高用户黏性。从财务角度来看,通过移动支付平台可以助力企业的业财一体化,也能更规范、更高效地进行资金、账务、票税的管理,更充分地释放财务数据的价值。具体如图 4-18 所示。

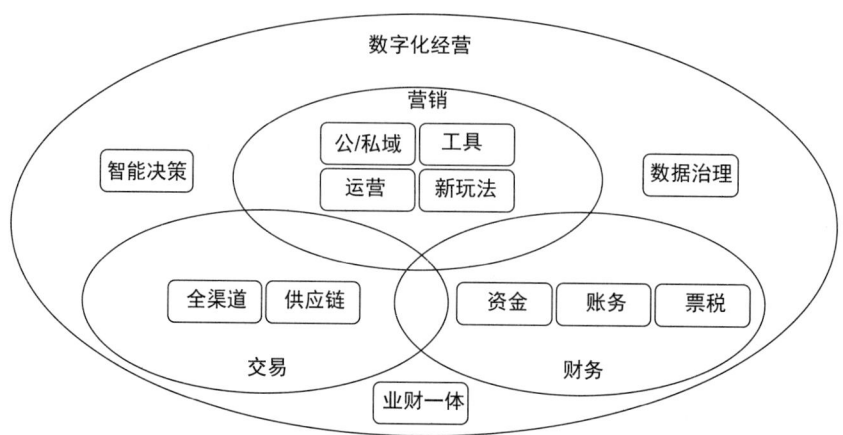

图 4-18 移动支付全面助力企业数字化经营

第二部分 多管齐下：从点到面实现财务系统的数字化

第5章 资金管理数字化

资金管理作为企业财务管理的重要组成部分，是企业管理的核心之一，也是企业运作至关重要的环节。如何使资金的循环周转顺畅、迅速、安全，如何提高资金的使用效率，降低整个集团的财务费用，是公司领导以及财务人员极为关注的问题。

在当下，更多的企业将现金流管理作为企业经营战略性措施，现金流对企业的重要性越发凸显。正如孩童时期的游戏"大富翁"，游戏中出局者面临的结局往往均是"破产"，而导致破产的直接原因就是流动资金不足。如次贷危机爆发的时候，雷曼兄弟资不抵债，不得不宣布破产。说到底，应对债务的现金流维持不下去，企业是无法正常运作的。这就是资金管理的重要之处。那么，企业应该着手管理什么内容？有哪些管理手段？资金数字化能解决哪些问题？该如何搭建自己的数字化资金管理体系？资金管理的更高级形式是什么？

本章将会对上述问题进行阐述，首先，从资金管理的定义开始，介绍其内容、方向和手段，从而梳理传统资金管理的问题，并根据存在的问题提出数字化资金管理的建设目标及主要价值；其次，设计资金管理系统的搭建路径和整体框架，重点分析资金管理包含的模块，以及数字化实施的要点；再次，总结资金管理系统建设的相关经验，并对更高级的智慧司库管理模式进行展望；最后，对企业在资金管理数字化过程中可能存在的问题提供相关建议和对策。

5.1 数字时代的资金管理

5.1.1 资金管理两三事

资金就像企业血液，滋养全身，资金流贯穿了企业日常运营的每一个角落，最终体现在报表上的每一个数字，遵从会计的基本假设——货币计量。那么，这就意味着企业的资产负债表、利润表本身都是货币价值的体现。

这种货币价值体现和现金流有着千丝万缕的关系，但是又有着千差万别的殊异。企业的经营利润所得、资产价值以及负债数额很大程度上不完全等值于资金。这是由于财务记账的工作有着更多原则和假设，如会计期间的假设、权责发生制原则等。

传统的财务报表基本功能是在既定时间点对于资产负债的公允记录和在一定期间对收入成本合理的匹配，主要表现的是企业经营状态以及资产负债时点价值所在。我们据此能够较为清晰地表述出资金的过去式、现在式和将来式，详见图5-1。

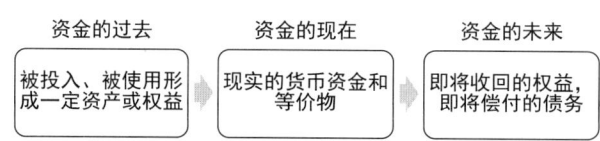

图5-1 资金的过去、现在和将来

（1）资金管理的内容与手段

①资金管理管什么：什么时候投入资金获得资产、持有权益？什么时候支付清偿债务？到底要预留多少资金足够支撑运营？进一步扩张怎么办？产品何时投放市场？以什么方式清偿债务？维持企业基本运营的资金水平是多少？有什么办法可以支持业务拓展？

以上资金管理考虑的点，都是围绕着资金收支开展，需要在现金流量表基础上进一步厘清企业的资金收支，协调好企业经营内因与外因，综合多方面因素做出资金决策，企业财资管理由传统意义的资产权益管理深入拓展至现金流管理层面。

②有哪些手段：管理决策者都会关注企业资金的充足性。除此之外，还需要综合考量企业自身发展所处阶段，以及外部的经济环境，对经营过程进行跟踪管理，系统地分析和识别其中存在各类资金周转下降的风险，预案防范措施，结合开源节流，精准合理地配置资金。

企业在资金管理方面主要有如下考虑：

- 统筹安排与管理以提升资金效能
- 科学预测与规划以达成资金预算
- 风险识别与管控以降低资金风险
- 团队建设与培养以助力人才成长

③如何才算管理好企业资金：加强企业资金的管理和控制，要从强化资金的集中管理、加强财务监督以及采用先进的管理理念和工具入手。

企业要根据投资、生产的需求，科学合理地进行各项成本费用的发生和投资、建设等资金收支的预测，在现金流管理过程中，以业务部门为源头，进行资金的预算、执行及分析，使资金管理的职能不再局限于对资金本身的管理，而是充分延伸到企业整个生产经营过程当中，通过对每一笔资金流入、流出的计划、反映、监督和控制，实现对企业生产运行的有效管控，实现资金管理与经营管理的有效融合。

（2）传统资金管理的痛点

在传统资金管理过程中，基本都存在一些共性痛点，如监控难、业务集中度低、手工操作量大、信息不对称、网银数量庞杂、信息统计汇总慢等问题。即资金操作端常常面临着"杂""繁"的境况，以致资金管理中"控"的要求难以实现，由此带来管理之痛。

①资金操作的"杂"与"繁"：企业在运行过程中会不断地开设各种银行账户，这为资金管理埋下了隐患，主要体现在以下几方面，如图5-2所示。

账户和U盾多
在满足了经营实际需求后，银行账户繁多，各类U盾管理成为资金管理的一项日常工作，人力及时间成本也随之增加

结算效率低
各类业务经营需求的银行结算要求不同，繁复的U盾登录和查询，难以进一步提升资金的结算效率

人工操作差错
过度依赖于人工操作，由人工进行银行网银登录、输入、查询，会引发资金结算差错率提升

图5-2 资金操作的"杂"

资金结算处理过程中回单和付款单的整理和关联，是资金管理中最基本的操作环节，会耗费大量的人工和时间，如图5-3所示。

单据整理费时
日常资金结算过程的重要依据是审批完成的付款申请单据。纸电混合单据可能无序地提交到资金处理部门，需要花费时间进行规整，排期付款

付款要求多样
不同的付款单据对应的付款要求存在差异，需要人员妥善安排好既定账户的头寸以及网银操作；完成付款后，相关的银行回单操作又有不同特性

信息关联存档
资金处理人员在完成上述工作后，往往还需要通过人工或者半自动的方式，将原有的付款单据和回单匹配存档

图5-3 资金操作的"繁"

②资金管理之"难控"与"痛"：随着企业经营态势的发展，面临繁杂事项必然是常态。企业管理者在为企业经营蒸蒸日上感到欣喜的同时，很可能会出现"失控"的焦虑。

- 企业的资金情况到底如何？——不及时不明确
- 为何企业业务越来越多，资金却捉襟见肘？——不明原因
- 频繁的业务交易，是否存在资金交易风险？——资金安全事故频繁

资金往来频繁，资金运营风险促使企业纷纷将资金监控精准性作为重要工作。但是在上述繁杂工作态势下，资金管理人员已经进入一个"剪不断，理还乱"的工作状态，究其原因是资金难以集中管理。资金管理分散之"痛"主要表现如图5-4所示。

组织多,资金监管难	银行多,结算效率低	资金分散,统计难
集团内组织多、层级深、板块多,资金管理体系复杂;账户规范化管理基本靠手工,资金监控及时性、准确性无法保障	资金支付交易量大,只通过各家银行网银支付效率低;统计不同银行结算情况需要手工汇总,时效性差、效率低	资金分散在各级单位、各家银行,无法实现资金的有效运用、无法有效发挥资金规模性效用。难以掌握未来资金流出情况和资金缺口

图 5-4 资金管理分散之"痛"

5.1.2 资金管理数字化的必然性

(1) 搭建资金平台改善困境

资金管理工作盘旋于繁和杂,在逐渐"失控"中阵痛连连,导致资金管控始终只能聚焦在某个点或者某几个方面,很难整合统筹。随着企业资金管理目标逐渐明确,企业的资金管理已经从原来的线下纸质转至线上电子化。资金信息的传递也更加讲求及时性甚至是即时性,资金信息展示也不再是基于标准报表,企业自定义的资金管理指标被更广泛、更深层次地使用,使资金管理智能化成为必然趋势。

企业日常资金管理决策必须有大量数据分析作为支撑,对资金状况实时监控并进行全过程可视化界面展示,这样才能有效地向管理层提供决策依据。怎样才能改善资金管理中的各种困扰并打通资金信息割裂的局面呢?

一方面是关于企业资金管理的战略性规划。企业主要依据发展战略来制定企业的经营战略规划,从全局的角度来考虑企业的各类经营信息化布局,不能单独为解决某个问题而简单重复地进行信息化系统建设。同时,企业的信息化建设要自上而下贯宣。各个部门和人员要不断更新思维,提高自身的大局观。

另一方面就是从技术的角度进行突破。IT 技术发展日新月异,随着大数据、云计算时代的到来,企业信息化工作也接触到一些更为先进的技术、平台产品来推动信息化的发展,传统信息化产品应该被逐步淘汰,企业的信息化建设人员也必须掌握新的技术来适应发展的要求。

此外,企业信息化推动还需要借助合作的力量,为企业发展带来全新的思维、稳定且有质量的服务,选择适合的第三方平台是企业解决信息孤岛问题,实现全面信息建设的关键。

(2) 资金管理平台建设目标

资金管理的整体目标是构建具有科学合理、规范高效特点的资金集中管理平台。通过平台搭建,实现对账户的线上统一管控、收付款流程规范、资金计划与信贷投资等联动管理、资金预警和报表数据可视化等，满足对资金的监督、管控、调剂等管理需求，为资金运营提供信息化支撑，同时降本增效，提升企业核心竞争力。详见图 5-5。

账户管控线上化
统一管理，留痕留档，减少漏洞
开销户流程线上化
账户U盾证书到期预警提示
统一的余额及头寸可视化

投融资管理系统化
投融资业务管理信息基础维护
贷投前后全程管理线上可视化
业务期限风险提示系统化
灵活维护，联动管理

降低资金运营风险
支持资金风险指标设置
被动风险提示与主动查询
可用多种方式预警
呈现各种类型的资金风险

资金全景可视
报表数据来源的一致性
账户资金信息实时监控
数据更及时、便捷、多维度
资金数据价值进一步提炼

报表数据结构化
支持资金业务的综合分析
健全资金数据中心
构建多主题的分析模型
自动生成可视化报表

增强业财一体化
提高业务资金结算效率
资金业务的真实合理性判断
增强业财一体化管控能力
有力支撑企业战略发展

图 5-5 资金管理平台建设目标

5.2 资金管理系统建设

在 5.1 节中，对资金管理的情况进行了概述，为了有效地解决和规避资金管理的难点，企业需构建数字化资金管理中枢，打破信息壁垒，从而提高资金利用率，加速业财融合，实现企业资金管理效益的最大化。

5.2.1 资金管理系统搭建路径与价值

企业资金管理数字化建设，可以从管理模式和管理效益两个维度去延展看待，延伸的基础是企业资金管理的基本职能或者说是基础保障工作，即银企直联、现金管理、资金结算、资金监控与风险预警等。在此基础之上，资金管理平台的搭建历程与路径，由浅入深可分为以下三个阶段，相应也产生管理价值。详见图 5-6。

（1）集中管理：财务盘活 提高效率

资金的集中管理不仅表现在操作阶段，更体现在信息的处理和展现过程：资金管理常规工作自动化，如到期提醒、收益计提等；资金管理重要信息系统化，如证书信息、台账等；资金管理数据结构化，系统打通资金流转环节，归集结构化数据，提高数据获取的时效性。

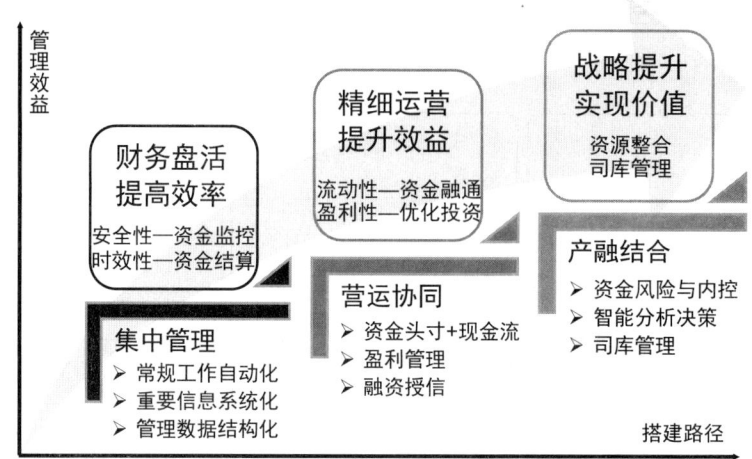

图 5-6 资金管理系统搭建路径与管理效益

资金数字化平台建立了企业统一的资金支付通道，促进财务盘活，提高了资金监控的安全性和资金结算的时效性。企业内所有资金支付业务都由资金系统完成，从而形成统一的资金支付入口和完整的资金支付通道。不论是手工录入，还是由共享系统集成或者外部文件批量导入，都需要根据管理审批和风险管控要求进行业务审批，再进入下一环节进行业务支付，从而加强资金业务风险的事前和事中控制，实现资金风险的管控前移。

（2）营运协同：精细运营 提升效益

资金的协同管理不仅表现在内外部资金信息的互通，而且是在存量资金集中管理的基础上，同步打通业务经营各个环节，实现企业运营信息的贯通，强化营运资金的精细化管理。既满足企业资金融通的流动性需求，助力业务高效运作，又实现管理方面的盈利性需求，创造更好的现金流，提升资金效益，从而加强对客户价值的挖掘，为企业未来运营决策提供基本支撑点。

资金管理平台通过与业务运营集成，实现业务流程和数据的共享，可降低营运资金、降低两金（应收账款和存货占用资金）占用，从而实现提升资金集中度、降低存贷双高的目的。打破资金系统与前端采购、销售、合同等系统的壁垒，强化经营过程中资金流管理，实现资金收款计划与付款计划的平衡，降低财务成本。

（3）产融结合：战略提升 实现价值

资金的全局观管理阶段需突破提升到战略高度，升级到司库管理层面。资金管理系统不仅要解决日常工作的繁杂，还要与财税和产业更加紧密地融合，重点关注企业经营中各项风险指标，打通数据传递、共享与规范，实现数字化管理。用资金数据赋能，协调全局资源，为企业经营管理提供有效的决策支持，助力企业管理战略升级。

更深化的资金管理还可以满足前瞻性和落地性的企业战略支持，通过资源筹措与整合，保障企业可持续发展。通过流程标准化和信息可视化，达到现金流可用与风险可控，合理配置资金，挖掘企业资金的经济效益，以有限的资源创造最大的价值。

在不同阶段的企业资金管理系统中，企业资金管理的价值和效益是有所不同的。集中管理阶段的资金管理体现的价值主要是财资的盘活，财资工作效率提升；营运协同阶段的资金管理体现的价值主要是运营向精细化延伸，财资工作从提升效率转化到效益的产生；产融结合阶段的资金管理体现的价值主要是将资金管理工作的职能提升至战略的高度，全局的经营管控使得资金管理效能不仅局限于现实绩效，更能展现出管控价值。

5.2.2 资金管理系统整体框架

资金管理系统的基本功能目前已经比较成熟和通用，很多厂商基础模块采购后直接部署即可上线，所以更多的是企业自身的需求分析，选择要上线的模块，并判断需要二次开发的需求。下面将对资金管理平台的整体框架和主要涵盖的模块内容进行介绍，企业可以结合自身情况进行选择。

（1）框架设计

资金管理数字化通常是从提高资金流动性和使用效率、优化资金可视化管理、有效控制风险等方面入手，让资金血液流入企业经营的各个环节。系统的整体框架设计应该与企业的业务流程、资金流程、会计核算流程和管理流程紧密结合。在整个资金系统架构的搭建过程中，既要满足企业内各项资金业务的高效运作，又要满足内部不同管理层的管理要求，同时还要考虑到基础平台的统一性和未来业务的拓展性。

综合以上的关键因素，系统整体框架设计可以参考图5-7。

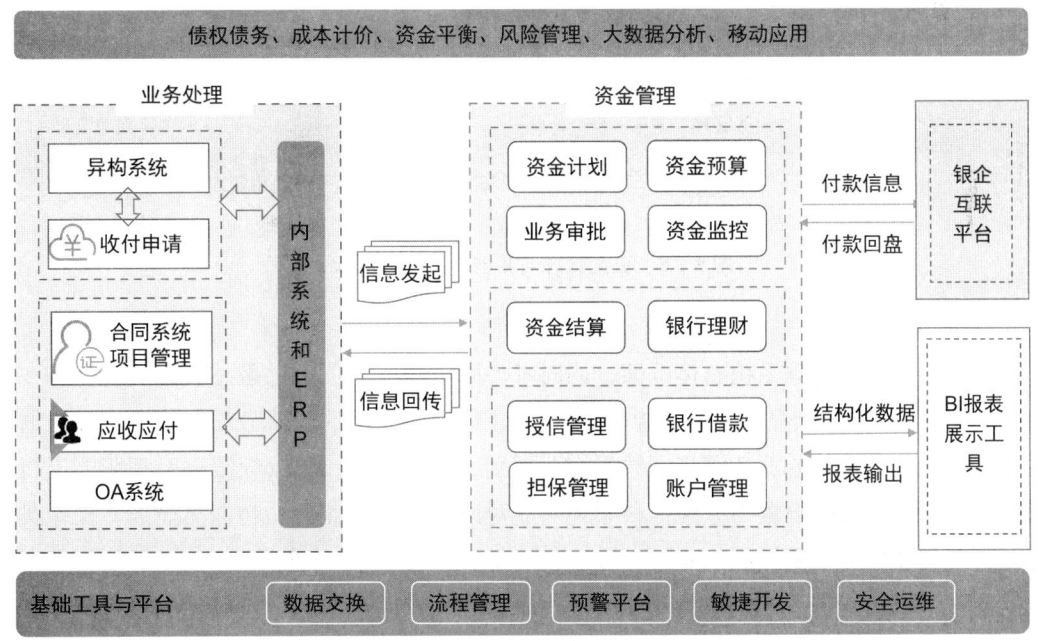

图5-7 资金管理系统框架设计图

资金管理系统内部既可以实现每个模块业务相对独立,又可以根据自身的管理要求,灵活地实现资金业务的集中处理。在资金管理平台构建的过程中,按照"提高资金收益、加强风险控制、保持业务处理效率"的原则,实现对资金业务的整体规划、风险的全面监控、业务的集中结算和融资平台的建设。通过内部网银和银企直联系统,构建起整个框架体系,保障资金平台资金业务处理的效率,并与企业目前的财务核算系统进行无缝集成,实现资金业务数据的自动财务核算。

在项目实施过程中,还需要梳理资金管理相关的流程节点、管控要素、与异构系统的衔接点,并识别相关的基础数据,形成标准化管理内容与合理的业务协同。

对于集团企业,还会涉及集团与成员企业之间的信息流和审批流交互。资金系统与合同系统、采购系统、OA、银行金融机构等之间的架构如图5-8所示。

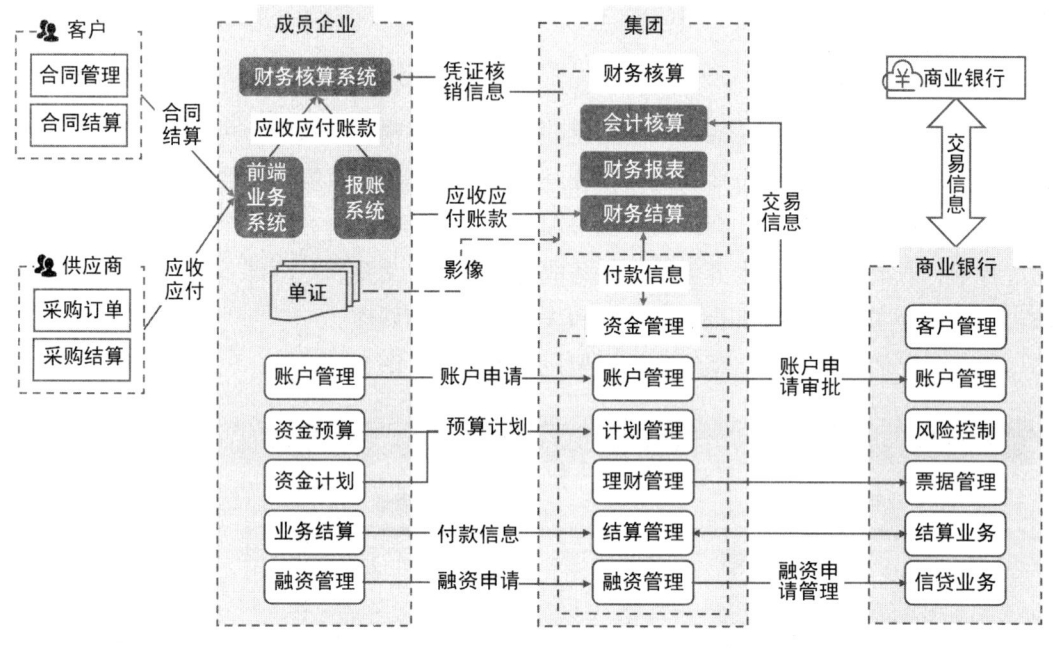

图5-8 资金管理与其他节点交互框架图

(2) 涵盖内容

根据上述资金管理系统整体框架,同时考虑到资金业务信息的敏感性、安全性,在系统的实施与规划过程中,需要建立方便、灵活、科学、严谨的权限分配和控制体系。通过对整个系统的关键核心业务流程、数据交互规则、操作职能、数据权限、管理职能进行多维度、多层级的权限设置与分配,科学地建立对所有流程类业务、功能类业务、操作类业务及管理类业务的风险控制机制。

基本的资金管理系统涵盖的功能模块内容如图5-9所示。

| 企业门户 | OA系统 | 业务系统 | 财务系统 |

账户管理	资金收付款	银企直联	资金池	资金计划	投资理财
开销户	收付款	结算直联	资金池	计划体系	理财协议
账户变动	收款认领	票据直联	资金划拨	计划编报	理财申赎
资金监控	对账管理	费用代发	利息计算	控制执行	收益测算
印鉴管理	电子回单	银行回单	内部结算	执行分析	到期提醒

| 银行关系管理 | 合作金融机构 | 合作业务指标分析 | 定期综合评价 |

授信管理	融资管理		票据管理	国际结算	风险管理
授信协议	内部融资	资信证明	应收票据	外汇管理	风险识别
品种管理	外部融资	保函管理	应付票据	信用证	风险预警
授信使用	担保抵押	银团贷款	电子票据	外汇结算	风险控制
授信预警	综合成本	债券管理	票据池	贸易融资	风险报告

图 5–9　资金管理系统功能模块图

5.2.3　系统主要功能模块

资金管理系统的各项功能模块，主要包含以下几部分的内容：

（1）账户管理与资金收付款

①账户管理：账户作为资金收付结算的起点与终点，是一切经济活动往来的基础。账户管理功能是资金管理系统的核心，该模块可以对企业所有银行账户进行统一备案和集中管理，包括银行在线账户和离线账户，其核心业务包括账户的开户、变更、销户、冻结申请与划拨审批，账户业务监督分析等。通过控制账户控制各种业务，规范企业账户管理的管理规划和标准流程，实现过程管理线上留痕、账户信息集中备案。账户管理流程梳理如图 5–10 所示。

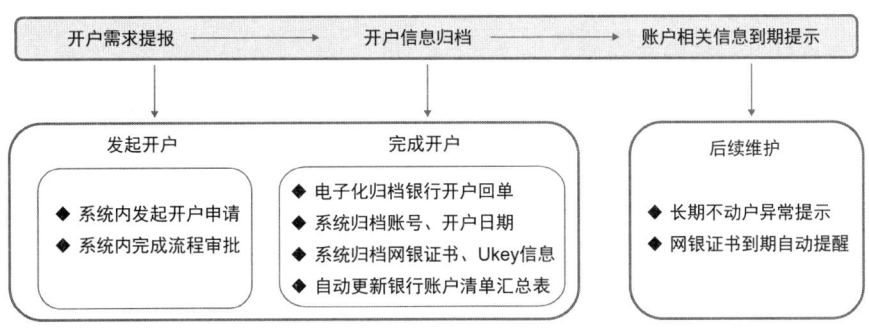

图 5–10　资金管理系统账户管理流程图

账户管理体系的系统规划根据企业需求可以设置总分账户，实现多级账户管理和扁平化资金管理，同时要满足未来账户体系的变更需要。对银行账户统一管理的实现方式是银企直联。

银企直联平台不是一个独立的业务系统，而是建立在结算等业务基础上，用于企业与银行之间进行电子业务交易、数据传输的平台。平台能协助企业在线自动化地与银行进行交互，实现跨银行的资金统一管理。银企直联是企业进行资金网上结算和开展集中结算的前提。

②资金收付款。

- 资金监控

通过银企直联以及线上数据文件导入的方式，可自动获取各银行账户的资金业务信息，将所有账户资金全部纳入统一管理。便于企业掌握重要资金状况与动态，及时发现异常并解决问题，对资金流向的合理性和合法性进行有效的监督，考察结算及时性和准确性。

- 收款管理

通过账户资金集中管理和与银行的直联，可实现对收款交易信息的快速引入和业务确认，对收款类流水进行分类标识，匹配资金计划中的收入项目并支持推送共享认领。通过资金收款管理，使企业收款资源集中化、认领入口统一化、认领流程标准化、通用认领规则一致化，并且支持待收款业务单据的动态扩展，实现资金流入信息的精准掌握，也为后续整体资金运作效率提升奠定基础。

- 付款管理

付款管理模块为企业提供统一多银行结算平台，可采用灵活的资金结算方式，通过系统实现多银行集中结算付款处理。同时可以共享系统审批完成信息，自动生成资金结算单据，提高结算效率。

除了收付款管理，系统通常还会提供相应的电子回单与对账管理功能，也就是通过银企直联获取账户的银行交易数据，实现资金系统中资金业务单据与银行方交易数据的一致性。

(2) 资金计划与投融资

①资金计划：资金计划管理是对未来可能发生的资金流入和流出所做的计划，根据业务预测来制订。从资金预算的编制、审批到资金预算的执行，通过系统提供科学合理的预算管理体制，灵活可扩展的表单定制平台，实现企业全业务收付款资金计划编制，实行资金全方位闭合管理，以制度的规范化确保资金管理的精细化。

通过资金收支预算，可以对全部资金使用的计划性、合理性进行全过程、全方位监督与控制。以资金计划为准，加强对资金支付业务的过程监督和预警提示，特别是大额付款业务、超计划的支付等进行多级审批，加强资金业务的事前控制，提高资金的整体管理水平。另外，可以对未来资金的头寸进行提前掌握，有利于提前进行资金的调度和投融资管理。

②盈余管理和投资理财：资金管理的本质就是通过流动性管理，最大限度规避风险，及时准确地厘清资金头寸和明确各类资产的变现能力。企业在有效资金计划管控前提下，会在明确收支资金节点情况下引申出资金盈余管理。资金盈余管理在实际执行过程中不能单一考量，企业的资金计划需要与盈余资金、融资计划等有机结合，才能最大限度实现资金管理效能。

理财管理模块可以提供相应的理财投资设置，如存款、银行理财产品、债券等投资理财业务的过程和台账管理。包括投资理财业务登记、变更、存入本金、支取本金、利息收入等业务的管理。理财管理的流程如图5-11所示。

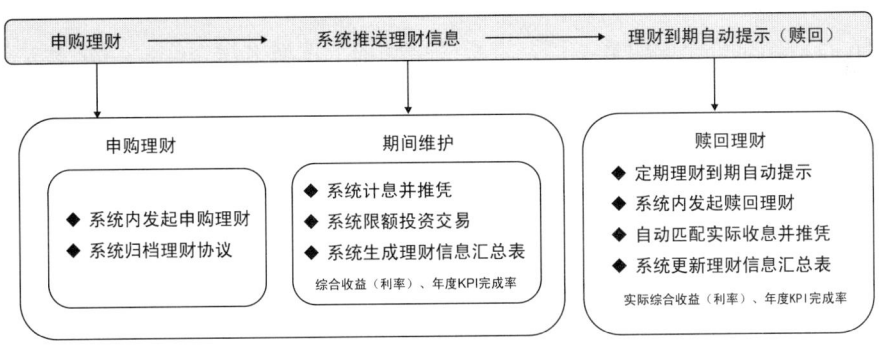

图 5-11　资金管理系统理财管理流程图

企业着手对盈余资金进行投资理财，需要先做好自有资金分层管理，然后考虑适配不同的资金配置方式，可参考图5-12。

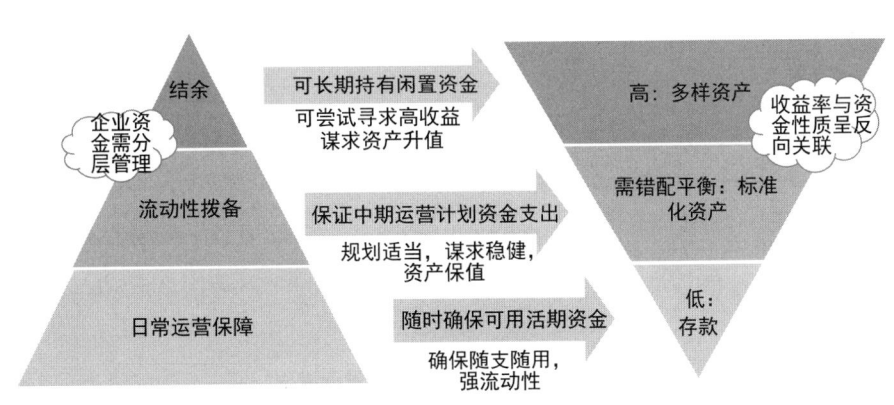

图 5-12　企业自有资金分层管理图

对应资金性质恰当选择合适的机构，对接同性质理财会产生较好的效果。不同的理财方式梳理如图5-13所示。

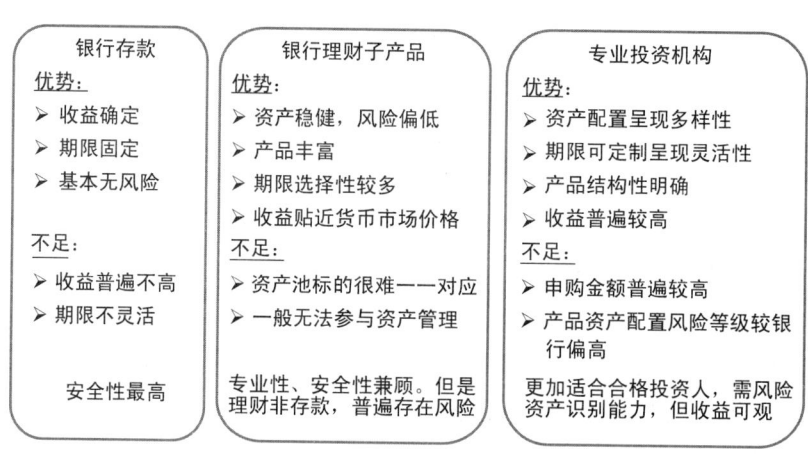

图 5-13 理财渠道分析

企业在投放结余资金的时候，可在资金分层基础上选择多样资产，一方面有资金价值提升的空间，另一方面为资金管理岗位人员提供了解金融市场的机会，以及锻炼风险资产识别的能力。

③融资授信管理：企业融资是指以企业为主体融通资金，使企业及其内部各环节之间资金供求由不平衡到平衡的动态过程。融资授信管理的基本要素包括资金融资目的明确、融资背景事实清晰。此外，企业内部应经营状态良好且持续、具备还本付息的来源。融资的银行应气质相投、有踏实且灵活的授信经理。

授信管理的核心是对企业融资负债信息的整体把控，从而实现授信管理的集中管控，也是后续融资管理的基础。该模块可实现对企业内授信协议管理、协议分割、额度使用、额度预警等信息进行集中管理，并对各类业务进行分类控制和实时授信控制，加强整个企业融资业务的风险监控。授信管理流程如图 5-14 所示。

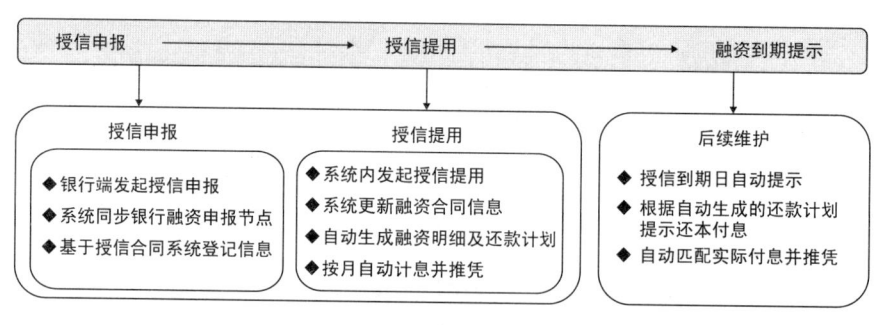

图 5-14 资金管理系统授信管理流程图

授信模块能将资金融资业务集中管理起来，大型集团公司可以利用自身的规模效应和更好的信用优势，获得优惠的银行贷款和其他授信品种，将整体授信分配给成员单位。对融资授信的统一管理，可以发挥集团规模优势，降低融资成本，盘活沉淀资金，提升投资效率，规避财务风险。

融资管理业务又涉及三个环节的管理，即贷款申请、业务处理及过程控制、信息的查询分析。企业需要把握不同环节的要点，完成事前综合预测，事中执行管控，事后风险预警和分析。融资管理模块支持对企业的银行借款统一归口管理，全生命周期台账管理，各环节流程的电子化管理，并提供到期及时预警功能，防范贷款逾期风险。

在授信融资管理之外，系统通常还有担保与资信管理模块，包括抵质押合同管理、担保合同管理、保证金管理等，可与信贷模块关联使用，进一步完善企业的融资业务体系建设。在实现资金归集的基础上，加强企业资金灵活调剂，提高现有资金的使用效率。同时，负责企业整体资金流动性管理，理顺企业的对外融资平台，合理控制融资规模，降低财务费用。

（3）分析报表与系统集成

①资金分析报表：利用资金流信息集中，数据采集可以兼顾各种渠道各类业务，并将数据加工成有用的信息，以提供方便、快捷的数据统计、分析及多维度报表查询。通常系统会提供大量的常用的预置报表，还会提供自定义报表查询和报表绘制与导出功能。

通过资金报表，可实时获取企业的资金整体情况，实时监控资金管理的重要指标，监控集团资金运转情况，并借助 BI 分析工具对报表数据进行可视化呈现，使管理者能够及时发现企业管理的重点、难点和风险点，为决策层及时采取措施和决策提供准确的信息依据。

②系统集成：资金管理系统通常也支持与其他异构系统的集成，如企业业务系统、审批流平台和企业财务核算系统。搭建资金平台时需要在模型、应用、业务等方面进行前瞻性设计，通过接口预留、配置定义、功能扩展等手段在框架上保证系统具有充分的扩展空间，从而实现基础数据和业务流程的共享。

资金平台与其他系统的集成，可以全面提升资金管理信息的共享能力，降低人员间因理解偏差导致的信息传递错误，减少人工操作和信息录入的工作量，提高工作效率，保障数据的一致性和准确性。资金平台保留可扩展性，能有效支持企业未来业务的发展变化。

5.2.4 系统建设实施要点

资金管理数字化建设过程中，需要考虑的要点主要集中在以下层层递进的几方面：

- 梳理现有业务系统关系
- 梳理现有资金管理流程中的断点及难点
- 寻求尽可能标准化方式
- 明确系统实施范围"就重避轻"
- 实施进程循序渐进，目标逐一实现
- 实施效果显而易见

(1) 分析现状制定计划

①梳理资金流程：需要对企业资金管理现状进行分类梳理，确定改造范围并制定对应计划；需要结合企业自身战略管理目标，对资金管理业务流程梳理和规划。如流程类与表单类，现有的模式与数据是否存在统一标准，考虑未来拓展计划，是否可形成所需的资金相关分析报告。

②分析流程断点：需要分析企业当前资金管理工作中的流程断点。通常表现在：资金业务审批流程会流向银企平台形成付款信息，但其他流程应用可能有缺失；付款信息到了银企平台，处理后可能无法自动关联付款回单到现金管理与台账核销等；资金分析报告基于日常运营管理效果，可能无法自定义自动出具，而需要手工抓取整理和展示。这些断点导致资金管理无法形成"集合结构"效应，需要搭建资金平台串联起信息孤岛。

③制定计划步骤：为解决资金管理工作中的问题和痛点，提升日常工作数字化程度，需制定计划逐步开展实施。

利用银企直联功能，附加应用热门的 RPA 技术，对账户和 U 盾进行统一管理；打通内部系统关联付款单和银联回单，对接电子会计档案实现全程无纸化归档；借助各类成熟的产品和技术，推动业务相关数据全过程的交互，资金计划自下而上地推进，实现资金管理全方位的数据收集；系统化地梳理整合业务流程规范，资金数据统一输出展示，达到资金运营效率、风险监督、流程管控的平衡，从而使资金管理决策更有合理依据。

(2) 合理使用技术工具

资金管理系统建设的起点是账户管理，重点是资金运营，成果是智能报表。最关键的节点是需要打通银行系统，其中，银行直联账户可以通过从银企直联自动获取账户交易数据，但非直联的账户需要通过用户每日导入交易数据和使用 RPA 工具获取，直联银行中不能直联的账户也需要使用技术工具加强管理。

①银企直联：银企直联是通过互联网或专线连接的方式，实现企业系统与银行系统对接。企业无需专门登录网上银行，就可以查询和操作其银行账户，在财务系统中自动登记账务信息，不仅提高了工作效率，而且确保了财务系统与银行综合业务系统账户信息的一致性。

在对银企直联功能更深入挖掘后，银企直联不再是单纯的"支付通道"选择，在提升支付结算效率的基础上，银企直联打通了回单和原有付款单据的关系，进一步关联至业务系统与台账核销；收款的信息回传业务系统触发系统收款确认流程，可实现支付自动化处理和支付核算的一体化管理。

银企直联嵌入式地连接了企业 OA 系统和资金系统，可以很好地打通信息流的传递。但标准接口的对接要求企业本身有一定的信息技术能力，或者聘请第三方实施。同时，在获取银行接口时企业一般也需要支付一定费用。因此银企直联上线时需要综合考量开发时间及成本投入。

②RPA 技术的应用：对接银企直联的付款回单，目前仅在银企平台关联可查，同时完成流程驱动匹配信息。而那些没有完成银企对接的支付以及收款，就需要借助 RPA 技术进行完善。

RPA 本身具有非侵入性和快速灵活适配的特点，在进行 RPA 部署时，不需要改变现有资金管理处理的信息系统，可以模拟人操作的非耦合方式打通原有系统，而不是传统 API 接口开发对接方式。这使 RPA 技术具有非常强的灵活配置性，可以快速实现适配及上线。具体 RPA 部署方式可参考图 5-15。

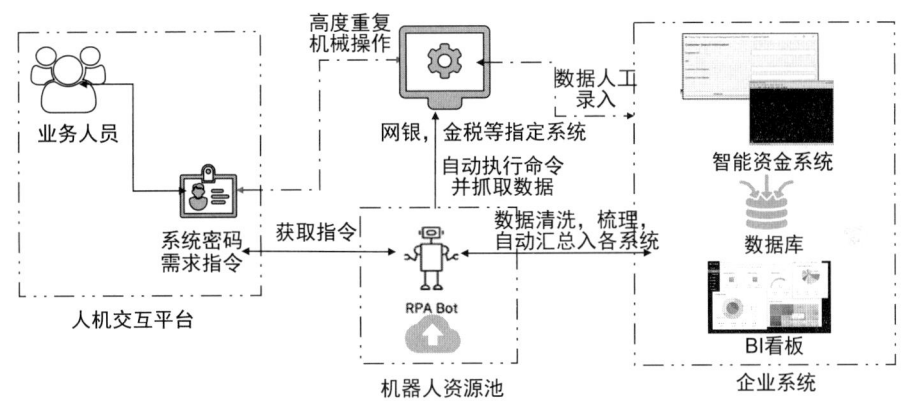

图 5-15　RPA 部署示意图

借助 RPA 工具，可以将银企平台覆盖不到的银行或者散落在其他平台中的信息通过机器人模仿人类操作，促使机器完成小、散数据的统计、组合、筛选。这样既不需要改变原有的网银银企日常结算工作，也不需要更换资金管理平台的使用计划。仅需要通过逻辑性的配置，资金管理基础岗位员工就可以从繁复单调的流程操作性工作中解放出来。

③技术工具对比：综上，银企直联的优点是：时效性、可视性、一体性、稳定性；缺点在于上线耗时久、上线耗费高；而 RPA 则胜在其低系统侵入性、短开发周期、低投入成本及快速灵活响应调整，但在现阶段的局限性也很明晰：对外界数据来源和环境稳定有一定的依赖性。因此需要与专业团队合作，挑选标准规范及较少变动的流程进行应用开发。

随着企业数字化转型的不断深化以及新技术更新换代，资金管理的自动化、智能化水平将伴随着资金管理方法的演变不断提升。更高水平的资金管理方法需要智能化技术的支撑，技术也会反过来促进资金管理的创新。但技术只是工具，平台建设是路径，更核心的还是企业的资金管理理念，需要目标明确，对业务深入了解，进行科学的流程梳理以及具备结构化思考解决问题的能力。

（3）系统软件选择

资金管理系统可以是一个单独的系统，也可以是系统中的一个模块，对应的软件产品类型也比较多。企业可以根据自身情况进行选择。

如果企业规模较小,账户体系简单,只是致力于提升支付准确性和效率,则可以选择在前端的工作流审批系统中嵌套相关的银企功能,完成简单的资金结算工作,这种技术实现简单,但局限性较大,后续的功能拓展性也较差,智能化程度不高。

一般企业如果要搭建更加全面的资金管理平台,最终的落地实施需要借助合作的力量,目前市面上资金管理的应用开发较为成熟,基本都可以满足企业日常资金管理的需求,只需要做好与内部系统的对接安排。企业对自身现状流程进行梳理分析,明确优化范围与核心业务需求后,可以和软件供应商进行业务咨询洽谈,确认业务方案,并进行资金系统具体业务的落地与维护。

目前资金管理平台的供应商主要有两大类型,即独立专业的资金管理系统供应商和ERP软件综合供应商,二者的对比情况如表5-1所示。

表5-1 不同类型资金管理平台供应商对比

对比维度	资金管理软件供应商	ERP软件供应商
主营业务	专业资金厂商,专注资金管理研究与开发,提供专业资金管理咨询、软件产品、整体解决方案	综合软件厂商,主营业务为财务核算系统,资金管理系统是吸引客户的辅助性工具
领域专注度	提供集团财资、集团企业财务公司、类金融服务全方位的金融生态服务方案	专注与ERP系统的升级优化,提供综合性ERP解决方案,资金管理产品属于其ERP产品的分支
差异化服务能力	提供个性化开发及解决方案,满足未来的个性化管理需求	国内客户主要使用的是云版本,由总部统一维护,本地版较少,一般不提供个性化开发
系统实施与服务能力	专业的团队、完善的流程和丰富的实施经验。建立客户经理制,为每个客户提供一对一的全程服务	资金系统投入占比低,非专业实施人员,深度的管理咨询服务能力较为薄弱
市场占有率	国内企业集团资金系统市场占有率数一数二,以集团性企业为主,大型资金管理客户数百数千家	使用其资金管理类占比低,以中小企业客户数量较多
对接银行服务能力	设有银行接口部,拥有完善的银行对接流程	暂未设立专门银行接口部
产品成熟度	产品经过市场长时间考验,成熟度高,支持大中小企业各阶段的建设	功能相对偏向简单及标准化

资金管理平台强调平台的灵活性、拓展性和一体化,满足资源优化配置和风险管控。综合软件供应商的系统集成性较好,成本相对较低,可以标准化快速上线;独立专业的资金软件需要考虑企业内部异构系统集成,可以实现个性化管理需求,技术实现难度较高,但系统独立性较好,适用于账户体系十分复杂的企业。最终系统软件的选择,需要结合企

业自身的现状与核心诉求进行分析，并做好供应商的进度管理，从而达到提升核心竞争力的业务管理需求。

（4）制度规范与风险管理

资金管理系统是企业的核心业务系统，除了分析现状制定计划，定义未来系统架构的边界，做好数据信息的交互，还应该关注资金业务信息的敏感性、安全性。必须建立方便灵活、科学严谨的权限分配和控制体系，通过制度流程规范做好风险控制。

①资金制度建设与人员管理：在确保合法合规前提下，对整个系统的关键核心业务流程、数据交互规则、操作职能、数据权限和管理职能进行多层级、多维度的权限设置与分配，科学地建立对所有流程类、功能类、操作类及管理类业务的风险控制机制。以制度的方式明确和固化相应的管理思路，确保企业各项资金业务的顺利推动和贯彻执行。

事前控制中，加强财务资金管控力度，平台统一设置资金预算和计划，明确职责分工和业务协同，根据岗位角色实行严格的权限管理；事中跟踪中，在系统的工作流平台，将日常资金工作业务预先定义好流程规则，如审批节点和条件设置等，使资金流程自动规范流转，并进行跟踪和监控，实时掌握资金计划、执行情况和资金信息；事后分析中，在资金系统中创建任务，设置规则自动创建表单，按统一标准对资金动态进行日常的观测和分析，及时准确获取风险预警和管理数据，进一步守护资金安全。

②系统风险管理：资金管理平台可以通过资金监控、预算控制、规范审批、业务预警等多种方式实现对资金业务风险的有效监控。但系统建设并不是万能的，即使是自动化、智能化程度很高的系统，如果流程设计有漏洞，也会带来比较大的系统风险，需要多加关注并加强人工管控。主要可能的系统风险类别以及应对措施可参考表5–2。

表5–2　　　　　　　　　　　资金管理系统风险管理

风险名称	风险详细描述	风险应对措施
支付失败风险	部分银行因结算时间的原因，到16:30以后对公支付就停止了	与成员单位约定付款时间，对公付款到16:00以后就不接受处理 业务人员在进行账务处理时，需要仔细检查成员单位选择的支付方式是否正确，如发现不正确，需打回处理，并及时通知成员单位
重复付款风险	通过银企直联发送后，出现退款现象	如果银行接口返回处理失败，在第二次支付之前，必须与银行确定，该笔支付是否确定未支付，才能通过接口再次发送
银行接口升级风险	当银行接口升级后，资金系统也必须升级，升级存在一定风险	在升级银行接口程序之前，必须结束所有的银行交易业务，关闭银行接口
基础数据维护风险	基础数据维护时的不准确，造成很多业务无法正常开展	严格按照基础数据维护表进行数据录入，同时须对录入后的数据进行检查

续表

风险名称	风险详细描述	风险应对措施
系统操作风险	存在系统操作员对资金系统操作不熟练而引起的系统错误	对于需操作资金系统的人员，必须先考核，再上岗。上线后新增的操作员，可以通过测试系统进行练习和考核
系统维护风险	因解决系统BUG或者个性化需求而更新系统程序，存在一定风险	所有的系统更新前，必须在测试系统进行测试，确认无误后更新到正式环境。在更新到正式环境前，必须是在中午或晚上下班后进行，要求所有操作员必须退出系统
信息安全风险	系统操作员密码泄露风险	要求系统操作员必须定期更新密码
	当系统操作员正在操作系统时，因为有事需离开，而未关闭资金系统引起的风险	要求系统操作员在离开电脑时，必须关闭资金系统，同时设置资金系统在一段时间未使用会自动关闭
	对于银行账户余额、交易明细等敏感数据，存在外泄的可能性	在权限划分时，必须对某一岗位能查看某些数据有明确的规定
		数据库管理员必须对数据备份及保管有相应的规程，防止数据外泄

5.3 从资金管理到智慧司库

5.3.1 资金管理系统建设经验总结

（1）供应商选择

上文介绍了资金管理系统的搭建方式和不同类别的供应商特点。具体在选择供应商合作实施的时候，企业需要从自身业务需求和愿景出发，主要可以基于以下几点来考虑：

从公司战略层面出发，选择更契合企业自身长远战略规划的厂商，需要系统支撑对接程度较高，外部接口具有较好的可扩展性等；

从财资管理功能考虑，选择更能满足企业对于财资管理功能需要的厂商，主要考虑厂商提供信息化系统安全程度，以及能否支持企业对于外部渠道足够高及快速反应的要求；

在信息程度层面，选择更能支撑企业信息化程度的厂商，需要系统标准模块适配性高，厂商实施经验丰富，能够帮助企业进行流程优化及重塑，因为系统建设本身其实也是为了优化流程，实现资金管理价值目标。

（2）系统维护与断点处理

资金管理系统尤其需要注重与企业内部其他系统和外部系统的集成，关注外部系统的变化，如银行等系统不规范或者升级维护带来的问题，内部系统也需要及时更新维护与升级优化。

如果企业本身系统化程度有限或者内部业务系统是封闭的，没有对外集成的接口，不能将流程前后串联打通，系统间无法实现信息自动传递，可以人工介入或利用辅助技术工具，如RPA进行识别和处理，将流程节点跨系统传导，实现多个异构封闭系统间的集成。

(3) 人员管理观念

即便企业已经搭建了资金管理系统并实现了跨系统集成，但在一些关键节点上仍然需要人工介入进行审查复核。系统化程度越高，对资金岗位人员的要求也将会越来越高，相应地，越需要调整资金工作的管理理念与重点。

首先，需要资金操作人员工作方式和意识转变，需要适应原本线下单据转为线上流转的方式，注意工作规范，如错误删除等，因为在系统的所有操作会留痕，将会对不规范行为加倍放大，但会更有利于资金精细化的管理。

其次，日常业务的系统化、流程化使资金操作人员工作重心转移到差错处理和异常情况处理，必须十分关注审核要素和工作断点，及时发现系统的漏洞与不完善并跟进优化，规避更大的风险。

5.3.2 智慧司库畅想与展望

当企业发展到一定程度和规模，单纯的资金管理无法满足多元化高级层面的管理需求，需要进化资金管理能力，衍生出司库管理概念。作为资金管理的升级版，司库管理备受国内大型企业集团的密切关注和积极实践，成为集团财资管理和财务公司未来发展的重要方向。

(1) 司库管理是广义的资金管理

"司库"一词来源于古法文，原意为储藏货币或贵重物品的屋子或建筑，后引申为一个国家或公私企业的收入或资金。在现代，司库管理是以企业集团金融资源为管理对象，以信息系统为管理平台，不断优化管理模式与创新工具，对企业集团金融资源从筹集到分配进行全面管理，提高资金配置效率与收益率，辨识和控制金融风险、协调金融机构商务关系，最终使资金管理高度契合企业战略，并且能迅速响应业务需求。

企业资金管理是一种狭义的企业司库管理，其目标是确保企业留存的资金能够满足企业正常运营，尤其是到期能够及时偿还债务，避免财务风险。这时的企业资金管理更多发挥的是后台支持部门角色。

企业司库管理是一种广义的资金管理，更加具有战略导向，更为强调创造价值的理念，其目标是当管理层为实现整体的财务目标而采取行动时，企业司库必须提供必要的资金和信息支持，并能够从财务和运营中识别风险，以全局乃至全球的视野管理企业和监控企业现金流。

从资金集中管理到司库管理，简单地说就是用金融模式解决财务问题。构建集团公司金融资源管理运营平台、优化产业链金融生态环境，进一步深化产融结合，使服务企业集团和实体经济的能力得到有效提升。

（2）更高级别的风险管控

相较于资金管理系统的搭建，司库管理系统信息化建设在战略高度层面更加注重风险识别和预测分析过程；在周边关系辐射范围将与企业相关的各种经营关系也囊括进来，进而充实了原有资金管理模块的功能。

在司库管理的风险控制中，基于数值化的管理架构，企业的司库管理能够更加便于企业去监控识别风险，帮助企业更好地防范且降低经营风险的发生。如：资金操作性风险、企业运营过程中流动性风险、企业外部的金融市场风险以及企业内部控制的舞弊风险。

（3）更加实时的决策分析

传统的经营决策分析是基于企业经营过程中对于常规报表指标的计算分析，通过既往发生的事实对后续经营模式进行一定决策指导。例如，一些经营性活动现金分析指标、企业偿债能力指标、企业发展能力指标分析等。

基于数字化的司库管理，重点讲求立足于实时数据，对未来的经营做出分析，提供更加直观、及时的决策依据。除了对通用性资金分析指标进行跟进外，还会尝试符合管理需求的资金指标，侧重于实时在线监控，通过个性化的经营指标设置达成管理层管理决策目标，最后展现出来的企业经营情况具有及时性、全方位、可视化的特性。

未来的数字化资金管理仍然是企业管理的核心工作，并且随着数字化的深入，资金管理最终将迈向司库管理。企业通过实时监控动态指标，对信息层层分解，能够更加细致地洞察企业实际经营状况，防范资金风险，制定完善的资金融通策略。

5.3.3 相关问题与对策

Q1：如果企业资源有限，银企平台的上线顺序该如何选择？

从成本效益角度考虑，如果资源有限可以不用100%上线所有银行。首先，需要梳理企业银行账户的使用情况，重点参考交易处理笔数和频率，然后是金额。其次，优先考虑对接那些最常用的账户，解决掉覆盖范围最大的问题。最后，其他小部分不常用的银行账户，可以通过添加人工处理或者利用RPA工具实现管理需求。

Q2：非银企直联部分的收付款、回单与流水如何处理和关联？

非银企直连的账户操作与回单关联，需要人工导入文件数据，或者通过RPA工具模仿人类操作，根据逻辑性的规则配置自动执行和抓取数据，再结合OCR影像识别技术，提取回单数据并存储在系统中，通过关键信息与付款单和资金流水实现关联匹配，进而打通业务信息与会计核算，实现资金流程闭环。

Q3：资金系统建设如何提升资金管理效用？

资金系统的建设打通了企业内外部信息，关键是连接了企业内部业务与财务的各个关键节点，使企业能够清晰地看到资金运转的效率、各业务投入产出比等，可以加强对资金的整体管控与利用。资金系统相当于是企业的数字化管理中枢，为企业各处和外部打通输血与回血，既满足流动性需求，又充分考虑盈利性，从而提升资金管理效用。

Q4：资金管理平台选择考虑的关键因素包括哪些？如何权衡成本效益？

资金管理平台选择的关键因素包括系统安全性、稳定性、可用性以及可扩展性，重点是做好管理需求分析及选型。企业往往纠结于不同的产品功能与成本而难以决策。在权衡的时候，除了满足当前的资金管理常规功能需求外，也要从长远考虑业务变化对资金部门的定位或者追求利润效益的新需求，以及如何通过智能数据分析为企业决策提供有效预测分析数据，从而实现智能化资金管理，助力企业整体数字化转型的新目标。

Q5：资金系统安全如何保障？

首先是企业内部对涉及资金的流程要有严格、科学和清晰的规范指引、应急预案与数据备份制度，严防数据丢失与泄露；其次是系统建设要选择专业的实施厂商，结合企业自身情况与供应商对行业实施的丰富经验，帮助提前规避安全风险；最后是人员培训与执行到位，强化资金安全意识，人员操作系统必须按照规章流程执行，在出现系统安全漏洞或者断点时，快速发现与协调优化，同时，人工及时补位确保流程正常安全运行。

Q6：资金管理数字化转型对资金团队人员有哪些能力要求？

资金管理智能化程度加深，对财务人员的能力要求也会有所提高。司库管理强调通过控制内部风险、降低资金使用成本、实现更高利润率使企业创造更大的价值。这就需要财务人员储备更多金融相关的知识，并具备数据分析能力以及预测企业资金需求从而制定策略、进行判断和决策的能力。此外，还需要具备一定的信息化能力，以适应企业整体信息化水平不断提高的需求。

5.4　资金管理数字化应用案例

5.4.1　企业情况简介

三井住友海上火灾保险（中国）有限公司（以下简称"三井住友保险中国"）是由日本 MS&AD 保险集团旗下核心企业之一的三井住友海上火灾保险株式会社全额出资设立，并于 2007 年由原三井住友海上火灾保险株式会社上海分公司改制而成的独立法人企业。公司主营财产损失保险、责任保险（包括机动车交通事故责任强制保险）、信用保险、保证保险、短期健康保险、意外伤害保险等原保险和再保险业务。

三井住友保险中国秉承以"诚实守信、稳健经营、贡献社会"为经营理念。以"客户至上、诚信正直、团队合作、改革创新、专业素养"为行动指引,结合国务院关于"十四五"数字经济发展规划的相关指导要求,近几年重点推动以数字化转型、结构改革、人财战略为管理特点的改革。

5.4.2 业务场景介绍以及要解决的问题

(1) 资金管理业务场景介绍

财务的"财"字,让资金和财务工作密不可分。传统财务工作中资金交易及资金管理是企业经营的基础,是企业财务管理的重点。

三井住友保险中国资金管理内容具体包括银行账户管理、营运资金管理、投资运用管理、外汇风险管理等内容。

银行账户管理包括账户开立、账户变更、冻结账户和撤销账户等。管控的节点涉及账户的范围及性质、授权的安排、U盾的管理、印鉴的管理等。

营运资金管理包括两方面。从会计角度,营运资金即为流动资产与流动负债的净额,而对于像三井住友这样的保险公司,营运资金涉及保费赔款销售循环及相关费用管理成本循环,以及与之对应的应收应付管理。从财务运营角度,资金收付作为重要的业务活动环节,可以评估业务活动运行的真实性及有效性,同时除了信息流以外,其相应的原始单据归档也显得尤为重要。

投资运用管理是指通过对现有资金的盈缺情况和对未来现金流的预测,对企业各主体关联结算、关联借款、投资、融资等活动主动进行资金划拨安排。

外汇风险管理是指外汇市场风险管理,结合运营情况及汇率市场及时进行投资决策调整,从而锁定企业的外汇成本。

(2) 传统资金管理存在的问题

在传统资金管理过程中,基本都存在一些共性痛点,如整体情况监控难、业务集中度低、手工量大、信息不对称、银行账户众多造成数据统计汇总慢、原始凭证调档慢、资金报告不及时等。没有打下扎实的信息基础,就无法更上一层楼对资金实现智能管理。

①银行账户和登录设备管理问题:企业在运行过程中会不断地开设各种银行账户,这为资金管理埋下了隐患。

②资金原始单证归档管理及调档问题:资金结算处理过程中回单和付款单的整理和关联,会消耗资金管理工作中大量的人工和时间,并且资金相关凭据信息获取烦琐、不及时。

③资金信息分散造成资金信息使用和反馈企业资金整体情况不及时:及时准确的资金信息在企业进行运营资金划拨、投资决策、外汇趋势分析等操作时都起着至关重要的参考作用。但总分组织架构、业务属性区分、不同部门沟通成本等都会造成信息使用不便,并且没有整体可视化的报告输出,从而无法有效支撑企业资金决策。

5.4.3 案例实施

(1) 系统建设方案

三井住友保险中国通过科技赋能搭建自动化资金平台，用 RPA 机器人自动技术代替人工逐个登录银行网银，在一个平台上高效实时地汇总格式不相同的十几家银行流水及余额信息数据归集，完成电子回单的自动下载及电子归档，并且让机器人自动完成与企业日记账核对。同时，机器人也会定期登录国家外汇管理局网站自动抓取每日汇率计算外汇账户实时人民币等，并根据用户属性不同输出不同可视化或明细实时报告，从而实现一站式平台多账户、多维度的资金信息实时管理，来提升企业现金周转率、投资决策建议及资金相关客户服务支持。图 5-16 呈现了自动化资金平台建设方案。

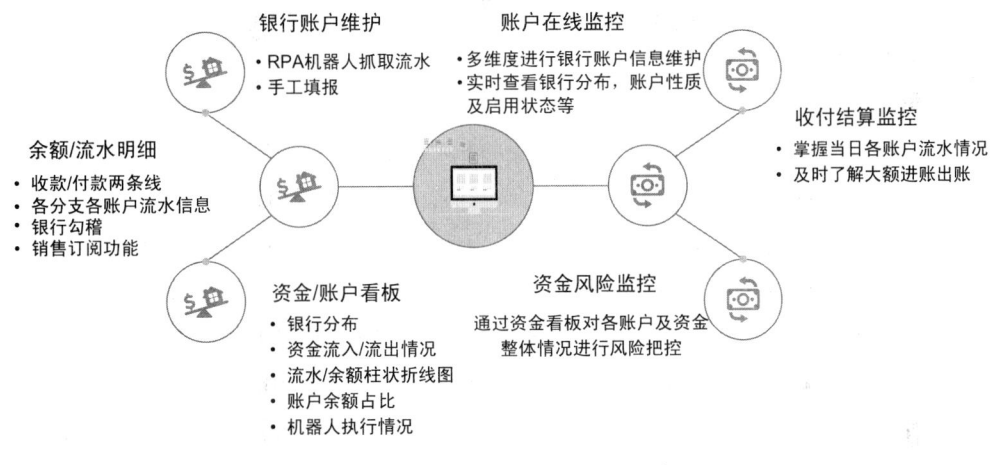

图 5-16 资金平台系统建设方案

(2) 主要功能模块

三井住友保险中国在自动化资金平台具体实现了以下系统功能，从而满足了公司日常经营管理过程中对资金信息的使用需求，提高了资金监控效率。

①多银行流水信息自动实时获取：通过"我的银行"菜单，可以查看资金平台每日机器人自动定时任务运行情况，并支持用户手动触发一站式多银行机器人任务来获取实时资金数据，免去 Ukey 设备管理及不同银行网上银行登录步骤。

②多银行账户信息线上管理：通过平台对企业及各分支机构银行账户的申请、登记和维护进行有效管理，可实现为不同类型的账户定义其性质，如收入户、支出户、基本户、投资户、税收户等银行信息收集管理，并进行不同方式的监管。总部可随时获取各分支机构的账户资金变动和交易状况，对成员机构的资金情况实时、全面地进行监控。

③流水及余额信息查看：对平台内的所有银行已获取资金数据进行流水和余额查看，并支持明细导出。数据存储量远大于各网上银行资金数据历史追溯期间。

④销售人员订阅：销售人员或其他想要查看某些特定流水情况的人员可以通过该菜单

订阅某一时间区间的特定账户流水信息,以及时获得特定关注客户资金收付信息。

⑤外汇汇率自动获取和波动自动展示分析:平台设置了自动任务,每日定时从中国人民银行官方网站自动获取外汇牌价数据并导入系统,并自动输出汇率波动可视化报表。

⑥银行回单自动下载及归档:平台每日触发定时机器人任务,下载银行回单电子件实现电子归档。

⑦资金数据勾稽检查及银行余额调节表:平台内数据每日流水及余额会进行自动逻辑校验,并且对接总账系统完成银行对账。

⑧资金看板及报表:建立实时化、可视化的企业资金看板,满足管理者对各业务单元中账户、收支、投资、融资等资金关键指标的监控需求,为管理者做出及时、准确的决策提供数据支撑。

(3) 具体实施步骤

三井住友保险中国资金平台的具体实施步骤可归纳为以下四项内容:

其一是用户场景再计划。对企业资金管理现状进行分类梳理,按用户群体不同了解信息使用和工作中的痛点和断点,确定改造范围并制定对应计划;同时结合企业自身战略管理目标,对资金管理业务流程进行梳理和规划。从用户需求考虑,如对企业层管理用户,需要实时掌握资金动向以供决策;对前端业务用户,希望减少与财务的沟通成本,及时掌握客户收付资金信息以提高客户满意度;对财务运营用户,需要从繁杂的资金和账户管理事务中释放人力成本,转型输出更多有价值的财务数据解读及分析报告。

其二是流程节点再梳理。全面集中化整合梳理各类流程,并基于实际业务大类和业务细类,结合人工智能新技术匹配运用,思考效率提升及品质优化。如对财务人员每日资金处理事务和标准进行细节流程分析,在集中化的基础上思考建立标准流程和步骤,具体到登录网上银行、下载流水明细、归档电子回单、联系前端用户、银行余额调节表制作等节点。借助各种成熟的产品和技术完成基础的资金信息化整理,并产生明显人效提升。进而,相关数据整理分析、经营决策等工作得以开展。

其三是数据标准再梳理。从标准数据考虑,对数据可视化财务管理指标进行再梳理,其根本目的是数出一门、数存一处和一数多用。数据标准梳理的基本思路是从最底层业务流程节点的表单中,以及正在使用的和未来可能使用的内部管理报表中抽取数据项,合并同类数据项,并对数据项的名称、含义、参考来源、使用维度等关键属性进行集中规范和可视化展示。资金平台的搭建需考虑资金管理的范畴与模式,涉及哪些管理类报表及表单需求,现有的基础数据与需要获取的数据是否存在统一标准,对未来资金业务拓展计划的支持等。

其四是技术工具再选择。从技术工具考虑,对资金全面需求、流程和数据进行自动化技术工具再选择和重组。资金平台建设的起点是账户管理,重点是资金运营(余额、流水、数据、单据),成果是智能报表。三井住友保险中国选择了成本相对低、部署相对快的 RPA 机器人技术。区别于传统 API 接口开发对接方式，在进行 RPA 部署时，不需要改变现有资金管理信息系统，可以模拟人工操作的非耦合方式打通原有系统。这使 RPA 技术具有非常强的灵活配置性，可以快速实现适配及上线。智能报表技术工具选择上，根据不同用户的信息使用重点适配不同的技术化工具，如面向管理用户的可视化实时分析报表、面向运营用户的数据分析工具、面向前端用户的特别关注数据支持以及提供移动端报表更方便实时数据获取等。

（4）系统使用推广

三井住友保险中国资金平台的使用推广从推进财务组织架构转型和加强企业内部宣传培训两方面进行，具体推广措施为：

一是结合财务组织架构变革推动财务数字化转型，从而使财务人员转变观念，推动使用新自动化平台系统。具体来说，总、分财务部门完全打破地域限制，日常财务工作在流程标准化、业务集中化、办公自动化变化下，达成云端三层财务职能专业分工（共享财务、业务财务和战略财务）和共享协同工作的组织架构转变，进一步推动财务部门职能转型和管理会计落地。让财务人员跟上数字化转型课题，适应与自动化工具协作下更高效的工作，转型后输出具有更高价值的分析报告，而非重复劳动的低价值输出，从观念上先有转变，才能推进自动化资金平台的使用与持续迭代优化。

二是加强企业内部宣传培训与沟通。为平稳有序推动资金平台启用，财务部门制作了精简的宣传材料和视频，对业务人员进行培训、向管理层面对面演示，并通过内部门户网站、微信等多渠道加强企业内部宣传推广，同时制作了简单的操作手册放置在公共盘中供大家随时查阅，强调资金平台获取实时资金信息的便捷性和自助性，以提高系统使用率。

5.4.4 案例应用评价

（1）建设成效

对三井住友保险中国搭建的资金平台，可以从数据、操作、管理三方面来评价建设成效：

①从数据上，结合科技赋能全面提升数据质量，使数据获取更自动、数据使用更及时。

使用科技硬件支持多银行 Ukey 物理设备可同时识别技术，将企业内部多账户管理用途和投资需求的十几家银行通过 RPA 机器人登录获取流水信息数据实时归集，并将这些数据实时标准化处理统一归集于资金平台；同时通过新科技信息抓取技术让机器人智能抓取每日汇率计算外汇账户实时人民币等值，并自动下载获取每笔银行流水对应的电子回单，实现原始凭证电子化归档，解决、规避了大多数银行网上银行数据存储时效性问题，方便企业更便捷高效地调用财务电子档案。同时对接财务总账模块，形成资金数据平台一体化及核对自动化，并内置了数据勾稽校验功能保证业务、财务数据的准确性。

②从操作上，结合科技赋能使财务相关资金工作更轻松、高效。

用 RPA 机器人代替传统财务出纳岗位对资金信息相关重复人工操作处理进行大部分自动化。如传统出纳岗位对每家网上银行的人工登录步骤，面对企业内部多账户管理用途和投资需求的十几家网上银行页面步骤不一，有些界面甚至并不那么友好，出纳常常依靠关于网上银行的登录手册来记录每家不同的烦琐的登录步骤，这无疑带来了非常大的手工劳动量。而使用 RPA 机器人后，机器人可以替人工去自动完成所有登录步骤，在凌晨就自动更新完毕全部账户的流水和余额数据，并且可在平台内跨账户及资金属性进行关键信息检索。再比如，银行存款余额调节表的人工制作，传统出纳岗位通过手工下载逐一记录登录网上银行后的余额数据并再次登录财务系统确认账务数据。而科技赋能后的一站式管理平台，通过资金流水余额信息自动抓取并和总账数据对接自动生成银行存款余额调节表，自动化高效地做到资金日清日结，保证资金数据准确可用。

③从管理上，结合科技赋能，向不同资金信息使用者更实时输出有价值的信息。

用数据可视化科技工具输出对于不同信息使用者和决策者的各项资金报告和机器人运行报告，进行一站式平台多账户、多维度的资金信息实时管理。对于管理层，资金管理平台提供按匹配业务类型的企业现金周转率、全账户资金分布、大额资金流入流出情况的实时展示；对业务前端用户，比如营业销售岗位，可以自助实时免 Ukey 电脑登录资金管理平台，也可以用手机端订阅他的客户实时关注保费到账信息、赔款支付流水信息，并且基于标准化平台数据，将不同账户下的收支流水信息可进行同比分析，更能随时下载收付款电子回单凭证，以最快最实时的财务信息服务获取以提升客户满意度，这也是财务转型输出服务价值，使整个财务链条实现智能化运营的体现；对投资用户岗位，实时提供全账户资金余额情况和外汇投资汇率波动分析，以供投资决策建议及优化流动资金配置，利用流动性作为杠杆，扩大资金和财务能力，从而使企业投资价值最大化。

（2）未来优化方向

三井住友保险中国希望在不久的将来，能在科技赋能下结合更多的人工智能，即尝试让现有的机器人带有思考地去完成更多工作。比如，基于已发生的历史银行流水利用大数据大胆预测未来资金流，在运营资金划拨节点形成资金智能预警，在资金沉淀大于设定值时自动通知投资部门进行投资计划，以及针对赔付场景更多的资金智能提示与预测。

（案例作者：郑永强，三井住友海上火灾保险（中国）有限公司首席财务官；戴芯苑，三井住友海上火灾保险（中国）有限公司财务部经理）

第6章 税务管理数字化

近年来，许多明星、网红因为税务案件不断登上热搜，而这些涉税案例能被快速稽查，很大程度上得益于"金税四期"的精准分析。从"金税一期"到"金税四期"，税务机关正逐渐实现全方位、多维度的全流程管控，让纳税人的违法行为无所遁形。在智慧征税、智慧监管之下，企业在数字化转型中对税务风险的管理将由原先的事后被动应对转变为事前主动预测，通过数字化系统对企业税务风险预先排查，通过数字化协助企业遵循税法规定，合规经营，减少触发相关风险，以更好地适应"以数管税"的大环境。

什么是"金税四期"工程？企业该如何提升自己的税务管理水平，建设自己的数字化税务管理系统？"以数管税"的时代对企业而言意味着什么？这些问题将会在本章找到答案。

本章首先从税务管理的概念入手，对其内涵及传统税务管理问题和建设税务管理体系的必然性进行阐述，并对新兴的"金税四期"工程以及全电发票进行介绍；其次，介绍企业数字化税务管理系统的建设过程，从建设目标、解决方案、实施步骤、经验总结等方面帮助企业推进税务数字化；最后，结合"以数管税"的大背景总结税务系统建设的四大价值，并展望税务管理的未来趋势，进一步对企业在税务数字化过程中可能存在的问题提供相关建议和对策。

6.1 税务管理发展变迁

6.1.1 税务管理五大体系建设

企业税务管理，是指企业对其涉税业务和纳税实务所实施的研究与分析、计划与筹划、处理与监控、协调与沟通、预测与报告的全过程管理行为。目标是规范企业纳税行为、科学降低税收支出、有效防范纳税风险。税务管理五大体系建设具体内容如下：

（1）税务政策制度管理体系

研究与分析：对我国税收政策体系进行解析与汇编，进行企业内部税务管理制度编制及修订，税收优惠政策收集解析，税务政策倡导及实施。

(2) 企业税收筹划体系

计划与筹划：以税收政策执行为导向，贴合企业业务特征分析和调整业务架构，按年度编制及实施企业年度税收筹划方案，并建立有效的事先评估、事后监控的管理机制。财税人员以专业的经验，用科学、合理的方法为企业减少税费支出，降本增效，为企业的可持续性发展赋能。

(3) 纳税申报和发票管理体系

处理与监控：严格遵循企业税务管理制度的合规性要求，完成报税、缴税和税务档案管理工作以及各类税务信息、数据的统计。具体包括月度申报、年度汇算清缴、税款差错更正及后续管理、发票管理、税收资料档案管理以及税务数据和信息统计。

(4) 税务征收管理体系

协调与沟通：建立内外部的沟通机制，整合税务机关的纳税辅导，灵活利用各类税务服务措施，合理配置税务人力投入及专业度匹配，防范及规避税务纠纷，减少发生税务争议的概率，遵循合法、专业、谨慎原则。

(5) 税务风控和稽查体系

预测与报告：建立标准化风控模型及应对税务稽查的反避税机制，并通过人工干预及信息化建设将税务规定融入各系统。

6.1.2 税务管理与发票变迁

发票作为交易凭证、报销凭证、记账凭证和扣税凭证，是企业税务自查的起点，也是税务稽查的要点。

(1) 发票的种类与变迁

①发票的种类。

- 税控发票：增值税专用发票（电子、纸质）、增值税普通发票（电子、纸质）、机动车专用发票、机打发票、定额发票等；
- 全电发票：带有认证信息的结构化数据，全要素电子化发票。

甄别虚开发票，发票合规性审核的方法与要点：查验真伪，在税务机关官方网站输入发票信息查询或二维码扫描；检查开票内容，依次检查发票开具的品名、税率、购货方是否一致；保证三流一致，即资金流、发票流、货物流要保持一致。

②发票的发展阶段。发票按照储存形态可分为纸质发票和电子类发票。发票经历了以下几个发展阶段，详见图6-1。

电子发票是信息时代的产物，同纸质发票一样，采用税务局统一发放的形式给商家使用，发票号码采用全国统一编码，采用统一防伪技术，分配给商家，在电子发票上附有电子税务局的签名机制。

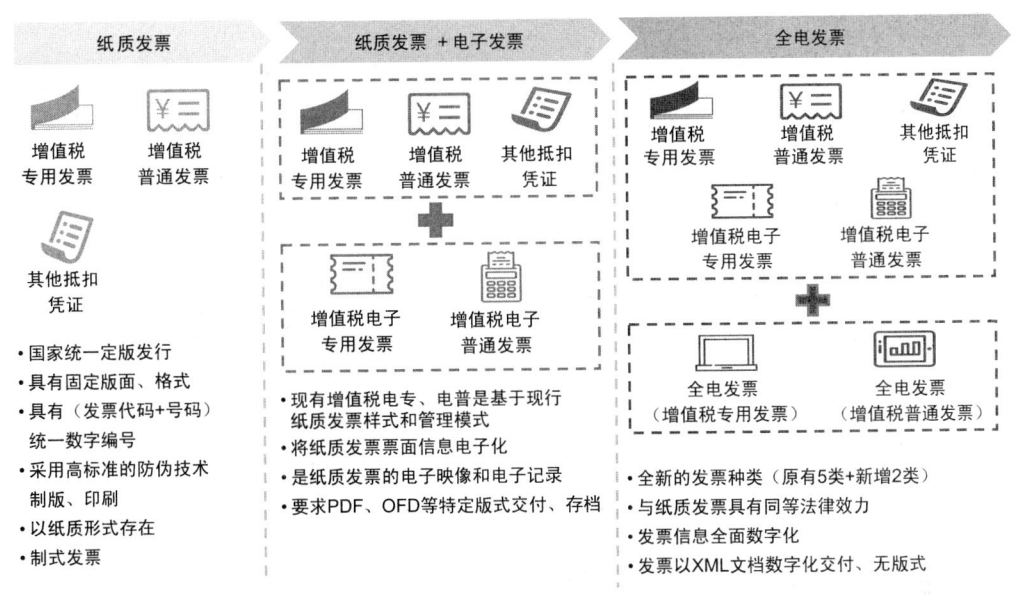

图 6-1 发票的变迁

③电子类发票的几种格式。

PDF 格式与 OFD 格式：又称为传统电子发票，纳税人可以用税控设备开具，该类发票使用电子签章代替发票专用章，可以通过"增值税电子发票版式文件阅读器"进行查阅并验证电子签名的有效性。会计档案管理办法规定，纳税人需将税控电子发票打印并附在凭证后进行妥善保管。

区块链发票：部分地区试点创新类别的电子发票，目前仅在小范围内使用。

XML 格式的全电发票：是目前国家在大力推广的全面数字化的电子发票，已经分批在全国各地开展试点工作。相比传统电子发票，全电发票是从节点电子化到全局数字化的升级，传统电子发票是与传统纸质发票相对应的，而全电发票是全新的发票，发票信息全面数字化、版式简化、流程简化。目前推广过程中为了满足用户的使用习惯，实现与传统电子发票的平稳过渡，在 XML 格式外，税务局也同时提供 PDF 及 OFD 格式的全电发票。

（2）快速了解全电发票

2021 年 11 月 30 日，上海市税务局、广东省税务局、内蒙古自治区税务局陆续发布《关于开展全面数字化的电子发票试点工作的公告》，宣布正式开展全面数字化的电子发票（以下简称"全电发票"）试点工作。税务机关将依托全国统一的电子发票服务平台，24 小时在线免费为试点地区部分属地税务局选定的试点纳税人提供全电发票开具、交付、受票、查验等服务，并为试点地区其他纳税人提供受票和查验服务。

随着全电发票在 2021 年的加速推广和应用，以数字化电子发票改革为突破口，依托"金税四期"工程全面推进税收征管数字化之路已经开启，税收监管全面进入数字化、智慧税务时代。

①全电发票介绍

全电发票,即全面数字化电子发票,是与纸质发票具有同等法律效力的全新发票。其中,带有"增值税专用发票"字样的全电发票,其法律效力、基本用途与现有增值税专用发票相同;带有"普通发票"字样的全电发票,其法律效力、基本用途与现有增值税普通发票相同。全电发票有以下六大特征,详见图6-2。

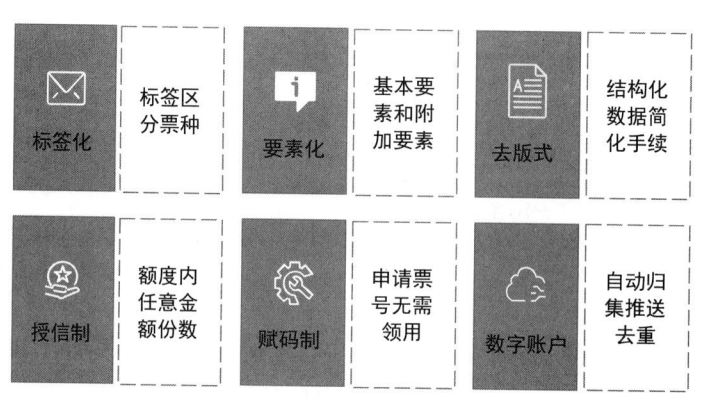

图6-2 全电发票六大特征

②全电发票的关键变化。全电发票信息实现了全面数字化,不再对电子发票要求数字签名和税控签名,简化了开票流程,降低了开票成本。同时兼顾现有的用票习惯,保留发票样式,便于购买方调阅全电发票的数据信息。

- 版面样式区别:全电发票与税控电子发票的票样区别见图6-3和图6-4。

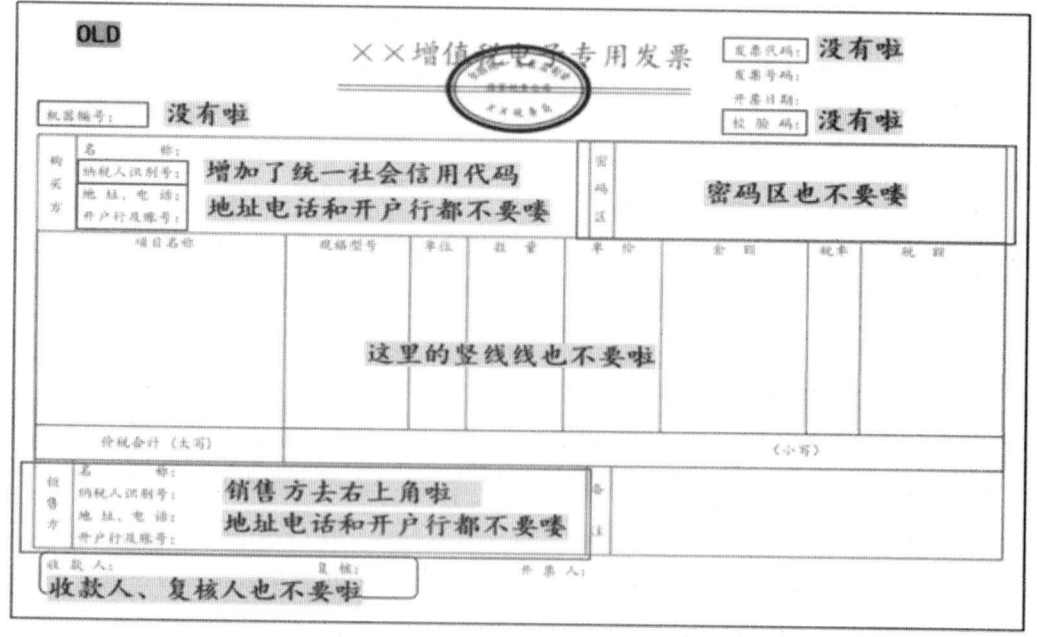

图6-3 旧式税控发票

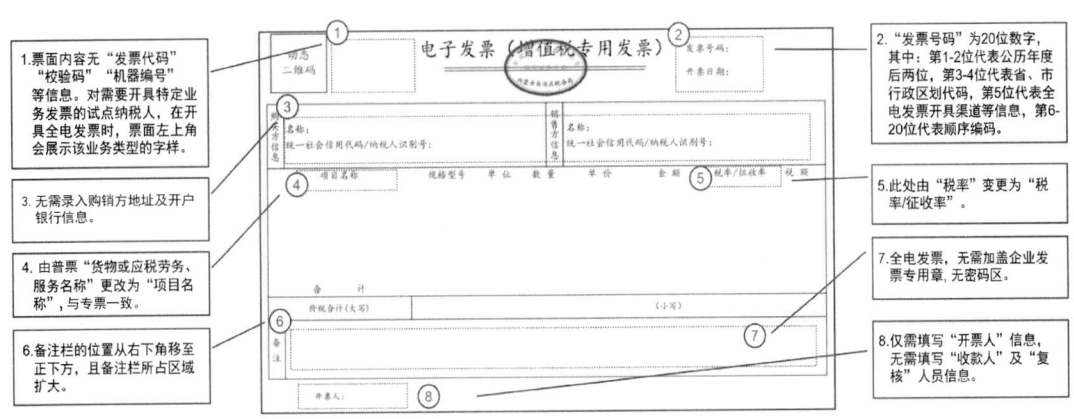

图 6-4　调整后的全电发票

从以上版式示例可以看出，相较于传统电子发票，全电发票的票面精简了许多。版面也全部简化，重新设计了票面要素，取消了校验码和发票密码区，将原有发票代码+发票号码变为 20 位发票号码；简化购买方、销售方信息，仅需填写纳税人识别号和纳税人名称；将原备注栏中手工填列、无法采集的内容，设置为固定可采集、可使用的数据项，并展示于票面上；联次全面简化，全票无联次；彻底取消了收款人和复核人栏，仅保留了开票人栏，会计无需纠结。

- 发票开具区别：全电发票的开票流程全面简化，开票零前置，去介质化，无需税控设备，有网络就可以登录网页、客户端或者手机 App 开票。无需票种票量核定、企业确定开票总额度即可开票，且开票额度可动态调整。没有发票张数限制和单张全电发票的最高开票限额，直接线上申领发票号码（根据赋码段）即可。

- 发票交付区别：全电发票使用 XML 文件格式，记载的是结构化数据，纯数字化发票，无需快递配送，实现了数字账户里发票自动交付。数字账户也提供其他格式的 6 种电子交付方式样式，满足已有的用户习惯。

- 发票用票区别：电子发票源文件的真伪查验，在线查询都在电子税务局，全电接口目前已经囊括了税控发票和全电发票的所有信息，但是传统税控接口底账库不包括全电发票。若通过线下发票底账库查询，需要付费给第三方供应商。

③全电发票的优势与对企业的影响。

- 全电发票和传统的税控发票相比，具有以下优势：减少发票管理成本、流通成本、登记成本；纯数字化形式，推动业财税一体及数字化建设；无纸化发票形式，环保节能；以数治税，赋能企业税务管理。

- 全电发票在企业的应用场景，可用于人工开票或订单驱动自动化开票等，对企业发展具有比较积极的影响，总结如图 6-5 所示。

全新开票模式优化业务流程、提高效率	发票数据应用更加广泛	降低发票管理风险	入账归档一体化
• 即时开票、按需交付 • 缩短收入确认和开票的时间性差异 • "未开票收入"跨期调整预计显著减少	• 自定义标签推动"业财税票"数据全面贯通和有序流动 • 加强发票数据归集和入账状态维护 • 推动发票数据和会计信息双向联动 • "一键申报""一表集成"可期待	• 数字化开具、接收、推送、存储，避免发票毁损、遗失 • 入账标识，防止发票暴力红冲 • 动态风控，有效识别高风险供应商、虚开发票	• 实现发票报销、入账、归档一体化操作 • 推进企业和行政事业单位会计核算、财务管理信息化

图6-5 全电发票对企业的影响

6.1.3 税务管理数字化的驱动力

"十四五"规划指出"税务部门要充分发挥税收在国家治理中的基础性、支柱性、保障性作用，更好地推动高质量发展、为服务国家治理现代化提供基本遵循。"

随着经济发展和科技进步，依托全电发票的大力推广，我国税收征管体系在经历了多次变革后，开始全面推进税收征管数字化升级和智能化改造。税收征管也更加高效严格、细致灵活。在这样的背景下，企业传统的税务管理模式有许多问题，面临较多内外部压力，难以适应税收监管的节奏，税务管理数字化转型是大势所趋。

（1）企业传统税务管理问题

①税务征收管理要求较高：一方面，税收政策持续更新，需要持续地了解学习，且部分政策有适用窗口期，对于时间要求也很高。另一方面，税务数据涵盖面广，数据准备耗时，并且散落在各地及各个系统中，涉税数据收集和信息处理耗时较多。

②工作流程耗时低效：传统模式下，纳税申报大多依靠手工处理，工作量大且出错率高；发票管理各个环节都需耗费大量人工，审批流程在线下流转，工作效率较低；手工开票方式也已经无法匹配业务诉求，影响客户体验。整体缺乏业财税一体化管理，需要改善税务职责规范和流程标准化。

③数据孤岛：业务、财务和税务系统缺乏衔接，形成信息孤岛，需要大量的人力进行核对确保数据准确性。税务管理制定的风险审核判断条件，人工操作很容易错漏，或者执行不彻底。在应对各项税务检查时，缺少系统记录的发票与业务信息及凭证的匹配关系，查询耗时耗力。

④数字化需求高：税务管理并非独立的工作，需要与收入核算和费用控制等进行系统协同与对接，在合规遵从、税金自动计算、风险管理和政策法规库等方面有较高的数字化需求。只有税务管理数字化与其他系统打通，避免企业财税工作流程与数据交互出现断点，才能实现财税业务上下游信息贯通，保证税务工作质量。

(2) 建设数字化税务管理体系的必然性

首先是外界审查监管的压力，企业面临着日渐增多且日趋复杂的法律法规、财务报告准则要求，外部技术进步及经济环境的变化、全电发票的推出以及金税系统的变迁，税务稽查模式正从以票控税逐步过渡到以数管税，即税收征管方式正在逐步实现数字化。

其次是内部风险管理的挑战，无法及时预判的税务风险，超负荷运作带来的成本控制压力及低毛利，业态新颖造成"三流"不一致，或者缺乏税务敏感化系统和管理思路等，都会给企业自身的税务管理带来较大影响。

因此，建设数字化的税务管理体系成为企业的必然选择。企业需要协调战略与风险管理的框架体系，加强税务操作和申报的控制及信息透明度，提高税务合规性管理，提升税务筹划水平和税务申报的时效性与准确性。

(3) 金税四期工程

金税工程的发展历程：金税工程是经国务院批准的国家级电子政务工程，是国家电子政务"十二金"工程之一，是税收管理系统工程的总称。

从1994年3月底开始金税一期工程，到金税二期实现了全国范围内的增值税专用发票的税控开票，涉税业务基本都在线下处理，主要是"经验管税"模式；到金税三期营改增后实现了税种全覆盖，80%涉税业务可以实现线上办理，由"经验管税"发展到"以票管税"；随着全电发票试点扩大与推广，至今已完成了三期与四期的数据交互，目前是两套系统并行。金税四期覆盖了非税业务，打通了企业端和税务端系统壁垒，业务流、资金流、发票流三流核对并且数据云化，可以更便捷地进行信息交互共享与调用核查，由"以票管税"进阶到"以数管税"。

综上，金税工程的建设发展历程可参考图6-6。

图6-6 金税工程的发展历程

金税四期智慧税务稽查：金税四期主要依靠资金和信息实现控税。关联多个机构平台的信息系统，进行数据查询交换与收集分析。通过资金管控结合信息管控，云化打通税务端和企业端，实现税费"全数据、全业务、全流程"的一门式办理。

金税四期通过新增以下四项应用功能，开启智慧税务稽查。

①建立指挥决策系统：通过一个统一的技术基础平台，税务总局和省局/直辖市2级处理，全面覆盖税种、工作环节、税务局及相关部门3个方面；包含征收管理软件、行政管理软件、外部信息软件、决策支持软件4个系统；实现视频指挥台、重大事项、重要日程、多人音频访问、接口拓展能力5项决策应用功能；建立总局级指挥台，开创税务云化时代。

②开发综合画像功能应用：税务风险管理工作中首次引入人工智能技术，以自建大数据平台的超强计算能力为基础，对大量历史风险样本数据进行学习、建模与扫描。总结出识别虚开发票企业的重要风险特征，并为每一特征赋予重要性权重，对几类税收风险精准"画像"。该功能将会不断完善算法，实现智能稽查。

③完善底账库穿透技术规则：从1994年开始，纸质发票过渡到无纸化发票，实现全链条下所有收到和开具的发票信息全面无纸化。从发票生命周期信息、背后密码与商品编码、真实业务的判断等方面完善发票开具异常监控规则，通过异常监控措施，获取异常变动指标。

④开发智慧稽查系统功能：使用AI技术、人工智能、RPA工具、机器学习和语义理解等现代技术，与业务数据互动，对各种涉税违法行为和态势进行智能分析，如追踪疑点线索进行出口退税骗取行为的分析、偷逃税手法感知预警、重点行业涉税违法态势研判、虚开增值税发票违法企业发现等。

"金税四期"为智慧税务的实现提供了数据支持与技术支撑，为纳税服务、税收风险管控以及协同共治带来了机遇。但企业在涉税数据管理与应用、数据隐私与安全、税收征管秩序方面面临着挑战。企业需要不断完善税务数字化体系，来应对智慧税收征管时代的税务风险管理。

6.2 数字化税务管理系统建设

税务数字化丰富了信息技术手段和工具，使日常财务工作能够利用OCR扫描仪、财务系统等先进工具更高效、准确地完成，并将人力从烦琐、枯燥的任务中解放出来。解放的生产力自然可以投入到具有高附加值的工作，诸如涉税风险自查自纠、税务筹划与战略决策等，从而提高公司整体的税务健康等级。

税务数字化不仅涵盖了发票管理工作，之前需要办税员到办税大厅现场办理的涉税业务如纳税申报、发票领购、税务备案等,也可以通过电子税务局、报税软件等工具实现24小时线上办理,使税务工作能够更加方便、灵活地完成。此外,依托"金税四期"的全面推进,税收征管全面进入智慧税务时代。因此,企业税务数字化体系建设成为必然趋势,并日益重要。

6.2.1 税务系统建设目标

企业端的税务数字化建设目标是搭建涉税数据归集、涉税事务处理、涉税风险管控、税务信息共享于一体的统一税务管理平台。

(1)数据共享集中管理

建设进项、销项、纳税申报、风险控制各模块集中管理的税务数字化平台,实现税务信息集中存储、集中管理,实现税票信息的及时、准确传递。

(2)统一标准统一规范

统一和规范税务业务的操作规程、税务核算标准和口径,进而提升整个公司涉税工作水平。

(3)信息管税准确决策

建设税务管理系统,实现公司增值税、所得税、印花税、房产税等多税种管理,完成税金计算、纳税申报的自动处理,为税收筹划、税务决策提供数据支撑。

(4)整体管控规避风险

对全票种开具、各类进项发票收票、勾选认证抵扣、全税种纳税申报情况,结合金税四期相关敏感指标进行综合监控、分析,力争对税务风险事件实现事前管控,加强合规遵从,降低税务风险。

6.2.2 税务数字化解决方案

税务数字化解决方案是指搭建统一税务管理平台,满足企业税务管理需求。包括整体框架设计、系统应用功能以及落地实施模式。

(1)整体框架设计

税务管理系统的整体架构主要是由关联的企业内部业务系统、税务数字化管理系统和税务端系统或平台组成。框架设计如图6-7所示。

其中,企业业务系统将提供发票数据、业务数据。财务ERP系统提供会计凭证数据。

税务管理系统由3大板块组成,即发票池——税务数据中台(含进项管理和销项管理)、纳税申报平台和风险管控。发票池作为整个系统的数据中台,同时承担从企业业务系统采集、储存发票数据、发票影像、业务单据信息、会计凭证信息,并做数据校验;支持销项发票开具、进项发票勾选、认证等功能。纳税申报平台与发票池建立勾稽关系,同步发票数据和影像存档,支持数据检索、查询、下载,支持数据输出至财务ERP系统和电子档案管理系统。风险管控板块对接电子税务局,及时预警。

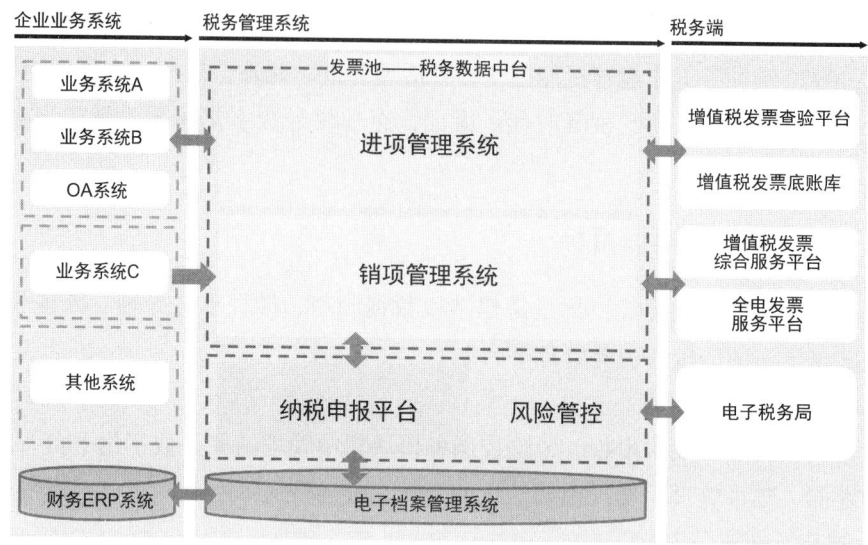

图6-7 税务管理系统整体架构

税务管理系统通过接口等方式连接税务端发票查验平台、发票电子底账库、增值税发票综合服务平台、电子税务局。支持一站式完成进项发票勾选、认证，销项发票开票、上传税务局；一键预填纳税申报表完成缴税工作。

（2）系统应用功能

根据税务管理系统的整体框架，其应用功能包括发票管理、纳税申报管理、异常管理、报表管理和基础设定等模块。核心应用功能参见图6-8。

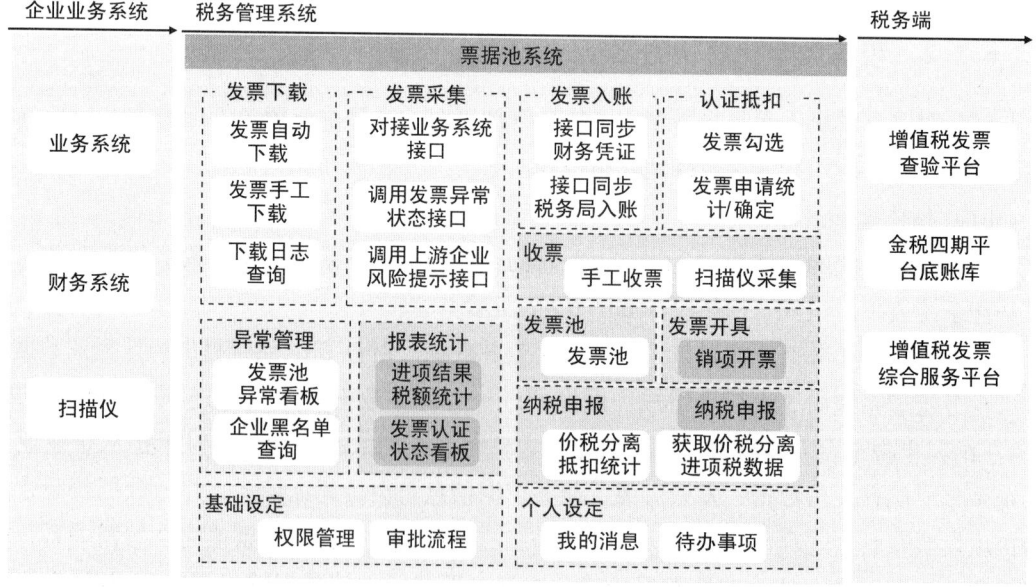

图6-8 税务管理系统应用核心功能

税务管理系统的核心功能相当于是税务数据中台,专门用于对接外部系统、加工储存数据、向税务申报平台输出数据。数据中台通常集成销项发票和进项发票管理模块,支持销项发票开具、进项发票勾选、认证等功能。一端对接企业业务系统采集、储存发票数据、发票影像、业务单据信息、会计凭证信息,并做数据校验。另一端连接税务端发票查验平台、发票电子底账库和增值税综合服务平台,实现发票查验、税务申报等功能。

(3)落地实施模式

税务数字化管理系统落地实施模式主要有三种,企业可以评估自身情况进行选择。三种模式各自的优缺点对比参见图6-9。

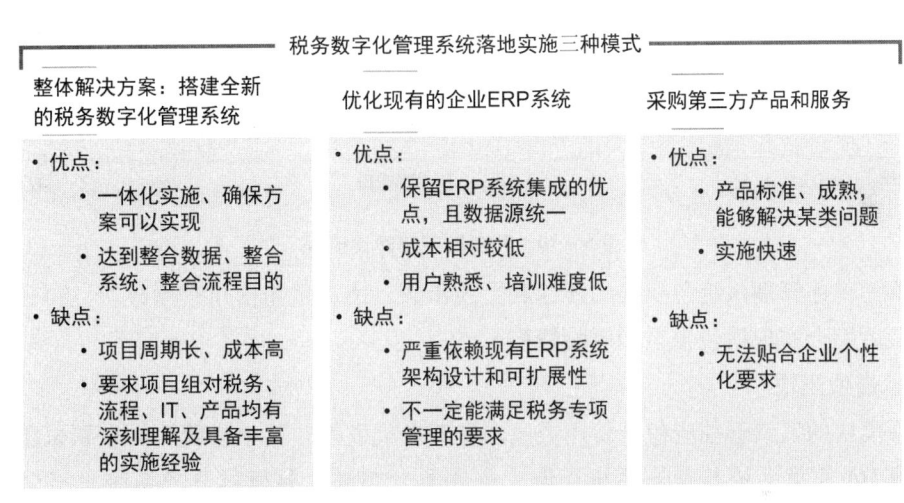

图6-9 税务管理系统落地实施模式对比

此外,企业在进行税务数字化建设过程中,还需要综合考量目前全电发票推广的背景,提前纳入规划设计。比如,公司的全电发票是采用本地部署版本,还是税务局网页端操作版本。如果选择本地部署,则可以考虑与自建税务系统打通,如果选择税务局网页端操作,则局限性较大,可能会有系统断点。

但是,无论选择何种实施模式,都需要通过税务局审批备案,建设过程中要注意风控,避免引起税务异常。如果建设方式没有明确,则建设过程中全电发票接口模块可以暂时不予考虑,待后续部署方式明确之后再做调整。

6.2.3 税务系统落地实施步骤

企业税务数字化建设的实施步骤应遵循项目管理一般流程。首先对企业整体环境进行调研与分析。从税务运营、税务治理和风险管理三个维度入手,详细研究企业组织形式是否与业务部门以及业务产生的税务问题保持一致性。如人员结构,各个税务职能岗位是否有合适的人员任职并有效监督;相关业务流程有没有更好的执行方式,是否可以精简步骤,是否有正确的控制措施来管理风险;数据口径是否统一,数据采集和处理是否实现自动化；企业当前技术积累是否支持实现数字化建设等。

总之，企业应根据自身情况设计、选择适用的技术方案逐步实现税务管理数字化建设。在对企业环境调研分析后，应先确定税务战略与规划，再进行税务管理，最后考虑税务运营。通常的实施流程参见图6-10。

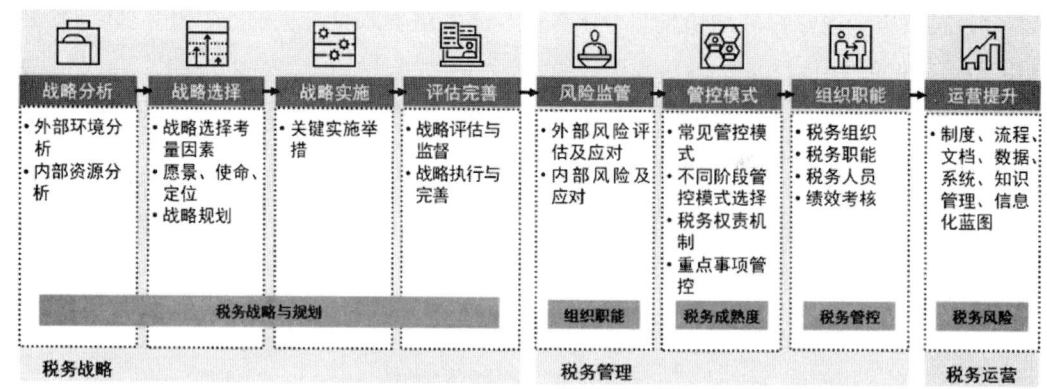

图6-10 税务数字化建设流程

具体到税务管理系统各模块的搭建和上线步骤，通常是先构建进项模块，再完善销项模块，最后综合实现纳税申报和风险管控。

（1）进项模块

进项模块的发票管控应包含费用类发票和业务类发票。其中，费用类发票采集主要是通过企业OA审批系统与费控系统获取，业务类发票则主要通过业务系统进行采集及签到，目的是将发票与业务流程进行关联，发票不再是系统外断档的非结构化数据。

技术层面可采用手机拍照、高拍仪、扫描仪等工具，获取发票影像数据，叠加OCR进行结构化数据的识别，并实时与发票底账库进行查验，对发票要素信息双重验证。由此，进项模块中有与业务活动关联的、经过查验的发票影像及其结构化数据，并可实现批量认证等功能，实现发票进项的数字化管理。进项模块架构见图6-11。

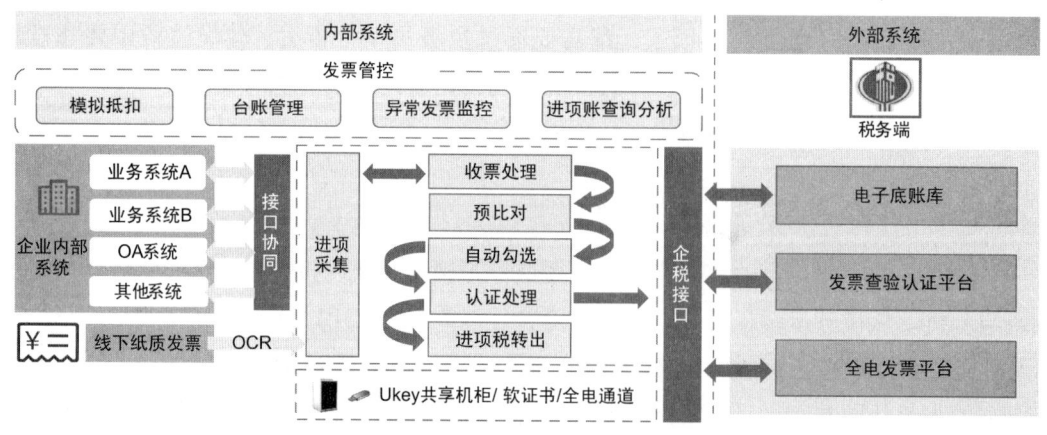

图6-11 税务系统进项发票模块架构图

考虑到发票种类与形态的不同，进项数据采集应支持不同的方式。一是支持电子发票与业务系统对接后自动获取发票信息，包括可抵扣专票等票种自动获取，以及其他进项普票自动获取；二是支持手工查验录入，如扫描发票二维码、OCR识别、发票文件上传、手工输入等。

进项发票管理模块的设计实施应紧紧围绕任务目标，解决税控纸质发票采集痛点，实现税控电子发票和全电发票可采集。力争改善发票采集和保管问题、解决数据孤岛、金税信息同步和异常发票管理等问题。基于发票数据智能，实现进项财税流程革新，最终实现智能化的发票全生命周期管理。

（2）销项模块

销项模块的建设要与业务系统打通，实现开票数据自动采集、批量开具发票，进行开票监控。还要与税务端系统打通，开展销项发票管理，掌握发票总量、已开发票量、剩余票量等。销项模块架构见图6-12。

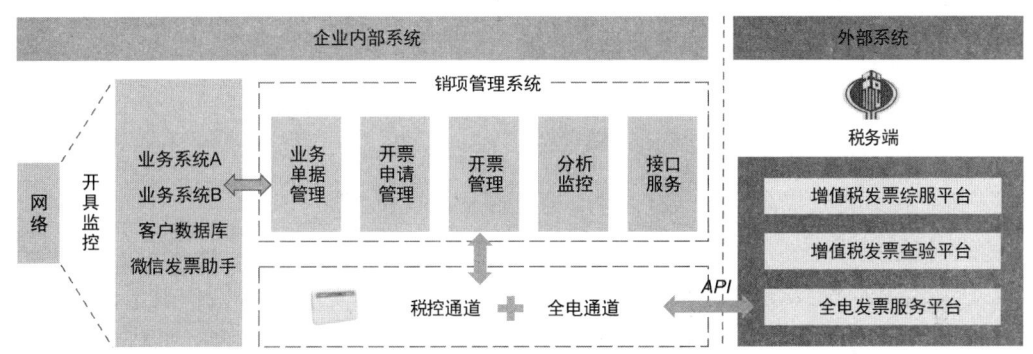

图6-12 税务系统销项发票模块架构图

销项模块数据主要是开票数据的提取，从多个业务系统和开票平台中自动提取销项发票数据至发票数据池系统进行集中管理。系统提取的数据应包含完整的发票全票面信息，并能根据发票的状态、使用情况和部分自定义字段自动生成发票台账，便于开展分析监控。

销项发票管理模块的设计实施主要围绕5个既定目标进行。包括解决批量开票问题，解决数据孤岛问题，解决发票状态同步问题，解决开具全电发票问题和解决空白发票管控问题。

（3）纳税申报

通过进项及销项模块数据，同步对接ERP、财务系统等财务报表数据或手工方式导入财务报表，自动生成增值税纳税申报表和企业所得税纳税申报表，各项调整数据可以实时从财务系统明细账中进行抓取，大大减少手工操作，避免差错，提高效率。同时，可设置税务日历、自动提醒和一键申报。并且历史申报数据自动存储，关联情况一目了然，查询清晰可见。纳税申报模块架构见图6-13。

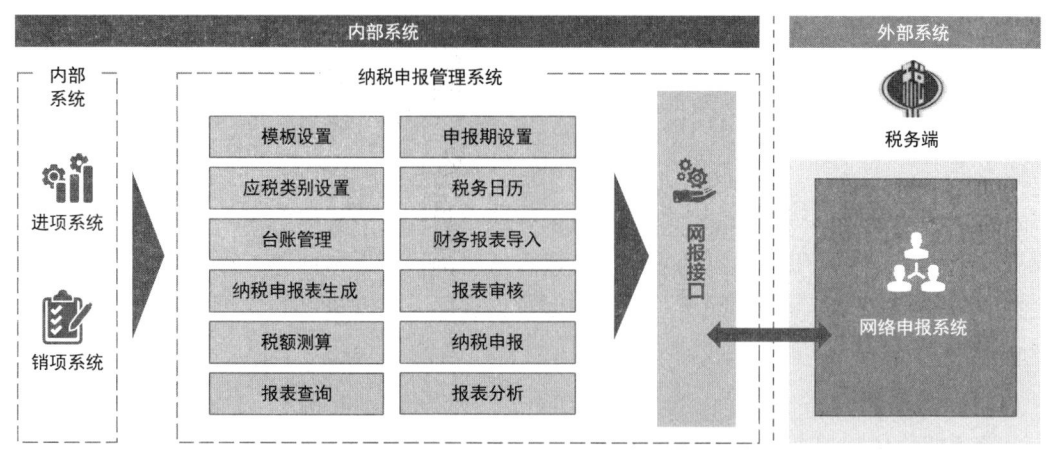

图 6-13 税务系统纳税申报模块架构图

纳税申报平台主要涉及从进项管理系统、销项管理系统采集数据，配置税务日历、模板设置、申报期设置、应税类别设置、财务报表导入、纳税申报表生成、报表审核、税额测算、纳税申报、报表查询、报表分析等功能模块，同时通过网报接口连接税务端网络申报系统。

此外，税企直联建立了企业内部税务平台与税务机关网上办税平台的安全对接通道，实现一键报税，有效提高申报缴款效率，降低企业办税负担。

（4）风险管控

风险管控模块主要是通过系统设置各项涉税风险指标，建立风险稽核模型，及时发现纳税申报表异常，利用对税务系统的各项涉税数据进行风险管控，关联外部行业及数据库信息，如企查查等，重点关注"金税四期"时代，增值税销项、进项增减变动情况、增值税税负情况、异常发票情况等。根据预设的预警规则来主动触发综合风险预警和出具风险分析报告，帮助企业提前自查可能存在的税务风险。风控管控模块功能见图 6-14。

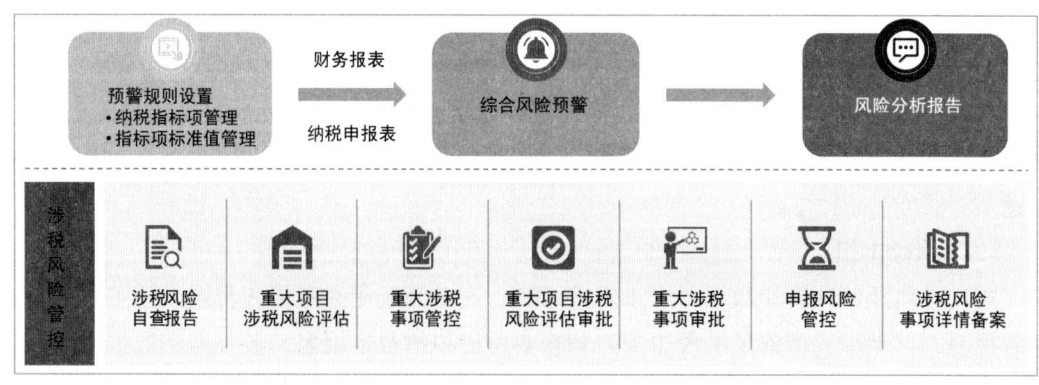

图 6-14 税务系统风险管控模块功能图

涉税风险管控的内容包括涉税风险自查报告、重大项目涉税风险评估、重大涉税事项

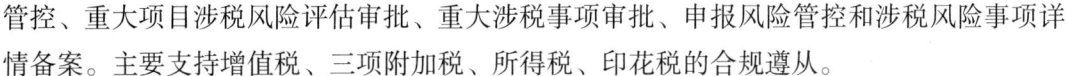

管控、重大项目涉税风险评估审批、重大涉税事项审批、申报风险管控和涉税风险事项详情备案。主要支持增值税、三项附加税、所得税、印花税的合规遵从。

税务风险预警功能可以充分利用涉税数据，结合业务场景和统计方法溯源洞察数据逻辑，快速发现问题，将企业涉税风险事件由事后被动应对，到事前、事中的主动预防，提高企业风险管理能力。

6.2.4 税务系统建设经验总结

（1）业务规划合理

税务管理数字化，一方面具有税务业务的科学体系，另一方面与企业特点密切结合，又具备鲜明的企业自身特色。整体业务规划要贴合企业实际，符合企业发展和税务管理发展路径，切忌照搬照抄。业务规划的目的是帮助企业依法合理纳税，指导业务、财务的合规化，实现业财税融合管理的综合发展。

（2）选择产品成熟

系统建设实施，应选择具备专业内涵的税务管理产品，能够充分支持业务规划的要求，同时，产品供应商本身也应当在税务管理方面具备业务解决方案能力，在产品层面存在持续发展能力，以匹配企业税务数字化发展的后续长远需求。

（3）系统建设科学

系统建设阶段具有项目管理的自身规范，在系统建设层面重点是清晰地界定目标，做好计划执行控制，避免把整体性的业务规划纳入阶段性的系统建设中。在建设过程中，要清楚做好需求、开发、测试各阶段工作，避免步骤的反复调整导致阶段目标实现延迟。

（4）内部协同顺畅

税务实务本身涉及企业内部多个部门和多个信息系统，税务管理系统的建设需要相关涉税人员和系统密切配合、通力协作，才能确保功能实现程度满足规划需求。

6.3 迎接"以数管税"时代

6.3.1 税务系统建设价值

税务系统建设可以改善传统税务管理的问题，使涉税数据收集和信息处理申报等工作更加高效完成，提升税务职责规范和流程标准化，规避税务风险，助力合规管理，如图6-15所示。

图 6-15 税务系统建设价值

（1）改善困境

涉税发票等数据采集系统化，可以改善传统手工模式效率低、易出错的困境，并提升客户体验。

申报底稿可灵活配置，满足企业个性化需求，快速应对企业业务变化，满足税收征管要求。

业财税打通一体，连接系统断点，破除信息孤岛，实现数据统一归口。

（2）降本增效

系统处理一些烦琐重复的工作，较手工方式能减少高昂的人力成本，提高工作效率和准确率。

智能化推送申报表，形成申报流程向导化、申报审批规则化、代办推送智能化，通过互联互通，实现一键生成数据以及一键申报。

纳税申报信息在线生成，大幅降低线下反复沟通人力成本，在线申报扣款，极大释放人力资源。

（3）赋能管理

发票池系统搭建，从人工采集发票到打通系统壁垒，实现数据按业务规则自动交互，打通"业财税"，综合掌握企业纳税情况、经营状况，强化税务管控，为税务精细化管理和决策提供数据支持。建立企业税务数据仓库，提供多维度分析报表及展示，为税务筹划及分析提供决策依据，赋能管理。

税务数字化助力流程重塑，针对业务及税务管理现状设计定制化的税务处理流程，收集数据形成企业各项涉税分析，及时了解并正确理解各项税收政策，运用多种税务管理方法，打通企业上下游交易链条，通过在系统中对优惠政策的落地执行，提高效益，创造价值。

此外，税务数字化建设用 AI 数据分析代替人工经验，大大解放了人力，使税务人员的工作重心和时间精力转移到税务筹划风险防范工作中，进一步提升业务能力和素养，为企业创造更大价值。

（4）助力合规

整合企业内外部资源，建设统一的税务管理平台，可以实现票税管理从分散化到集中化处理，对各种税务问题筹划、分析、评估、处理，建立风险扁平化应对模式，加快应对时效性，提升税务风险监控能力，助力税务筹划及风险管控，满足监管要求。

基于国家法律法规、企业管理制度，利用税务共享数据，能够助推实现业务信息与申报信息在线统一管控，申报数据校验及事前风险扫描，减少数据出错风险，保证纳税申报合规性，提升全流程发票管理和税务管理精细度，促进风险合规日常化管理。

6.3.2 税务管理未来趋势

税务数字化是企业数字化转型的重要一环，通过构建数字化税务体系，可以提高税务风险管控能力，更好地支撑企业数字化转型。随着金税四期工程的不断完善和全电发票的全面推进，企业税务管理数字化转型进程将进一步加速，税务管理未来会向着智能化、一体化和共治化方向发展。

（1）技术工具智能化

人工智能、大数据技术等可以帮助企业成体系地归集税务经验，逐步提高税务管理的水平。比如，通过自然语言机器学习，企业可以将不同的税务案例分类沉淀，从而在未来团队复用时，能够快速找到类似案例；而归因分析则可以基于数据中台，将原先依靠经验形成的税务判例，进一步呼应到数据表现中，最后形成定性为主的税务管理方式。

例如，在许多大型跨国企业中，各层级、各业务线的财务表现可以通过杜邦分析体系、平衡计分卡等手段分析。但是，如果牵涉到税务风险，如特定下属公司的税负率是否为风险和回报的最佳平衡点，则让管理者面对判断困境。如果企业已经达成了流程自动化及中台化，税务管理团队可以尝试使用数据驱动归因技术做归因分析，团队可以抽取、整合各个流程形成的数据，发现主要的驱动因素。比如，某高税负企业虽然没有补税，但是归因发现其被检查次数偏高，暗示属地税务团队可能采用了保守的税务策略。

（2）业财票税一体化

相较于传统发票，全电发票依靠区块链技术，将发票的开具、流转、报销、申报全流程上链，每一张发票都可查、可验、可信、可追溯、可管控，解决了发票流转过程中一票多报、虚报虚抵、真假难验等问题。发票管理数字化，实现了纳税人生产经营"天赋开票权"，使虚开和骗税再无生存空间，降低用票企业财务管理风险和涉税风险，也为纳税人带来诸多实惠。

随着全电发票的全面推广，税务机关的数字化管控能力不断加强，也会更便捷地贯彻实施"以数管税"。发票作为交易凭证、报销凭证、记账凭证和扣税凭证，在企业管理中将扮演越发重要的角色，促使各方加强对每一张发票的票据流、资金流与业务流三流一致的管控，以发票为起点进行税务自查和税务稽查。税务数字化建设打通了内部系统平台，将发票与业务数据、记账凭证和资金流水有机串联，形成业财票税一体化，使业务流程、财务核算、税务管控高度融合，进一步降低税务风险。

（3）税务管理多方共治

过去，征纳双方信息不对称、信息传递不及时、数据对接不精确的问题长期存在，会使纳税人体验感差，税收征管也不易。未来，系统模式和信息共享会打破信息传输壁垒，实现政务信息跨部门共享数字化转型，持续深化拓展税收共治格局。

对于纳税人来说，未来的税务征管信息一体化，企业可以将税务判断规则直接植入自身的业务系统或业务协同方的系统。通过将税务判断前置，避免因不同团队的认知偏差导致的税务错误。对于税务机关来说，未来可以利用大数据技术，智能识别企业的税务风险。

税务机关也在积极探索和关、汇、警、银等机构的链接，通过打通数据底层、关联企业行为数据、综合企业在社会经济活动中的表现，更好地满足税务侧的企业管理需求。企业未来也将主动或被动拥抱数字化税务管理的大趋势，落地实施数字化税务体系，最终达到"税企直联"与"税企共治"的目标。

6.3.3　税务数字化相关问题与对策

Q1：税务数字化建设过程中最关键的环节是什么？

最关键的是在前期的项目需求管理阶段。在税务数字化项目设立的时候，要充分进行调研分析，将需求明确，框定项目范围。供需双方的沟通和理解要清晰一致。建立需求评审机制，评估需求的合理、重要与紧急程度。已确定的需求文档需要供需双方都认真阅读确认，避免有需求理解的分歧。

Q2：如何选择与管理税务数字化合作的供应商和产品？

企业在选择外部供应商合作的时候，建议首先考虑那些行业龙头，口碑较好的厂商。这样的供应商产品专业性较强、业务的覆盖面更广、针对企业自身做定制化开发的产品也较为稳定。并且考虑到未来业务发展后的适用性，后续产品更新迭代的服务维护也较为重要，实力雄厚的厂商和产品更有保障。

与供应商的需求沟通应充分而明确，避免反复变化需求引起争议。沟通管理不善可能会导致增加额外成本和项目延期。企业在提出需求后基本依赖供应商的开发解决，但也需要安排人员跟踪进度，发现问题及时沟通，以保证时间节点正常上线。

Q3：如何处理税务系统与其他系统的交互问题？

税务系统与业务系统和外部系统的交互较多，如果有需求变动需要考虑跨系统的影响，提前规划。如，税务系统承接了核算的改动需求，涉及审批系统的改造，如果涉及的系统是外部供应商提供的，则需要全盘考虑跨系统流程带来的影响，全面评估改动范围，与多家供应商对改造情况进行协调、统筹。

此外，外部系统的稳定性也会影响到系统运行质量，因此，除了评估税务系统本身的影响程度，也要考虑内部一些依赖税务系统而运行的其他平台的问题，在项目规划时做好备用计划与应急预案。

Q4：税务系统建设完成后的维护支持应如何展开？

关于系统交付完的售后运维，通常取决于系统的复杂程度，以及企业个性化需求的开发量。税务系统一般选择本地化部署，如果企业自身没有资源投入系统管理，可以委托实施的供应商来进行，但成本比较高，并且企业对系统的掌控力稍弱。通常做法是供应商可能在交付后一段过渡期里做支持协助，企业内部要有对接人做系统管理运行维护，在后续遇到重大异常或升级改造时再与供应商协调，共同维护优化。

Q5：数字化环境如何应对如接口失效、服务停止等系统性风险问题？

在发票"纸电并存"的过渡期，税务局采取"老票老办法、新票新办法"的双轨制并行管理将对企业税务管理工作造成压力、提出更高要求。税务数字化管理是完全依托系统软件与硬件服务才能开展的工作，需要提前考虑系统性风险问题，在规划建设时做好应急流程预案，由企业税务人员配合 IT 人员做好备用计划并配备明确负责的运维团队。在出现问题时，各方能够敏捷反应，快速处理，将系统问题带来的影响降到最低。

Q6：使用全电发票如何保障纳税人的发票数据安全和隐私？

通过将最新加密技术应用于全电发票，纳税人最关心的发票安全性、隐私性得以有效保障。一方面，电子发票服务平台利用数字信封技术对发票数据传输通道进行加密，保证数据流转的安全性，避免数据被窃取、篡改、冒充的风险。另一方面，与纸质发票拥有相同基本属性和主要特征的全电发票，通过隐私保护技术保障发票属性及特征数据的安全，在为用户提供不同于纸质发票交付和入账等体验的同时，避免信息泄露，保护用户隐私。

Q7：企业如何通过数字化建设防控税务风险？

"以数管税"的时代，税务机关可通过多维度更科学的途径，监控企业发票和税务情况，对违规情形可以进行及时判断与风控阻断处理，企业更容易引发税务风险事件，需要建设税务数字化管理平台。首先，在政策层面保障合规并充分利用好政策，需要事前评估现有财务合规制度与操作方式是否适应新的税务监管环境，并不断加强财务合规建设以降低税务风险；其次，税费构成多元复杂，数字化建设可以提供有力的财务数据支撑；最后，企业可以通过票税管理、业财交互式信息化应用系统，依靠申报前预填数据作为风控判断依据，力争做到事前控制，增强整体的税务风控能力。

Q8：企业税务数字化转型对相关人员有哪些能力要求？

首先，负责税务数字化项目的项目经理，应具备一定的 IT 知识与背景，便于检查和理解供应商开发进度，能与开发人员顺畅交流沟通，判断遇到的问题是否可以解决，对整个实施工期有计划和管控。其次，对于税务系统的使用人员来说，需要在前期需求调研时全面而清晰地表达诉求，深入理解业务与税务流程，系统落地后认真学习操作说明，及时反馈问题，并对税务筹划和税务风险预警问题有洞察能力，最大化利用系统发挥出数字化的价值。

6.4 税务管理数字化应用案例

6.4.1 新奥集团简介

新奥集团1989年创立于河北廊坊，位列全国工商联发布的2021中国民营企业500强榜单第43位。以"创建现代能源体系、提高人民生活品质，成为受人尊敬的创新型智慧企业"为使命，新奥集团逐步形成了贯通下游分销、中游贸易储运、上游生产的清洁能源产业链和涵盖健康、文化、旅游、置业的生命健康产品链。面向智能时代，新奥集团积极推动数字化转型，以打造智能物联网平台为支撑，构建以泛能网平台为核心的清洁能源生态圈和以来康网平台为核心的生命健康生态圈。

目前，新奥集团在全国21个省份为超过2681万个家庭用户、21万家企业提供能源服务，旗下有新奥能源（02688.HK）、新奥股份（600803.SH）、新智认知（603869.SH）、西藏旅游（600749.SH）4家上市公司，2021年营收达1606亿元。

进入数字时代，新奥集团进行了战略升级，2020年10月，新奥集团总部正式更名为新奥新智。新奥新智致力于以物联促进智能，用智能升级产业，做产业智能生态运营商。依托智能物联、新智联邦云、联合学习、平台引擎等技术，建设理正中台、跨行业中台和数智中台，为产业客户数字化提供赋能产品及解决方案。

6.4.2 新奥集团税务数字化转型的动因

（1）税务数字化转型的内部动因

①涉税处理效率低：在新奥集团长期的税务管理实践中，由于业务、财务和税务整体链条存在较多断点，销项发票开具、进项发票验真验重、专票认证抵扣、申报表编制，都依赖税务会计手工处理，工作量大、易出错、效率低，造成极大的人力资源浪费，涉税处理效率低的问题越来越突出。

②税务合规风险大：新奥集团发展至今，业态超过20余种，分、子公司近千家，业务范围跨越国内外200余个城市。集团业务快速扩张，新的业务形态也在不断涌现，而各地分、子公司对于税务政策的理解与执行程度不一，在具体涉税业务的处理上很容易出现偏差。当下属公司税务风险发生时，集团往往充当了救火队员的角色，集团整体的税务风险防范压力极大。

③战略支撑力度弱：因为缺乏数字化工具支撑，集团总部税务部门无法及时掌握充足的涉税数据，对于纳税数据的统计更多地依赖于财务账面数据，与实际申报数据存在差

异。同时，由于数据颗粒度粗，无法掌握税收优惠、财产损失、税务可利用亏损、增值税期末留抵等数据，集团财税团队也无法对涉税数据进行多维度分析，对集团战略决策支持的力度亟待提升。

(2) 税务数字化转型的外部动因

①税制改革和征管体制改革：营改增、国地税合并等税制改革大刀阔斧推进，税种立法进程不断加快，税收政策频频推出，客观上需要企业更加精准地把握政策，及时适应征管体制的新变化。

②税务机关数字监管能力跃升：随着金税四期的启动，可以清晰看到税收征管体系由"以票控税"向"以数治税"的转变。随着税收征管改革的深入推进，税务机关税收监管能力大幅度提升，税收大数据在精确执法、精细服务、精准监管、精诚共治等方面发挥的作用越来越大，也在客观上倒逼企业必须基于涉税数据进行全面、系统、深刻的税务管理变革。

综上所述，新奥集团税务管理现状难以契合集团发展需要，是新奥集团税务数字化转型的内在驱动力；而税制改革、征管体制改革、税务机关数字监管技术加强及征管能力提升等外部环境的变化，则客观上推动了新奥集团税务管理的数字化转型进程。

6.4.3　新奥集团税务数字化转型实践

新奥集团敏锐地意识到税务内控管理对企业经营风险防范的重大意义，较早引进税务专家组建了专业团队负责集团税务内控体系建设，并通过业财税系统集成、大数据分析及智能技术应用等手段，着力推动税务管理的数字化转型。2017年以来，历经多年努力，新奥集团与金蝶集团联合打造智慧税务平台，是国内税务数字化建设时间最早、体系最完整、内容最丰富的企业之一。

(1) 总体建设方案

如图6-16所示，合规缴税与合理节税是所有企业税务管理的根本目标，新奥集团税务数字化转型也围绕这两大目标展开。

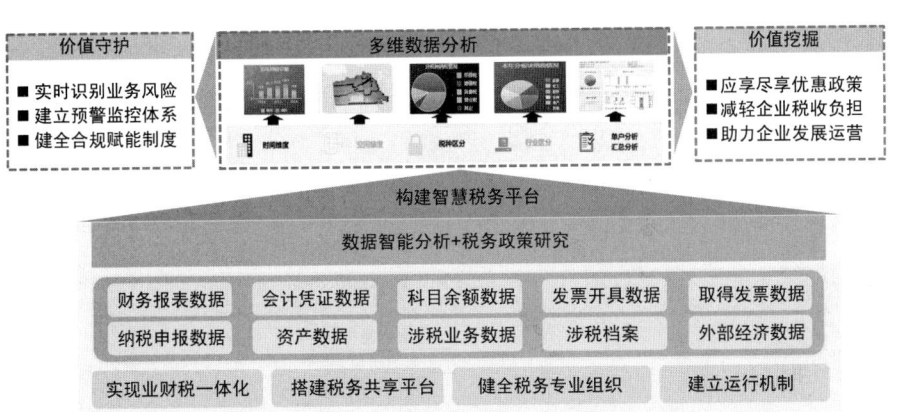

图6-16　新奥集团税务数字化转型建设目标

目标之一是价值守护。只有企业的风险得到了有效防范,企业的资产和利润才是真实的、确切的。因而,这一目标在新奥集团税务数字化建设中被称为"价值守护",进一步拆解为三个子目标,一是实时识别业务风险;二是建立预警监控体系;三是健全合规赋能制度。

目标之二是价值挖掘。由于合理合规的规划行为可以帮助企业节省真金白银,因而这一目标在新奥集团税务数字化建设中被称为"价值挖掘",进一步拆解为三个子目标,一是应享尽享优惠政策;二是减轻企业税收负担;三是助力企业发展运营。

在此顶层目标指导下,结合实际涉税业务开展的需求,从开票、收票、申报、风控、分析五个核心领域展开,从风险控制与效率提升两个维度设计IT系统落地的方向,实现业财税一体化集成,如图6-17所示。

图6-17 新奥集团智慧税务平台实施方向

在系统建设方面,如图6-18所示,新奥集团智慧税务平台着重突出了连接、智能、

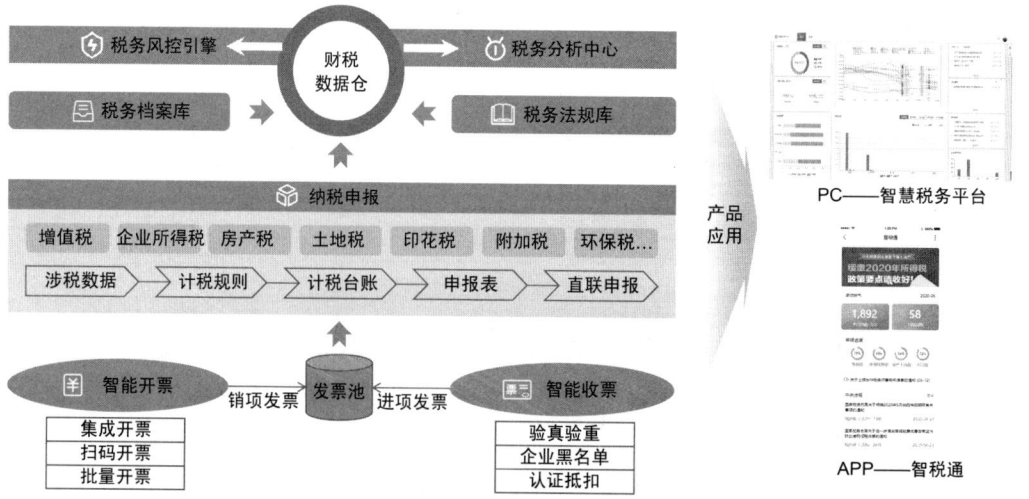

图6-18 新奥集团智慧税务平台整体产品框架

体验三大核心,连接是指与内部业务系统、外部税务局系统的无缝集成,实现业财税一体化;智能是指通过规则引擎、数据可视化建模等数字技术的运用,实现各类规则的动态配置,提高平台的扩展性;体验是指对标互联网产品,界面更友好、操作更便捷,带给用户更好的人性化体验。

(2)关键应用场景

①销项发票管理。发票开具是企业向客户收款的重要凭据,传统发票为纸质发票,需要企业从税务局领用并在开票软件中逐张手工录入、打印、邮寄,工作量大、效率低。新奥集团通过发票云平台,可与业务交易系统进行无缝集成,通过 API(Application Programming Interface,应用程序接口)开票、扫码开票、批量开票等多种方式实现发票的集中电子化开具,简化开票流程、提升开票效率、节约人工。并通过交易订单与发票一一匹配,防止重复开票、防止错开发票、防止虚开发票。图 6-19 呈现了新奥集团发票开具应用架构。

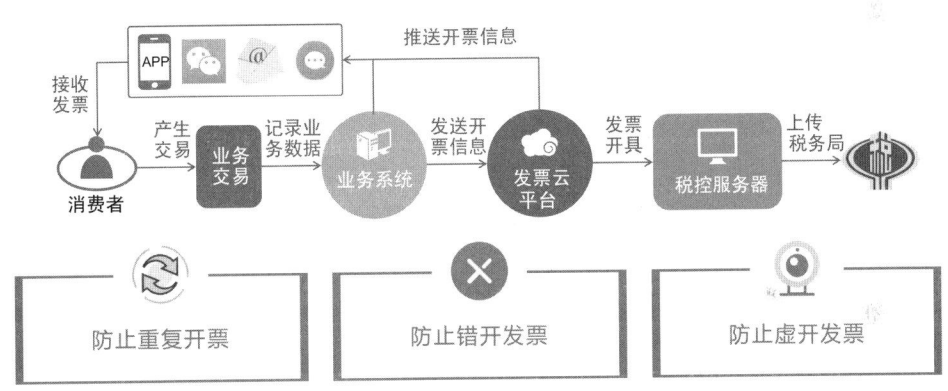

图 6-19 新奥集团发票开具应用架构

②进项发票管理。使用虚假发票入账报销会给企业带来重大的法律风险,财务审核员工报销发票时,往往需要逐张在网上验真、在系统中查重,耗时费力。

新奥集团上线的发票小助手,如图 6-20 所示,以 OCR(光学字符识别)技术为基础,可自动识别多种类型的发票,实现发票结构化数据存储并与发票影像进行关联,同时在外部连通税务局系统的电子底账库,财税人员仅须登录企业内部系统,即可以完成发票自动验真、自动查重等工作。同时与财务核算系统进行同步,根据发票的账务处理状态,自动连接税务局进行认证抵扣。

③纳税申报。企业每月多税种纳税申报表的出具,难以通过财务系统直接生成,需要企业财务人员整合多个系统的数据进行编制。新奥集团通过自动计税工具,如图 6-21 所示,汇集多个系统数据源,并基于计税规则引擎自动生成各税种纳税申报表,通过 API 方式实现税企直联申报,同时自动进行申报进度监控与提醒。

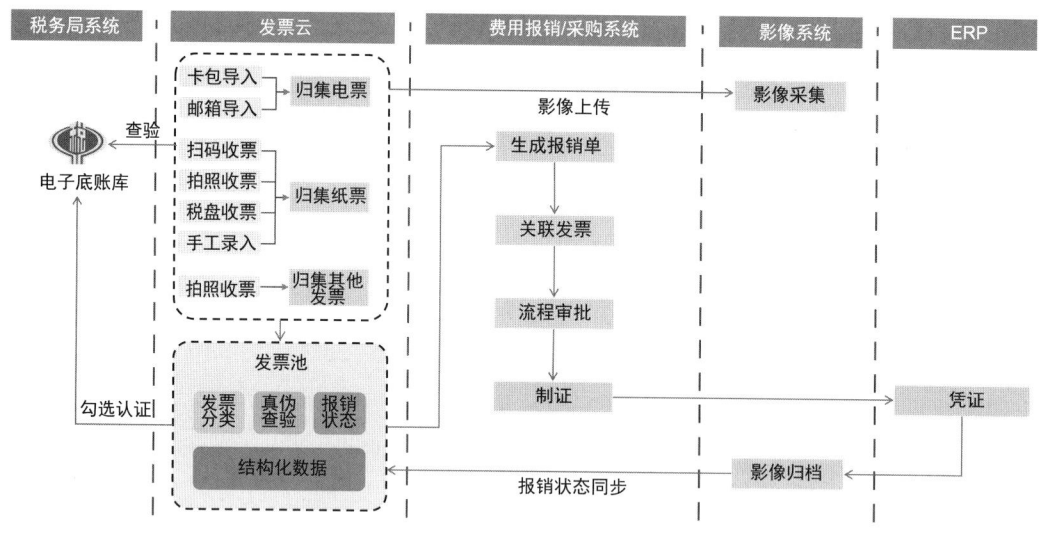

图6-20 新奥集团发票采集应用架构

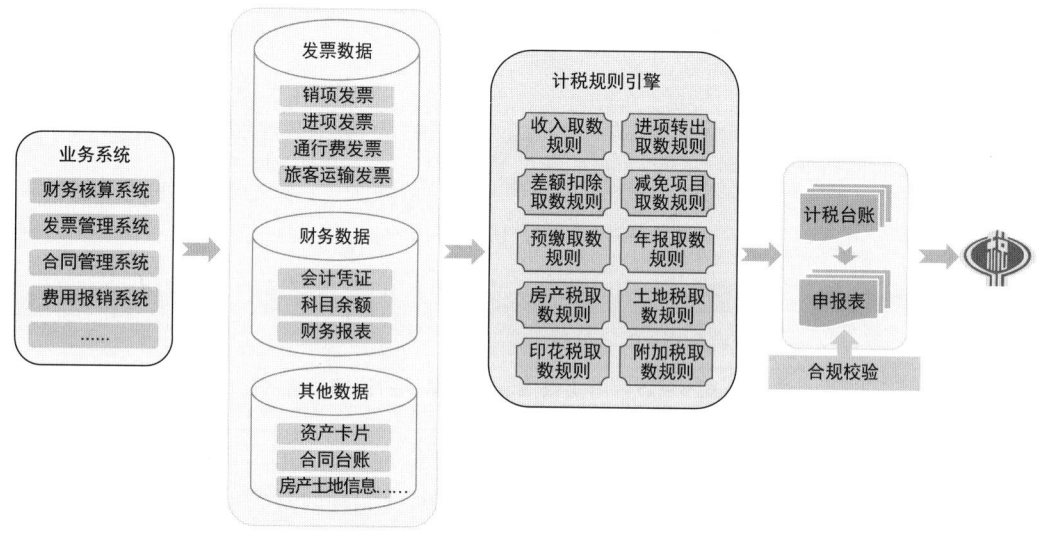

图6-21 新奥集团纳税申报应用架构

④税务风险监控。随着"金税工程"的持续推广升级,税务局对企业税务风险检查的力度与精准度大大提高。新奥集团通过税务风险监控功能,如图6-22所示,可以先于税务局提前自查,防止出现重大税务风险。

该产品以财税数据为风险监控的基础数据,通过在平台上定义风险筛查逻辑,系统自动进行运算,将风险筛查结果推送给企业税务人员,税务人员根据系统给出的风险提示进行处理,同时也可对指标的可用性进行评价,迭代提升指标库的质量。所有风险处理完成后,系统自动汇总输出企业风控报告,对企业当期税务风险状况进行整体评估。

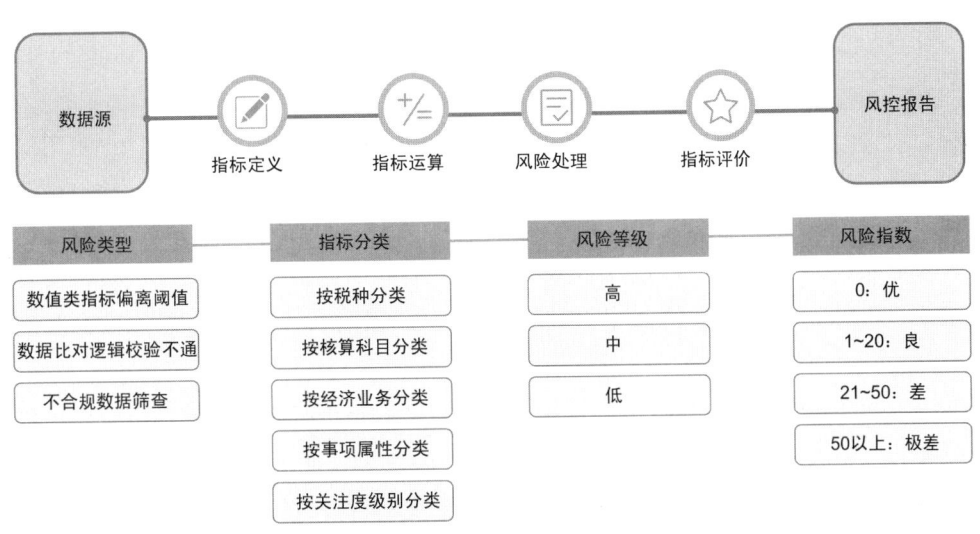

图 6-22 新奥集团税务风控引擎应用架构

⑤多维数据分析规划。数据价值的挖掘利用是新奥集团税务数字化建设的初衷,通过涉税业务处理的自动化,税务平台积累了大量的业财数据,基于数据挖掘技术的应用,并与税务专业相结合,新奥集团构建了大量的数据分析模型。从多维度的纳税数据统计到专项规划方案的制定,新奥集团已在税务平台上开展了一系列数据分析工作,税务管理的工作模式发生了重大转变。拥有数据后,利用和分析数据的想象空间非常大,这将是一个长期探索、不断挖掘的过程。

(3)建设历程

2017年年底,新奥集团携手金蝶集团启动了智慧税务平台的建设。整个建设历程分为三个阶段:

第一阶段:以电子发票和纳税申报为主,陆续实现重点功能上线,其中,纳税申报系统取得重大突破,截止到2019年8月,上线企业数量达200余家。

第二阶段:等电子发票、纳税申报这两部分功能稳定运行后,新奥集团对于税务风险、税务分析、税务规划的思考也逐渐成熟,开始推进整体税务平台的规划落地,2020年1月,产品核心功能开发完成,进入测试完善及上线准备阶段。

第三阶段:基于金蝶云·苍穹架构一体化的智慧税务平台于2020年5月正式上线,覆盖了全集团近千家企业,实现涉税数据的集中管理。至此,新奥集团智慧税务平台由建设阶段转入应用与运营阶段,持续优化迭代。

6.4.4 新奥集团税务数字化转型建设成效与未来展望

(1)实践成效

①提升效率,赋能员工与客户。在发票开具方面,2021年新奥集团成员企业共开具电子发票220多万张,相比于开具纸质发票,每张至少节约1分钟。电子发票使用后,由于

效率提升,相当于每年减少3.67万小时的工作量。按照8小时/工作日计算,这相当于4500多个工作日。

在费用报销场景中,进项发票的合规管控全部由系统自动完成,大幅降低了财务审核的工作量,整体效率提升90%以上,并能有效防止假发票、重复报销等发票风险。

在纳税申报方面,匹配自动计税工具,可自动汇集多个系统数据源,通过计税规则引擎,自动生成各税种纳税申报表。同时,通过税企直联通道,打通了税务申报的最后"一公里",实现一键申报,税务人员申报时间缩短了95%以上,涉税业务录入数据时间减少90%以上,极大地减轻了纳税负担。

②统一标准,确保涉税处理准确。统一计税规则,对所有业务场景进行全面梳理,将涉税业务的"最大集"配置到取数规则中,保证所有涉税业务无一遗漏。同时,制定专业、权威的税务处理规范,保证数据准确、合规。面对税务政策变化频繁的挑战,配套了强大的运维团队,及时跟进税收政策变化。所有企业都遵循相同的操作流程,最大限度减少人员交接带来的影响,为税务共享奠定基础。

③数据为纲,价值挖掘与守护。通过涉税业务处理的自动化,税务风险管理系统中沉淀了大量的财税数据。财税数据仓初步建成,现已采集各类发票1600余万张,纳税申报表13万张,财务报表10万余张,会计凭证600余万张、政策法规近4万条,累计排查企业涉税风险6000余条。

基于此,集团总部不仅能够直观地看出各成员企业的风险分布情况,而且能发现企业高频风险,并以此开展风险集中应对。目前,税务风险管理系统已搭建起一套完整的税务风险识别、评估、控制的管理流程,形成对所有成员企业税务风险的常态化监控。

④业财税一体化,助力财务数字化转型。基于传统业财一体化理念,在交易环节更加重视销售与收款循环、采购与付款循环,而由于两大循环与票、税之间的断点,导致其中的合规控制存在障碍,例如,出库、开票、收款、收入的一致性,入库、收票、付款、成本的一致性等。在业财一体化基础上,实现业财税一体化,交易场景形成闭环,使交易各环节更加自动化、智能化,为数字时代的智能财务风控、智能收付款等场景提供支撑。

(2) 未来展望

目前,新奥集团智慧税务平台的整体框架已搭建完成,未来将进一步深化应用,一方面从覆盖范围上要做广,另一方面从应用深度上要做专,主要包含以下几个方面:

①全场景纸电一体化销项发票推广:当前,新奥集团电子普票应用已较为成熟,由于电子专票尚未全面推广,企业对于纸质专票的自动化需求较为强烈,后续将重点完成销项系统的升级改造,对相关业务系统及规则进行全面梳理,实现全场景纸电一体化开票的上线与推广。同时,密切关注国税总局全电发票推广进度,在相关条件具备后完成全电发票系统的对接,实现专普票的全面电子化。

②全国各省税企直联申报上线:目前已完成全国大部分省份增值税和附加税的直联申

报接口上线，后续将陆续完成所得税预缴、财务报表、房产税、印花税等税种的直联申报接口上线。

③风险指标库扩充：对风险指标库进行持续扩充与完善，满足监管口径与符合自身业务需求两种类型的指标同步建设，风险监控能力进一步增强。

④研发加计管理系统建设：启动研发项目加计扣除系统的建设，实现研发项目的全过程线上管理。

未来，新奥集团税务管理将在逐步实现税务共享全集团推广的基础上，继续着力于财税数据的深度挖掘分析，借助信息化、智能化手段进行税务风险管理和税务规划，实现税务管理的价值守护目标和价值创造目标，为集团战略决策提供支持，助力集团数字化转型。

（案例作者：赵里海，新奥集团财税数字化总监；张田彤，金蝶中国产品管理与营销运作部副总经理；崔丽艳，新奥集团税务总监）

第7章 会计档案电子化

在前面的章节，我们介绍了费控管理、资金管理及税务数字化管理相关内容，在电子发票和"以数管税"成为未来主流趋势的背景下，我们也要做好准备迎接无纸化的变革，相应地就需要建设电子会计档案。

在新冠肺炎疫情影响之下，催生了居家办公模式。财务远程办公具有突破工作地点限制、节约企业资源等优点，从长远看也能提高财务处理效率，顺应未来数字化时代发展。但与此同时，远程办公也给企业财务带来了新的挑战，比如，工作流程中产生的纸质档案该如何进行流转、如何进行归档查询？此时电子会计档案的建设就显得尤为必要。那么，什么是电子会计档案？电子会计档案与电子会计凭证有什么关系？为什么需要建设电子会计档案系统？有哪些政策与硬件或技术要求？企业该如何建设一套规范化的电子会计档案管理流程？这些问题将在本章进行系统的阐释。

本章首先阐述了会计档案的概念，分析了为什么要建设电子会计档案，提出了建设系统要考虑的内外部条件和建设目标；其次，重点介绍了电子会计档案系统建设的实施路径，提供了通用的系统框架设计图以及数据规范采集流程示例，并给出建设经验总结和可能遇到的问题；最后总结了电子会计档案的建设经验，展望其未来管理趋势，并对建设中可能存在的问题提供对策及建议。

7.1 重新认识会计档案

7.1.1 电子会计档案概述

（1）会计档案与会计凭证

《会计档案管理办法》中对会计档案定义如下：指单位在进行会计核算等过程中接收或形成的，记录和反映单位经济业务事项的，具有保存价值的文字、图表等各种形式的会计资料。如表7-1所示。

表 7-1　　　　　　　　　　　会计档案的内容

内容	明细
会计凭证	原始凭证、记账凭证
会计账簿	总账、明细账、日记账、固定资产卡片及其他辅助性账簿
财务报告类	月度、季度、年度财务报告，包括会计报表、附表、附注及文字说明
其他类	银行存款余额调节表、银行对账单、纳税申报表、会计档案移交清册、会计档案保管清册、会计档案销毁清册、会计档案鉴定意见书及其他具有保存价值的会计资料

会计档案最重要的内容是会计凭证，主要有记账凭证、票据、回单、合同等。按照载体形式不同，可分为纸质会计凭证和电子会计凭证。电子会计凭证包括：电子票据、电子回单、电子合同等。电子会计凭证根据获取的来源可以分为：①外部电子会计凭证：单位从外部接收的电子形式的各类会计凭证，包括电子发票、财政电子票据、电子客票、电子行程单、电子缴款单、银行电子回单等。②内部电子会计凭证：企业财务核算产生的记账凭证、账簿、固定资产卡片、报表、电子合同等。

（2）政策规范

①2013 年 12 月财政部关于印发《企业会计信息化工作规范》的通知，其中："第十三条　会计软件应当具有会计资料归档功能，提供导出会计档案的接口，在会计档案存储格式、元数据采集、真实性与完整性保障方面，符合国家有关电子文件归档与电子档案管理的要求。"

②2015 年 12 月财政部、国家档案局令第 79 号《会计档案管理办法》：《会计档案管理办法》肯定了电子会计档案的法律效力，电子原始凭证的获取、报销、入账、归档、保管等均可采用电子化管理。其中：

"第八条　同时满足下列条件的，单位内部形成的属于归档范围的电子会计资料可仅以电子形式保存，形成电子会计档案：

（一）形成的电子会计资料来源真实有效，由计算机等电子设备形成和传输；

（二）使用的会计核算系统能够准确、完整、有效接收和读取电子会计资料，能够输出符合国家标准归档格式的会计凭证、会计账簿、财务会计报表等会计资料，设定了经办、审核、审批等必要的审签程序；

（三）使用的电子档案管理系统能够有效接收、管理、利用电子会计档案，符合电子档案的长期保管要求，并建立了电子会计档案与相关联的其他纸质会计档案的检索关系；

（四）采取有效措施，防止电子会计档案被篡改；

（五）建立电子会计档案备份制度，能够有效防范自然灾害、意外事故和人为破坏的影响；

（六）形成的电子会计资料不属于具有永久保存价值或者其他重要保存价值的会计档案。"

③国务院总理李克强2019年11月27日主持召开国务院常务会议，部署以实施《优化营商环境条例》为契机，提出在"2020年年底前，实现增值税专用发票电子化"。

④2020年3月，国家档案局、财政部《关于规范电子会计凭证报销入账归档的通知》，要求取得电子发票等电子会计凭证的单位，必须完整保存电子文件，确保不得篡改；同时，四部委发布了电子发票电子化报销、入账、归档的试点工作通知。

⑤2020年6月，通过新修订的《中华人民共和国档案法》明确，来源可靠、程序规范、要素合规的电子档案与传统纸质档案具有同等效力，且档案法有专门一章用于描述企业信息化。

⑥2021年2月，国家档案局、财政部、商务部、国家税务总局联合印发《关于进一步扩大增值税电子发票电子化报销、入账、归档试点工作的通知》。

7.1.2　电子会计档案建设的必要性

（1）传统会计档案管理困境

首先，附件收集零散、整理装订繁复、查询烦琐、保管存档受限；其次，数据采集较难，耗时、耗力，可能面临各种风险，如丢失破损、无法查验、重复报销、录入错误等；最后，如果数据流转到财务时缺乏完整性，将无法实现有效管理。传统的会计档案管理痛点难点总结如下：

①采集不标准：源文件采集不规范。企业涉及业务系统众多，系统独立、数据隔离。纸质财务票据结构化数据提取困难。电子发票打印、查重、验伪耗时费力，浪费纸张。

②整理、审计不便：财务账表归档装订复杂，不断重复进行档案录入的操作，耗时长，易出错。发票+外部附件+凭证+账簿+报表，手动打印、整理、装订、著录、上架归档，每一册都要精细整理。

③存档不规范：实物存档占用空间，需要档案人员专人管理。受环境因素、年代久远或保管不善等因素影响，导致不同程度的损坏或丢失。

④查询烦琐：实物分散，实物凭证与业务分离，无法智能搜索、准确查找，给需要审阅的人员带来一定难度。查阅烦琐，需登录到不同系统才能查阅原始单据、附件，纸质凭证统计困难，档案借出状态无法准确及时掌握；实体档案外借后存在安全风险；无法实现多人同时借阅，传阅性低。

（2）电子会计档案建设目标

电子会计档案是适应新形势下电子商务、电子政务发展的选择；是实现以及规范原始凭证从获取到入账生成记账凭证再到归档全流程电子化的需要；是帮助财务数字化转型，实现系统交互，流程打通的推手；是基本业务、财务审批、高效分析统计的需求。

电子会计档案的建设，应达到解决传统档案管理缺陷，对会计信息进行规范采集、整理与存档的目的，电子会计档案建设的数据目标如图7-1所示。

图 7-1 电子会计档案建设的数据目标

①数据有效采集：统一规范信息采集入口，凭证及附件自动匹配关联，自动生成归档信息。

- 统一入口，系统管控、传输，验真查重，防篡改、防泄露
- 凭证与附件自动进行匹配
- 自动统计生成相应归档信息

②流程线上管控：所有流程均线上完成并设定规则进行管控及存储，不再需要打印，从而降本增效。

- 减少电子发票纸质件重复打印、线下查找等人力消耗，环保、节能
- 减少物理存储空间成本，摆脱纸质管理，电子归类保证档案安全性

③档案电子化管理：形成电子化存档管理，可以满足多维度查询和追溯。

- 可灵活设置查阅权限，通过权限管理规避风险
- 支持多方位查询：目录查询、综合查询、模糊查询等
- 可通过附件类型进行溯源

（3）电子会计档案建设价值

电子会计档案可以将分散在各个部门和团队的业务、费控、税务和资金系统打通，搭建数据流及信息流交互基础，对原始单据进行采集和关联以及同步，最终达到业务、财务、税务融合一体化，降本增效并满足真实性、完整性、可用性、安全性需求，使会计档案更加完整规范。

电子凭证与电子档案，从短期来看节约了大量的人力物力，对企业的成本节约效果明显，解决了采集难、整理难、查询难的问题；从长远来看，为环保事业添砖加瓦，同时满足了企业自身的需求，为数字化、智能化财务基建提供了实践价值。

电子会计档案作为推动业财一体的关键环节，从数据采集、数据传输、数据匹配到数据归档，通过多系统、多平台的互联互通，统一及规范信息数据入口，最终实现财务数据规范采集、全面关联、标准存储管理，通过深层和多维会计数据的利用，产生协同价值，让数据成为生产力。

①数据安全。

- 使用区块链技术加密防篡改，保证了档案信息的真实性，有效预防会计舞弊，提升内控质量；
- 组织数据分离，信息分布存储，管理权限便捷，提高了涉密性；
- 系统检验真伪防止重复，完整保存会计凭证信息，提高了准确性；
- 异地灾备，保证数据永久有效存储，提高了数据与档案的安全性。

②降本增效。
- 节约物力成本,不用纸张打印、不用耗材、无需邮寄、不占用空间,减少资源浪费;
- 节省人力成本,不用人工保管、人工归档处理,降低人工操作出错率;
- 存档规范,原始凭证采集自动化,档案自动分类整理、立卷归档,管理工作更高效;
- 解决痛点,档案信息在线流转与查阅,减少破损风险,查找更方便。

③业财一体。
- 通过流程贯通串联业务数据及会计凭证,保障财务数据的及时、准确、完整,打破信息壁垒;
- 规范数据采集,前置财务管理规则,提升管理效率,助推业务和财务的高度协作与工作细化分解;
- 促进财务人员更深入了解业务与技术,助力传统专业财务向智能财务复合型人才转变,完成更多高附加值工作;
- 充分实现财务数据结构化智能解析与智能报表,以数据驱动赋能企业决策和业务活动,以财促业,为企业创造更多价值。

7.2 电子会计档案系统实施路径

7.1节探讨了电子会计凭证的概念,分析了传统档案管理的难点与痛点,并进一步提出了电子会计档案的建设目标及期望解决的问题。那么,究竟应该如何搭建适合自己的电子档案管理系统呢?这一节将重点介绍具体建设的实施方法与路径。

我们可以形象地把电子会计档案的建设类比成房间的整理收纳,在生活中,我们面对杂乱无章的房间,需要打扫、整理、归类、收纳,才能方便快速地找到需要的物品。同样地,面对复杂繁多的会计凭证及附件,需要将相关信息分门别类地整理归档,才能快速找到相应的会计档案。此时,电子会计档案便是最高效的工具,电子会计档案的设计能够帮助企业厘清思路,理顺流程,而整个电子会计档案的建设过程就是清理数据、整理流程、归类收纳的过程。我们可以参考项目管理的思路,对操作步骤进行设计:

第一步是立项,立项阶段需要进行项目需求价值评估,确定项目实施的目标与范围;

第二步是规划,规划阶段需要综合考虑可选的方案,制定与项目实施匹配的项目计划、人员组织及管理制度;

第三步是蓝图,蓝图阶段需要就整个项目进行详细设计,根据确定的方式规划详细方案；

第四步是建设，建设阶段依据蓝图设计分步骤落地实施项目的具体内容；

第五步是总结，总结阶段包括项目的测试验收、完成后评价效果、总结经验。

7.2.1　电子会计档案需求评估

（1）可行性评估

是否建设电子会计档案系统，需要对企业自身条件和所处环境进行可行性评估，主要是基于外部环境条件和内部管理思路两方面进行考虑。

①会计资料无纸化的环境条件：汇总解读前文中电子会计档案的政策要点与传统档案管理困境可以发现，如果企业要建设电子会计档案，需要满足一些软硬件和技术环境等层面的要求。主要包含以下四点：

第一，软件的要求。

- 专门的档案管理软件或者需要带档案管理功能的会计软件；
- 使用的会计核算系统能够准确、完整、有效接收和读取电子会计凭证及其元数据，能够按照国家统一的会计制度要求完成会计核算业务。

第二，数据的采集与存储要求。

- 元数据需要以结构化数据的形式采集并存储；
- 元数据包括所有的内外部电子会计凭证，如合同、票据、回单、记账凭证等；
- 单位以电子会计凭证纸质打印附件作为报销入账归档依据的，必须同时保存打印该纸质件的电子会计凭证。

第三，真实性与安全性。

- 外部凭证需要经过验证或者有经第三方认证的电子签名，比如电子发票、电子合同；
- 内部凭证需要有操作记录和电子签章；
- 需要经过必要的审签程序；
- 归档环节需要有归档加密机制，防止篡改。

第四，档案管理的要求。

- 符合电子档案管理的四性要求：准确性、完整性、有效接收性、安全性；
- 企业对电子和纸质会计资料建立了完善的索引体系；
- 建立电子会计档案与相关联的其他纸质会计档案的检索关系；
- 建立电子会计档案备份制度，防范自然灾害、意外事故和人为破坏的影响。

②财务核算管理思路的转变：当外部环境具备了会计资料无纸化的条件时，从人的视角出发，关于财务核算管理链路的认知与定位，也要有相应的思考与自检。

第一，识别流程问题。

首先需要思考原来的财务工作流程与状态最大的问题是什么？

财务作为最后端的部门，通常在业务发生后才传递到财务端记账，导致财务的流程节点靠后、数据滞后、不及时、问题易堆积、难追溯、数据链断层。那么，大家是否想过有什么方法可以前置？

需要认识到，财务核算的工作流程如同一个供应链，从业务的发生、数据的流转到数据的记录以及赋能，全程贯穿。相关的工作维度多、涉及面广。因此要先将所有不同环节的财务工作进行梳理，往前追溯，寻找问题产生的原因，识别共性的基础问题，重构流程与管理规则，提前扫除问题障碍，提高工作效率。

其次，我们对于财务流程的管理理念，也需要往数字化方向转换：一切皆数据，万事皆可衡量，可自动化。只有将核算管理规则前置，才能随着业务的进行采集确认相关的标签、数据、信息，进而实现财务作为最后端部门的顺利管控。

第二，交互关系与链路打通。

识别问题后，我们需要定期将重点以及耗费时间的问题环节拎出来，与流程中涉及部门沟通工作节点。如果能在这些部门涉及的节点当下或者在源头，就把问题控制住，则有利于整体提高效率和把控风险。

这个环节需要与多个部门人员反复沟通交流，不仅对接业务的政策制定与数据规则，以及财务核算需要的取数逻辑，更需要从数据采集的前端业务系统按流程交互传递到后端。整个业务流程长、跨系统交互多，所以需要做好各系统间的排布、规划，避免出现重复建设、数据孤岛、数据矛盾等问题。

当交互关系与链路打通后，会大大减少后期的数据处理工作量与问题发生概率，便于进行数据全流程监控管理以及后续的分析筹划，最终呈现出达到管理层预期的财务成果。

第三，规则与节点前置。

当识别出流程问题并打通链路后，我们还需要将部分有价值的关键规则与节点进行前置，更好地在开始阶段就落实，比如，筹划工作提前进行，设定好目标之后，会直接参与投入业务方案环节。例如，将业务主体前置到政策和协议环节，税务和核算在政策环节就把相关的核算影响、税务影响以及最终的报表影响提前打通考虑。

财务核算管理要准确、完整地核算所有业务发生的情况并保证对政策的理解准确。在业务到财务记账过程中，会有大量的数据生产、流转、修改和追溯。我们需要结合企业的实际情况，在电子会计档案的系统建设中，识别出可以优化的环节与内容，制定标准化规则，并将数据采集归档的节点前置。这样从业务开始，就已经相当于入账了，原先的部分流程在电子会计档案建设后就直接取消了，而部分流程会调整，还可能需要增加一些新的流程和管控。

（2）需求分析

通过内部访谈与调研反馈收集等方式，梳理业务流程、记账流程、归档流程。关注现有的核心财务流程，分析目前档案管理需要解决的关键问题，总结电子会计档案项目建设想要达成的核心目标。如果不解决这些问题，可能会给企业带来哪些潜在的风险或损失。

评估需要投入的资源与需求紧急程度，包括人员、金额与时间，对比风险和产出情况，以此界定项目范围与深度。比如，企业发票单据整理的人工工作量相对较大，导致错误率高，电子发票采集流程对其影响最深，因此急需改进；而合同管理的风险较小，改进需求不那么迫切等。

考虑需要新增或者优化的系统功能，梳理系统和流程之间的交互关系，评估企业现有技术与数据的成熟度是否可以满足电子会计凭证规范化要求与建设条件。如企业内部是否具有比较成熟的 OA 系统、费控系统等，类似这种能让审批流程线上化的系统，可以实现数据关联匹配；如财务报账系统要新增上传电子发票采集功能，则需要技术上同步满足源文件获取与校验、真伪识别与去重功能等，还需要全面优化财务 ERP 凭证关联匹配，电子会计档案系统入库、归档等功能。

（3）确定改造范围

对需求价值评估结果进行逐项分析，衡量项目必要性，确定需要完成的事项。这点在立项阶段非常重要。要让电子会计档案系统真正地用起来，真正实现电子凭证的互相关联及自动归档，需要与很多异构系统进行交互。

如果一开始就把改造范围定得大而全，可能会提升项目的推进难度，甚至导致项目最后草草收场无法顺利上线。所以需要制定一个合适的目标，就如 28 法则所展示的，可以优先关注公司众多流程中那些重点、高频、需要大量人工的痛点难点，一些偶发性的、对人工占用不多的内容可以适当降低优先级。

此外，也需要了解，任何一个系统刚刚上线时都不可能实现 100% 完全自动化，不可能一口气解决实际场景中的所有问题，一些突发的或者系统设计时未考虑到的异常点都可能需要人工介入。因此需要拥有一个正确的心态，明确合适的改造范围，对于项目的顺利实施至关重要。

7.2.2 电子会计档案方案规划

立项通过后，根据需求评估结果与改造范围，下一步需要结合企业自身情况，考虑可以采用的建设方案，如选择外部供应商或者自行搭建，配备项目人员并制定管理规范。

（1）建设方式

根据上述企业内部系统背景调研情况，确定系统相关的软件建设方式。由于电子会计档案要与多系统交互，所以需要提前对其他系统的建设情况进行调研，包括对接方式等。根据企业规模与需求差异情况，电子会计档案的建设方式主要有三种选择，对应的适用情况详见表 7-2。

表7-2　电子会计档案建设方式与适用情况

序号	建设方式	图例	适用情况
1	依托所有系统的生产数据，统一归档流程，集成完整、独立的全档案系统	业务系统、人事系统、……、财务系统 → 数据流 → 全档案系统（交易数据档案、人才管理档案、……、电子会计档案）	企业规模较大，财务数据完善，业务数据系统化程度也较高，对各类型的数据存档要求都较高；可选择搭建完整独立的全档案系统，其中，电子会计档案是全档案系统的一部分，专业化程度较高
2	依托财务系统的数据来源，结合业务数据，在外部独立建设财务档案系统	业务系统、税务系统 → 数据流 → 财务系统 → 数据流 → 独立系统（电子会计档案）	企业财务数据较为完整，只是财务流程烦琐与业务结合不够紧密，档案管理工作量较大。可选择在财务系统外部搭建电子会计档案系统满足需求。当财务系统发生异常时，会计档案管理仍可独立正常运转不受影响
3	在会计软件内建立模块应用，进行电子会计档案归集管理，不属于外部独立系统	业务系统、税务系统 → 数据流 → 财务系统（财务核算模块、……、电子会计档案模块）	企业规模有限，财务数据和流程较为简单清晰，考虑成本和时间因素，可选择使用会计软件，即财务系统内的电子档案模块功能，结合流程规范，能满足基本的存档要求

根据需要确定了建设方式后，企业选择系统软件也有三种途径：即购买商品化会计软件或对接外部服务商、自行开发档案系统与购买商品化会计软件相结合、独立开发会计软件或档案系统。这主要取决于企业本身是否具备较强的技术开发能力。系统建设方式与软件选择的原则是：根据企业自身规模与技术力量、业务需要，考虑软件功能性、安全性、稳定性、响应速度、可扩展性等要素。

（2）项目计划

在确立建设方式与选定软件后，还需要制定项目计划表，预估项目建设周期，并与企业自身的业务发展进度和需求相匹配。

确定项目管理团队人员，参与角色基本应包括财务人员、信息技术人员与档案管理人员。根据企业规模可考虑不同的组织形式，如财务内部建设信息化团队，或依托信息技术开发团队，或专人与外部供应商对接等。

考虑其他所需的支持资源以及项目效果评价指标等。

（3）制度与流程

根据会计档案管理制度，制定电子档案管理制度与系统管理制度，明确管理员等角色职责分工和要求。

协调多个相关部门如业务和运营、合规和法务、IT等讨论流程规范，参与制度制定，并将电子档案管理制度纳入本企业规章制度和标准体系中。

加强相关人员的档案知识、信息化知识、会计知识和安全意识的培训。

7.2.3 电子会计档案系统框架

根据确定的方式和规划,接下来需要搭建电子会计档案的系统框架,然后进行详细的产品方案设计。电子会计档案与传统档案系统相比更具备财务属性,需建立更具备财务属性的凭证生命周期管理。并与企业的业务目标、管理流程、自身需求紧密相连,具有前瞻性、灵活性,充分考虑未来发展和变化。

(1) 系统框架图

系统框架设计时需要重点关注系统之间的关联与数据的标准化。比如,电子档案本身是依托于财务软件建设,而财务软件又关联对接到各系统模块,各模块数据采集来源可能包括会计核算系统、业务系统、OA 审批系统、费控、银企、影像系统等很多异构系统,或通过其他形式生成的结构化数据。需要考虑这些模块对应的电子信息如何采集,如何建立彼此间关联关系。一个较为通用的电子会计档案系统框架可参见图 7-2。

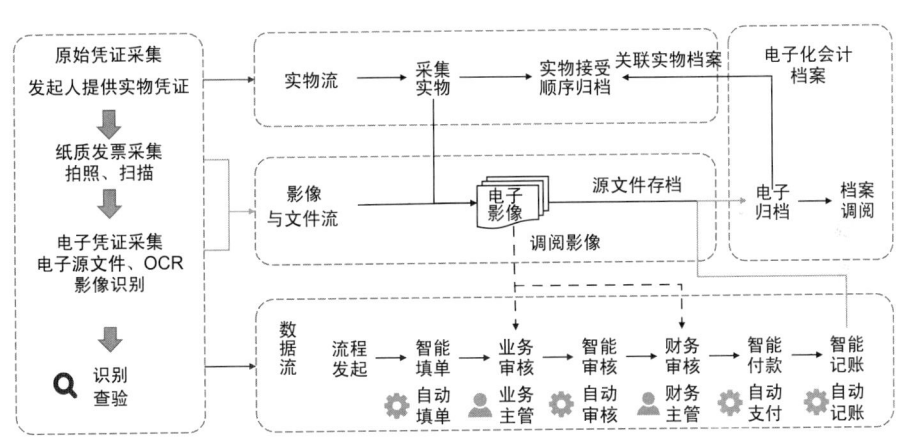

图 7-2 电子会计档案系统框架图

(2) 框架设计说明

①凭证采集与档案管理。现阶段的电子档案管理,考虑到纸质发票、纸质协议的存在,其实无法做到完全抛开纸质单据。在凭证采集时需要区分纸质单据与电子单据,匹配不同的采集方式,而在归档管理时,则需要按照不同的存储介质进行区分管理,包括纯电子、纸电混合、纯纸质。

- 纯电子:当文件为纯电子时,我们只需要把电子凭证上传至前端采集系统,从前端业务系统归集到档案中即可。例如,电子发票从报销系统传到档案系统。
- 纸电混合:如果是可以采集结构化数据的纸质凭证,那么需要通过将纸质凭证扫描,将纸质实物影像归集到影像系统,随影像系统归集到档案系统,同时通过影像识别获取其结构化数据,将纸质凭证原件按照纸质档案进行归档处理。如果纸质发票可通过影像识别,生成与电子发票同样的结构化数据,那么可以将数据和影像同时进行电子化归档,而纸质发票原件则按照纸质会计档案进行归档。

- 纯纸质:假如是合同,用以支持业务,和业务系统后端数据流不存在任何关系,不考虑或者无法获取其结构化数据,那么,我们可以通过将纸质合同扫描,归集到影像系统,随影像系统归集到档案系统,保证逻辑关系由系统自动下推。此类附件也可以直接在档案系统上传。例如,在凭证后直接挂附件。这种做法下,相关凭证只是存储了其影像而未识别其结构化数据,不便于关联查找,通常不建议这么操作。

②审批流与数据交互。审批流作为串联起所有电子凭证的线,可实现各系统间的数据交互。通过数据流关联,将业务、税务、资金系统的流程形成发票池、回单池和其他附加池等底层数据仓库,再形成各种类型的电子会计档案分类存储。

因此,如果考虑建立电子会计档案,必须有一个线上的审批流,如OA系统。审批流形成线上的审批面单及对应的流程号,保障信息流转具有唯一性,且真实可回溯。

7.2.4 电子会计档案分步骤落地实施

电子会计档案建设以会计凭证为基点,向前溯源为前端采集的发票获取、付款及报销依据、审批流的获取、业务数据的采集、采购合同的签订、银行付款回单等;中间为凭证关联,数据结构化呈现;向后推进为会计制单、会计档案归并、会计档案存储以及会计档案查阅等。

前面都是思维上和纸面上的规划设计,而关键在于将项目分步骤落地实施。方案的具体执行路径包括以下内容:

(1)数据采集规范

系统框架建设完成后,需要进行档案系统内部资料的填充,这部分主要考虑单个凭证的校验和线下附件如何放到线上,即电子附件的采集,如银行回单、发票、合同、审批流以及其他附件等。可采用新技术如OCR、RPA与低代码平台,将数据采集与过滤进行补全,在流程中将各类附件转化为结构化数据,目的是尽可能地获取全量数据,包括业务数据、财务数据和外部数据等。

外部会计凭证的采集,关键是建立与外部系统的规范对接入口,如发票采集电子化,需要系统能够提交所有发票信息/影像/源文件,同时能对电子发票进行识别查重验伪和信息归集与传递,进而实现原始单据数字化存储、网络化共享、可视化查询。

内部会计凭证的采集与外部凭证有所区别,更加侧重于内部的数据梳理提取与流程规范,需要在采集的时候考虑预留接口,做好与公司档案系统对接的相关技术准备工作,如会计核算产生的记账凭证、账簿和报表等,需要在内部多个系统流转校验平衡,结构化呈现并高度信息共享与快速整合,最终达到业务、财务、税务融合一体化。

下面以常见的几类凭证采集为例具体说明。

①银行电子回单。银行回单属于外部会计凭证,规范的采集流程见图 7-3。

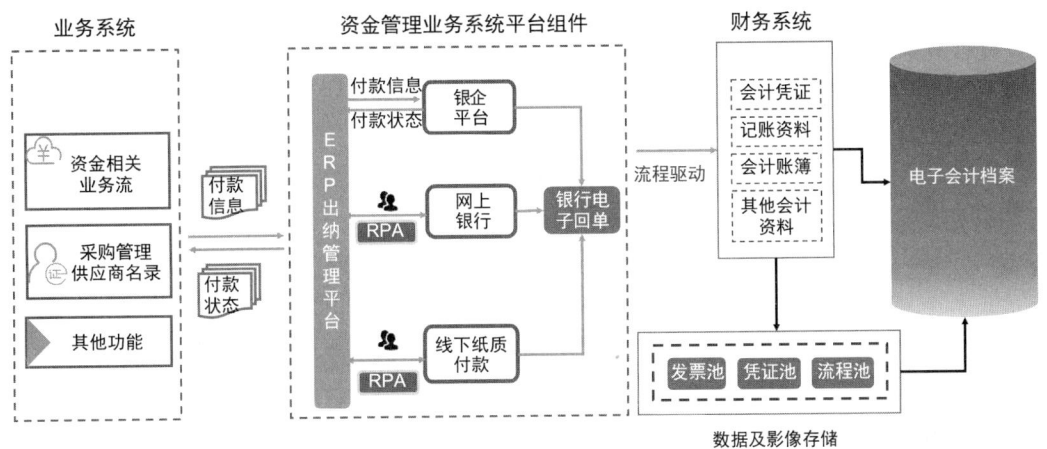

图 7-3　银行回单采集流程图

- 若企业有银企直联模块,则银行电子回单可以自动获取(包括付款回单及收款回单);
- 若无银企直联模块,则可以通过 RPA、手工操作等方式登录企业网银获取银行电子回单;
- 电子回单由于从银行系统直接采集,一般以银行系统为准,主要确保数据采集过程中不会由于人工误操作或者系统偏差造成数据差错。

②进项税票。进项税票也属于外部会计凭证,需查验真伪,采集流程见图 7-4。

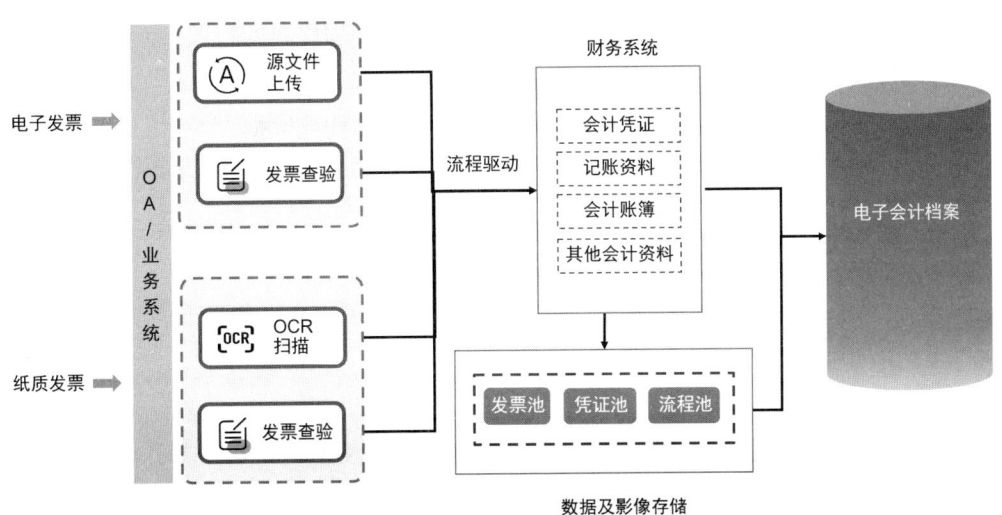

图 7-4　进项税票采集流程图

- 通过专用扫描仪或者手机拍照等形式，叠加 OCR 识别，获取发票结构化数据；
- 电子发票直接通过源文件上传，并进行发票签到和有效性查验；
- 全电发票由于天生就是结构化数据，所以不需要以上操作，大大提升了电子凭证采集的便利性及准确性。

③销项税票。销项税票采集流程见图 7-5。

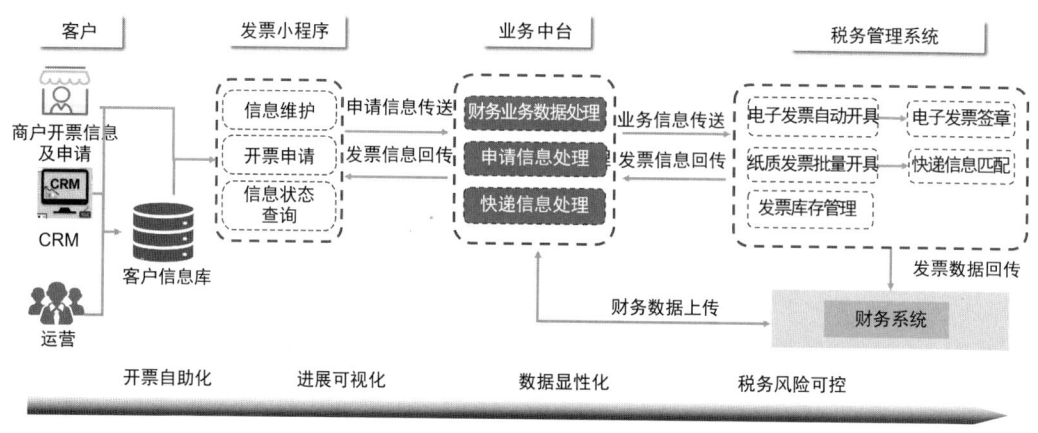

图 7-5 销项税票采集流程图

- 若业务系统直接与开票系统实现了系统联通，则销项税票的结构化数据可直接在系统之间传输和存储；
- 开票后开票系统将发票信息返回至业务系统，同时存储销项发票的影像；
- 若通过传统手工的方式开票，则需要通过 OCR 识别销项税票成为结构化数据，再回传至业务系统进行数据关联；
- 若开具的是全电发票，则其传输和储存过程类似进项税票的处理。

④合同协议。

- 通过合同管理模块获取合同协议的电子版及关键结构化数据；
- 若没有合同管理模块，则需要有固定区域通过电子扫描件上传+OCR 识别/人工录入方式录入关键信息；
- 若是电子合同，则合同直接就在线上生成、签订及存储；
- 电子合同与传统合同相比最大的差异主要在于电子签章，传统合同需要线下敲章用印，电子合同可通过电子签章实现数字化签名。

（2）流程关联交互

这一步需要重点考虑打通各数据采集系统，建立流程交互，自动制单、电子附件凭证关联入账，形成数据串联。通常是通过线上工作流平台、协同平台以及电子会计档案，打通流程，将上述采集的各项电子附件进行关联，然后自动推凭到财务系统，将数据集中输送到电子会计档案进行存储。同样以常见的几类流程为例说明。

① 对公付款流程。
- 流程发起的时候需要同步提交合同协议、进项发票，以及其他需要的附件，并且通过真实性校验，上述各项电子凭证已经与此项流程进行了关联。
- 审批完成付款后，触发银企或线下付款，付款完毕后生成回单。
- 若银企支付，则由系统的关联银行回单自动与流程匹配；若线下付款，则通过手工上传的方式将回单上传进行关联匹配。
- 据此，此项付款流程项下的合同、发票、回单及审批面单均与流程进行了关联，可以根据审批流程中的信息完成对公付款的自动推送付款凭证并提交相关电子凭证。

② 员工报销流程。
- 员工发起报销流程，提交发票、协议账单等其他所需信息。
- 完成审批后根据表单预设信息推送费用计提凭证，同时流程流转至出纳进行付款，进行银行付款回单的关联，再自动推凭到 ERP 系统并提交相关电子附件。

③ 收款认领流程。
- 银企直联自动获取的收款回单或手工通过网银下载的收款回单通过收款认领流程，以收款回单作为起点，推送至各业务系统/线下人工确认匹配业务信息，自动推送收款凭证及附件（收款回单）。

上面三类只是常用的情况，每个企业可以根据自己独特的业务模式和流程，因地制宜地进行设计，如计提类凭证本身可能仅有记账凭证面单及内部业务系统关联数据或业务编号，此处不再赘述。

流程关联与交互的关键点是通过业务流程将电子凭证的各个附件内容进行关联，如同纸质会计档案的凭证面单与背后附件装订在一起的连接一样，将电子会计凭证分门别类地关联起来，以便后续的自动归档。

（3）电子归档与查阅

电子凭证采集与关联完成之后，即可实现自动在电子会计档案系统中进行归档与查阅。这一步就可以开展基于财务全链路的全面、完整的电子档案管理，迈入财务价值创造阶段，以财务运营看板建设为主，开展分析、预测、风控，后续将会根据数据治理进度不断优化。电子会计档案数据归档流程见图 7-6。

① 数据集中化管理与编号。数据纳入同一个系统集中化管理，统一编制生成档案号。通过电子归档方案，可定义归档的内容、期间范围、组织范围以及方案调度计划，并实现数据分类储存，便于后续财务数据高效管理与共享。

② 技术应用符合法规要求。防篡改的技术应用符合法规要求。数字加密、四性检测、全流程管理安全可靠；区块链的上链数据不可篡改，在企业信息化的范畴内，让会计电子档案可以自证清白；区块链的上链历史可追溯，企业的所有电子档案都可以被打上时间戳，形成证明链条；区块链的上链数据与历史可以建立多方互信，在保护数据隐私的条件

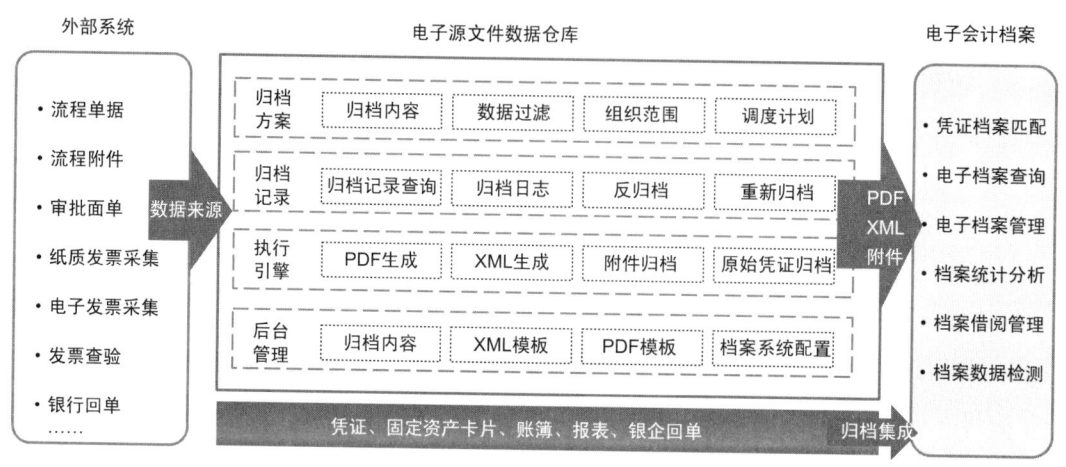

图7-6 电子会计档案数据归档流程图

下可以建立公平、公正、公开的规则透明平台。

③具备常规档案系统的功能。电子会计档案具备如档案交接、归档入库状态、保管期限、鉴定销毁等常规管理功能；电子归档记录查询提供归档记录、归档明细、附属单据归档明细的查询。归档记录用于反馈归档结果，并提供便捷、有效、可控的反归档和重新归档操作。已归档内容系统提供按组织范围、年份、按期间范围统计凭证、报表、账簿、固定资产卡片、电子发票等归档份数。

④符合档案查阅习惯的凭证展示。完整保存业务逻辑关系，支持关键字段查询与批量查找。满足日常工作的查询、借阅、补档。系统支持按期间范围、组织范围检索已归档的所有凭证、报表、账簿、固定资产卡片、电子发票。支持按PDF导出原件、联查相关联单据、附件、发票等原始凭证。包括实物档案装盒、上架等业务处理规范；档案借阅、归还管理；按会计档案管理要求，对达到时间要求的档案进行销毁处理。

7.3 电子会计档案系统建设总结与展望

电子会计档案不是简单的档案电子化，也不仅仅是模块，而是基于企业真实的业务流程，用系统思维把控流程规则，打通财务数据与业务系统的链路，做好跨系统集成，实现企业信息流的网络化，满足会计档案高效性和数字化管理的需求，同时结合全电发票的推进，实现财务无纸化的目标。电子会计档案的建设，在很大程度上推进了企业财务全面数字化、流程自动化，进而加快了企业财务数字化转型的进程。

7.3.1 系统建设要点总结

（1）投入

系统建设无论是内部自主开发还是外部供应商实施，都一定涉及资源的投入。对于电子会计档案系统这类有明确技术要求及功能标准的系统，寻找外部专业供应商的支持是一个不错的选择。专业供应商能够提供行业标准的解决方案，避免自主开发时需要独自研究摸索。

此外，电子会计档案的建设，并不只是将原有的工作流程照搬至线上流程及系统，而是希望通过项目的建设，对原有流程进行重新梳理、调整与重构，建设更加符合企业管理诉求及业务活动情况的工作流程，并进一步推动人员职能转变，进一步为组织赋能。

（2）独立

如同纸质档案管理的时候会设立专门的地点，综合考虑防火、防水、防虫等因素来确保纸质会计档案的妥善保管，电子会计档案的系统建设也需要使用独立的系统及目录，使其具备隔离保存的属性。如果与其他系统关联存储，关联系统的数据损坏或系统异常可能会对电子档案系统造成不可恢复的影响，这样的损失是企业无法接受的。也正是因为如此，在建设电子会计档案的时候，需要坚持其独立性原则。

（3）源文件

对比 Word 文档另存为 PDF 的电子文件与 Word 文档打印后再通过扫描仪扫描获得的影像 PDF 电子文件，两者虽然都是电子文件，但是前者可以便捷地进行复制粘贴及查找，而后者信息的提取则要困难许多。所以在电子会计档案建设的时候，并不能仅仅认为将各类凭证的电子文件进行储存即视同电子会计档案了，要考虑电子发票等外部电子凭证归档需要使用源文件，而不能使用打印件扫描或截图，两者的法律效力不同，对于结构化数据的提取效率，以及关联查找及搜索的便利性也大大不同。

（4）完整性

作为与纸质会计档案具有同等效力的会计凭证及档案，归档时需要对业务、财务和税务数据的关联性和一致性进行审核，保证要归档的数据的完整性。同时，将电子凭证信息按照与实物凭证相同的方式进行分册，形成与实物档案一致的电子档案。

在每一次数据转换或者跨系统交互时，做好输入与输出的校验，可以有效保证档案内容的完整性。举例来说，电子会计档案建设过程中通过流程关联起各类电子原始凭证及其他电子附件，随后再以流程触发自动推凭及提交附件，那么在向电子会计档案系统进行归档的过程中，可以对流程提交的会计凭证数量和记账凭证接收的附件数量进行校验，确保数据及信息的完整流转。

7.3.2 未来发展趋势展望

会计凭证是会计档案的最主要内容，其发展历程如表 7-3 所示。

表7-3　　　　　　　　　　　会计凭证发展历程

古代会计凭证	近代会计凭证	现代会计凭证
• 西周《周礼正义》中记载"法""法式"基本内容包括财物的名称、数量、经济性质、说明事项等。这种会计核算中的"法"已初步具备原始凭证的内容，并带有"命令""文件""制度"的性质，能起到原始凭证的作用，是会计凭证的开端	• 以手抄凭证为主，各原始凭证获取后，财会人员据其填制和审核记账凭证，作为后续会计信息处理、输出的依据 • 凭证需要手工盖个人印章 • 纸质打印账本	• 大多数企业由手工记账改为电脑记账，相应的记账凭证也由电脑制作 • 各类会计凭证和报表的生成方式、会计信息储存方式和储存媒介发生了改变

展望未来的会计凭证，最终会发展到无纸化、无缝衔接、不需大量人工介入的程度。

（1）无纸

无纸化存档这个目标的实现本身就是一个循序渐进、持续发展、逐步认识的过程，它是一个涉及技术实现、法律完善、社会应用、制度创新等各方面的系统工程。

对于企业来说，所有经营活动通过系统记录并追踪其状态与变化是提升企业管理水平的终极目标，不断推进无纸化的过程其实就是不断优化企业管理的过程。

（2）无缝

关注异构系统的集成，集成后整体的各部分之间能彼此有机协调地工作，消除系统断档及信息孤岛，实现各系统间无缝对接，以发挥整体效益及形成整体优化，为数据的标准化建立基础，对于产生的数据做好真实、有效、完整的集中管理。

（3）无人

对于财务人员而言，原先重复的、烦琐的、低附加值的工作将不再需要人工操作。系统采集原始凭证并生成标准化数据，根据规则智能审核、自动制单、生成凭证、关联附件一并实时归档；数据实时更新，各类业务看板自动出具，打造无人数字化驾驶舱，对于异常或风险指标自动触发告警。原来要人看、要人做、要问人的工作习惯将被取代，智能财务时代正拉开帷幕。

7.3.3　相关问题与对策

本章前文介绍了电子会计档案的建设方法和实施路径，以及经验总结与未来展望。此外，在系统建设实施前后，可能会遇到各种问题，需要提前考虑应对方案，确保项目顺利进行。主要问题如下：

Q1：哪些资料可以仅以电子形式保存，哪些资料需要保留原始凭证？

根据档案管理办法，如果采集的源文件是电子形式的，那么存档时就可以仅以电子形式保存。如果源文件不是电子形式的，不仅需要扫描影像件存储到电子会计档案系统，而且需要同步保留纸质凭证，如回单、纸质发票、协议等。

Q2：电子会计档案如何分类？有哪些分类原则？

电子会计档案按照不同的分类规则，可以有如下几种方式：

- 按时间维度：按会计年度分类、按档案保管期限分类。
- 按会计资料形式分类：即按会计资料的内容分类，一般分为会计凭证、会计账簿、财务会计报告、其他会计资料。
- 按组织机构分类：即按会计档案形成的组织机构分类，一般用于总预算会计单位的会计档案分类。
- 按会计类型分类：即按会计档案反映的会计类型分类。一般用于税务机关的会计档案分类。

Q3：通用的电子会计档案管理流程是什么样的？

按照电子会计档案管理规范，电子会计档案管理流程如图7-7所示。

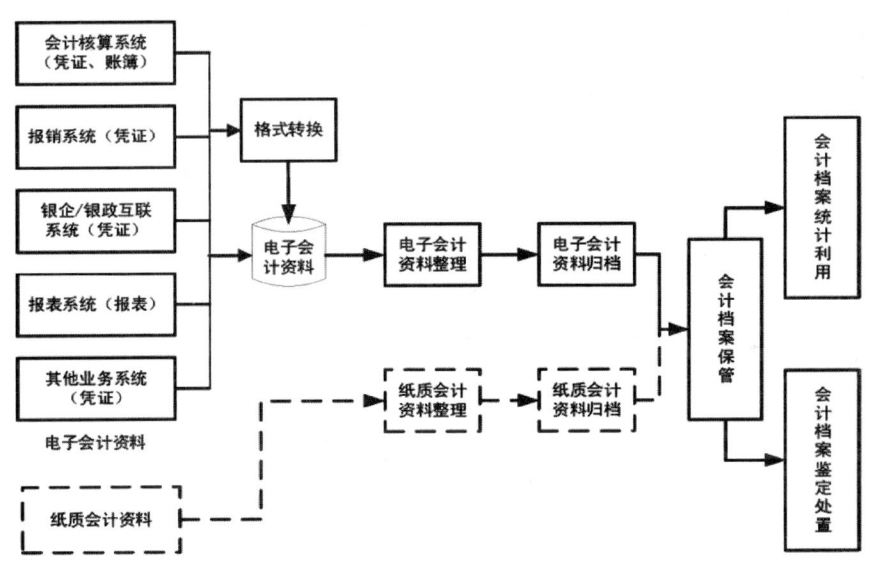

图7-7　电子会计档案管理流程

首先需要将各处来源的电子类凭证、报表等进行采集与格式转换，形成电子会计资料、按规则整理归档；然后对纸质会计资料原始凭证整理和扫描留存归档；最后将纸质的档案与电子会计资料档案形成全量的电子会计档案保管，便于后续统一的查询利用与处置。

Q4：如何选择合适的系统搭建方式与供应商？

电子会计档案并不单单是建设一个系统，而是要进行流程梳理打通多个系统，进而实现数据信息交互。因此需要评估企业自身的系统建设情况再进行选择。如果企业自身技术研发能力较强，配合业务需要，可以选择自行搭建系统。但考虑到成本和研发的主营方向问题，大多数还是选择较为成熟的外部供应商合作搭建。

在企业规模较小且业务简单的情况下，选择使用现有的财务核算软件中自带的电子会计档案功能模块，是最便捷的规范流程和数据的做法，可满足基本存档需求；但如果有更高的功能需求，如安全性和稳定性以及未来的可扩展空间的考虑，企业可以选择在财务系统外部，独立搭建电子会计档案系统。通常自行搭建系统专业化程度较高，在此基础上还可以扩展到全档案系统的完善，进一步推动企业数字化转型。

Q5：系统建设成功的验收标准是什么？

电子会计档案的建设满足其法定要求，使电子会计档案具有与纸质会计档案同样的法律效力，这是项目建设最根本也是必须要达到的核心目标。

外部凭证的自动采集、结构化数据获取以及流程的打通与记账凭证的自动推送，这些都可以随着后续的建设逐步优化，且这些功能的设计也需要随着企业业务流程变动、系统建设迭代、管理诉求更新持续进行优化，但是作为末端归档的电子会计档案系统，其基本的结构、功能及通过技术手段对四性的要求满足，相对而言是比较标准和规范的，而这也是衡量项目建设是否成功的关键。

Q6：电子会计档案建设过程中财务人员需要注意哪些问题？

财务人员对系统设计的专业性不足，很多系统功能点的设计方案容错性、扩展性需要专业能力判断，这个时候就要提前安排内部技术力量的加入，若内部没有相关的资源，则寻找优质的供应商实施对项目的顺利上线至关重要。

在对外部供应商的管理过程中，也要特别注意项目文档的梳理与交接，同时通过协议条款的约定来对外部供应商的交付进行约束，确保项目能够按照计划顺利推进。

Q7：电子会计系统建设有哪些需要注意的要点？

首先，电子会计档案的建设推动了系统的交互及流程的贯通，所以对于各个系统数据的交互、内外部系统的对接兼容，各系统间数据标准及口径的统一，需要做好整体的规划与安排，既要避免重复建设，又要消除信息孤岛。

其次，业务活动在不同的系统开展，会产生相对应的业务数据，如何设计这些系统的上下关联，如何设计出最利于业务流程的系统交互及数据流转，对于项目整体建设后业财数据提取的完整性与准确性，以及档案系统自动归档的便利性与有效性将至关重要。对这个问题的思考需要贯穿于整个项目的推进过程中，并根据实际情况不断调整及适配。

最后，电子会计档案系统本身存储着对任何企业而言都是至关重要且保密要求极高的会计凭证数据。因此，需要特别注意的是数据的保密问题，系统部署方式需要结合企业的管理诉求及具体情况提前评估。档案系统的权限管控也需要进行精密的设计，避免数据异常泄露风险。

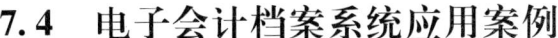

7.4 电子会计档案系统应用案例

7.4.1 企业简介

仁济医院建于 1844 年，是上海开埠后第一所西医医院。由东、西、南、北四个院区和上海市肿瘤研究所组成，是一个学科门类齐全，集医疗、教学、科研于一体的综合性三级甲等医院，目前由上海市教委委托上海交通大学医学院管理，具体事务由仁济医院负责。

医院东、西、南、北四个院区目前总核定床位 2750 张。截至 2020 年年底，医院共有正式职工 4390 人，其中正、副高级职称专家 587 名，共设有 54 个临床医技科室。医院获得多项国家科技进步奖、中华医学科技奖、高等学校科技进步奖等；先后共有几百人次入围各级人才培养计划，包括 973 首席科学家、长江特聘教授、卫生部有突出贡献中青年专家、国家杰出青年、上海市领军人才等。

7.4.2 业务场景介绍及要解决的问题

医院现有 OA 系统、报销系统、财务核算系统等电子会计相关系统，根据财政部、国家卫生健康委、国家医疗保障局三部委联合关于医疗电子票据管理改革的通知，2020 年全面推进医疗票据电子化改革，于 2020 年 5 月上线电子票据管理系统。随着发票及各类票据的电子化，希望借助标准化手段支持会计系统对电子发票及票据进行自动接收、识别、入账及归档处理，最终形成符合标准的会计电子档案。其中包括：

（1）发票查验
- 目前系统无需填制票据信息，纸质票据与电子票据并无具体区分；
- 报销增值税电子普通发票的人员需要自行在"国家税务总局全国增值税发票查验平台"查验需要报销的电子发票的真实性并进行打印，系统目前无验真功能；
- 报销医疗电子票据的人员需要在"财政部全国财政电子票据查验平台"查验需要报销的电子医疗票据的真实性并进行打印，系统目前无验真功能；
- 报销人员需要自行填写承诺书，并进行打印签字，系统目前无承诺书生成与打印。

（2）会计档案归集

仁济医院于 2020 年 5 月开始推行医疗电子票据，7 月全面铺开，每天门诊票据量 4.3 万张左右。电子票据及报销类的电子发票的合规性归档问题亟待解决。

7.4.3 案例实施

(1) 方案概述

电子发票及电子票据的推广应用,使传统的电子发票和电子票据打印报销入账归档模式,已无法满足新形势下的政策要求和财务管理需求。为了解决该难题,上海爱信诺航天信息有限公司充分利用其经验,为仁济医院打造了一套完整的从电子票据的开具、报销到入账归档的全场景、全生命周期的解决方案,无缝集成增值税发票管理系统、电子票据管理系统、报销系统、财务核算系统及电子会计档案系统等,打破了系统间数据壁垒,打通了电子发票的数据流转链条,通过灵活归集、智能报销、一键入账、自动归档,实现了电子发票的报销、入账、归档全程电子化管理。

第一,通过集成增值税发票管理系统和电子票据管理系统,实现电子发票和电子票据原始文件的多渠道归集,自动解析、验真,获取发票元数据,实现电子发票和电子票据版式文件的自动接收、识别;建立发票和票据数据池,实现发票和票据数据的自动比对查重,防止重复归集,减轻了人工归集及比对查重的工作量。

第二,通过报销系统与增值税发票管理系统及电子票据管理系统集成,实现从电子发票、电子票据池提取发票和票据数据,并自动校验是否验真、是否报销等状态,防止重复报销;通过提取发票和票据元数据,智能生成报销单,并自动关联电子发票和电子票据的原始文件,方便在线预览和报销审批等;报销完成自动更新发票和电子票据的报销状态。

第三,通过报销系统与财务核算系统集成,实现报销单一键生成财务核算系统记账凭证,智能价税分离,生成会计分录;记账完成,自动更新发票的入账状态,同步至电子发票和电子票据管理系统;入账时系统自动校验发票的记账状态,防止重复记账等。

第四,通过财务核算系统与电子会计档案系统集成,实现档案规范和归档流程前置,智能分类、一键归档,自动将记账凭证、报销单、电子发票及电子票据原始文件和元数据进行封装,形成"记账凭证→报销单→电子发票、电子票据"三层档案存储结构,通过接口将归档信息包上传至电子会计档案系统;按照国家档案规范要求,引入电子签名、电子签章、四性检测、防篡改技术等,实现电子会计档案的收集、整理、保管、利用、长期保存等全生命周期管理。

(2) 系统建设方案

院方电子发票及票据完成报销入账后,需要把电子发票元数据、原版式文件及会计凭证一并进行电子化归档保存。鉴于医院仍存在部分纸质凭证归档的情况,档案系统支持纸电共存;电子发票归档管理包括相关凭证收集、归档整理、档案统计利用等过程管理,为符合《会计档案管理办法》相关规定,归档的范围除了电子发票等相关凭证数据,还包括会计账簿、会计报告及会计其他类档案。档案管理流程如图7-8所示。

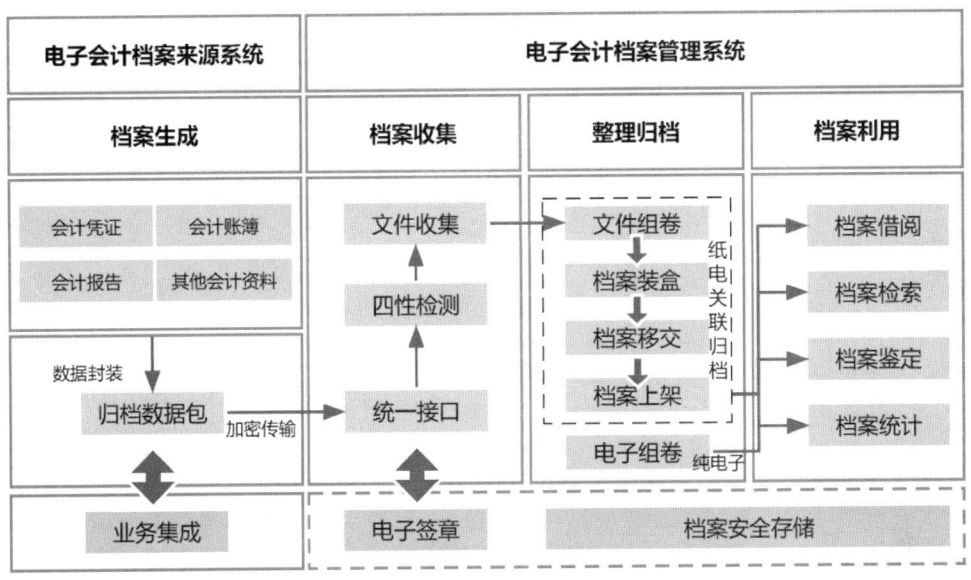

图 7-8 电子会计档案管理流程

电子会计档案系统与电子会计资料的来源系统，如财务核算系统、报销系统等进行系统集成。通过规范、安全的接口服务，实现电子会计资料的数据整理、分类组卷、一键归档。

①四性检测：会计资料采集时，将采集到的凭证、影像、其他电子文件等按照归档格式要求进行数据封装、加密，并通过接口传输至电子会计档案管理系统；档案系统接收归档会计资料后，对资料进行四性（真实性、可用性、安全性、完整性）检测。

②电子签名：支持对预归档信息包增加电子签名，接口传输时，自动进行验签，保障档案真实性、合法性。

③电子签章：对传到电子会计档案系统的电子会计资料，系统自动转为 OFD 格式，并在指定位置加盖企业财务专用电子章，保障后续档案利用的合法性和有效性。

④纸电关联：如存在纸质档案，可在电子会计档案系统实现纸电关联，并进行组卷、装盒入库上架操作；纯电子档案支持一键组卷。

⑤档案移交：电子会计档案到期后按规定由财务部档案管理人员移交给档案部门管理人员，完成会计档案的最终移交归档。

⑥其他流程：归档后的会计档案支持档案检索、借阅、鉴定销毁等操作，同时可根据会计档案的存档情况和档案利用情况等进行统计。

⑦长期保存：提供电子会计档案的长期保存方案，确保档案长期存储安全。

（3）主要功能模块

①系统功能框架。电子会计档案解决方案在依照国家档案管理标准的基础上，实现会计档案的无纸化、标准化、规范化和专业化管理，实现了会计资料收集、归档整理、提交

和会计档案的接收、整理、鉴定、保管、统计、检索、利用、编研的全生命周期管理，如图7-9所示。

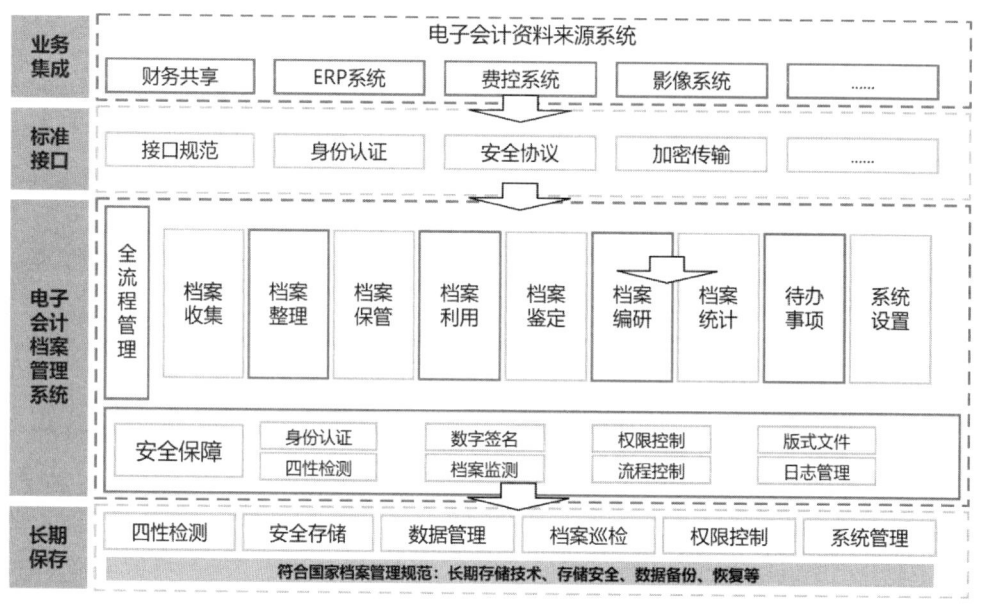

图7-9 电子会计档案主要功能模块

②系统功能。

- 档案收集

通过接口方式完成在线收集，并自动进行四性检测。外部系统没有的会计资料，可通过手工方式完成离线收集，从而保障电子会计档案的完整性。

部分纸质会计资料可通过在线收集，如凭证文件、账簿文件、报告文件、会计其他资料，完成纸质会计资料与系统电子会计资料的关联匹配，实现纸质会计资料单独归档，系统电子会计资料电子化组卷归档，通过打印系统电子会计资料组卷、装盒生成的卷皮和盒脊背，与纸质会计档案一起装订、装盒，实现关联。若纸质会计档案的收集人员和归档人员职责分离，则可以通过在线交接功能，实现过程留痕。

若完全是电子化的会计资料，则可以直接进行电子组卷，无需再进行打印、装盒等操作，极大简化归档流程。

- 档案整理

档案整理主要是指会计资料的接收、组卷、装盒等操作。文件收集和档案整理岗位分离时，可进行文件交接和接收；系统需要支持实体组卷和纯电子组卷功能，满足纸电共存和纯电子应用场景；纸电共存模式下，通过档案装盒，打印卷皮、盒脊背，实现与实体档案盒的关联。

- 档案保管

档案保管主要适用于纸电共存模式下,档案入库及入库后的相关业务操作,如实体入库、实体出库、档案移交及接收、档案质检、档案修正等。档案装盒完成后实体入库,建立实体库位与电子库位的关联;支持跨库房的在线移交、移交四性检测、接收等,确保档案移交防篡改及过程留痕。财务人员定期进行档案质检及审批,日常档案修正及审批等,并与实体出库、入库流程形成完整闭环流程。

- 档案利用

档案利用主要适用于日常档案管理过程中,根据业务需要,对电子会计档案进行在线检索、在线借阅及查看等。

检索利用方面,细化了检索层级,实现电子会计资料和电子会计档案不同层级、不同阶段的文件级检索,可通过凭证及凭证明细、单据及单据明细、发票明细等,任意条件组合查询相关数据;档案信息检索,支持以档号、盒号等档案信息进行检索;发票检索功能支持发票级的精确检索。

支持电子会计档案的在线借阅及审批,借阅授权及在线查看,通过用户与档案数据的授权、期限的控制等,全程留痕,保障了档案借阅的安全性。

- 档案统计

档案统计是针对档案数据的综合、多维度统计查询。包括室藏统计、借阅统计、到期统计、登录统计等。室藏统计功能支持按年月、保管期限、会计分类、载体类型等维度统计;借阅统计支持按照借阅目的及档案类型统计;到期统计支持自动统计到期档案类别及数量;登录统计自动统计出档案系统人员登录的情况。同时,系统支持根据业务需要灵活、自定义综合统计查询。

- 档案鉴定

档案保管期限到期后,系统会自动汇总已经到期的档案并形成报表。档案部门管理人员可查看到期档案汇总的信息,并针对已经到期的档案发起档案销毁申请。具体功能包括档案销毁申请及联合审批,销毁清册及销毁日志。

- 档案长期保存

已归档的电子会计档案通过定时任务的方式,将档案文件包传输至长期保存系统,长期保存系统通过定时任务方式接收档案文件包,并对档案文件进行四性检测;系统支持对已存储的会计档案设置定时巡检;支持档案文件的下载,支持外部其他档案数据的导入、导出、读取。

(4) 方案特色

①接口规范及安全:提供标准、规范的接口服务,采用 CA 数字签名、电子签章,安全协议及加密传输等安全技术,实现接口数据安全传输。

②防泄露、防盗用:通过权限控制,防止系统非法访问,规避档案数据泄露及盗用风

险；通过水印技术，档案在线查阅、复制时增加用户及日期等水印信息，有效防止档案数据的违规使用及非法窃取风险。

③防篡改安全技术：采取MD5码、可信时间戳、数字证书等安全技术，保障电子会计档案的安全及防篡改。

④多环节四性检测：按照国家档案管理规范，加强档案元数据管理，并在多个环节（如归档环节、移交及接收环节、长期保存环节）提供自动、手工四性检测，保障档案数据的真实、完整、安全、可用。

⑤OFD国标版式技术：响应国家自主可控、安全可靠号召，全国首家在会计档案领域集成OFD国标版式文件技术，实现在线查阅及多种格式转换。

⑥长期存储技术规范：利用长期存储技术，形成符合国家档案管理规范要求的长期保存规范及安全的存储环境，定期进行档案监测，建立数据备份恢复机制、数据访问授权机制、存储载体的保存策略等，全面保障档案的长期存储安全、可用。

（5）系统使用推广

作为全市推行医疗收费电子票据的先行者，仁济医院与上海爱信诺航天信息有限公司在执行国家政策上，一直秉持"先行先试，积极探索，创造经验"的原则，发挥行业示范带头作用。电子票据报销和电子档案管理流程的推动，会继续为整个行业提供参考和借鉴价值。

在医院内部，可以借此持续宣贯电子票据线上业务流程管理的改革和推进计划，使全体员工更深切理解电子票据的意义和未来趋势，习惯电子票据全流程线上操作。

电子档案纳入会计档案范围，将大力推动电子会计数据的深度开发和有效利用，为决策和管理提供更多维度、更具参考价值的会计信息。

通过本系统的建设，形成自主可控、拥有自主知识产权的信息化产品，形成可复制、可推广的方案和经验，进一步组织医院内部体系化推广工作，推进试点成果的转化，促进财务管理制度和模式创新；同时，发挥试点的示范作用，加强与其他医疗单位的沟通交流，带动上海市乃至全国其他医疗单位的财务系统数字化转型推广工作。

7.4.4 案例应用评价

（1）建设成效

①有效提升了电子票据报销流程的办公效能，减少了各环节操作人员多平台操作造成的不便。

②减少了电子票据报销环节中纸质文件的损耗。

③为未来全面实现各类电子票据线上报销提供了平稳过渡的解决方案，使报销人员逐步养成自主完成线上电子票据报销的习惯。

④系统上线后节约大量纸质会计资料的打印、传递、整理成本以及归档后的保管成

本，减少社会资源耗费，推动节能减排，有利于形成绿色环保的生产方式。

⑤建立实现从"前端系统产生—财务—档案"电子会计档案全生命周期管理，包括档案收集、入册、归档、保管、借阅、销毁等。保证档案一致性、安全性、完整性、防篡改。

（2）未来方案优化

目前为用户提供的方案和功能仍停留在数据的采集、展示、归档这一层面，而"票据池"作为整个方案的核心组件，不仅承载了用户全部的票据数据，同时也与业务数据和财务数据形成了双向关联。后续方案可以加强对这部分数据的利用，通过建立多维度的业务及风控模型，为管理、财务、业务、税务等不同层面的用户提供相应的数据分析报告，为前端业务提供数据支撑。具体优化方案如图7-10所示。

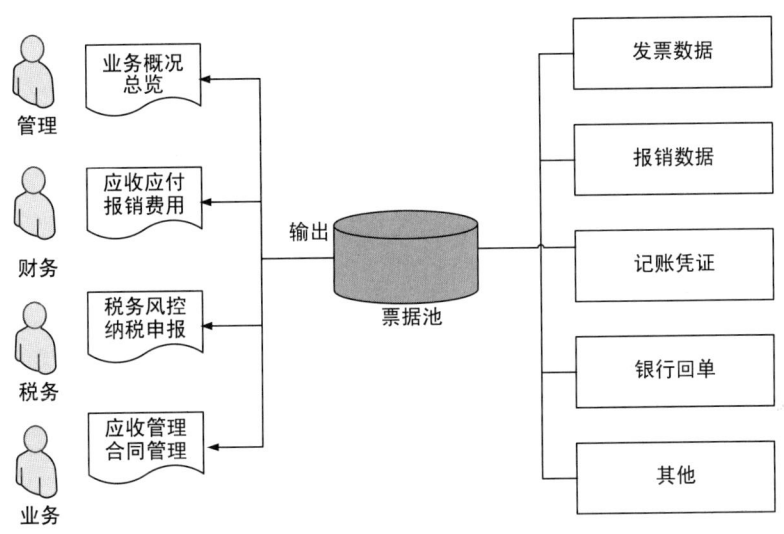

图7-10 优化"票据池"组件

（案例作者：高一红，上海交通大学医学院附属仁济医院财务处处长；施俊杰，上海爱信诺航天信息有限公司研发中心主任；沈辉奇，上海爱信诺航天信息有限公司研发中心副主任）

第三部分

打通链路：消除财务管理中的信息孤岛

在财务数字化转型过程中，相互独立的系统往往难以形成合力，这是由于不同系统间存在断点、各系统导出数据格式不统一等原因，因此需要依靠技术工具和设计理念将系统打通，消除财务管理中的信息孤岛，利用数据治理形成数据标准化输出。本部分给出了消除"信息孤岛"问题的三个"解题思路"。

本部分包含的章节如下：

第8章 构建财务工作流平台

第9章 玩转流程自动化技术

第10章 打造财务数据中台

第三部分 打通链路：消除财务管理中的信息孤岛

第 8 章 构建财务工作流平台

近年来，在财务数字化转型的背景下，越来越多的企业开始建立健全财务系统，借助数字化工具提高管理效率，驱动业务创新，促进企业成长，从而实现财务数字化转型。然而，在传统的开发模式下，企业面临着开发周期长、难以敏捷响应需求、IT 部门与财务部门协作效率低以及缺乏数字化人才四大挑战。就算财务系统搭建起来了，还存在着系统之间断点问题严重、各系统导出数据格式不统一等问题，从而导致财务内部各小组之间无法灵活配合。

作者认为，基于"低代码"可视化应用开发出的财务工作流平台或可成为破局之道。一方面是因为低代码技术能够提高企业应用的开发效率、打破 IT 人员与财务人员之间的沟通壁垒并降低开发门槛，让与系统相关的各方员工均可参与开发，可以非常便捷地实现"软件开发平民化"；另一方面通过财务工作流平台可实现应有尽有的流程多样化流转控制，细致入微的流程全生命周期管理，以及无处不在的流程全方位功能扩展，大幅缩短工作流开发周期，降低开发成本，降低运维成本。那么，到底什么是低代码工作流平台呢？低代码有哪些应用场景？财务工作流平台又有哪些应用价值？财务工作流平台该如何建设？

本章将会从基于云计算的低代码工作流平台介绍入手，聚焦低代码和财务工作流平台的应用场景；进而介绍工作流平台的搭建过程，最后分享总结的经验，并围绕低代码工作流平台应用中可能存在的问题提供具有借鉴意义的对策。

8.1 基于云计算的低代码工作流平台

如果用一个词概括以往企业数字化转型的必由之路，"上系统"可能是许多人第一时间给出的答案。对于企业而言，"上系统"意味着企业内部管理体系的数字化。无论是 OA、ERP 还是 CRM，这些"系统"一直都是现代企业管理的必备工具。从传统企业软件时代到如今的 SaaS 时代，这些企业服务产品的核心逻辑几乎保持不变。

然而，当数字化转型进入深水区，企业对于数字化提出了更多、更深的需求。近年来，层出不穷的"黑天鹅"事件让企业的决策周期不断缩短。这都使系统迭代成本高昂、交付周期长、功能高度定制化的传统 ERP 系统越来越难以满足企业的全部需求。

8.1.1 低代码工作流平台概述

工作流平台的搭建思路是基于国内外企事业单位的先进 BPM（Business Process Management，业务流程管理）理念，以流程作为企业管理的切入点，帮助企业实现各业务环节高度整合、端到端的流程管理。通过测量、梳理、设计、运行、监控、分析、优化等流程全生命周期的闭环管理，迅速降低企业的运营成本、提升运营效率、减少运营风险，并实现企业管理的持续改进与优化。一个完整工作流平台应涵盖以下四方面功能：

（1）协同办公

实现统一架构下的跨地域、跨组织、跨层级、跨业务、跨系统的统一大协同办公平台。

（2）业务系统流程化

扩展现有系统的流程应用，完全通过流程驱动现有业务系统。

（3）流程一体化

实现基于 SOA（面向服务架构），打通各业务系统，以流程为中心，连接系统与系统、人与系统、人与人的流程一体化方案。

（4）流程管理提升

流程运营、流程梳理、流程落地、流程优化的流程全生命周期管理助力企业流程管理水平提升。

工作流平台的完整架构如图 8-1 所示。

图片来源：XWORKFLOW 功能及技术架构。

图 8-1　工作流平台完整架构图

第三部分 打通链路：消除财务管理中的信息孤岛

而借助低代码技术的加持，可以帮助企业非常敏捷地完成工作流平台中的流程设计以及表单设计，如图8-2和图8-3所示。

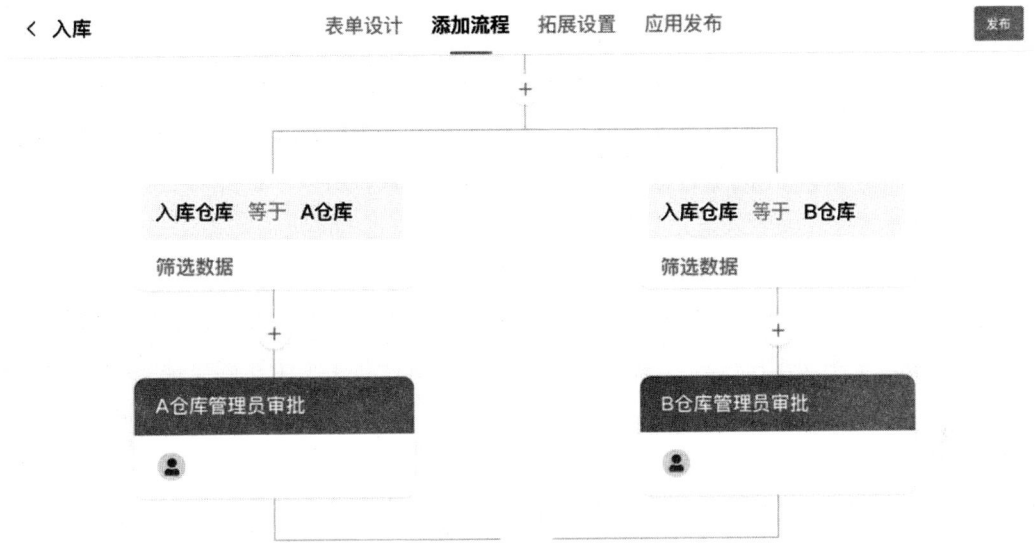

图8-2 工作流平台中的流程设计示意图

图8-3 工作流平台中的表单设计示意图

8.1.2 从本地部署到云端部署

2022年7月,上海国家会计学院对外发布了《2022年影响中国会计人员的十大信息技术》报告,财务云连续五年荣登榜首,在当今互联网行业术语中,"云"这一看似虚无缥缈的词被提及的频率也越来越高,随之出现的"云计算""云原生"等词不断涌入财务人的耳朵,越来越多的企业出于成本效益、数据可控、安全合规等因素,开始考虑系统及数据上云。而低代码工作流平台也普遍采用这种部署方式,所以下面先对云计算相关概念做简单介绍。

(1)云计算让IT设施使用像水电一样方便

为了更好理解云计算,我们先从一个生活场景讲起,自来水普及之前,我国农村很多地方为了满足生活用水的需要,往往需要自凿水井,而这对于一个家庭可能是极大的一笔开销。后来随着自来水的渐渐普及,村民和村子不需要自行搭建水井这一"固定资产",打开水龙头,即可享受到自来水这一"服务"。而云计算就可以使企业像水、电一样方便地使用IT技术设施。个体供应和集中供应示意图可参考图8-4。

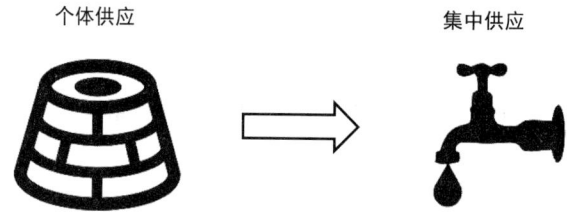

图8-4 个体供应和集中供应示意图

狭义上讲,云计算是分布式计算技术的一种,它就是一种提供资源的网络,通过网络"云",将所运行的巨大的数据计算处理程序分解成无数个小程序,再交由计算资源共享池进行搜寻、计算及分析,最终将处理结果回传给用户。通过这项技术,可以在短到几秒的时间内,完成对数以万计数据的处理。要知道在传统依托Excel的办公模式下,当数据达到几十万条时,有时候光打开Excel就可能需要等待几分钟,甚至还有软件随时卡死崩溃的风险。而如果企业将工作流平台在云端部署,将需要计算的Excel文件上传到工作流平台,云上定时自动计算可以很大程度缓解用户使用峰值时系统运算高并发的情况,进一步减少财务人员等待数据处理的时间。

发展至今,云计算这一概念早已不再局限于上述对于算力的购买,广义上的云计算可以说是为企业提供了从资源到架构的全面弹性,包括存储、数据库、服务器、应用软件及网络等众多企业所需的网络服务。这种具有创新性和灵活性的资源降低了运营成本,更加契合变化的业务需求。即使是对信息安全要求较高的企业,也在推动企业服务由本地化部署转向私有云部署。

(2) XaaS 的区别与联系

从分类来看,云计算还可分为基础设施即服务(IaaS)、平台即服务(PaaS)和软件即服务(SaaS),它们的区别可以用如图 8-5 所示的比喻来简单理解。

图 8-5　IaaS、PaaS、SaaS 示意图

如果把企业信息服务比作盖房子,IaaS 是根据建造的需要,向大家提供各种各样的砖头,而之后盖什么怎么盖都通通是用户自己的事情了。PaaS 就是服务商会提供一些预制件,在工厂里面,把墙面、楼板、立柱等都预制好,到了现场直接组装,就可以完成建造。SaaS 则做得更干脆,厂商直接把房子盖好了,用户只需要考虑谁拎包入住就可以了。

具体来讲,我们常听的"租了哪里的服务器"就是 IaaS。服务厂商把客户需要的基础设施环境搭建好,然后开放虚拟机或者硬件的租赁服务。这一方式的优点是企业无须投资自己的硬件,对基础架构进行按需扩展以支持动态工作负载,可根据需要提供灵活、创新的服务,用户所需的一切软件、操作系统、数据集都可以在 IaaS 上自行安装,这就像学生时代去机房上网。

PaaS 模式下,云服务商提供一个平台,这个平台抽象掉了硬件和操作系统细节,企业开发者只需要关注自己的业务逻辑,而不需要关注底层技术,企业自己设计上层应用,数据也由自己保管。其优点是保证了应用程序可以更敏捷地开发并进入市场,通过打开浏览器即可接入平台,这大大降低了系统建设的门槛。

SaaS 模式下,厂商公司提供了完整可直接使用的应用程序,数据也全部上云,在云端的远程计算机上运行,这些计算机由云服务厂商拥有,并通过网络和浏览器连接到用户的计算机。其优点是可以方便快捷地使用创新的商业应用程序,可从任何连接其中的计算机上访问应用程序和数据,如果计算机损坏,数据也不会丢失,因为数据储存在云上。

8.1.3　低代码:数字化转型的"加速器"

传统 IT 疲于应对企业业务大规模数字化转型和快速变化的海量需求,低代码以低成本、高效率、高质量的特性,成为企业转型战略布局中的热点。

传统企业自建系统往往采用全代码(Pro Code)的形式,由企业的专业 IT 技术团队根据用户需求,通过代码编程实现系统软件的搭建。这种方式虽然相较于从厂商直接购买成品软件包更能够贴合企业的业务需求,但却存在着开发周期长、难以敏捷响应需求、IT 部门与业务部门协作效率低等痛点,每一个功能都需要编写代码,导致如果业务变更,就需要变更相应的逻辑、不停修改,代码的体量会不断升高,沟通成本、协作效率都会出现问题。这些痛点为低代码开发带来了广阔的市场需求。

(1) 低代码以简化编程为核心

低代码(Low Code)狭义上是指开发人员可以通过高度可视化 IDE(集成开发环境)和可视化编程语言,利用厂商已经开发好的"预制件"来创建应用程序的主体,再补充一些核心代码,通过这种"拖拽 + 配置"的形式即可快速搭建简单应用甚至复杂的企业级应用。它满足了行业用户在数字化转型过程中对于"敏捷管理、快速研发、柔性生产"的需求。一些低代码实现形式如图 8 - 6 所示。

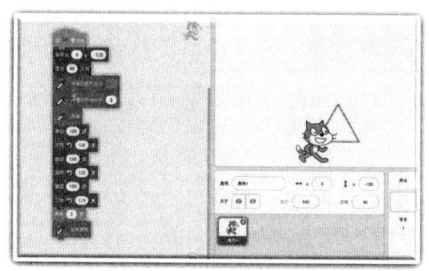

图 8 - 6 部分低代码的实现形式

低代码极大减少了 IT 人员编程的代码量,图 8 - 7 为实现同样功能全代码开发与低代码开发的代码量直观对比,前者约为后者的 4 倍,但要注意的是,狭义上的低代码仍需一定的编码量。

低代码通常的实现形式是 aPaaS(Application Platform as a Service,应用平台即服务),它是我们前文介绍过的云计算 PaaS 模式的一个子类,其具有如下特征:

① 可视化、模型驱动的开发,使用可定制的表单、工作流和业务规则构建应用程序。

② 一键式部署到公有云、私有云或企业内部。

③ 可重复使用的应用程序组件,以组成必要的构件,而不是在每个项目中重新发明运转步骤。

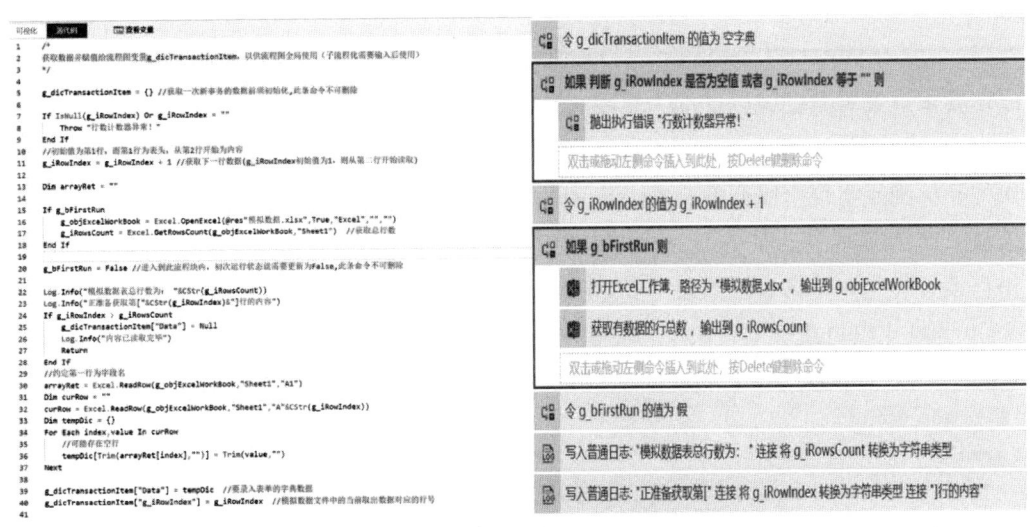

图 8-7 全代码和低代码的代码量直观对比

④由于是云服务模式，客户无需再购买和维护服务器、中间件等技术基础设施。通过浏览器输入网址即可访问。

同时，云服务商还会提供大量可直接应用的插件，例如邮件通知和钉钉机器人等功能，可以将系统执行的结果迅速反馈给业务人员，减少人工手动传递信息的过程，从而帮助企业实现工作流程自动化。图 8-8 为某低代码平台中已经开发好的插件。

图 8-8 低代码平台已开发的插件

与传统的方法相比，低代码使用更少的资源，但提高了近 10 倍的速度，从而提升了企业运营的效率、透明度和生产力。低代码因此也可以说是一种"软件开发平民化"的过程。

（2）更低门槛的零代码开发

不要求开发者具备编程的能力是零代码（Zero Code）区别于低代码的最核心优势。低代码诞生的初衷是为了减少 IT 人员的重复劳动，但其仍要求开发者具备编程能力，而零代码的目标则是实现全民开发，它的出现让没有任何编程基础的非专业开发人员（例如财务人员、产品经理、运营人员）也可以通过可视化的页面进行拖拉拽组合配置轻松构建起进销存系统、客户关系管理系统（CRM）、费控报销系统等管理信息系统以及 Web 程序。图 8-9 为利用钉钉旗下零代码平台宜搭开发的进销存管理系统。

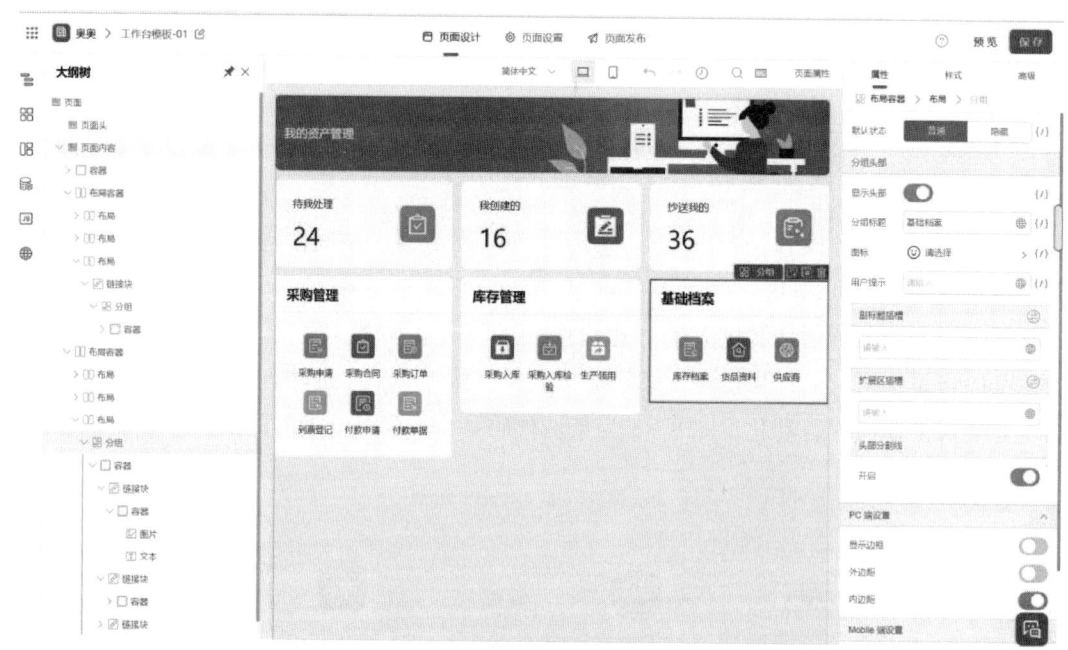

图 8-9　进销存管理系统示意图

虽然零代码平台门槛更低，但这并不代表零代码就比低代码更高级和先进，它只是做了一个更极端的选择而已：彻底拥抱简单的图形可视化，完全消灭复杂的文本代码。

《孙子兵法》有云："不尽知用兵之害者，则不能尽知用兵之利也。"所有选择都要付出代价，零代码也不例外。完全抛弃代码的代价，就是平台能力与灵活性受限。一方面，开发者只能利用平台已有的功能模块，这样使其表达能力远不及通用编程语言，不引入代码根本无法实现灵活的定制与扩展，从而极大限制了其应用领域。另一方面，由于面对的主要是非专业开发人员，平台能支持的操作会更趋于"亲民化"，这使其无法支撑强大专业的底层开发原语和编程理念。表 8-1 总结了零代码、低代码、纯代码开发三者的各自优势。

表8-1　　零代码、低代码、纯代码开发三者的各自优势

特性描述	零代码	低代码（推荐）	纯代码
用户画像	业务人员	技术人员（IT/开发人员）	开发人员
学习门槛低	★★★★★	★★★	★
场景丰富程度	★★	★★★★★	★★★
应用搭建速度	★★★★★	★★★	★
业务定制能力	★★	★★★	★★★★★
集成扩展能力	★	★★★	★★★★★
系统运营维护	★★	★★★★	★★★★★
报表BI能力	★★	★★★★★	★★★★★
低成本投入	★★★★★	★★★	★★

注：业务人员也可以通过计算机和数据库基础知识的学习或培训，转型为技术人员。

（3）低代码平台的优势

无论是零代码还是低代码，本质上都是一种实现快速迭代的方式，所以现在我们习惯提及的低代码是"零代码+低代码"的统称，后续章节中提到的低代码也是这种广义上的低代码，包括适用专业开发者的低代码平台及适用业务开发者的零代码平台。

低代码平台主要有以下优势：

①使用门槛低，快速响应业务变化：这一点前面已经有过比较详细的阐述，低代码平台的低门槛性使前端开发可以做后端的工作，后端也可以完成前端的工作，新手开发可以做老手的事情。这种低门槛性使开发人员在面临业务需求变化时可以满足对现有应用或系统功能迭代以及拓展的需求。

②业务人员可以主导系统搭建：过往，系统开发往往需要业务人员、产品经理、IT人员的多方沟通，耗费大量成本，由于沟通不到位而导致的返工更是让各方"心力交瘁"。低代码开发平台的出现降低了应用研发的门槛。一线管理人员仅需掌握基本的系统操作规则，根据自己对于业务流程的理解，即可完成产品原型的搭建，这样更便于与IT部门进行后续的沟通。同时，使用模块化组件也大大降低了配置过程中产生BUG的风险，如果发现系统在应用过程中的问题，管理者也可以通过配置及时调整。低代码开发平台把应用开发的话语权交还给最终使用者，这样一线业务人员将有能力主导企业业务系统的搭建。

③实现一站式管理，打破数据壁垒：当低代码开发平台能为企业提供各种业务场景的管理应用时，低代码开发"工作流平台"的优势就能立马体现出来，通过简单的系统关联，可以实现各应用之间的数据依赖和互通。例如，把客户关系管理系统中的业绩直接关联到人事管理系统中的绩效考核中来，甚至可以通过我们前面介绍过的钉钉机器人和邮箱

插件自动将结果推送到个人，从而实现全流程的自动化。数据流通无需在各个系统内反复导出导入，打破了数据壁垒，极大地提升了工作效率。

④便于数据资产沉淀：在没有低代码平台时，大家写的代码都存放在各自的 PC 中，针对某一功能无法及时知道是否有人已经开发过。低代码平台可以统一管理公司范围内开发的公共组件、架构技术以及解决方案，从而实现数据资产沉淀，避免公司内部重复开发导致的资源浪费。

⑤开发效率高，弥补技术人才缺口：来自 Gartner 的数据显示，要满足中国企业的所有数字化转型场景，需要开发至少 5 亿个新的应用系统或者 App。LowCode 低码时代的调查研究如图 8-10 所示，研究发现，2021 年技术开发生产力需求度已经达到 4.3，由于企业普遍推行数字化转型，当前的技术人才缺口极大。

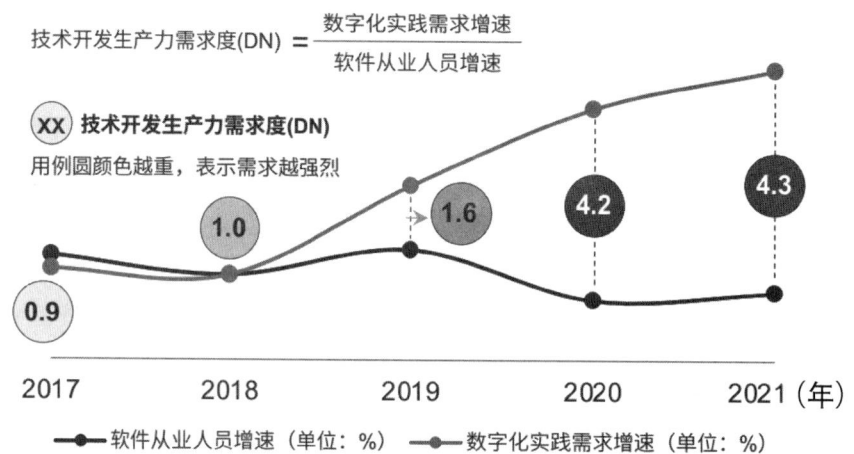

图 8-10　技术开发生产力需求度示意图

这个庞大的需求，如果按传统的产品研发模式，不仅成本高昂，产品的输出和供给也受到限制。低代码平台的出现，可以有效解决这个问题。其通过对于技术细节的屏蔽，使开发人员所见即所得，也可以通过接口非常便捷直观地进行系统升级迭代。

据了解，过去三年，阿里巴巴集团通过低代码开发平台，构建了 12700 个应用，其中

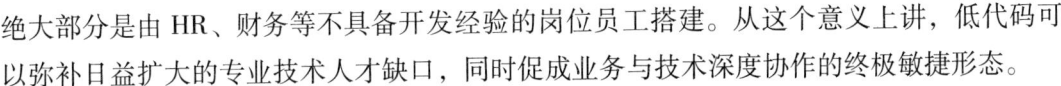

绝大部分是由 HR、财务等不具备开发经验的岗位员工搭建。从这个意义上讲，低代码可以弥补日益扩大的专业技术人才缺口，同时促成业务与技术深度协作的终极敏捷形态。

8.1.4 低代码的应用场景

（1）通用型场景与垂直型场景

企业中有一些业务行业属性较低，面向跨企业、跨领域通用型场景，包括行政、人事、财务、ERP 等运营需求。针对此类场景开发的低代码产品多以表单驱动为核心，将高频使用的场景抽象为可配置的组件和业务模型，便于快速搭建应用，这类产品包括 iVX、钉钉宜搭、氚云等，我们称其为通用型场景产品。

与之对应的另外一些产品则更加"术业有专攻"，其功能集中在某个强垂直领域，例如金蝶云·苍穹（专注人财税相关系统）、即构（专注于语音视频通讯软件）、悉息掌控（专注于智能看板）、容联七陌（专注于智慧客服），这类产品我们称之为垂直型场景产品。当企业业务面向专一领域时，通常先将整个业务先抽象建模再进行开发，保持系统架构和业务开发逻辑的一致性，快速完成业务场景搭建，提供领域性解决方案和服务模式。

（2）自主开发场景与快速交付场景

本章前面已经介绍过，通常情况下对于简单场景中的系统如表单、视图、统计、角色权限、报表以及流程管理等，业务人员可以用零代码平台进行独立自主开发。

而低代码平台由于往往需要一定的编码量，所以更多是在复杂系统场景如职能管理系统、客户与订单管理系统、线上商城、OA、CRM 等，供专业的技术人员进行快速交付。

8.2 财务工作流平台应用实践

8.2.1 财务应用机会

（1）"烟囱式"系统的弊病

在早期会计信息化建设过程中，企业会建立起很多财务系统，例如，总账系统、费用报销系统、应收应付系统、资金系统等。但早期这些系统往往都是烟囱式的系统，彼此之间成为了一个个孤岛。

相较于平台化的管理模式，这种烟囱式财务系统存在以下弊病：

①重复建设和维护：不同系统间很多功能模块相似，例如，不同系统中的资金管理模块，同时，一些底层的基础代码块也是相同的，重复搭建耗时耗力，除此之外，还有重复的运维成本投入。

②系统间打通成本高：财务关键信息分散在多个现成的和自定义编码的"应用孤岛"中，在这种系统之间的数据壁垒没有打通前，找数据只能先找拥有数据的人，依次经历数据需求者→数据拥有者→数据，这种靠员工手动搬运数据的方式，很可能存在员工之间各自工作习惯的不同，彼此 Excel 宽表中数据字段的不统一，相互配合时的工作效率不高等弊端。而在平台化的管理模式下，这一链路就转化为了数据需求者→平台（数据存储方）→数据，降低了信息的打通成本。

③不利于数据资产的沉淀：随着内部财务逻辑的复杂化，企业的数据资产（包括各种图表、系统、数据看板）等会越来越多，如果不进行集中的平台化管理，维护成本会越来越高。

④业务发展创新难：随着业务发展，现存系统中每一个新需求都会被历史包袱束缚，开发上线艰难，道阻且长。如果要建设新系统，前期就要投入很多成本去重复做那些已经有了的功能，举步维艰，一旦规划出错，投入的成本马上付诸东流，损失极大。同时如果每次都是从零搭建新系统，也会使开发人员由于疲于应对重复的开发活动，技能提升缓慢。

而在转换为财务工作流平台的管理模式后，以上这些方面将得到极大改善。此外，还可以帮助构建起战略性财务资产，财务工作流平台不仅有表单，更为关键的是工作流的功能，完全可以实现 OA、财务一体化。同时，从成本效益角度考虑，减少重复资产投入，创造出最大的剩余价值；平台化的模式能用低成本提供快捷服务，创造价值，降低交易和摩擦成本，实现自我优化。

（2）数据分析 + 流程管理 + 电子表格

根据 LowCode 低码时代对于当前低代码应用领域实践效能的洞察，目前低代码平台最成熟的业务领域分别是电子表格类、流程管理类、数据分析类，而财务的最主要工作如财务核算和总账管理、费控商旅报销、资金管理等工作，都主要集中在这三大领域中，所以低代码的成熟应用领域与财务工作主要关注领域的这种极高重合度也为财务工作流平台的搭建提供了"温床"。

8.2.2 财务应用价值

（1）高稳定性适用于规范业务处理

在传统系统中，没有统一的数据存储和处理标准，所以每个财务人员都需要将数据从系统导出到个人电脑中再用 Excel 等工具进行处理，处理方式的差异也导致了产出的非标准化。就算通过一段时间用 Excel 模板统一了产出结果，模板在员工间传递的不断升级也会出现各个版本，很难统一。

财务工作流平台中可以统一规范数据的储存和处理方式，例如，将 Excel 表表头和 Excel 公式进行统一，用户只需将数据上传到系统中就可按照统一规则进行运算，这样即使后续业务发生变化,也只需要更改财务工作流平台中的运算逻辑。这种平台化的方式可以将业务的处理规则固化下来,从而达到工作成果的标准化产出。

(2) 平台化促进团队合作和流程再造

财务工作流平台的应用首先能打破合作壁垒,将各业务部门打造成一个无边界的团队,还能让个体的创新活力得到最大释放。战略的选择、团队的变革和企业文化的升级,必然会对企业内的人际关系、用户关系甚至企业与企业间的关系造成巨大影响。基于组织中人、部门、岗位、角色进行流程流转及分支条件匹配,最终帮助企业构建基于组织结构的流程体系。其次,可以对业务进行进一步凝练梳理,明确工作流链路中的核心节点、流转路径以及流程节点的处理位和责任位。

同时,平台化的模式也可以将各种业务应用、管理办事机制和场景,例如合同审批流程、费用审批流程、采购审批流程、项目审批流程、人事审批流程、资产审批流程进行无缝融合,实现业务互联。

(3) 通用性适用于业务变化

低代码平台的设计符合通用性原则,厂商考虑的是尽最大可能设计出面向所有使用者的产品和运行环境。

所以利用低代码 aPaaS 工具搭建平台,就算后续业务变化需要对现有平台进行修改和升级迭代,也更具敏捷性。

(4) 较低的学习成本

这一点在前面已经有过较充分的论述,基于云原生 IDE 的低代码开发平台打开网页就能用,当前的主流低代码平台,程序员基本一周就能快速上手,财务人员若想系统学习财务工作流平台开发,也能减少至少两年的学习时间。

8.3 财务工作流平台的建设

8.3.1 低代码平台选型

工欲善其事,必先利其器,如今的国内低代码平台百花齐放,低代码平台的选择是公司进行低代码开发的第一步。图 8-11 呈现了《2022 年中国低代码/零代码行业研究报告》中提到的一些当前国内主流低代码开发厂商,本章也将以低代码平台选型为出发点,展开整个平台建设过程的讲述。

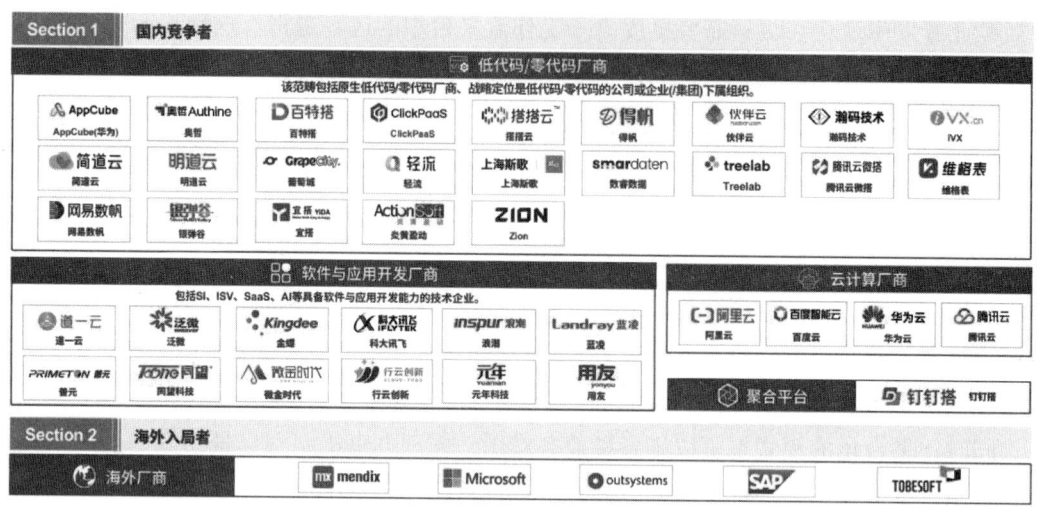

图 8-11 国内主流低代码开发厂商

（1）评估维度

在低代码平台的选型开始前，应先设计好平台选型的评估维度，从过往的实战经验中作者总结出如下九点：

①架构要先进：平台要基于云原生，支持 PaaS 和 SaaS 化。

②平台要轻量：现有低代码平台多以浏览器为入口，如果平台不够轻量则在开发大型应用时可能会导致浏览器崩溃。

③功能要完善：符合高拓展性需求，封装得太死可能导致无法进行个性化开发。

④上手门槛低：最好是基于主流技术，这样开发人员在互联网上能有丰富的学习资料。

⑤按需求选择：零代码平台（iVX 除外）不能支持复杂应用开发，有复杂应用开发需求的企业最好选择低代码平台。

⑥拒绝烟囱式：基于平台开发的应用不能是烟囱式系统（又称孤岛系统），要支持"1 个平台 + N 个应用"的架构模式。

⑦前后端分离：前端要采用 Vue、React 等主流框架。后端服务器应用的编程语言一般采用 Java、C#、GO、Ruby、Python。

⑧云平台适配：要支持多种云平台适配，不单单是 SpringCloud，还有华为云、阿里云等商业云平台也可适配，不能跟云底座技术紧耦合。

⑨服务化架构：支持多种移动 H5、钉钉、企业微信移动化应用。

LowCode 低码时代在《2022 年中国低代码/零代码行业研究报告》也给出了 15 个选型维度，如图 8-12 所示，供读者参考。

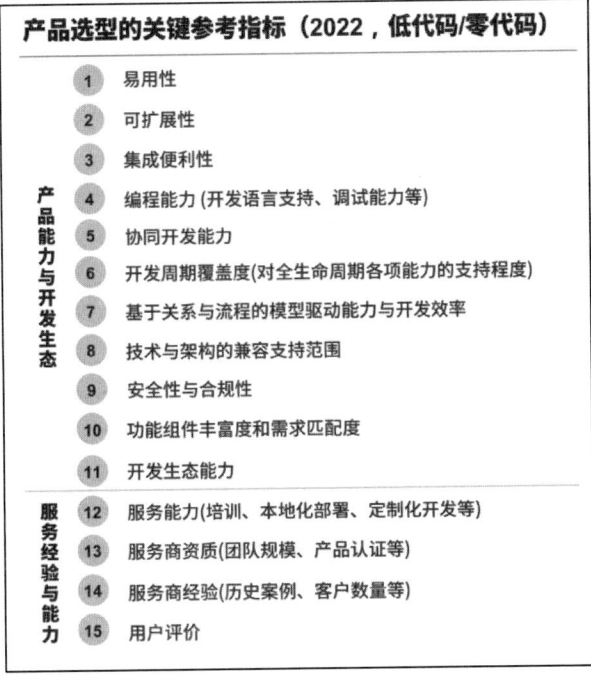

图 8-12 LowCode 低码时代：15 个选型维度

（2）平台分类

前面我们已经讲过低代码平台的应用场景可以分为通用型场景和垂直型场景，下面将进一步介绍通用型产品的细分类别，以便于读者根据自身业务需求选择功能适配的产品。

通用型大致可以分为代码生成类、BPM 类以及纯表单类，接下来将会逐一展开介绍。

①代码生成类平台：首先要强调一点，这类低代码平台是为 IT 开发人员创造的，由于仍需编写代码所以并不推荐业务人员从这类平台开始学习。

代码生成类平台的特点是可以依托强大的代码生成器通过可视化"画代码"的形式让前后端代码一键生成（如图 8-13 所示）。在表单设计中点击代码生成，就会默认生成对应的 Java 代码和 Vue 代码。其中比较有代表性的 Jeecgboot，其引领新的开发模式（Online Coding 模式（自定义表单）→代码生成器模式→手工 MERGE 智能开发），可以帮助解决 Java 项目 80% 的重复工作，让开发更多关注业务逻辑。既能快速提高开发效率，帮助公司节省人力成本，同时又不失灵活性。该类型典型的产品还包括 iVX、牛刀。

②BPM 类平台：要想业务跑得好，流程规范少不了。前面在介绍工作流平台的时候已经提到，BPM 是一种管理原则，是一个实现整合不同系统和数据的流程管理软件套件，主要用于企业内部系统的开发如企业内部 OA、业务管理系统、CRM（客户关系管理）等。其建设系统的理念与财务工作流平台的建设也最为契合，所以这类平台是进行财务工作流平台开发的极佳选择。相较于其他类型的产品，BPM 侧重于业务流程管理，提供完备的"整合"能力，通常用于连接业务中台和数据中台，可以根据企业要求定制，集成内外部

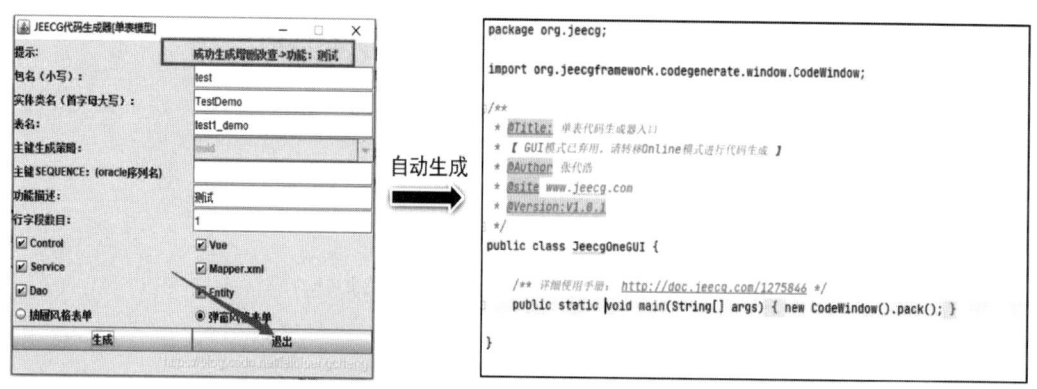

图 8-13　代码的自动生成示意图

所有系统或数据。我们比较熟悉的审批类产品也算是一种流程管理，BPM 类平台开发的产品通常具有以下特点：

- 业务更广泛：侧重业务管理＋人员管理，即"谁"在"什么环节""做什么"。
- 业务流程自动化：业务自动向下流转。（审批只能在本系统内流转，BPM 能调动不同业务、系统之间的流转）
- 评估结果侧重业务记录和数据汇总。（审批流主要侧重流程审批）

具体流程设置情况如图 8-14 所示。

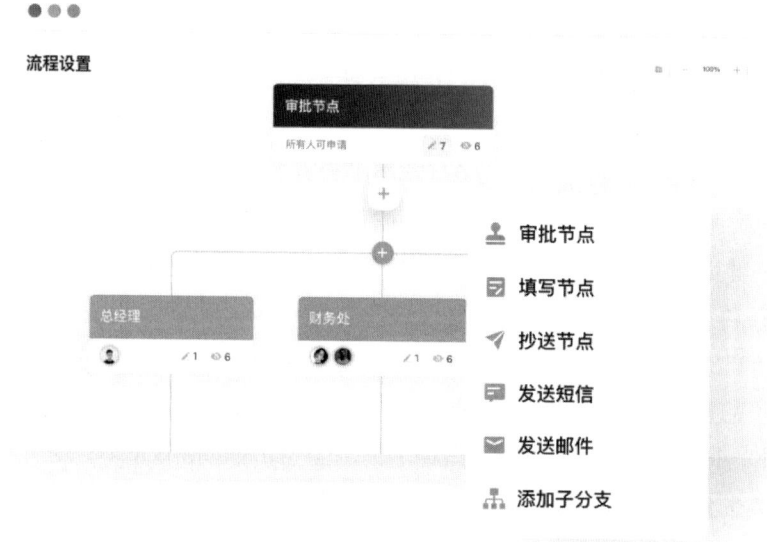

图 8-14　BPM 类平台的流程设置示意图

合格的 BPM 低代码平台应包含以下组件：
- 流程设计器：对应流程建模功能
- 流程引擎：对应流程执行功能
- 流程监控：对应流程监控和管理功能
- 流程门户：完成流程提交审批的人机交互界面
- 电子表单：对应流程开发功能，表单是流程流转的载体，尤其是国内的人工审批流程
- 系统管理：一个系统必备的基础功能

国内老牌的 BPM 软件功能比较强大，但架构普遍偏陈旧，很难满足现在主流的微服务、容器云、前后端分离等架构要求，新型的 BPM 软件架构较先进，基本上都是为应用上云设计的云原生架构，功能方面侧重点不同。

③纯表单类平台：纯表单类平台是以可视化表单建模为核心功能的一类平台，基于 Excel 表格计算引擎或自研的表格计算引擎，技术门槛低，建设成本也相对较低，主要用于资料归档、OA 审批、客户管理等。该类平台主要由表单设计器、表单解析引擎、表单存储引擎三个部分构成。利用该类平台，开发者通过拖拽组件方式生成 JSON 格式的表单对象，见图 8-15，平台内置引擎可以将表单 JSON 渲染为 Vue 组件。

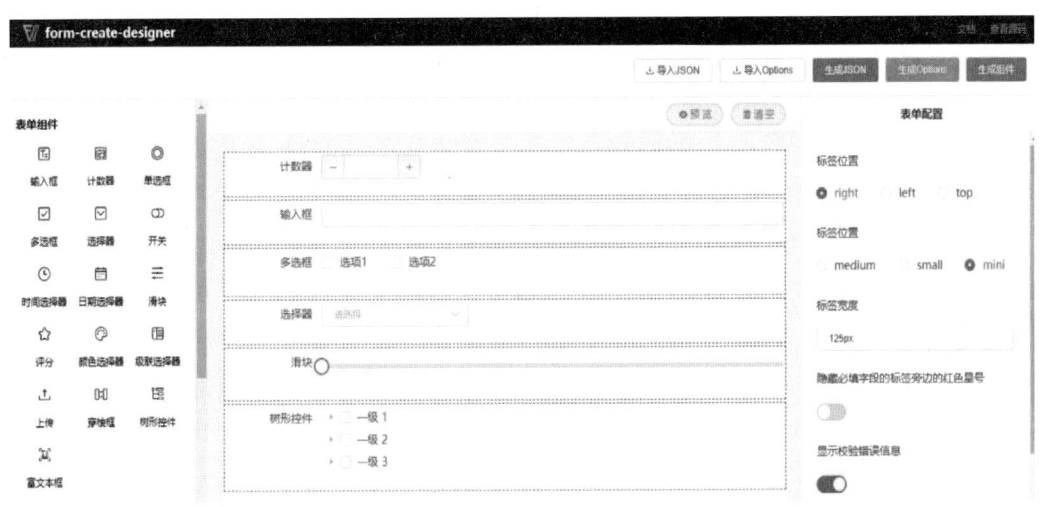

图 8-15　通过拖拽组件方式生成 JSON 格式的表单对象

当前市面上主流的纯表单类平台有活字格、魔方网表、维格表等，是企业进行表单设计以及可视化大屏设计的极佳选择。

（3）架构选型

架构选型为纯技术层面的问题，低代码平台是否支持更先进的架构、清晰的分层，以及对接物联网 IoT 等新技术，待开发应用的生命周期决定了这些问题的答案。为确保开发

和部署过程可控,推荐选择基于组件或服务的、可嵌入功能的、具有平台扩展性的 API。还可从以下三大核心角度进行考虑:

①前后端分离:其核心标准之一是要看该低代码平台能否支持前后端分离的系统架构。

在前后端分离架构的支撑下,不论是软件公司还是企业 IT 团队,在发展的过程中都会积累出自己的"核心数据资产",这些资产往往表现为一些后台业务复杂逻辑计算方法。

如何用低代码实现后端复杂的业务逻辑,持续积累"核心数据资产",是低代码平台必须解决的问题。在做技术评估时,千万别忘了这些运行在后台,没有任何界面的逻辑链,因为这些才是系统和开发团队的核心竞争力。

②B/S 还是 C/S:如果企业开发的系统比较轻量,那么,云端部署的通过浏览器即可直接访问的 B/S 架构可以很好地满足敏捷开发的需求。如果企业开发的是体量更大的复杂系统且十分看重性能,则基于客户端的 C/S 架构的开发平台是更好的选择。但绝大多数情况下还是推荐 B/S 架构,因为它在安全性、系统扩展、云支持等方面有着绝对的优势。

③可扩展性:弄清楚低代码平台是否提供开源代码进行二次开发;在各个层次中是否预留了代码扩展槽;能否进行在线代码扩展。

(4)选型总结

作者认为,对于财务工作流平台建设来说,低代码平台的选型虽是第一步,但也的的确确是最关键的一步,它直接决定了所建立起的财务工作流平台的"底色"。但如今的低代码市场百花齐放,尽管有了明确的选型指标,但如果从几百个低代码厂商中按照我们上述的选型标准一个个筛选的可操作性仍然太低,所以作者的建议是优中选优,选择一些比较知名厂商的产品,能在很大程度上保证低代码平台的下限。

8.3.2 财务工作流平台搭建

传统的瀑布流开发流程分为需求分析、软件设计、软件开发、软件测试、软件部署及维护六个环节,开发人员需要撰写大量的设计文档和源代码,并对开发出来的应用进行测试和修复,工作任务繁重且效率低下。系统上线后随着业务的发展,企业在流程管理、数据可视化等方面需求增多,开发人员又要按照同样的流程进行二次开发。传统的瀑布流开发流程如图 8-16 所示。

而财务工作流平台的搭建则从以下四个角度对这一传统开发流程进行了优化:

(1)场景发现

传统产品开发的场景发现过程包含图 8-17 所示的三个步骤。

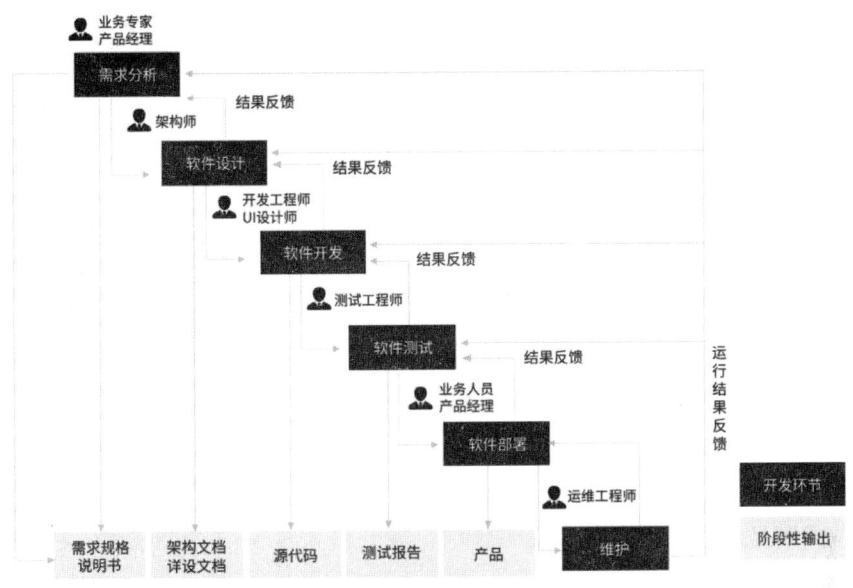

图 8-16　传统的瀑布流开发流程示意图

图 8-17　传统产品开发场景三步骤示意图

而对于财务工作流平台，这一过程则可以简化得多，一方面用户场景相对固定，另一方面由于基本是财务部门内部使用，基本谈不上营销场景，所以只需集中精力解决使用场景识别的问题，而财务的基本场景也比较固定，包括资金管理、账务核算、商旅报销、报表分析等。在明确场景之后，下一步就是要弄清自家企业是需要进行表单开发？还是要定制业务流程系统，做到流程自动化、智能自动化？这就需要进一步的需求分析。

（2）需求分析

需求分析这一步最重要的是沟通效率。在传统软件开发模式下，开始平台系统搭建前，业务人员需要向 IT 部门提交需求 IT 规格说明书，但由于与 IT 人员的话语体系差异较大，往往需要与 IT 人员反复沟通进行说明书的修改。且双方的逻辑思维和工作习惯迥异，若没有充分理解业务需求，开发出来的系统可能不符合业务人员的工作习惯，操作复杂，需要花费大量时间进行操作培训，业务人员也会因此产生抵触情绪，从而导致系统落地困难。

而在低代码/零代码的场景下，需求分析则直观得多，财务人员自行开发的场景自不必说，财务人员当然最了解财务人员的业务需求，但这也存在一大弊端，就是财务人员虽然明白业务需求，但很难洞察业务流程中的数字化需求。所以更理想的形式仍是业务人员提出需求，IT人员用低代码平台主导开发，相较于传统开发场景，双方不必再只盯着一份IT规格说明书讨论，IT人员可以先用低代码的流程引擎开发出一个系统Demo，其可视化界面让财务人员非常直观地了解到系统的功能和最终呈现的样子，在此基础上结合实际业务操作的角度提出既符合其工作习惯又符合开发逻辑的需求，这极大地减少了双方的信息不对称，也能提高协作效率，开发出操作便捷、符合业务人员工作习惯的系统。

当需求不明确时，业务人员也可以通过低代码平台先行搭建基本模型或直接使用低代码平台中的行业方案模板，在使用过程中再对功能的迭代和完善提出明确需求，从而降低沟通成本。

（3）平台搭建

这一点其实与传统开发的内核并无区别，展开讲太过偏向底层技术，故只做简要叙述。通常的平台搭建流程是业务人员通过模板或构件，利用容器/区块分割用户界面布局，通过拖拉拽的操作先搭建基础的表单页面、业务流程、运算逻辑、报表输出等应用Demo，待业务人员确认应用Demo，开发人员在此基础上再针对需要手工编写代码的模块进行二次开发。

（4）测试上线

在工作流平台开发完之后则是验收以及测试上线环节。在云原生的开发环境下，省去了传统软件开发硬件验收的环节，可以将全部精力放在软件验收上，这一过程对平台的质量、平台的易用性和平台项目的实施周期起到一锤定音的作用。具体包含以下方面：

①功能测试：对平台的各项功能进行验证，根据功能测试用例逐项检查，看看能否满足实际业务的功能需求。

②可靠性测试：测试平台在规定时间下是否能够不出故障地稳定运行，一般包括成熟性、容错性、易恢复性、数据校验机制等方面。

③容错性测试：评价平台的异常处理能力，对关键操作、不可恢复的操作或可能引起灾难性后果的操作应有明确的提示，并请求用户确认。

④易用性测试：包含用户掌握学习的难度，数据编辑、检索、输出的方便程度和灵活程度，还包括平台的易理解程度、易浏览性和可操作性。

⑤可维护性测试：指平台可拓展性的难易程度和灵活性，以及运行出错后，用户自己诊断、修改错误的可能性与工作量。

⑥性能测试：主要测试平台的运行速度和对资源的消耗。

⑦安全性测试：通过非法登录、漏洞扫描、模拟攻击等方式检测系统的认证机制、加密机制、防病毒功能的健全性以及数据存储、传输和访问安全。

⑧用户管理测试：对系统进行用户添加、授权等一系列操作，发现可能产生的问题。

若采用云原生的低代码开发模式，测试过程中应将更多精力放在可靠性测试、性能测试以及安全性测试上，因为业务人员作为"平民开发者"，往往只考虑系统能不能用，而对于好不好用往往在设计时缺乏考虑。此外，可适当降低对于易用性测试的关注，因为这部分在需求分析和搭建环节已着重关注。

8.4 财务工作流平台部署经验总结与常见问题

8.4.1 经验总结

（1）财务人员独立开发注意事项

前面已经介绍了低代码的种种优势，各类低代码厂商出于营销目的更是对低代码低门槛易上手的特性大加宣扬，但偏听则信，兼听则明，在本部分作者将结合实战经验，为准备使用低代码/无代码平台进行独立开发的财务人员进行一些风险提醒。

必须明确的一点是，在当前阶段，企业中能真正利用低代码进行独立开发的财务人员少之又少。因为低代码产品诞生本就是为了提高 IT 人员开发效率，而零代码产品为了满足低门槛性的同时，又牺牲了开发功能的完备性，所以也很难支撑起大型系统的独立开发。所以目前较为现实的做法是财务人员用无代码做个产品 Demo 用作与 IT 部门沟通，如果想进一步学习开发出更完整更复杂的系统，则需将以下几点纳入考虑：

首先，财务人员最关注的是如何以最快的速度将应用开发完成并投入使用，实现"能用"的基础目标，而关于系统上线后是否"好用"以及如何进行持续维护，由于缺少完整的开发知识体系，财务人员往往无法妥善解决这些问题，而对于大型系统软件来说，质量和可维护性都是系统是否具有使用价值非常重要的考量维度。低代码开发真正印证了"打江山容易守江山难"，这对财务人员独立开发将是非常大的挑战。

其次，如果财务人员开发导致数据错误、系统可用性低、运行稳定性差、数据安全性差等问题，会提升系统运维风险，由此造成的损失还得由财务团队自行承担。而财务团队可能会为此付出比 IT 团队高得多的代价。因此，财务团队在决定自行开发之前要做好这方面风险收益的考量。

最后，财务人员由于开发知识储备有限，导致独立承担软件开发工作不可持续，因此对学习投入更加敏感，学习低代码开发的同时还要学会应对各种异常和 BUG，这一过程中需要不断向企业内 IT 人员请教，可能会拖慢总体交付进度。

总结来看，低代码虽然降低了系统开发的门槛，但这个门槛依旧很高，目前财务人员用低代码做个 Demo 用作与 IT 部门沟通还是不错的选择，但独立开发完整系统仍需要系统架构相关知识，财务团队需要对此谨慎行事。

（2）财务人员与开发人员配合注意事项

在传统 IT 开发模式下，企业在系统开发过程中往往选择由财务/业务人员作为需求提出方，IT 人员承担开发任务这种交付模式。但低代码的可视化流程图使财务人员也可以看得懂开发的逻辑，让财务人员也可以承担一部分产品经理的职责，参与到产品的策略优化、功能演进、复杂业务形态和组织关系下的方案梳理工作中。这样便很好地解决了之前 IT 人员和财务人员"语言不通"的问题。

低代码的应用改变了之前 IT 部门和财务之间永远是甲方提乙方做，甲方说乙方改的合作模式，并在此基础上建立一个标准化沟通流程。例如，在财务部门提出需求后，IT 部门不需要马上就着手进行整个系统的全面开发，可以基于低代码模块化的开发特性，先将确定的流程用低代码形式搭建出来，然后向财务部门进行可视化呈现，这样双方可以从传统模式下针对模糊抽象需求点的讨论升级为针对明确可视业务流程链的讨论。按实际业务场景，财务人员和开发人员可对于流程链中的构件现场拖拽、增减判断分支。相较传统的验收模式，看着文字类的需求文档，或完成后的全代码，或非理想中的数据产出，低代码开发更亲民。另外，由于呈现在财务人员面前的不再只是一行行代码，财务人员也能够看明白系统各个模块间的跳转和运算逻辑。对于不懂代码的财务人员来说，传统开发就像在迷宫入口时就需要完美设计后续所有路线，一旦出错原路返回到出口重新看地图再走。低代码开发就像进入迷宫在每个岔路翻阅地图，在模拟运行时某个路口出错都是可知的。

我们在第 1 章提到过，数字化并不是简单地将业务流程从线下搬到线上，而是以数字化的形式完成流程再造，所以双方进一步思想碰撞的过程中，基于开发人员的流程图，财务人员很可能对原本的业务流程的梳理形成新的理解，这样也给了双方更多参与感和成就感，在减少无用功的同时提高了双方的沟通效率。同时，为了更好地对数据需求进行总结，可以从需求目的、需求内容、需求提交、数据使用人、需求处理人、开始时间、结束时间、备注这八个方面对需求的相关信息进行梳理，以更好地掌控业务部门整体的需求变化，减少重复性的需求处理。

8.4.2 财务工作流平台相关问题及解答

Q1：工作流平台是选择本地部署还是云端部署？

目前企业使用的低代码开发平台，一般都具有云原生属性，但需要明确的一点是低代码开发平台是云端部署，但并不意味着利用其开发的工作流平台也必须云端部署。

一般系统的搭建都会从安全和成本两个角度去考虑，本地部署成本高但安全性更可控，云端部署由于按需购买资源，所以成本往往更低。

此外，在进行云端部署时，还要进行公有云和私有云的选择。公有云强调弹性和共享，小到单核 1G 的单一云主机，大到数十万核的计算集群，都可以按需调配。公有云非常适合计算能力需求波动较大的中小企业使用。但随着企业规模的壮大，会越来越注重数据的安全性、私密性等问题，私有云就是专门针对这类需求开发的。私有云可以为一个企业或组织提供专用的云环境。它可以由企业或组织内部的 IT 团队在该组织的防火墙后面进行内部操作，因此组织可以更好地控制其计算资源。但是私有云的费用相对较高，并且维护成本也不低。

Q2：能否梳理一下几个名词：低代码平台的开发者、使用低代码平台开发应用的开发者、应用的用户？

以 XYZ 软件外包公司选用钉钉宜搭这款低代码平台，为企业搭建进销存管理系统为例：

①低代码平台的开发者：一行一行写代码，做出钉钉宜搭这个应用的钉钉内部 IT 人员。
②使用低代码平台开发应用的开发者：XYZ 软件公司的程序员。
③应用的用户：指进销存管理系统的终端使用者，比如我们企业内部的财务人员。

Q3：如果一个系统开发层面涉及低代码技术，终端用户在使用上能感受到区别吗？

我们以前面提到的代码生成类低代码平台为例，它也只是被程序员当作一种"代码生成器"，例如，iVX 可以将用户拖拉拽搭建的流程直接导出为 Javascript 代码，所以如果只是使用代码生成类产品，从底层来看，不过只是一部分代码由平台生成，另一部分由代码程序员手敲，在终端用户使用来看是完全没有差别的。

Q4：低代码开发的应用相比于全代码，是否需要在测试环节更加关注可靠性测试、性能测试和安全性测试？

这一点其实很大程度上依托于低代码开发平台本身生成代码的稳健性，所以如果企业非常关注系统的平稳运行以及安全性，需要在低代码平台选型的时候就将这些要素纳入考虑，而不是等到系统已经开发好了，再去"亡羊补牢"，这样一方面会浪费大量开发资源，另一方面产品的延迟上线也会影响公司的业务运行。

Q5：低代码的代码量比全代码大约能减少百分之多少？开发周期能缩短多少？

代码量的问题很大程度上受低代码平台类别的影响，例如，零代码平台就完全不需要代码量编写。但在前面也有所提及，如果是像代码生成类这样的"代码转换器"，则完全不会改变底层代码的行数，但由于使用了拖拉拽的形式，的确可以缩短开发周期，正常情况下使用低代码平台可以缩短 30%～50% 的开发周期。

Q6：目前的零代码可以完整地支持比如进销存管理系统、资金管理系统这样较大型系统的开发吗？

零代码平台一般只搭载基础的通用模块，在使用方式和适用场景上可以跟 PPT 类比。PPT 的特点就是对于单个页面的设计往往可以达到美观高效，但对于页面间的跳转和交互逻辑往往很难实现。同理，零代码平台往往只适合开发表单类的应用或使用厂商开发好的模板进行特定场景的开发，但对于进销存管理、资金管理这样涉及复杂逻辑的系统往往很难实现。

Q7：财务人员要使用低代码平台，需要掌握哪种编程语言呢？

这一点并没有固定的答案，例如，使用开发前端界面的低代码平台，还是必须要掌握 HTML、CSS、JavaScript 等前端语言，而对于后端开发，则要看低代码平台本身的功能模块是基于什么语言编写的，例如，代码生成类平台本身生成 Java 代码，则要求使用者也必须掌握 Java。

Q8：财务人员使用低代码平台的理由是什么？

①对于主动参与到企业数字化转型过程中的财务人员来说，相比于学习一门 Python 这样的编程语言，使用零代码工具或 RPA 产品的学习投入产出比会高得多，也能更直观地体会业务流程如何进行数字化。

②从企业层面考虑，IT 预算、开发的人力成本永远是最贵的，如果未来财务人员可以利用低代码/零代码工具进行一些自主开发，能为公司整体层面减少开发支出。

③在低代码产品仅供 IT 人员使用，零代码产品功能局限较大的当下，财务人员接触学习低代码平台最为关键的理由仍是为了向 IT 人员"科学提需求"。

Q9：作为业务人员使用低代码自行开发，需要在开发时将系统的可靠性、稳定性、安全性纳入考虑范围吗？

需要，这也是业务人员在最初接触低代码/零代码开发时最容易陷入的误区，认为把系统搭出来就算会搭系统了，但如果系统在真实业务环节下"风一吹就倒"或者很容易就被网络攻击入侵，这样并不能算会搭系统。

Q10：目前推进财务人员利用低代码平台自行开发会遇到哪些难点，比如技术上的或观念转变上的？

①开发过程中面临系统异常报错是家常便饭，但对于代码的 DEBUG 和维护，财务人员无法独立进行，仍需要依托于 IT 人员。

②从技术角度看，低代码开发仍需要学习和理解编程基本理念和具有一定的全栈开发基础，例如，if 条件判断语句、循环语句等编程基本概念的掌握，还有前端后端逻辑层、数据层等概念的理解，这对于财务人员来说，仍有较高的学习成本。

③目前大部分企业处于数字化转型准备或起步阶段，所以财务人员仍困囿于日常繁杂的机械劳动中，没有时间和精力去进行低代码的学习，也尚未看到学习的必要性。但随着 RPA 等自动化技术逐步将财务人员从机械劳动中解放出来，以及低代码和零代码技术的功能逐渐完备，财务人员进行学习的意愿会越来越强。

8.5 财务工作流平台应用案例

8.5.1 企业情况简介

上海医药集团股份有限公司（以下简称"上海医药集团"）是沪港两地上市的大型医药产业集团，2021年营业收入达2158亿元，位列《财富》世界500强、全球制药企业50强，居全国医药企业第二。公司旗下有信谊、雷氏、胡庆余堂、龙虎、青春宝、华氏、好护士等多个知名品牌，医药零售药房1700家。在全面数字化改革项目中，上海医药集团以上药信谊医药事业部（以下简称"上药信谊"）作为试点，上药信谊始创于1916年，是上海医药集团旗下最大的工业制造企业，旗下拥有11家工业企业、2家商业公司、1家采购中心、1家市级研发中心、2家合资公司。

8.5.2 业财融合的需求场景以及要解决的问题

根据上海医药集团在"十四五"规划中提出的"全面建设数字化上药，提升体系能力，打造高效组织战略"的核心战略，上药信谊作为集团数字化转型4+1试点单位之一，以"抓标杆，找增长，提效率，强内控"为指导原则，制定了工业营销数字化建设总蓝图。从营销活动的计划制定、活动执行、活动成本和活动效果，通过数字化促进业务增长。

随着国家"带量采购"与"医保谈判"的举措逐渐走向常态化、制度化；同时，国家对医药行业合规监管的力度不断加强。如何通过数字化建设来实现营销费用的有效、增强合规，同时提升业务开展的效率，是整个行业和上海医药集团面临的挑战。

8.5.3 云简业财

（1）云简业财的整体架构

云简业财的整体架构分为三层：IaaS层、PaaS层和SaaS层。通过三个层面各自不同的能力，搭建起不同的生态圈以及产品能力，最终为上海医药集团实现全部所需功能。云简业财的整体架构如图8-18所示。

IaaS层是底层的云部署层，能够按需提供云计算能力和存储服务，通过IaaS层可以实现云部署以及跨云部署。目前集团选择的是较为稳定的亚马逊云，同时，云简业财支持阿里云、腾讯云、京东云等多个云平台。未来可以根据集团的云战略进行切换。

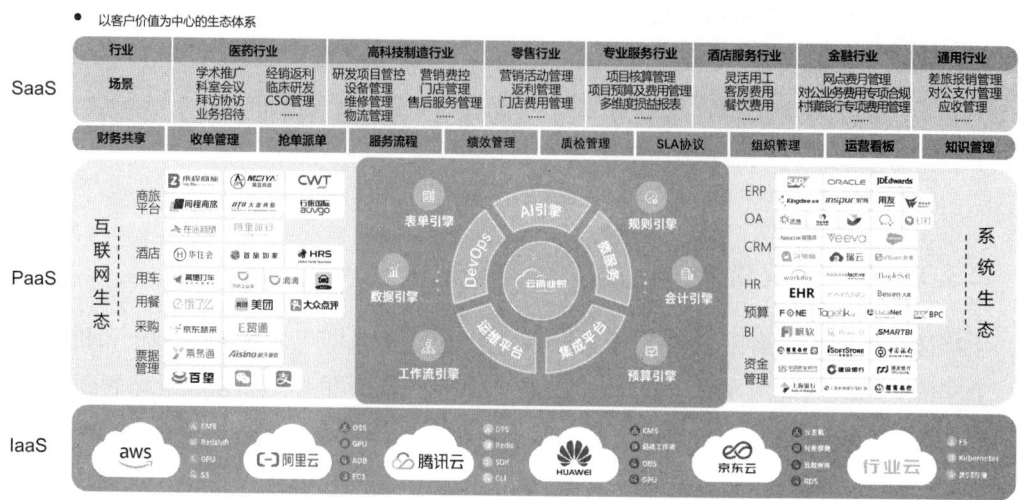

图 8-18 云简业财的整体架构

PaaS 层是主要运用的层面，PaaS 层由生态圈、六大引擎圈和研发运维一体化平台圈组成。

SaaS 层是展示给用户的应用层。云简业财在 SaaS 层有着丰富的功能模块，从费用报销到财务共享，能够满足集团经营活动中面临的多种场景。以医药行业为例，在学术推广、科室会议、拜访协访、业务招待、经销返利、临床研发、CSO 管理等多个场景下，都能实现全流程闭环、预算管控、管理与分析。

（2）案例应用的云简业财的 aPaaS 平台

云简业财的 aPaaS 平台在 PaaS 层，包括生态圈、六大引擎圈和研发运维一体化平台圈。通过 aPaaS 平台，集团可进行配置，快速实现企业内部的业务流程，在帮助企业实现业财融合的同时，实现集团的需求能够快速上线，稳定运维。

①生态圈：很多企业的机票、酒店、出租车等消费数据已在互联网上产生，但企业想要拿到这些数据目前还是依靠员工手工进行填单，从内控的角度而言，为了确保数据的真实性，企业需要花费大量时间去做人工审核，业务需要上传各种支持性文件。同时，随着电子发票的普及，企业越来越多的消费、支付、报销完全可以线上化。

企业自己将这些数据对接起来，需要花费较大的开发资源以及维护成本，并且切换供应商的成本也很高。云简业财的 aPaaS 平台与这些消费平台实现了成熟的产品对接，并且可以降低企业的切换成本和维护成本。

aPaaS 平台不仅解决了数据汇集的问题，还能做到将消费数据转换成业务信息沉淀到平台中，从而真正地帮助企业化繁为简。云简业财打造的互联网生态圈几乎涵盖了企业消费的所有场景，通过连通携程、美亚等商旅平台；华住会、首旅如家等酒店资源；滴滴企业版、高德地图等用车平台；饿了么、美团两大用餐平台；微信卡包、支付宝卡包等票据管理软件，实现了企业支出数据的全记录。生态圈另一侧打通企业数据。企业集团内部通常会使用多个系统，业务的发生通常而言是网状结构，如果业务各阶段产生的数据无法连通，数据口径不统一，就很难为企业创造价值。云简业财通过搭建系统生态圈，将金蝶、用友、SAP 等 ERP 系统；泛微、致远等 OA 系统；销售易、Salesforce 等 CRM 系统以及 HR、SRM、合同管理等系统连通起来，让整个数据链路形成闭环，真正使简单的消费数据变成可分析的业务逻辑。

②六大引擎：上文提到，我们认为所有的业务场景是有关联性的，是错综复杂，交织在一起的网状结构，以一场学术会议为例，首先，针对学术会议需要有会议计划，计划需要涵盖预算方案、执行方案、会议效果等，然后进行会议申请，会议结束后，需要报销发生的支出。同时，线索也会在会议结束之后产生，后续花费多少，活动结束之后需要报账，同时可能产生商机，此后跟客户又要进行相关销售活动。这些一个节点与一个节点的相互关联，实现对于业务的整体投入产出管理，需要把业务网络数字化。因此，云简业财团队基于以上业务流程，抽象出了六大引擎，通过六大引擎实现业务流程的全链路闭环管理。

表单引擎：云简业财表单引擎内置各种类型的单据，可以将集团员工面对的诸如报销、出差、申请等多种业务场景进行同类型汇总，让集团员工在填写更便捷的同时，也让数据结构更加立体，数据管理更加高效便捷。

例如，针对学术会议申请，可以利用表单引擎配置自定义构建的会议申请单据，员工通过应用层创建会议申请单，随时随地填写会议类型、时间、目的、预算、参会人员等活动信息，让会议申请便捷高效，并且可以随时追踪审批进度，开展后续业务。

规则引擎：云简业财规则引擎内置了规则库，拥有 500+ 条检验规则，可以基于费用标准、逻辑合理以及证据有效三个维度辅助完成发票查验合规证据链的完整性、合理性、有效性，将核心要点筛选提示，给费用合规上了一把强有力的"安全锁"。

例如，在会议结束后的报账阶段，企业可以利用合规引擎库，根据监管要求、内控要求等进行规则配置，实现自动校验单据是否合规，如发票时间不得超过三个月、会议地点需与发票地点一致、讲者邀请次数限制等，提升公司整体合规性。

工作流引擎：云简业财工作流引擎非常灵活，可以基于不同业务需求设计不同的审批流程，让提交的每笔费用都可以基于不同的组织架构、客户、项目、产品等维度进行审批流程，从而实现工作流的自动流转。

例如，当开展不同的会议类型时，云简业财工作流引擎会自动流转至不同审批人员。当会议为医学市场部举办时，审批流可能为市场部经理、财务负责人、总经理；当会议为大区自行举办的城市会时，审批流可能为大区经理、大区财务负责人、总部财务、总经理。

会计引擎：云简业财会计引擎能够实现财务自动核算。以往财务需要自己判断借贷科目，通过手工录入科目，制作凭证。而会计引擎通过表单字段，配置对应规则，自动映射会计科目，并且能够实现会计凭证的自动录入。

例如，会计引擎自动完成会计科目映射和会计凭证制作，财务可以轻松地完成学术会议后的报销审核记账工作，不仅提高了效率，而且节省了时间。

数据引擎：数据引擎能够实现业务分析。通过设置底层的 BI 数据集，将已经获取的数据形成相应的财务、业务报表，并支持将数据集可以抽调到集团内部原有的分析系统，将沉淀的数据利用起来，实现其价值。

例如，学术会议结束后，管理层可结合业务需求，通过数据引擎生成相关的学术会议报表，如城市学术热力图、会议收益图、产品预算投入等分析投入产出并支持企业下一步决策。

预算引擎：预算引擎实现预算管控，预算引擎能够进行申请占用预算、实时预算提醒以及多维报表监督。实现从申请、消费、到记账、分析的全流程监控，真正做到事前、事中、事后的全流程管控。

例如，预算引擎可以实现多视角的预算管理。产品经理可实时查看产品所用预算以及预算消耗情况，业务大区经理也可监控大区内各个产品、部门、活动预算使用情况，财务则可管控集团总体预算，实现预算的事前、事中、事后管理。

（3）研发运维一体化平台

云简业财的研发运维一体化平台包括五大核心模块：集成平台、运维平台、微服务架构、DevOps（开发运维一体化）、AI 引擎。这套集成化的 IT 运维微服务平台，能够大幅提高交付速度，同时降低运维成本和风险。

8.5.4 系统实施

（1）系统建设概述

在全面营销数字化建设方面，由活动系统、费控系统、BI 系统等大大小小 20 个系统组成，而云简业财的 aPaaS 平台起到了承前启后的关键作用。通过链接前端业务系统，在流程中将"业务数据"和"财务数据"有效结合，输出数据源和财务凭证到后端系统，帮助上海医药集团实现业财一体。

（2）需求分析

如上所述，外部的政策变化以及内部管理需求提升，上海医药集团面临的挑战包括：

①营销预算动态控制：每年开展大量的营销活动，业务投入在前，业绩产出在后，如何进行预算的动态控制，从而把费用投入到更有效的渠道，同时也节省不必要的开支；

②医药行业合规风险：医药行业的合规是内外部的关注重点，仅靠人工检查容易疏漏，产生合规风险隐患；

③财务业务部门提效：对业务人员而言，线下报销流程烦琐，周期长，提单时忽略费

用标准和预算情况,退单率高;对财务人员而言,人工进行发票检查和费用合规稽查,耗时耗力,跟不上业务的拓展速度。

(3)业务方案

综上,在一期项目中,上药信谊通过云简业财 aPaaS 平台落地了三大业务方案,即营销费用管理、折让报账管理、多维度预算管控。帮助公司全面提升了在不同业务模式下的费用合规管控水平,以及业务操作和财务核算的效率。aPaaS 平台搭建的三大业务方案应用如图 8-19 所示。

图 8-19 以 aPaaS 平台搭建的三大业务方案应用

上药信谊作为上海医药集团旗下的营销公司,每年都会开展大量的营销活动。云简业财利用其 aPaaS 平台的灵活性,结合云简业财在医药行业的成熟解决方案,为上海医药集团实现了业务动因和费用的融合,让管理层可以清晰地了解每笔费用的来龙去脉。例如,该笔费用基于哪个产品哪个终端,发生的是什么费用,管理层可以在云简业财中清楚地看到,再结合终端的销量数据,帮助上海医药集团把费用投入到更有效的渠道,同时节省不必要的开支。

以营销费用管理业务方案为例,鉴于合规是药企的一大生命线,如何确保营销活动的真实性及营销活动中的费用合规性是整个营销费用管理中的一大痛点。在传统模式下,合规审核人员通常无法单纯根据发票来判断业务的真实性,因此会针对营销费用的报账要求业务人员提供会议议程、会议签到、现场照片等作为证明材料。合规审核人员不仅要核实发票的真实性,还要通过肉眼判断证明材料的真实性,此项工作不仅烦琐,而且容易出错。通过合规引擎,将内外部管理制度进行内置;通过系统自动审核,对完全不合规的事项进行强管控,单据将自动打回;而对于一些符合弱管控规则的事项,将被高亮出来,作为重点审核的对象。

营销费用投入有效,同时又能提升业务开展的效率成为整个营销费用数字化治理的核心,而营销预算又是整个营销费用管控的重中之重。我们常说,业务不能开无轨列车,又不能圈地为牢,不能因为预算限制业务的发展和需要。上药信谊在预算的编制上,充分考虑营销人员营销业务完成情况,同时还根据不同业务场景采取不同的管控手段,刚柔并济,助力营销业务的发展。当然,这种灵活性的管控手段,也给数字化项目建设带来了挑战。云简业财项目组经过充分调研,深入了解各个部门和层级的需求,借助产品强大的功能引擎和产品自身的高自由配置度,最终促使"强管控+弱预警"结合,"YTD+自然月"搭配,针对不同业务场景不同部门适配不同预算规则的方案落地。

此外,财务作为企业内部信息的枢纽,需在完成财务目标的同时兼顾业务的发展。而传统人工审核、手工入账的方式,将耗费财务人员大量的时间和精力,同时业务数据和财务数据的断层也给财务人工的分析工作带来了巨大的挑战。通过系统的实施将会有效解决这些问题。

(4)系统实施步骤

在系统实施的过程中,上药信谊团队完全信任并积极配合云简业财项目实施团队使用成熟的实施方法论。按照该方法论,系统实施过程包括5个里程碑,270个实施细节。系统具体实施顺序如图8-20所示。

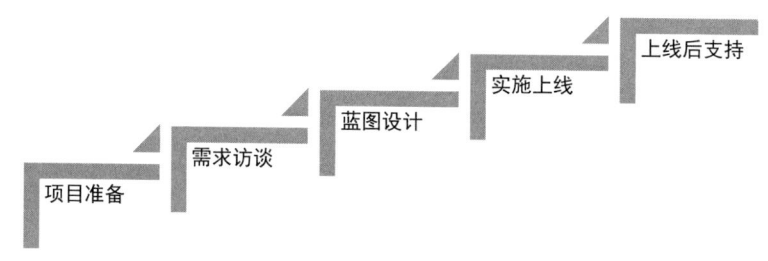

图8-20 系统实施里程碑

项目组在需求访谈、蓝图设计环节花费了较多时间,在该环节中,团队依托于云简业财在医药行业的丰富经验,应用一套需求调研清单,先了解上药信谊的现有流程,再基于未来上线的策略和项目经验,提出流程优化及改善的建议,并不是简单地照搬现有流程、将线下流程搬到线上。

从集团交付而言,云简业财的实施团队先以上药信谊的医药事业部作为项目试点进行实施和上线,项目结束后进行复盘,整理可复用的能力以及改善措施,再进一步在上药信谊其他事业部开展推广工作,并进一步在集团其他子公司进行推广和实施。

8.5.5 案例应用评价

(1)建设成效

围绕上海医药集团整体战略,以及上药信谊在营销费用数字化建设工作中的重点和目标。在营销费用数字化建设过程中,云简业财数字化项目是整体数字化改革迈出的第一步,也是至关重要的一步。云简业财数字化项目给整个集团营销费用数字化建设带来了巨大的想象空间,借助云简业财,对接了集团EHR系统、用友NC系统等4大管理系统以及活动管理系统,上药信谊在整个数字化建设过程中走到了里程碑的阶段,并推动了集团内部传统系统接口标准化，提升了整体信息化水平。

经过上药信谊的成功试点，云简业财与上海医药集团的合作不断深入。云简业财陆续推广到了信谊天一、信谊联合、新亚药业等多家营销公司，助力上海医药集团不断完善数字化营销体系，最终实现集团内所有业务团队营销费用合规、活动有效、绩效客观、分析高效。此外，上海医药集团未来也将基于云简业财 aPaaS 平台不断横向拓展，建立更多业务应用。

（2）未来优化方向

云简业财 aPaaS 平台本身在不断地优化以适应更多的用户需求。尽管云简业财 aPaaS 平台的核心能力已经比较完善，但是从平台功能升级角度而言，上药信谊项目是个集团化的项目，涉及集团内的多家企业，平台还需针对集团内多租户统一管理进行功能提升，以便更好地去适配集团型企业客户的需求。

（案例作者：邵扬，上海医药集团信息技术中心主任；俞洋，上海云简软件科技有限公司创始人、CEO；翁伊琳，上海云简软件科技有限公司运营总监）

第 9 章 玩转流程自动化技术

办公自动化概念的风生水起，让 VBA、Python、RPA 这些词越来越多地闯入人们的视野，其中 RPA（Robotic Process Automation，机器人流程自动化）更是凭借其在取代机械劳动方面的显著优势迅速成为一款闪耀全球的现象级 To B 工具。RPA 从何而来，在财务数字化进程中能起到怎样的作用？RPA 又如何和 AI 等新技术融合？RPA 的出现对财务人而言又意味着怎样的机遇与挑战呢？本章将一一为您揭开 RPA 的神秘面纱。

本章会从 RPA 的优势讲起，从 RPA 的财务应用场景到 RPA 与 AI 的结合全方位介绍 RPA；进而介绍 RPA 的选型指南和搭建路径，引出财务人在财务 RPA 应用后的转型方向；最后总结 RPA 实战时应注意的要点，并就财务 RPA 应用中的常见问题提供具有参考价值的对策。

9.1 RPA 与 IPA

9.1.1 你的"数字同事"前来报道

（1）何为 RPA？——从"按键精灵"说起

本世纪初，《魔兽》《传奇》《梦幻西游》等网游风靡全国。玩家为了刷极品装备会反反复复打同一个副本，但重复这个过程本身并无游戏乐趣可言。所以后来一些依托于"按键精灵"开发的游戏脚本就应运而生了，其可以模拟人的鼠标键盘操作，控制角色自动挂机打副本，将玩家从"刷刷刷"的机械劳动中解放出来，让玩家有更多时间去体味游戏的核心玩法。而本章的主角 RPA，与按键精灵有着出奇一致的"内核"，它的使命是帮助我们让未来越来越多的办公任务也可以实现"挂机"，如图 9-1 所示。

Gartner 在 2018 年 AI 技术曲线报告中对 RPA 进行了定义："机器人流程自动化整合了用户界面识别和工作流执行能力。它能够模仿人们操作电脑的过程，利用模拟的鼠标和键盘操作来驱动和执行应用系统。Gartner 指出，RPA 能模仿人类，具有工作流执行能力，是软件，并非物理设备。

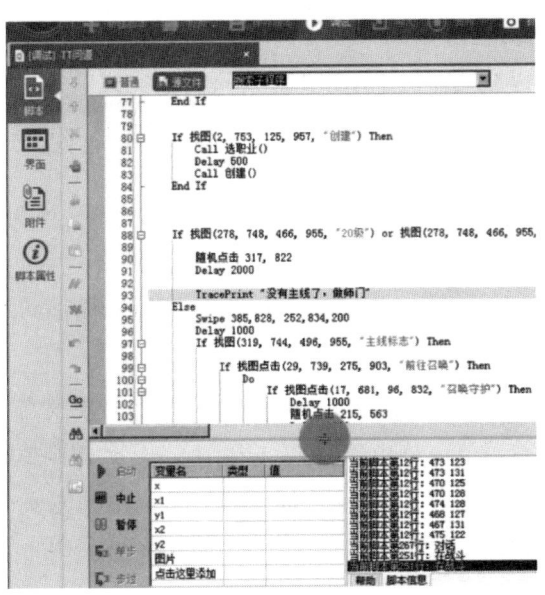

图片来源：bilibili。

图 9-1　RPA 的先驱——按键精灵游戏脚本

所以总结起来，RPA 本质就是将一系列可以替代人操作电脑的模块拼接起来形成的业务流，从而实现了与软件的交互和系统间的关联。

RPA 的搭建过程很像拼起一个乐高积木，在小白阶段，只能利用一些 RPA 软件准备好的"积木块"按照固定的"图纸"拼起来，但真正成为"高玩"之后，就可以根据业务场景自己动手制作一些没有预设的"积木块"，并按照脑海里的图纸，搭建起独一无二的 RPA 作品。

（2）RPA 的核心三大件

当前市场上各种 RPA 产品争奇斗艳，但万变之中仍有不变的东西，那就是 RPA 基础三件套。设计平台、机器人、控制平台这三者共同保证了 RPA 机器人的正常运行，见图9-2。

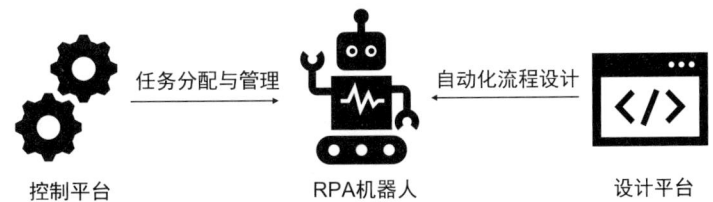

图 9-2　RPA "三件套"

①设计平台：基于具体的业务流程自动化需求，通过编码开发、低代码图形化界面排版、流程页面录制等方式完成机器人脚本的开发。

②机器人（执行器）：根据设计的脚本执行具体任务。具体还可分为有人值守和无人值守两种模式。有人值守的 RPA 可以部署在员工工作的个人电脑上，RPA 随时待命，员

工来触发 RPA 何时运行、运行什么。无人值守 RPA 一般被部署在独立的电脑上，更像是一个数字化劳动力，可以在无需人工干预的情况下自动完成任务。

③控制平台：相当于 RPA 的 HR 部门，负责对机器人进行控制管理和工作情况监督，保证机器人高效、稳定地运行。

（3）RPA 的技术优势及其擅长的工作

RPA 技术具有严谨认真、不知疲倦、无入侵性、低代码、标准化+定制化的特点。其在标准化程度高、规则明确、体量大、不需要人进行复杂判断的流程的执行中具有人工和其他工具无可比拟的优势。

①严谨认真：这个特性比较好理解，由于建立在严格的规则之上，如果规则本身的逻辑没有问题，RPA 是不会像人一样由于疲惫或开小差，导致规则执行时出现错误的。

②不知疲倦：RPA 可以全年无休 24 小时工作。恰当地预先安排好待执行流程的先后顺序、执行时长、执行异常的处理方式、流程间的衔接等，RPA 可以实现全天候自动运行，无需人工干预。

③无入侵性：正如前面所讲，RPA 只是在模拟鼠标键盘的操作，模拟操作意味着不需要做接口，这除了节省费用、提高效率之外，更重要的是 RPA 可以在无入侵的情况下连通多个系统的数据，大大降低了方案推行的难度。

④低代码：RPA 运用更为容易上手的可视化编程拖拽设计，它的低门槛性使未来财务人员有可能自行实现编程需求，"未来人人都是程序员"也许不再是梦了。RPA 可视化编程界面如图 9－3 所示。

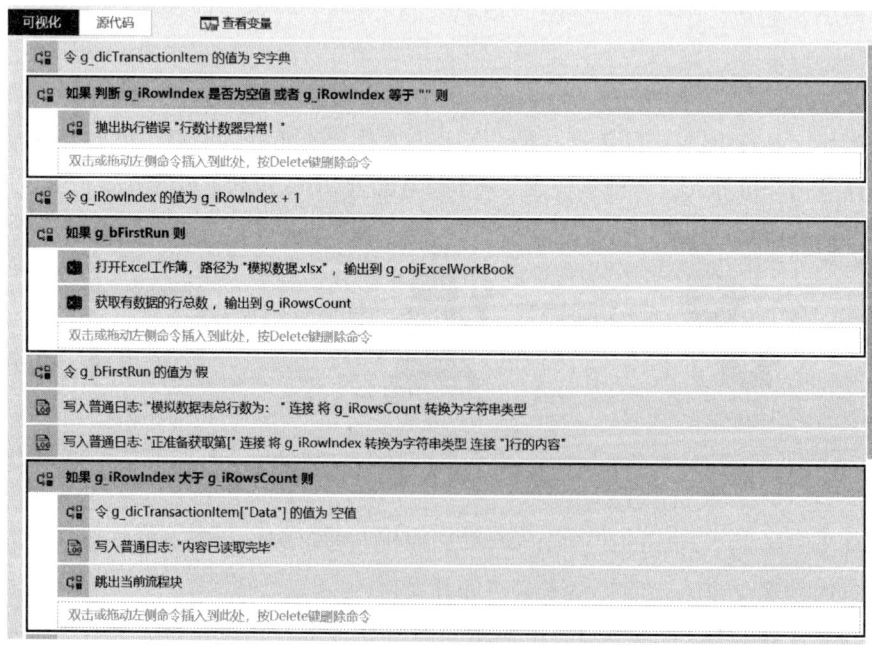

图 9－3　RPA 可视化编程界面

⑤标准化+定制化：RPA 的优势就是现在市面上大多 RPA 软件对于企业通用的功能如发票识别、差旅报销、身份证识别等都提供了标准化的模块库，可以即拿即用。而对于一些企业个性化的流程，由于前面所提到的"低门槛性"，也可以较容易地完成自主开发。这种"标准化+定制化"的设计，极好地满足了不同使用者的诉求。

在 RPA 中执行 Excel VBA 模块的情况如图 9-4 所示。

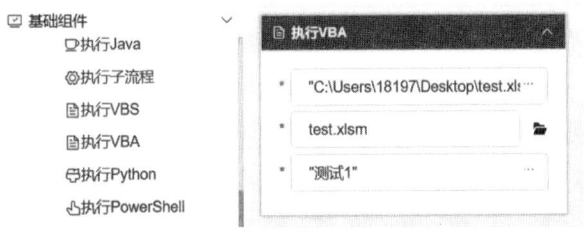

图 9-4　RPA 中嵌入的 VBA 模块

9.1.2　RPA 应用场景

9.1.1 节中讲到，理论上，只要是重复性的、固定流程的工作都非常适合用 RPA 来实现，而财务的底层核算工作大多数都满足这种特性，因此财务场景非常适合 RPA 发挥一技之长，接下来，我们将带领大家对真实商业环境中 RPA 的应用场景一探究竟。

（1）RPA 何为？——从"小勤人"讲起

"我们预计到 2025 年，基础财务都会被机器人替代。"这并不是危言耸听，而是德勤中国税务管理咨询合伙人、德勤智慧未来研究院机器人中心成员叶建锋在关于"德勤机器人引发的财务新变革"的主题分享时的发言。

截至 2020 年，四大、用友、金蝶甚至一些并没有太多财务背景的技术公司均已发布各种不同类型的财务机器人，而其中最为亮眼的当属德勤的"小勤人"。过去人工审计过程中，审计证据的平均获取时间为 40 分钟，但"小勤人"只需要 30 秒。人工编制单个流程的底稿需要 1.5 小时，"小勤人"完成只要半小时。

不管是合并报表、纳税申报、银行对账、成本结转还是银行监管报送，"小勤人"通通都能搞定。目前"小勤人"已经可以与德勤的端脑智能 Cerebrum 智能合同审阅技术和 OCR 技术等 AI 平台进行深度整合。不但可以高效对审计资料进行获取，还可以对银行信贷合同、开户资料等非结构化信息进行识别和分析，并与业务台账等结构化数据进行勾稽和对比。

（2）财务 RPA 的用武之地

RPA 目前几乎可以渗透财务工作的每个流程。财务工作具有量大、规则性强、重复频率高等特点，例如，数据采集、报表加工、纳税申报、账单处理等，特别是在财务共享中心，职能集中和流程标准化后形成了大量规则明确重复性的工作，是 RPA 的最佳应用场景。同时，财务组织又面临着职能转型的要求以更好地满足管理决策支持、风险监控与应对、公司绩效评价等企业层面的需求，财务工作内容的重点也逐渐转向流程优化、数据整合、分析洞察、风险管理等方面。因此 RPA 在财务工作中形成了较多的应用机会和成熟的应用场景，有利于提高财务工作效率和质量。这里挑选几个典型场景为大家介绍：

①数据爬虫：在企业的财务管理过程中，财务人员进行资产配置和投资决策时，需要参考大量的经济数据和金融市场信息，同时也可能需要抓取大量上市公司财报数据，财务人员可以让财务 RPA 负责数据爬虫，从而将自己从烦琐的信息采集工作中解放出来，进而把精力投入到具有更高附加价值的分析决策模型的搭建和优化工作中。RPA 数据抓取实现过程如图 9-5 所示。

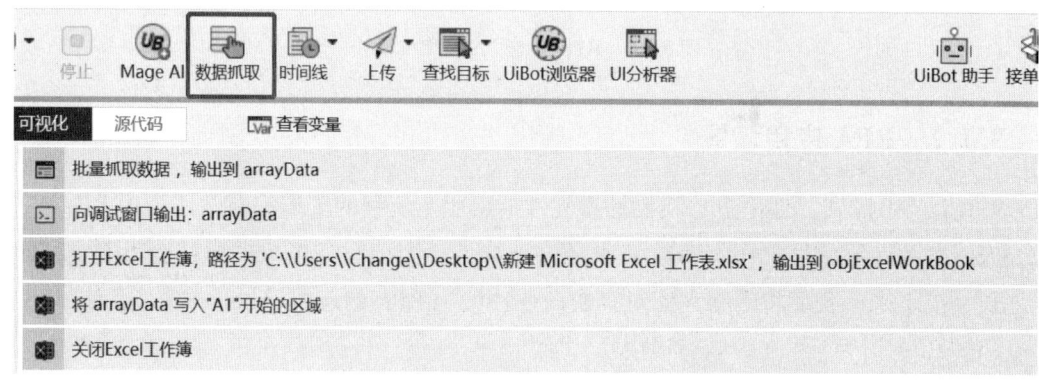

图 9-5　Uibot 批量抓取数据并写入 Excel

②财税票据识别：财税票据识别是目前 RPA 应用最为成熟的场景之一，其主要技术原理是 RPA + OCR（Optical Character Recognition，光学字符识别）。OCR 是人工智能最早的研究领域之一，它就如同 RPA 的眼睛，可实现包括发票、手写文字在内的高精度字符识别，配合 RPA 自动进行提取和输入工作，提高处理纸质文档的业务效率，避免人为输入错误。RPA + OCR 的常见应用场景如图 9-6 所示。

图 9-6　Uibot 中内置的 AI – OCR 模块

但使用过 OCR 的读者应该有所体会，经 OCR 提取出的字符往往在大小写、空格、破折号等方面会有细微的差异，这使同一种物件识别出来有时名称也会有所不同，比如，同样是苹果手机的发票可能由于拍摄发票时的光线问题而分别识别成"IPhone13""Iphone13"甚至"IphoneB"，这里就可以引入 RPA + OCR + NLP（Natural Language Processing，自然语言处理）这一更高阶的玩法，NLP 简单来说就是让计算机也可以理解我们人类的语言，对于人类来说当然很容易知道"IPhone13""Iphone13"其实都是苹果 13 手机，而计算机也可以通过 NLP 的语义归一算法达到这一效果。具体语义归一的实现方法如图 9 – 7 所示。

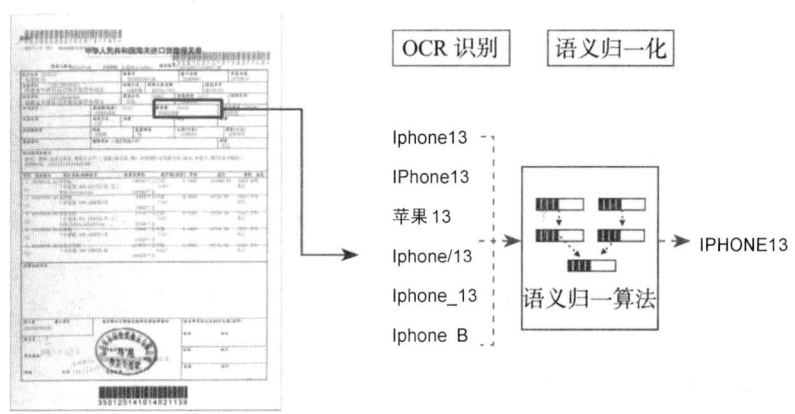

图 9 – 7　OCR + NLP 实现语义归一

③数据录入：对于大多数财务人来说，将图 9 – 8 左侧的 Excel 信息输入到右侧的信息管理平台这一场景不会陌生，甚至每当再想起时，左手小拇指还会感到隐隐作痛。这种只需要无数次"Ctrl + C""Ctrl + V"的数据录入工作场景，恰恰是 RPA 最为擅长的工作。

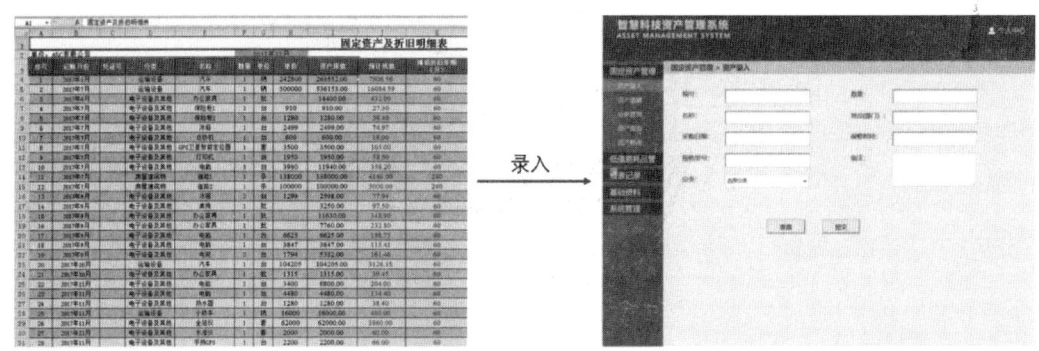

图 9 – 8　常见数据录入场景

通过如图 9 – 9 所示的 RPA 流程设计，即可实现 Excel 表单自动录入系统。

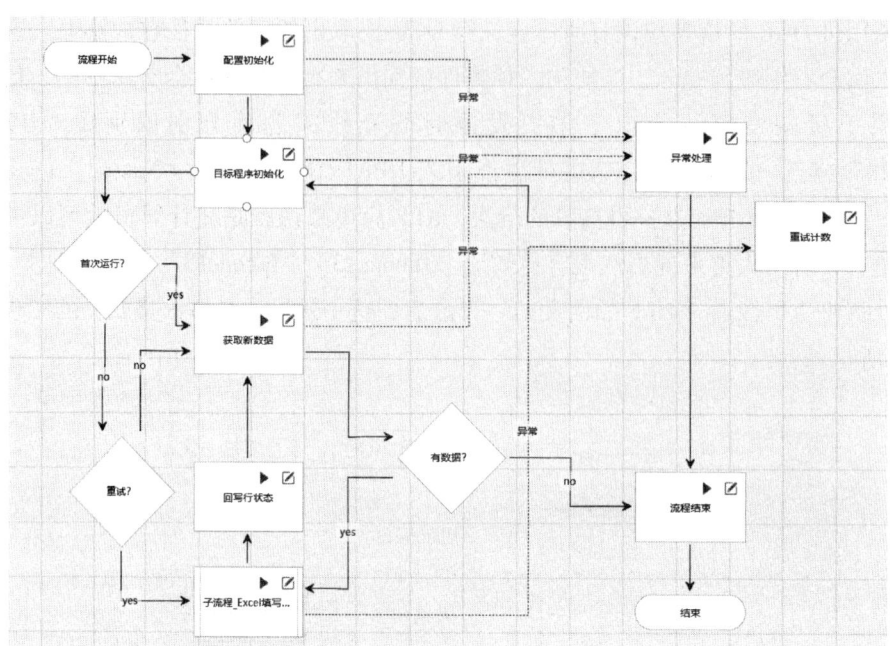

图 9-9　Excel 数据自动填写到网页表单的 RPA 流程

9.1.3　RPA 与 AI 技术的结合

AI 与 RPA 的关系，就好比"大脑指挥"和"双手操作"的关系，AI 将会赋予 RPA 视觉、听觉以及思考和表达能力，帮助其应对更加复杂的业务场景，具体如图 9-10 所示。

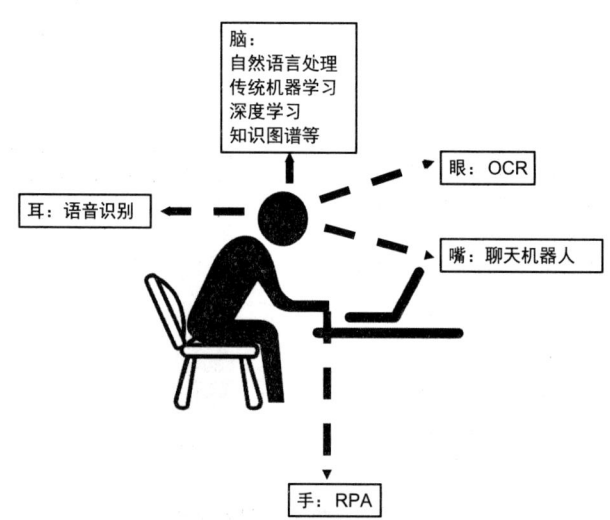

图 9-10　AI 赋予 RPA 智能

典型的业务流程包括数据识别、录入、统计、分析四个基本环节，传统的 RPA 只能覆盖数据录入与部分统计流程，但搭配了 OCR 和语音识别之后，RPA 有了"眼睛"和"耳朵"，这是 RPA 充分利用了 AI 的感知智能，其能够很好地助力实现数据识别这一环节，同时机器学习算法又给了 RPA 聪明的"大脑"，这是 RPA 充分利用了 AI 的认知智能，继而打通了后续统计、分析的全流程，由此可以被认为是打通了自动化流程的"最后一公里"。

RPA 在搭载上 AI 这副聪明的"大脑"之后，摇身一变成为智能流程自动化（Intelligent Process Automation，IPA），从而可以完成更多、更复杂业务流程的自动化，RPA 只是解决了效率问题，而 IPA 可以极大提高决策的准确度，进一步解决了效果问题。

（1）智能费用报销——OCR 给 RPA 以视觉

财务部门经常要与大量非结构化的信息打交道（例如，纸质凭证、发票、账册、合同信息等），在企业只部署了 RPA 的情况下，以完成纸质发票查验真伪这一流程为例，需要业务人员先手动把信息录入到 Excel 中，再由 RPA 完成后续的登录税务局网站查验的流程，但信息录入过程仍涉及大量机械劳动，而且时间一长，业务人员难免眼花手抖就导致了录入错误，这也使多数组织选择将"RPA + OCR"作为智能自动化的第一站。

目前使用全过程人工费用报销的企业存在如下痛点：
①报销流程长、时间久，一线报销人员体验较差。
②对于原始凭证，财务人员人眼识别和手工录入，费时费力且容易出错。
③发票真实性、合规性检验困难。
④员工倾向于积攒发票在月末、年底一次性报销，这就会导致在关账的关键节点财务人员工作量激增。

基于以上业务痛点，利用"RPA + OCR"可实现如图 9 – 11 所示的流程优化。

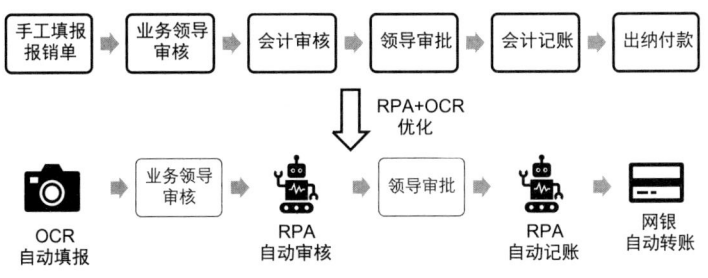

图 9 – 11　智能费用报销

在"RPA + OCR"优化传统费用报销流程后，企业将有如下收益：
①精简报销流程，大幅提高报销审批效率。
②极大减少财务人员工作量，能够将时间投入到具有更高价值的工作上。
③杜绝了人工失误，极大提高录入效率和准确性。

④发票重复报销等不合规行为得到控制。

⑤RPA直接连通企业报销系统和税务局核验系统，发票真实性得到保证。

⑥自动识别发票种类，方便后续企业纳税申报。

⑦由于可以识别出发票上的所有数据，所以可以对发票真实性进行进一步分析，比如，通过将开票地点、开票时间与出差时间地点进行比对，保障发票真实性。

（2）AI对话机器人——能听会说的数字员工

对话式AI已经渗透我们生活中的许多场景，从小米的小爱同学到百度的小度机器人，以及各种智能营销、智能客服，大家已经屡见不鲜，而由于财务工作本身的性质，对智能对话的需求并不像销售、客服那么巨大，这也导致市场上专门针对财务开发的对话式AI产品很少，这里只以如图9-12所示的库存查询RPA为例做简单介绍。

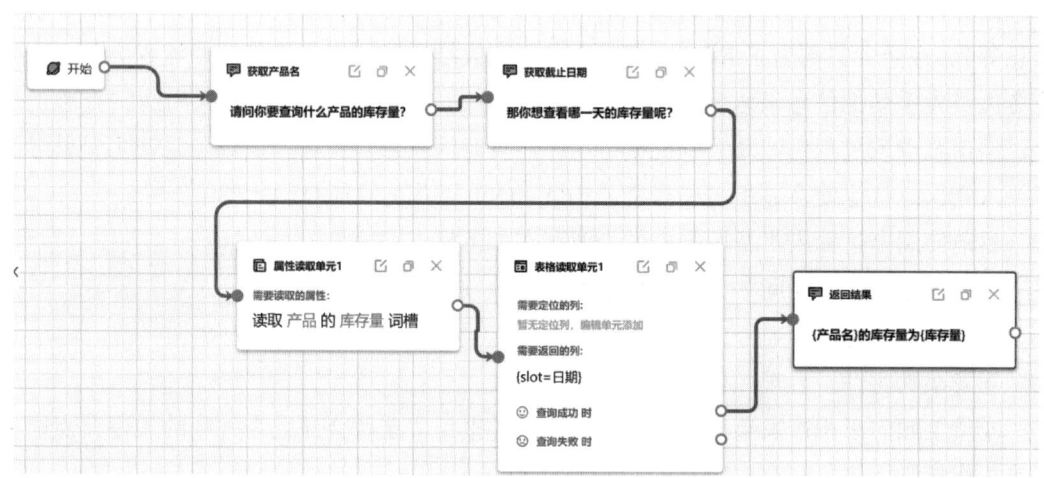

图9-12 基于来也科技"吾来"开发的库存查询RPA

在这个对话机器人运行过程中，它会首先询问客户"需要查询什么产品的库存量？"然后获取用户回答中的{产品名}，再进一步询问"那你想查看哪一天的库存量？"来获取{日期}，从而通过这两个属性在数据库中定位出所查询产品的库存量。尽管这个例子十分简单，但已经能体现出对话机器人最基本的RPA+NLP+知识图谱的设计思路了。

NLP在前面章节已经有所介绍，接下来简单介绍一下何为知识图谱，简单来说就是机器人脑中的一个知识体系框架，企查查中常见的股权投资关系就可以视为一种知识图谱，其多用于搜索和匹配的过程，例如，想知道某一公司的最大控股股东，通过知识图谱便可非常方便地查询到，这也是整个AI对话机器人中最核心的部分。

（3）流程自动挖掘——促进企业应用RPA

企业在应用RPA的过程中，需要业务分析师通过对企业业务流程的梳理来识别出具有自动化潜力的流程，但企业培训业务分析师需要投入大量人力、物力资源，那么，是否有更为智能高效的方法可以帮助企业完成这一任务呢？这就要请出我们这一部分要介绍的主角——流程自动挖掘。其包括两个步骤：首先需要分析员工工作以发现日常的重复性工作，这一步称为任务挖掘（Task Mining），接下来再分析来自业务应用的数据以发现当前流程中可改进的地方，这一步称为流程挖掘（Process Mining）。

①AI驱动的任务发现：任务挖掘可以自动识别并汇总员工的工作流程，然后借助AI从大数据中挖掘出企业最频繁的任务模式，获取每一个流程的详细指标（花费的时间、应用使用情况、执行时间等），从而帮助企业发现使用数字自动化的机会，加快RPA场景落地和提升商业价值，具体流程包括如下四个步骤：

第一步，采集：在不干扰正常工作的前提下采集业务人员桌面数据和电脑日志数据；

第二步，分析：借助AI来识别重复性任务和关键指标；

第三步，可视化：直观展示自动化候选路径、常见路径和差异；

第四步，导出：将选中的任务轨迹导出为任务分析文档，以便加速后续RPA的搭建。

②流程自动挖掘进一步改进RPA：依据上一步挖掘出的任务，企业可以制定出一套较为标准的RPA方案，而在实际执行过程中业务人员往往还会不断优化业务流程，这意味着RPA方案也要随之改进，但目前企业内存在的一大痛点是无法及时地发现那些需要优化的流程并据此改进现有RPA流程。而流程自动挖掘提供了一套对于这一问题的解决方案。

流程自动挖掘主要通过从ERP、CRM、OA等系统生成的事件日志中分析流程相关信息，发现当前业务中存在的一些低效率问题和痛点，进而帮助企业监控和优化当前业务流程。

接下来，我们以财务中常见的采购到付款这一流程（P2P）来展示真实业务场景下流程自动挖掘能为企业带来的价值，企业采购到付款流程如图9-13所示。

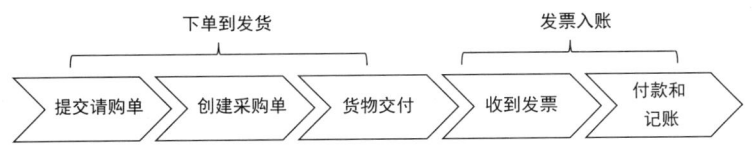

图9-13 采购到付款流程

流程自动挖掘的一般步骤如图9-14所示。

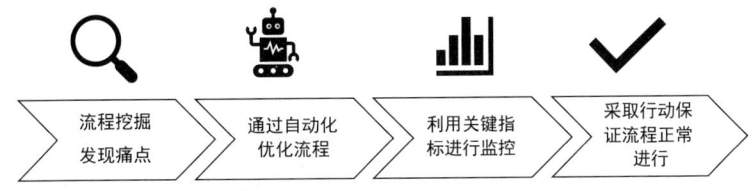

图9-14 自动化流程挖掘实现步骤

在采购到付款这一流程（P2P）中，流程自动挖掘可通过如下方式创造价值：

第一，通过对于ERP或CRM系统数据的分析，流程挖掘可发现以下痛点：

- 由于请购单和采购单的审批流程存在复杂审批流程，延长了采购周期

- 供应商收到订单后存在延迟发货
- 人工操作的滞后,导致无法获取提前付款的折扣
- 由于数据不完整或缺失,发票处理周期较长

第二,通过 RPA 实现流程自动化优化以上流程:
- 设定一个金额数值,让 RPA 处理低于该金额阈值的订单,提高效率
- 通过流程挖掘的结果,创建供应商的绩效评价方法
- RPA 负责付款流程,确保在最佳时机付款
- RPA 负责付款流程,从而提高精度和效率

第三,设置指标对上述改进进行监控:
- 采购单交付周期
- 供应商准时率和交货完成率
- 所获得折扣百分比
- 发票异常率及发票处理时间

第四,提醒业务人员参与,保持流程正常运行:
- 当出现超过阈值的请购单和采购单时,自动发邮件提醒采购经理
- 当供应商延迟交货时,自动发邮件提醒采购经理
- 当付款存在延迟风险时,自动发邮件提醒财务会计
- 当有异常情况需要处理时(例如缺少供应商信息),自动提醒数据管理员

经过以上转变,流程自动挖掘至少帮助企业实现了以下三个方面的价值增长:
- 库存管理角度:优化了采购流程和库存管理水平
- 现金管理角度:通过获得提前付款折扣,改善公司的现金状况
- 供应链管理角度:改善了供应商关系,进而提高了他们按时交付的能力

9.2 RPA "数字大厦"的建造——从 0 到 1 直到 +∞

本节希望从 RPA 搭建的整个生命周期视角呈现 RPA 从 0 到 1 的诞生过程,综合分析搭建 RPA 所需的资源、技术、人员,帮助企业从成本效益角度考量自身是选择外包还是自建 RPA 系统。同时,本节也为财务人员如何参与 RPA 建设以及参与到何种程度提供参考的思路。

9.2.1 RPA 选型指南与实施方法

(1) RPA 赛道上的"明星选手"

RPA 概念首先兴起于海外,2019 年是当之无愧的"RPA 元年",那一年的 5 月,美国

著名的 RPA 公司 UiPath 获得了 5.68 亿美元的 D 轮融资，以高达 70 亿美元的估值，荣登全球人工智能领域创业公司榜的榜首，这也代表着 RPA 真正受到了行业的重视。

那一年的国内市场更是"百家争鸣"，各类 RPA 企业纷纷推出产品抢占市场，各行各业也伸出双臂积极拥抱 RPA 技术，引入 RPA 产品进行试点应用。国外及国内 RPA 赛道上的"明星选手"详见图 9-15 和图 9-16。

1. UiPath
2004年始创于罗马尼亚，2021年赴美IPO
目前RPA领域的"头号玩家"，曾与德勤合作开发"小勤人"

2. Automation Anywhere(AA)
RPA领域的全球领导者，由IBM引入中国
提供云原生、基于Web的智能自动化解决方案

3. Blue Prism(BP)
英国公司，最早提出RPA概念
通过与普华永道合作进入中国市场、2019年设立上海总部

4. Power Automate
微软开发的RPA软件、Win11系统内置
可以非常方便地串联起各种Office软件

图 9-15　国外 RPA 明星选手

1. 传统软件厂商转型RPA
艺赛旗：早期销售用户行为分析和双录产品，国内RPA最早入局者
金智维：金证旗下公司，证券自动化运维软件，金融RPA中的佼佼者
容智信息：从做票据OCR起家，产品为"增票通"

2. AI企业开发RPA
来也：RPA+AI 行业的代表厂商，旗下拥有知名RPA工具Uibot
达观数据：深耕自然语言处理（NLP）、光学字符识别（OCR）技术
实在智能：致力于通过AI技术推动RPA行业向IPA发展

3. 新晋RPA玩家
弘玑：2021年被Gartner评为RPA领域代表厂商
影刀：杭州独角兽企业，目标是实现"人人都能轻松上手的RPA"

图 9-16　国内 RPA 明星选手

（2）企业如何遴选最适合的 RPA 厂商

企业需要根据自身需求，对比、评估出最适合自身真实业务场景和需求的 RPA 开发商，可以从如图 9-17 所示的维度展开评估。

①综合实力：从公开数据了解公司近年来财务状况、市场份额、综合排名、累计融资规模，从而对目标厂商的综合能力进行充分评估。

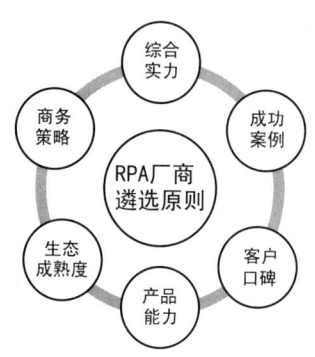

图 9-17 RPA 厂商遴选的维度

②成功案例：厂商官网一般会公布该企业在细分行业的一些成功案例，寻找已经在本公司所在行业有过大量标杆性的成功先例和丰富实施经验的厂商。

③客户口碑：通过厂商过往服务的客户了解其产品功能、售后服务、持续运维等方面服务是否到位。

④产品能力：通过功能横向对比分析产品能力，包括对企业场景里常见操作（例如微软 Office、PDF 文档处理、浏览器、访问应用程序）的支持能力，以及人机交互的能力。

⑤生态成熟度：厂商是否有 AI 集成、云端部署等与 RPA 相配套的产品生态构建策略。是否有大量的第三方服务机构可供选择，是否有丰富的产品学习资源（包括厂商官方的和非官方的学习资源），是否有活跃的社区论坛等。

⑥商务策略：充分了解厂商的产品定价策略，并与其他 RPA 厂商进行横向对比。

（3）RPA"数字大厦"建设过程及分工

一般来说，"万丈高楼平地起"，摩天大楼的建设都要经过实地勘察、图纸设计、施工、维护等阶段，其实，RPA"数字大厦"的搭建和盖楼类似。可以概括出如图 9-18 所示的 RPA"数字大厦"从 0 到 1 的搭建流程。

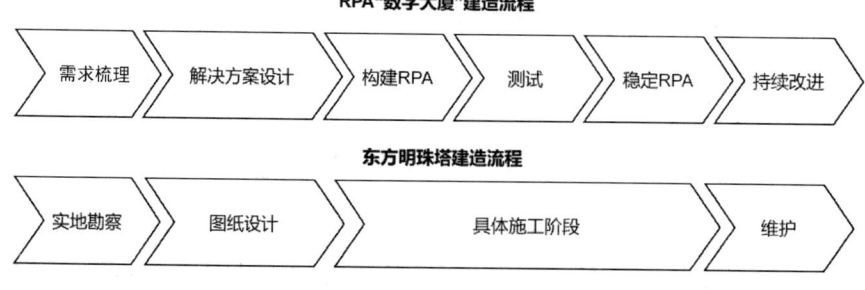

图 9-18 现实大厦和数字大厦建造类比

凡事预则立，不预则废。在东方明珠的建设过程中，首先要通过实地勘察为后期建设做好准备，这一过程需要土木工程相关人员到实地去评价建设场地的地质、地理环境和岩土特征等基础条件，是否适合建设起一座东方明珠塔。对应到 RPA 建设中，即是 RPA 的准备阶段，在这一阶段企业负责人要思考清楚三个问题："本企业为什么要搭建 RPA"、"公司当前业务流程是否适用 RPA 进行自动化"以及"公司当前是否已具备进行 RPA 建设所需的各方面资源条件"。

接下来，就来到了大厦建设的第二阶段——设计阶段，这一阶段建筑设计院会提供一份设计图纸，接着由土木工程相关人员配合工程技术人员开始施工。具体到某个项目工地上，还会再为该项目专门分配一位项目经理负责工地现场的协调。最上层由总公司的一个管理团队负责整个项目的统筹运作。其具体分工如图 9-19 所示。

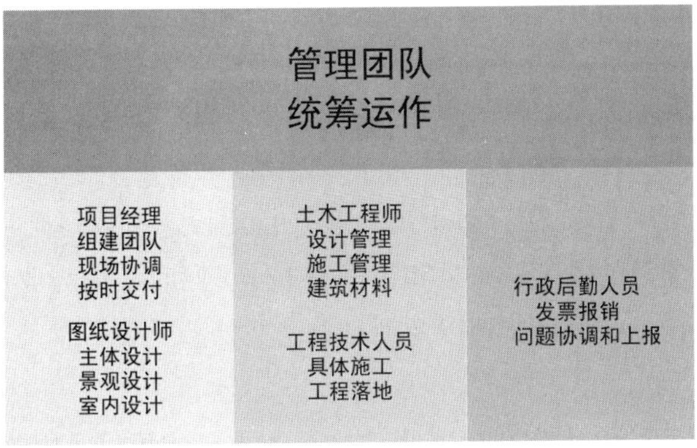

图 9-19　东方明珠塔建设团队构成

对应到 RPA"数字大厦"的建设中，上述过程就变为了根据公司的业务需求发现 RPA 的应用机会，RPA 业务分析师和解决方案架构师共同给出一套业务流程和架构"蓝图"，然后由 IT 人员负责开发和测试，并分配项目经理保证具体 RPA 项目的交付，类似地，其分工如图 9-20 所示。

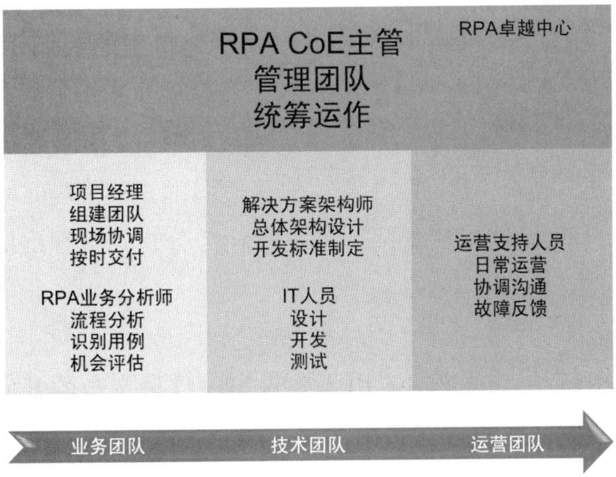

图 9-20　RPA 卓越中心角色构成

读者可以观察到，构建 RPA 的主要角色及职能相比之前建造东方明珠的阵容是"换汤不换药",但在这里我们引入了一个 RPA CoE（RPA Center of Expertise，RPA 卓越中心）的概念，RPA CoE 可以说是整个数字大厦建设的总指挥部，CoE 这个概念我们在第 1 章也有所提及，当我们的企业出现多个 RPA 项目建设的需求时，RPA 卓越中心也就应运而生了，它能够管理和催化组织的自动化转型，对接不同业务模块的自动化需求，以便更好地启动和交付 RPA 项目，接下来，我们将简单陈述 RPA 卓越中心各个角色的职责分工：

RPA CoE 主管

RPA CoE 主管作为整个 RPA 统筹建设的一把手，其不仅需要保证整个 RPA 卓越中心在公司层面受到足够重视，并且还需要在基层能够贯彻推行，故该职位一般由公司较有威望的高管担任，主要负责 RPA 卓越中心的统筹运作、各项目进度管理、团队间的沟通配合以及向上级公司领导层面及时同步项目整体推进状况。

RPA 项目经理

一个 RPA 卓越中心之下往往有多个项目在并行建设，所以每个项目还需分配一个项目经理负责把控整个项目的进度、质量和交付等工作。同时还需与业务分析师配合，快速理解需求，编写相关技术、设计文档以及项目总结文档。

RPA 业务分析师

RPA 业务分析师可以说是整个 RPA 搭建中至关重要的角色，因为 RPA 的搭建最关键的是以业务需求为导向，切切实实地解决企业面临的业务痛点，这时候如果不能捋清业务需求，再精巧的 RPA 系统也只是空中楼阁，"合适的才是最好的"是 RPA 开发中必须贯彻的铁律。

部分企业选择将公司原有的业务人员培训成为 RPA 业务分析师，这样员工将不仅仅是 RPA 系统搭建的受益者，更关键的是他们本身也成为企业数字化转型不可或缺的参与者，一方面节省了外聘业务分析师或咨询公司的成本，另一方面也能在一定程度上缓解技术取代人工的焦虑，有助于原有员工在数字化转型的浪潮中更好地找到自己的定位。

解决方案架构师

这一角色负责搭建起整个 RPA 的"骨架"，而后 RPA 开发人员就需要按照这一"骨架"让 RPA 变得有血有肉。这一"骨架"就是以业务分析师梳理出的功能需求为基础设计的 RPA 的顶层架构。

RPA 开发人员

接下来，要介绍的就是真正奋斗在 RPA 建设第一线最辛苦的开发人员了。他们在开发过程中与上述我们介绍的解决方案架构师密切配合，在传统 IT 部门中他们分别被称为"程序猿"和"攻城狮"。在系统不断的变化和改进过程中，"程序猿"关注的往往是具体代码的实现，看到的是功能点，而"攻城狮"看到的是功能点之上的逻辑，贯彻的是一种工程化的思想，二者共同决定着项目开发的成败。

运营支持人员

运营支持人员是保证整个项目顺利落地的强大后盾，该角色对运营的支持体现在两个方面：一方面是对公司员工的支持，包括保证各部门的良好沟通，以及常规需求的沟通和获取。另一方面是对于 RPA 这一 "数字员工" 的支持，包括监控 RPA 机器人的操作和运行，以及出现问题的及时响应和反馈。

9.2.2 财务人员参与 RPA 建造的三条路径

前面章节着重介绍了 RPA 搭建过程中的各方参与者，搭建 RPA 的初心是为了服务企业财务数字化转型，但上述分工中却对财务人员的参与只字未提，难道财务人员真的只是坐享其成，并没有为 RPA "数字大厦" 的建设做出贡献吗？这一节会为大家揭晓答案。

按照财务人员在整个流程中参与程度的不同，由此也衍生出 RPA 搭建的三种路径，接下来我们将逐一展开介绍。

（1）财务作为 "数字大厦" 的住户

在这种模式下，财务人员仅作为需求方和最终受益者，而整个设计开发的过程全都交由 RPA 服务商作为乙方进行交付，在这一方式下，财务人员对整个开发过程参与程度很低，所以往往就只能是厂商建成什么样的大厦，财务人员就住进什么样的大厦。

（2）财务担任 "数字大厦" 的设计师

财务 RPA 建设一定是要以业务中的痛点为核心，俗话说 "鞋合不合适只有脚知道"，所以要想开发出财务人员用得最舒服的 RPA，就需要财务人员作为 "设计师" 亲自参与到 "数字大厦" 的户型设计中，作为业务分析师去积极主动地发现和优化流程。财务人员自己作为产品经理去设计相关的数字化产品，这样既有利于财务人员本身进一步理清业务逻辑，也可以让搭建起的 RPA 更接企业的地气。这种将 RPA 的开发外包，财务以业务分析师的角色参与的模式，适合大多数企业。

（3）财务牵头组建 "数字大厦" 的施工队

企业在看到单个 RPA 的实施效果后，往往会着手开始建设 RPA 卓越中心（CoE），而这也构成了财务人员参与 RPA 建设的第三条路径，在这种方式下，财务人员需要牵头组建起 "数字大厦" 的施工队，需要担任除 IT 开发之外的所有角色（由于 RPA 开发的低代码性，部分财务人员甚至可以经过培训之后担任开发工作）。这种方式下，企业对整个 RPA 建设的全生命周期都十分可控，在资源允许情况下，这是三条建设路径中最为理想的一条。

在财务数字化转型实践中，如图 9-21 所示的三条路径也构成了由浅入深建设 RPA 的三个阶段。

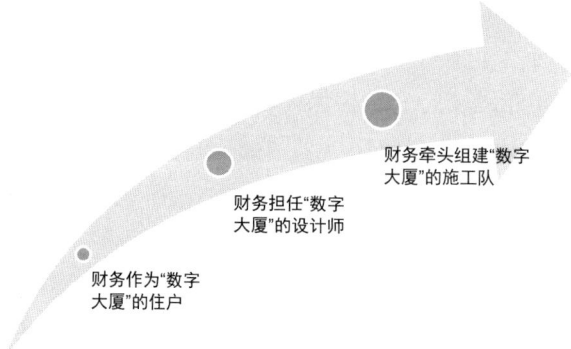

图 9-21　由浅入深建设财务 RPA 的三个阶段

正如"使唐僧成为唐僧的，不是经书，而是取经的路"，所以财务数字化转型之路上，真正能给财务人员带来蜕变的，并不是在应用 RPA 等数字技术之后工作效率成倍提高，而是亲身参与企业财务数字化转型过程中能力的提升，这样，财务人员非但不会陷入那种被技术取代的焦虑，反而可以在财务数字化转型过程中更充分地发挥自身价值。

但 RPA 开发"零基础"的财务人员很难一开始就走上后两条道路，这往往需要依靠培训来实现财务人员由用户到业务分析师角色的转变，接下来会对此展开叙述。

9.2.3　财务人员由用户转型为业务分析师

（1）推动需求被发现

财务人员对于日常财务工作流程如数家珍，而 RPA 搭建过程中最核心的步骤就是识别出工作场景中那些最适合做 RPA 流程自动化的业务，这种适配天然决定了财务人员是财务数字化转型中担任 RPA 业务分析师的最佳人选，下面这套系统的方法论，可以帮助财务人员更好地实现这一角色的转换。

在 RPA 搭建过程中，各类业务的流程自动化并不是同时推进的，也需要分一个轻重缓急，所以这里我们引入一个自动化象限推导矩阵来帮助财务人员识别需要优先进行自动化的流程，具体见图 9-22。

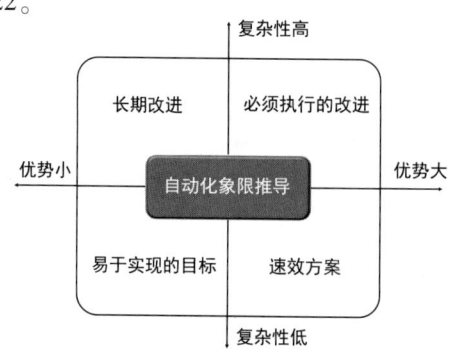

图 9-22　自动化象限推导

第三部分 打通链路：消除财务管理中的信息孤岛

本模型从流程的复杂性和该业务自动化后能够为企业带来的优势这两个维度来对业务进行划分。在进一步解释各个象限之前，大家不妨停下来先思考这样一个问题"企业应当优先对哪个象限内的业务进行 RPA 自动化呢？"是先自动化更复杂的流程，还是从简单流程开始"练练手"？是先自动化高附加值的流程还是低附加值的流程？

相信大家很容易得出答案，应该优先自动化的是性价比最高的速效方案，因为它可以在相对较小的投入下得到极高的产出，对这个模型已经有了一定的感性认知以后，接下来讲一讲如何具体地对复杂性和优势这两个维度展开评估。

①评估自动化的复杂性。

第一，自由文本百分比：自由文本是相对于年龄、身高、身份证号这类按照严格规则生成的结构化文本来讲的一个概念，相对于结构化文本其处理难度更大，这也意味着输入自由文本百分比越高，对 RPA 的挑战就会越大。

第二，输入方法类型：一般分为可套用模板的标准输入、可以机读并数字化的结构化输入以及以自由文本形式存在的非结构化输入。

第三，应用程序的类型和数量：利用 RPA 操作 MS Office、网页应用程序、.NET 应用程序等不同程序的复杂性会有所不同。

第四，涉及的界面数量：决定了整个 RPA 流程涉及步骤的个数。

不同复杂度的项目如图 9-23 所示。

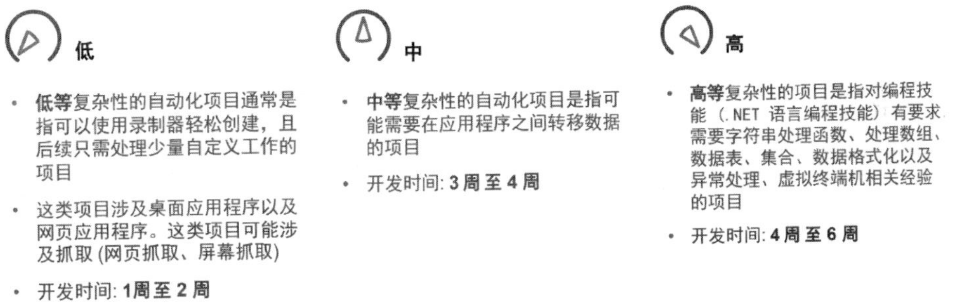

  低
- **低**等复杂性的自动化项目通常是指可以使用录制器轻松创建，且后续只需处理少量自定义工作的项目
- 这类项目涉及桌面应用程序以及网页应用程序。这类项目可能涉及抓取（网页抓取、屏幕抓取）
- 开发时间：**1 周至 2 周**

中
- **中**等复杂性的自动化项目是指可能需要在应用程序之间转移数据的项目
- 开发时间：**3 周至 4 周**

  高
- **高**等复杂性的项目是指对编程技能（.NET 语言编程技能）有要求需要字符串处理函数、处理数组、数据表、集合、数据格式化以及异常处理、虚拟终端机相关经验的项目
- 开发时间：**4 周至 6 周**

图 9-23 不同复杂度的项目

②评估业务自动化带来的优势。

第一，节约成本，减少投入：RPA 可以将员工从机械劳动中解放出来，节约的成本可以通过节省的 FTE（Full-Time Equivalent，全职人力工时）来衡量。

第二，提升生产效率，增加产出：RPA 通常会提高单位时间内处理业务的数量，同时相较于人工它可以接受每天"007"工作制，这是效率和时长的双重提高。

第三，业务敏捷性：使企业能够更迅速地响应客户的需求。

第四，客户满意度：与上一条紧密相连，例如联络中心自动化，可以更快速地解答客户问题从而提高客户满意度。

第五，减少错误：RPA 按照既有规则运行，对于结构化数据的处理基本可以达到 100% 的正确率。

第六，合规性：例如一些银行的久悬户（通常是指一年以上未发生收付活动的单位及个人结算账户），RPA 可以定期运行以保证账户不被冻结。

第七，灵活性：如果业务量骤增，传统通过 HR 流程新招募员工往往流程较长，而在新的主机上复制代码即可实现 RPA 这一"数字员工"的招募。

③RPA 自动化的推荐路径。

对于一个初设 RPA 卓越中心的企业，初创阶段由于经验不足，所以选择从关键的"速效方案"或重要的"易于实现的目标"中选择用例往往是最优选择，在累积了足够的经验之后，再考虑着手进行"复杂程度高且优势大"的流程改进，这部分流程由于技术门槛比较高，且能为企业带来的附加值大，故往往能够帮助企业构建起核心竞争力。当各个重要流程都完成 RPA 自动化后，再有余力，就可以考虑进行性价比相对较低的"长期改进"了。

（2）设计自动化流程

在经历了前序步骤后，业务分析师已经挖掘出了需要自动化的流程，接下来就要配合解决方案架构师基于当前业务流程设计出"未来"RPA 自动化的流程了。RPA 应用前后的简要流程如图 9-24 所示。

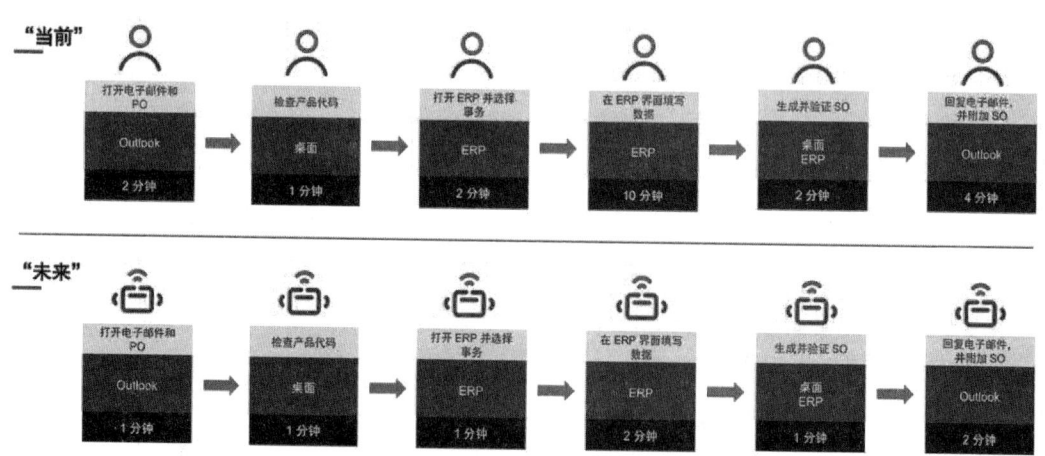

图片来源：UiPath 培训文档。

图 9-24　RPA 应用前后的简要流程图

图 9-25 实线部分为 RPA 自动化之前人工操作的流程，经过新的方案设计实现了图 9-26 虚线部分所示的流程自动化。

第三部分 打通链路：消除财务管理中的信息孤岛

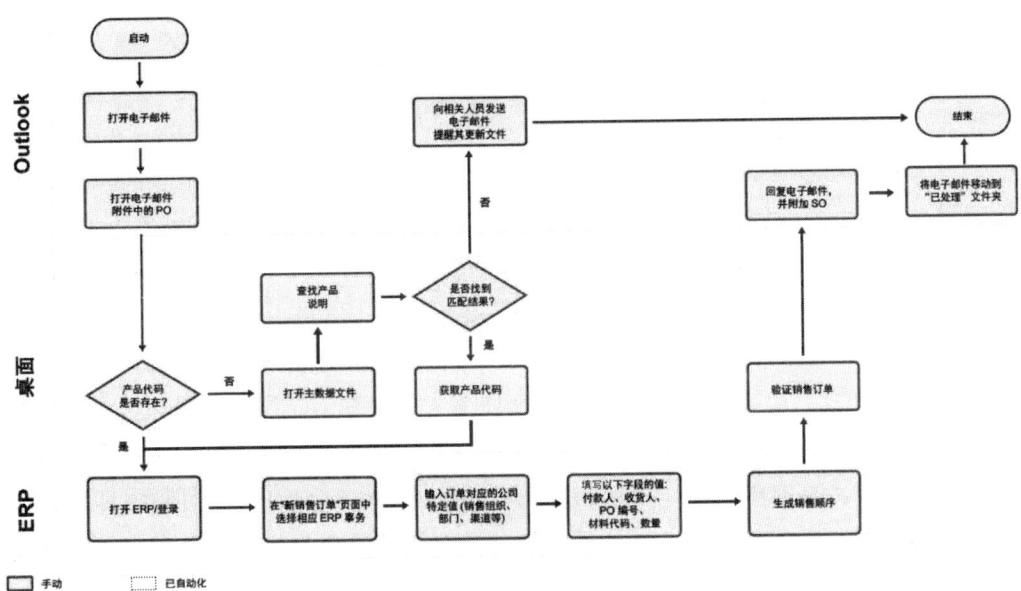

图 9-25　未部署 RPA 之前的流程

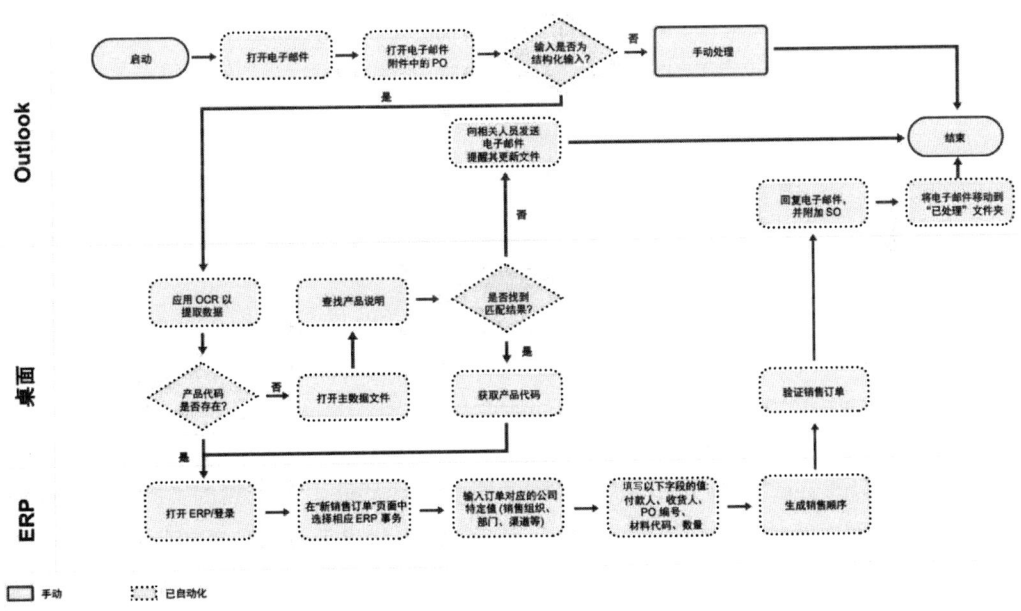

图 9-26　部署 RPA 之后的流程

（3）管理项目变更

在 RPA 项目的整个生命周期内，随时都可能遇到需求的变更，这就要求业务分析师要能够评估变更的必要性、变更带来的风险及收益并据此为变更设定一个优先级，做到处变不惊、灵活应对，保证整个项目的顺利交付。RPA 变更管理的一般步骤如图 9-27 所示。

图 9-27　RPA 变更管理的一般步骤

由于企业所处的商业环境风云巨变，这也决定了企业的业务流程不可能是一成不变的，这就要求我们搭建出的 RPA 还要具备一定的"柔性"，这种柔性就体现在 RPA 的"零件"也要随着业务需求的改变及时更换，而这时候就需要业务分析师能够及时识别业务流程的关键变更，配合解决方案架构师和 IT 人员实现 RPA 的升级改造。

（4）协调上线前测试及上线后持续改进

测试是 RPA 项目正式上线前的一个关键环节。如果在测试阶段就能发现一些 BUG，其代价会远小于等项目正式交付投入使用之后再纠正暴露出的问题，这其中蕴含的思想是管理学中非常著名的 TQM 理论（Total Quality Management，全面质量管理），即鉴定成本会远小于外部损失。而 TQM 最为核心的思想就是对于产品质量的管理要贯穿整个开发流程，要做到未雨绸缪而不是亡羊补牢。具体 TQM 类型如图 9-28 所示。

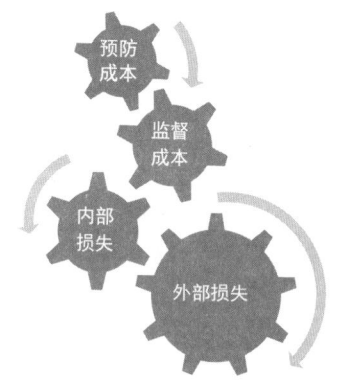

图 9-28　TQM 类型

测试其实就是对 RPA 这一"数字员工"正式上岗前的业务能力考核。业务分析师要充分参与创建测试场景，协调用户参与测试（即互联网行话中常听到的 UAT），并根据测试反馈结果，提出进一步改进方案。而在它真正交付上线之后，业务分析师仍需对"数字员工"的绩效进行持续的追踪和评估，以发现进一步的优化机会。

这一节中，我们介绍了 RPA "数字大厦" 建设的过程和角色分工，并通过分析 RPA 建设的三条路径，帮助财务人员找到了财务数字化转型过程中 "业务分析师" 这一角色定位。

企业的内外部环境瞬息万变，RPA 的建设也不会一劳永逸，搭建起 RPA 只是一个从 0 到 1 的过程，而只有当 RPA 可以持续高效运行并且可以根据业务流程和系统环境的变化做出柔性调整时，才真正开启了 RPA 助力企业增值的 1 到 $+\infty$ 之旅。

9.3 财务 RPA 实战经验总结与常见问题

9.3.1 财务 RPA 实战经验总结

（1）RPA 易学难精

RPA 虽然是低代码开发，比较容易上手，但如果想利用其对实际工作产生价值，学习、试错成本其实并不低，这导致了财务人员自行开发 RPA 小工具的动力不足。企业管理层在大规模推广 RPA 实现个人任务自动化时要考虑到这一点。

（2）从全流程视角出发评估需求

基于全流程的评估才有利于发现高价值的机会。

（3）RPA 投入成本的考量要全面

除了 License 上的投入，还需要开发维护人员的投入，以及对财务人员转型为业务分析师的相关培训成本。成本考量得足够全面，才能更准确地从成本收益角度衡量 RPA 是否值得部署。

（4）让 RPA 先跑起来

先挑选那些有固定规则、逻辑性强，不需要人工深度参与，又有大量高度重复的场景进行流程自动化，便于用户快速看到成果，有利于后续 RPA 项目的推广，同时也有助于内部 RPA 团队信心的建立。

9.3.2 与财务 RPA 相关的常见问题

Q1：企业如何识别自动化的机会？

识别自动化机会一般有两种方式，第一种方式是自下而上地通过一些基本任务进行识别，这种方式下员工很愿意拥有自己的机器人，并且有把自己熟悉的流程自动化的动力，在企业赋予员工合适的工具后，员工的潜能和灵感无需企业鞭策就能被激发出来，极有利于变革的顺利进行，但也容易一叶障目不见泰山，使员工仅关注自己工作涉及的部分流程，尽管机器人可以提高个别任务或者部分流程的效率，但是难以优化整个财务流程。第二种方式是从全流程角度自上而下地改进整个财务部门的流程，可以通过流程梳理和再设计，提升整个部门的效能。但这需要全面梳理财务流程，如果没有相关基础，识别自动化机会的艰难过程可能会浇灭员工对 RPA 的热情。

这两种识别方式只有左右之别，并无好坏之分。在员工抵触情绪比较明显的企业，可以先让 RPA 跑起来，在员工认识和体验到 RPA 的好处后，再系统地去发现自动化机会。

Q2：RPA 如何实现"人机协同"？

前文介绍了 RPA 存在有人值守和无人值守两种模式，然而，在实际工作场景和流程中，完全的无人值守情况是很少的，这是由于 RPA 完成某个节点的工作后，往往需要人工复核或者人工做出稍许处理后才能推进后续流程。

一般情况下，让员工一直守在机器人前等待是不现实的，推荐的解决方案是：如果 RPA 要完成的工作任务包含一批作业，每个作业所需要的处理流程是相同的，假设执行到 70% 处需要人工复核，就可以让 RPA 做到这里先停下来，转而对下一个作业执行处理流程，依此类推，直到工作任务里的所有作业都完成到 70%，RPA 才停下来并通知人工一并复核。

Q3：RPA 部署后如何衡量自动化的绩效？

RPA 部署之后，管理人员可以从多个评价维度衡量 RPA 绩效，包括但不限于流程处理速度、RPA 工作量饱和度、RPA 运行流畅度、RPA 替代的 FTE（全职人力工时）等，并且希望能够评价 SLA（服务水平协议）达成情况、效率提升水平、资金节约的情况和整体的投资回报率。

为了方便这一工作的开展，可以尽量把机器人都部署在服务器上。这样一来，员工使用有人值守机器人运行时，先从服务器上下载代码，运行时产生的日志记录会记录在服务器上。无人值守机器人一般需要条件触发才开始作业，运行时产生的日志记录会记录在服务器上。进而可以通过分析 RPA 运行过程中产生的数据，包括流程运行记录、运行时间、出错的流程、统计出错次数，分析流程中的工作效率瓶颈被消除的程度来对这一"数字员工"进行绩效考核。

Q4：管理者如何妥善处理 RPA 推行过程中的阻力？

对于初次部署 RPA 的企业，员工往往由于对 RPA 认识不足，甚至对 RPA 替代自己充满恐惧，导致其不愿改变现有工作习惯和流程，或者即使想改变也没有积极性。对于管理者，可以从以下两个角度思考对策：

①RPA 民主化：这一思想在前面介绍 RPA 搭建三条路径时已经有所体现，让财务人员对 RPA 推行不抵触的办法之一是帮助其在企业数字化转型的过程中找到其定位和价值。把员工放在"驾驶座"上，让其参与到 RPA 建造过程，包括发现自动化机会、RPA 流程设计、测试等，通过日常使用激发员工更多的灵感。

②展示变革的有效性：员工的抵触往往源于对 RPA 建设的片面认知，却无法意识到这其实是一个"危"与"机"并存的过程，管理者可以以数据为支撑，向员工呈现推行 RPA 之后为其日常工作以及为整个企业带来的好处，促使员工在心态上产生从被动接受 RPA 到主动拥抱 RPA 的转变。

Q5：不同规模企业，又该如何选择适用 RPA 部署方式？

对于大型企业来说，对数字化转型意愿强烈，资金实力雄厚，付费能力强，企业内部组织架构复杂，原有办公系统较多，且大量的工作需要结合多个办公系统跨部门协同完成，企业信息资料的安全性极为重要。因此推荐使用私有部署型 RPA。

小微型企业处于快速发展阶段，业务灵活，要求产品稳定性和效率并行。同时，小微型企业对于成本把控也较为谨慎，所以在做产品选择的时候，应将使用门槛低、灵活性大、轻量化、部署快速作为主要考量因素。因此推荐使用云型 RPA，其优势在于部署成本低，可提供多人使用，同时免除后期系统的维护成本，转化成本速度快。

同时也推荐先尝后买，有些厂商的社区版已经很好用了，虽然严格地讲社区版不能商用，但仍可以用作产品功能测试。

Q6：RPA 的广泛应用是否会导致财务人员被完全取代？

除了我们前面提到的，有人值守的 RPA 仍需要与财务人员进行"人机协同"工作，其实 RPA 以及 IPA 的应用还创造出很多新的岗位，如图 9 – 29 所示。

图 9 – 29　RPA + AI 带来的新型财务角色

此外，IPA 等技术的应用更是推动了财务人员能力层级的转变，IPA 的特性注定了其优先取代的是底层财务核算人员和一些其他执行简单重复劳动的业务人员，这也将推动财务人员向战略财务和高级管理会计等方向进行转型。

我国从会计电算化到会计信息化走了 30 多年，会计智能化之路更将是路远道长。所以说，财务人员面对 RPA + AI 的发展，与其杞人忧天，不如从容迎接人机协同新世界的到来。

Q7：现在 RPA 平台普遍代码量很低甚至可以进行流程录制，这是否意味着财务人员今后可以自行完成 RPA 机器人的开发？

"录一遍就出来"的业务流程是极其单一的流程"点"，基本是没有逻辑分支和异常处理机制的。

而财务人员更大的价值是作为业务流程分析师这一业务顾问的角色，其长处是与客户沟通多年的经验和知识储备，在 RPA 项目中更擅长业务流程梳理、流程设计和测试，因为他们更了解客户需求，更明白预期效果，所以作者认为最理想的方式是财务人员以业务分析师的角色参与，而将 IT 开发进行外包，从而实现效率最大化。

9.4 RPA 应用案例

9.4.1 企业介绍

(1) 企业简介

申能(集团)有限公司(以下简称"申能集团")创建于 1987 年,注册资本 200 亿元,是上海市国有资产监督管理委员会出资监管的国有独资企业集团。申能集团坚持以电力、燃气等能源产业投资运营为主,在投融资、资本运作和企业经营管理方面不断创新,现已发展成为综合性能源企业集团,业务涵盖电力产业、燃气产业、金融产业、能源服务贸易、线缆产业、新兴业务六大板块。2020 年公司营业收入 447 亿元。

在财务数字化转型的背景下,申能集团结合战略转型发展规划,聚焦集团核心竞争力,打造专业的财务和人力资源队伍,于 2020 年成立申能集团商务服务有限公司,通过建立以共享服务为基础的新型管理模式、搭建集团统一、高效、集约的"申享通"共享平台,提升集团化管理水平,提高集团管理效率和运营水平。申能集团多业态财务共享中心如图 9-30 所示。

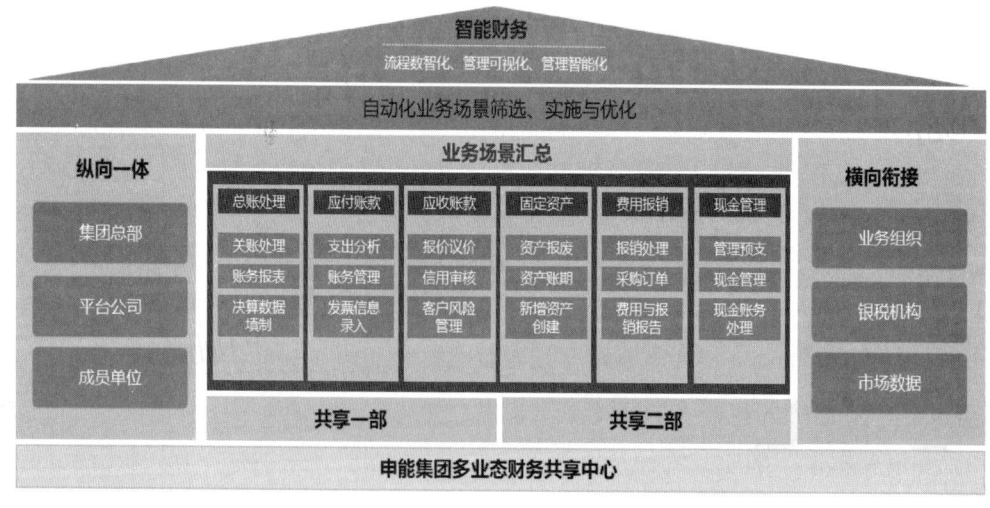

图 9-30 申能集团多业态财务共享中心

(2) 智能财务建设历程

2019 年,申能集团开始在财务智能化方面进行探索;

2020 年,"以共享建设为抓手 以智能技术为支撑",申能集团成立了商服公司,进行财务、IT、商旅等集团业务的集中处理；

2021年，申能商服公司持续推动智能化场景落地，规划建立数字员工卓越中心，开展行业调研，到中石化共享服务公司学习交流，深入了解 RPA 数字员工"享当当"的建设成果；

2022年，申能商服公司与艺赛旗达成战略合作，并联合上海国家会计学院进行超级自动化在财务共享中心的应用研究，开启了 RPA 数字员工的一期项目建设，如图 9-31 所示。

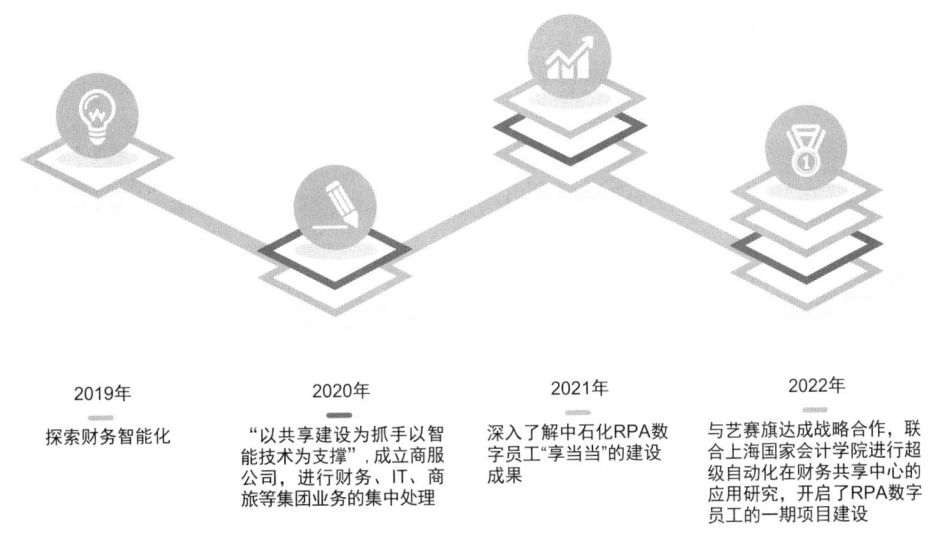

图 9-31　申能商服智能财务探索路线

9.4.2　业务挑战和业务场景介绍

（1）业务挑战

申能集团多业态财务共享中心承接集团 200 多家分、子公司的财务工作，分、子公司涉及多领域行业，每个行业都具有业务特殊性、核算差异性，对口的业务部门和外部机构也各不相同，对多业态财务共享中心的业务处理效率与质量提出了巨大的挑战。

①财务人员月/季末加班成为常态：共享公司财务人员每到月/季末需要核对收入和支出的原始凭证，随着业务共享公司的发展，业务量呈不断上涨的趋势，每逢财务结算周期加班日趋常态化。

②业务部门满意度提升需求：共享公司运营不断规范，越来越多的操作使用电子化流程的方式进行体现且业务需求量增多，业务人员数量有限，处理流程的速度慢，业务部门满意度提升成为一项重点关注指标。

③手工操作错误无法规避：手工操作除了速度慢之外还容易出错。业务人员分心、疲倦都可能会导致数据录入出错以及其他错误。

④跨系统数据链接需求：财务系统众多，很多数据呈现"数据孤岛"现象，数据不能

有效地集成，日常运营中，涉及众多跨系统数据需要手工整理。

（2）业务场景介绍

①月结场景：基于客户的月结指令来进行月度结账，指令发出的方式和内容多样，例如邮件、微信等。业务人员登录用友 NC 系统，分别在自定义转账执行、科目余额表和报表数据中心三个模块中进行相应的操作。单个客户的月结操作流程中涉及的鼠标和键盘操作至少有 40 多个步骤。并且存在阶段性集中处理大量业务的情况，如科目余额表模块中涉及数据的核对，尤其是在月末月初结账高峰时期，需要集中对 200 多家客户进行月度结账。

②打印凭证流程：根据企业内部的管控要求，需要定期对 200 多家客户的付款申请单和凭证进行匹配并归档，但付款申请单在共享系统，而凭证在 SAP 系统中，需要进行跨系统操作，且要根据单据编号一一对应，工作量大，而且一旦出错或处理延迟，会影响客户的服务体验。

9.4.3 整体规划

从整体战略层面，充分考虑 RPA 与业务发展规划、信息技术战略以及组织的协同机制，以服务申能集团系统企业业务发展为首要目标，始终围绕业务流程运营效率的提升，明确机器人自动化发展战略和实施推广规划，形成长期的 RPA 规划应用路径。优先推动见效快、效能高的高价值领域的自动化、智能化，并符合申能集团安全性、合规性、可靠性等风控要求。同时，关注不同职能条线间的协同流程与衔接链条上的关键环节，例如，业财对账审核环节以及连接业财系统和数据的流程场景，将不同职能贯穿起来。以优先建设效用更高、风险可控的场景为核心目标，对 RPA 机器人的适用场景进行了评估、分析、筛选和设计。

第一，应用场景需要与业务发展规划、信息技术战略高度契合；

第二，应用场景需要覆盖高频、人力重、重复性高、见效快的流程，以此实现规模性替代，并快速形成典范；

第三，应用场景需要覆盖标准化程度高的流程或者能够优化其流程标准化程度；

第四，应用场景的流程风险可控，异常时对业务的影响程度较低；

第五，应用场景需要消除各个系统的断点，强化各系统衔接，从而消除数据孤岛。

9.4.4 主要建设环节

一期项目的实施周期为 6 周，大致分为三个阶段，分别是需求分析、流程设计开发和上线后的运维。

（1）需求分析

在 RPA 落地的过程中，为了确保最终上线的 RPA 满足业务需求，前期的业务需求分析工作至关重要，直接决定了最后的落地效果，所以对集团业务人员进行了通用性调研，深入了解各项高频、重复业务的人员占用量、时间投入量以及日常工作中的痛点和难点，对整体业务情况生成业务脉络的具体情况记录。再据此对日常投入量最大的业务生成优先级排序，先搭建优先级高的需求项目开发所需要的框架。

在这一阶段中，核心难点主要是双方之间对业务理解的匹配度，即如何将专业的业务描述转换成 RPA 的设计思想和语言。为了尽可能消除双方的理解偏差，双方反复进行沟通和确认，开展了需求确认的会议，快速组织了前期的需求收集。通过现场调研或访谈交流收集到客户需求后，会从业务场景的价值（是否涉及核心业务）、场景的频次及操作时长（一天多次，一次多笔）、规则是否明确、流程是否固定或经常变动、是否属于行业典型和通用性场景等角度进行筛选，优先选择业务价值高、操作频次高、流程固定、规则明确且通用性高的场景进行开发。待开发的场景范围确认后，从流程步骤数、规则复杂度、技术难点和非常规应用、涉及应用数量、流程的相似性、上线要求六个维度评估场景开发的工作量和复杂度。

在申能集团的机器人流程自动化课题中，跟客户交流沟通后，梳理了银行余额自动调拨、资金对账、月度结账、纳税申报等 20 个场景。通过一系列对比和评估，最终确认优先实施月度结账这个密集型流程。该流程主要是在 ERP 系统进行损益结转和报表的下载，每次客户发邮件通知触发 RPA 去系统中做报表的结转、生成和导出，并利用 RPA 将生成的报表以邮件附件的方式发送给对应业务人员。此业务场景阶段性业务量激增，人工耗时长且规则相对清晰固定，因此优先纳入实施计划。通过采用操作界面截屏或者录制视频的方式，将这些流程中的每个操作步骤、业务规则和功能要求定义清楚，并梳理出工作流程图，生成软件开发需求文档。

（2）流程设计开发

①流程设计：基于前期的需求调研，针对月度结账流程生成一个对应的方案设计文档，包含整体的设计要求，设计框架，设计开发规范，相应的方案流程图和完整、详细的实现步骤，覆盖所有流程并满足相应的功能要求。

• 流程设计概述：通过 RPA 机器人收集各家公司月结需求，生成月结日志文件。根据收集到的需求信息，登录 NC 用友系统，对各家公司进行"自定义转账行"操作，"自定义转账行"的结果记录至日志文件。再进入"科目余额表"，根据日志文件信息和收集的信息加载"科目余额表"，判断各家公司各个科目的期末余额是否为零，若有一个科目不为零，则将非零科目数据记录至日志文件相关公司下，待最后通过邮件的方式发送给财务人员提醒其进行人工处理，若各个科目都为零，则将可"生成下载套表"情况记录至日志文件对应公司下。根据日志文件信息，对满足条件的公司"生成套表"，并下载至 NAS 网盘指定路径下。最后根据日志文件信息，发送邮件反馈"月结"操作结果。

• 方案流程如图 9-32 所示。

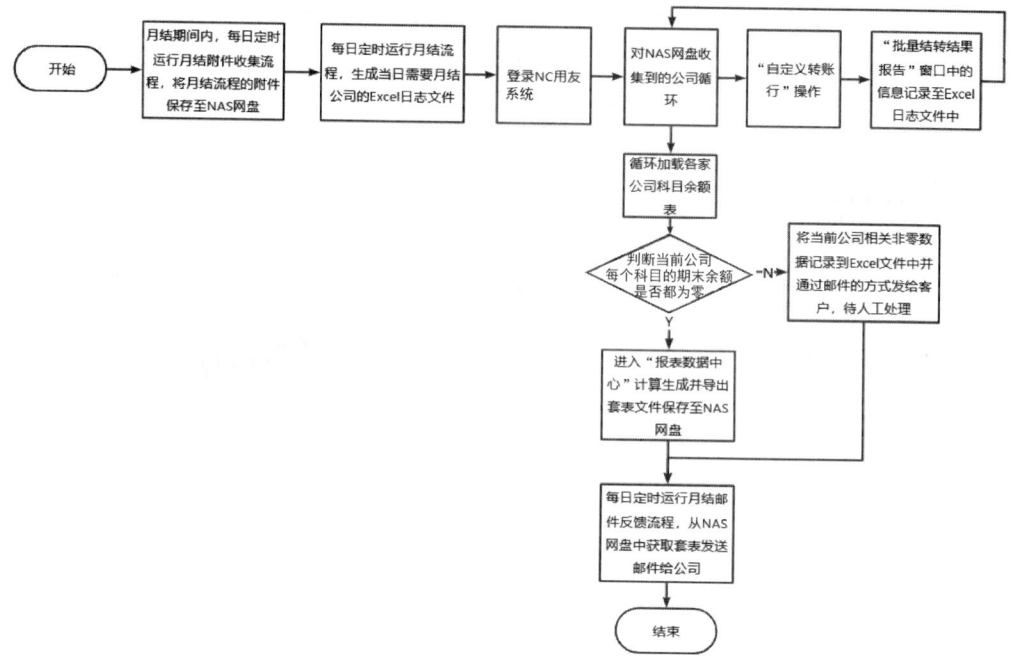

图9-32 建设方案流程图

- 功能模块如图9-33所示。

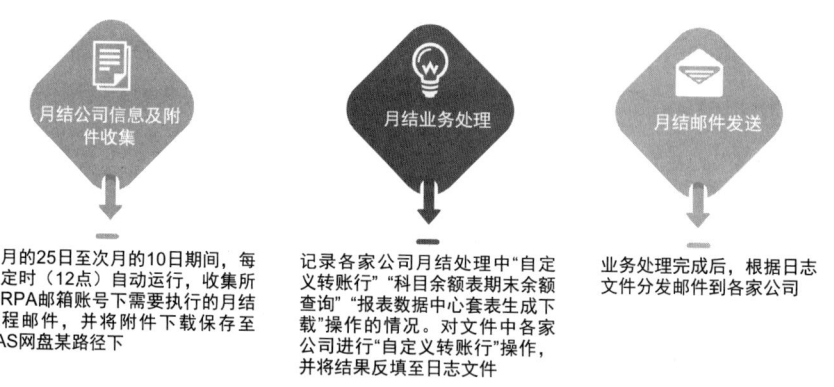

图9-33 RPA主要功能模块

②流程开发：在开发阶段，需要对接的系统有 NC 系统、邮件系统、Office 工具等，涉及系统登录、拖拉拽等操作，厂商派驻经验丰富的项目经理和开发顾问。同时，申能集团 IT 部门为厂商提供技术支持和系统权限的开放，确保机器人能正常、安全运行。并且，在开发过程中通过对流程重复度、标准化率、复杂度的分析评估，筛选出通用操作流程，进行模块化封装和持续优化代码模块，建立申能集团自己的 RPA 代码库，大幅提升了 RPA 机器人的快速应用能力，如此确保了 RPA 项目快速且高质量的实施交付。

③上线前测试及验收：为保障生产系统业务稳定性，除生产环境之外，分别部署开发

环境、SIT 测试环境（System Integration Testing，系统集成测试）、UAT 测试环境（User Acceptance Testing，用户验收测试）。各环境的功能描述如下：
- 开发环境：总部日常使用的流程开发测试环境，可以部署单机。
- SIT 测试环境：准生产环境，建议与生产环境保持一致性。
- UAT 测试环境：产品功能可行性评估测试的环境，建议与生产环境保持一致性。
- 生产网环境：集群环境。
- 在用户测试验收阶段，为了确保机器人的执行结果与预期的结果一致，申能集团与厂商一起做大量的测试验证。产品层面，包括对 RPA 服务器、设计器、机器人等软件产品，在 UAT 及 SIT 测试环境中，分别做功能测试、可靠性测试，确保 RPA 上线之前产品的数据安全及稳定性达到集团要求。在数据和信息安全层面，对 OAuth2.0 统一认证框架进行用户登录登出校验、用户权限控制、系统变更及业务记录形成日志并可用于审计等进行测试和验证，确保产品层面的安全合规。流程开发设计层面，对于前期未考虑到的流程细节，亦可进行调整和变动，从而进一步完善、优化设计的流程方案。

（3）上线后的运维

在 RPA 上线后的试运行阶段，申能集团业务人员和项目实施人员一起每天监测整个机器人流程运行的情况，发现有无流程稳定性问题以及流程设置不合理的问题，并将这些问题一一解决，从而达到正式上线的要求。

运维阶段，则通过 RPA 机器人可视化管理中台实现机器人资源的统筹管控和治理。通过对机器人进行任务分配、排班控制和运行状况的统一监控、分析、评估以及全流程风险管控，可降低运营风险，提升资源利用率，提高机器人服务的效率。

9.4.5　RPA 应用价值及后续规划

（1）应用价值

第一，提升了工作效率，财务月末结账机器人上线运行后，服务分、子公司约 200 家，将原先的 100 小时降至 20~22 小时，整体综合提升效率约 5 倍；此外，在疫情期间，通过人机协同远程自动化办公的方式，既保障了员工安全，又保证了公司业务的连续性。

第二，促进了业财融合，通过机器人的自动化作业，有效降低了人工的低价值、重复性劳动，财务人员可以通过 RPA 把节省下来的时间投入到业务中，由事后监督向事前预测、事中控制、事后监督转变，全程参与业务发展，使工作的附加值提高了。

第三，满足时效要求，业务人员可以根据 RPA 运行的时长提前预测到运行结果，合理地安排任务计划，由以前只针对重点客户的业务发展到实现全部客户覆盖，以减少客户的等待时间。

第四，提高准确性，减少人为失误。在保证数据源正确情况下，RPA 运行正确率 100%，提高了工作效率，在有错误的情况下，也可节省错误查找时间，做到风险可控。

第五，让集团业务管理更精细，RPA 快速精准定位到单笔业务数据，同时可以做到有效规避业务风险，提供风险预警功能。

第六，让集团数据实现了多维度集成，为日后分析提供数据，供财务共享中心和业务部门使用。

第七，提升了集团业务交付能力，RPA 的高效执行能力，不仅大大缩短业务执行时间，还可以满足企业未来一段时间的业务极速增长需求。

（2）后续规划

建设层面：扩大应用场景，将 RPA 的建设逐步覆盖打印凭证、SAP 清账、应收/应付账期提醒、支付退票提醒、进项认证等人力密集的业务流程。

技术层面：申能集团将继续深化数字化劳动力建设，进一步加大对 RPA 机器人和智能化技术的投入，快速推进 OCR、图像识别、语音识别、知识图谱技术等 AI 应用，以"流程挖掘 + RPA + AI"的超级自动化技术为依托，运用流程挖掘技术，通过对海量的日常业务系统操作采集到的日志数据进行分析和挖掘，洞察高价值的业务场景，自动生成 RPA 需求文档并导出 RPA 工程文件，从而缩短 RPA 需求调研和流程设计开发周期，助力申能集团从基础自动化阶段逐渐迈向超自动化阶段。

运营层面：在整个企业内自上而下传达自动化理念的重要阶段，提高机器人部署能力、利用率及人机协作能力、挖掘更多潜力场景；建成以财务共享中心为核心的财务数字员工统一管控中心，负责 RPA 应用从机会识别、需求细化、应用实施、应用运行、应用维护、应用下线的全生命周期运营支持和管理；制定 RPA 管理办法及实施细则，规范 RPA 应用中的职责分工、用户管理、需求管理、运营管理和风险管理；制定 RPA 应用全生命周期管理规范，统一指导 RPA 机会识别，规范需求分析流程及评价标准，规范 RPA 应用开发、质量标准、投产标准，明确 RPA 应用上线、变更、维护及下线标准，实现业务流程的持续扩展。

（案例作者：谢维青，申能商务服务有限公司总经理；陈清，申能商务服务有限公司财务共享负责人；王得利，上海艺赛旗软件股份有限公司事业部总经理）

第10章 打造财务数据中台

在企业财务数字化转型中，数据正成为企业的一笔宝贵财富，也是后续建立健全财务数智体系的关键一环。如何用好用活这些财务数据，是企业必须思考的问题。企业需要打通各个系统用各种方式生产及获取的数据，此时，财务数据中台就应运而生。

那么，什么是财务数据中台？财务数据中台将如何实现数据治理？企业的财务数据中台该如何建设？围绕这些问题，我们开启了本章。

在本章中，我们首先从财务数据中台的建设背景、企业面临的困境以及建设价值等方面阐述其建设的必要性；然后我们将聚焦财务数据治理，一一讲述财务数据的治理核心、主要着力点、标准化输出和数据资产全景呈现；在此基础上我们将呈现财务数据中台从目标到规划再到落地的建设全过程。之后我们将分享财务数据中台建设的实践经验总结，围绕可能存在的问题提出相关对策和建议。

在最后一节中，我们选取了汇付天下财务数据中台建设的案例，展现了其从规划到建设的相关步骤，希望对企业建设财务数据中台提供思路参考。

10.1 数据中台建设的必要性

10.1.1 数据中台建设背景

财务管理是连接企业战略规划与业务经营的桥梁，在大力发展数字经济的国家战略目标指引下，财务数字化转型已然成为企业战略布局的重中之重。而其中，数据正成为财务数字化转型的核心资产要素。2022年2月国务院国资委发布了《关于中央企业加快建设世界一流财务管理体系的指导意见》，高度重视"完善智能前瞻的财务数智体系"，要求各企业统一数据规范，推进系统高度集成，避免数据孤岛，维护数据资产，激活数据价值。

在这一背景下，企业亟需构筑起一套企业级的数据综合治理体系。但在过往企业信息化建设的过程中均留下了不同数量的烟囱式系统,它们遍布各个业务环节且支撑着海量的数据交易和分析。这种烟囱式开发的最大弊端是导致企业不同业务线的数据割裂,造成了数据加工、研发效率、数据存储和计算资源的严重浪费,大数据的应用成本越来越高,同时带来指标口径不一致等问题。早在 2015 年,阿里巴巴便率先提出了"数据中台"的口号。

经过多年来各企业的实践摸索,数据中台的内涵也逐渐明晰,简单来讲,其是一种将企业沉睡的数据变成数据资产,持续使用数据、产生智能、为业务服务,从而实现数据价值变现的系统和机制。

进一步展开来讲,数据中台指将企业内外部全域海量、多源、异构的数据进行集成整合,并依托统一的数据存储和管理机制,形成标准化、口径统一的数据资产,且通过抽象封装,向应用层面提供灵活、共享的数据服务,以满足不同管理应用场景下的敏捷的数据需求,最终构建数据生产—消费—再生的闭环。其最核心的要点是将数据服务化。图 10-1 为数据中台在整个企业数据价值利用框架中的定位。

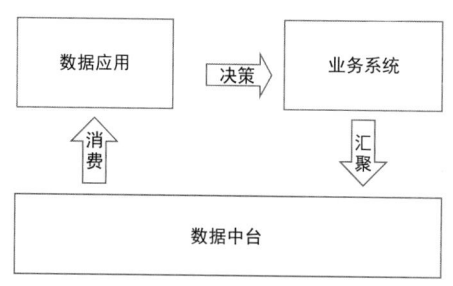

图 10-1 数据中台的定位

10.1.2 企业管理的数据困境和决策困境

企业在早期信息化过程中,建立起来的都是相对独立的 IT 系统,其特点是"一类业务、一个 IT 系统、一个数据库",这样带来的直接问题就是"信息孤岛"。这种孤岛直接导致了系统间数据无法统一管理,数据底座不达标,将无法支撑起信息爆炸环境下的管理层决策,从而引发企业管理的数据困境和决策困境。下面将针对这两类痛点展开进一步阐述,具体如图 10-2 所示。

(1)数据困境

①主数据不规范:客户、供应商、产品、财务等主数据缺少统一的维护,业务与财务的话语体系不统一,对同一指标可能对应着不同的定义与计算方法,进一步导致相互之间获取数据的成本很高且数据质量差,加大了后续数据清洗的难度。

②"烟囱式"系统阻碍数据共享:"表哥表姐"需从多系统取数据整理,耗费大量不必要精力。

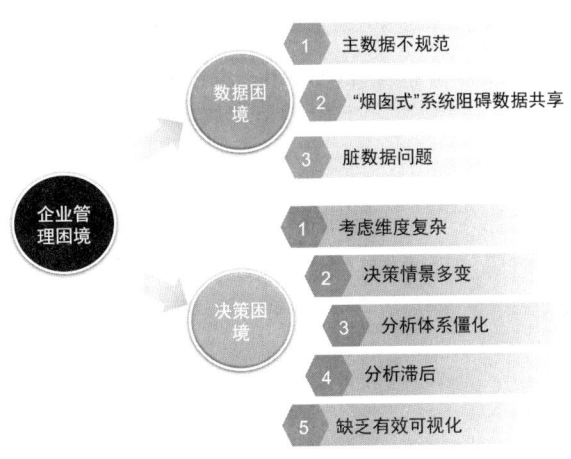

图 10-2　企业管理的数据困境和决策困境

③脏数据问题：数据在流动中缺乏质量保证及数据校验，导致数据库中存在大量垃圾数据，财务末端用数，需要做大量清洗工作。

本章提出的数据治理框架将着重解决这一问题，为企业搭建起一个清洁、高效的数据底座。

（2）决策困境

①考虑维度复杂：业财融合的大背景下，用作财务决策的数据早已不再局限于传统的"四表一注"，还要有业务的数据；不仅有内部的数据，还有外部的数据；不仅有事后的数据，还要有实时的数据。

②决策情景多变：VUCA 时代的外部环境风云变幻，企业在从传统经济向数字经济迁移的过程中，管理层面临的问题在绝大多数情况下将不再有固定解法，而是全新的、颠覆性的，这对企业利用数据支持决策的能力提出了巨大挑战。

③分析体系僵化：过去管理会计用于支持决策的报告格式一般较为固定，缺乏柔性，一旦增加新的决策维度，财务人员往往需要从头来过，重新梳理所有数据。

④分析滞后：由于缺乏清洁、高效的数据底座支撑，数据获取难度大、时间久，很容易导致决策失去时效性。

⑤缺乏有效可视化：如果只是以管理报告的形式呈现，一方面决策者难以快速聚焦决策有用的信息，另一方面决策者获得的信息也局限在财务人员提供的管理报告中的内容，无法定制化地获取其更为关注的信息。

本书第 11 章提出的数据驱动下的决策支持用于解决这一问题。提高数据的时效性和有效性，以满足管理者灵活多变的决策需求。

10.1.3　财务数据中台概念及建设价值

目前，企业为解决各个部门的日常运作所需要配备的软件系统繁多，如 OA、CRM、

SRM、SCM 等。财务处理渗透在业务处理的各个环节，财务人员需要在多套系统之间频繁地进行切换和处理。因此，企业需要构建财务中台，给财务人员建立一个独立的作业平台和门户。

财务数据中台是进一步将数据中台理念与财务管理实践应用进行有机结合。财务数据中台以财务管理应用场景为出发点，围绕财务管理数据需求，解决管理应用过程中数据不全、数据不准、数据不及时等实际问题，为资源配置、经营分析、绩效管理、财务管理等应用提供基础数据服务支撑，实现财务管理质效提升。

区别于传统数据集市/中心，财务数据中台建设在数据资产、数据服务层面均存在不同程度的改变。

数据资产层面：不仅能解决不同来源、不同系统的数据集成化、标准化问题，关键在于构建完整的数据资产管理体系，明确数据资产目录、数据模型、数据标准，打通数据来源、数据链路、数据应用的财务数据全生命周期管理流程。

数据服务层面：财务数据中台由传统的定制开发模式转变为共享服务模式。通过应用和服务场景沉淀和封装，为上层应用提供标准化、灵活化、可共享的数据服务接口，如指标服务、模型服务、计算引擎服务等，在保证数据统一的前提下，满足上层应用的敏捷、差异化用数需求。

这两方面的进步，也为企业带来了如下几个层面的价值：

（1）提高数据治理水平，完善财务数据资产

企业数据治理水平低下，导致数据价值难以挖掘。通过搭建财务数据中台，集成全域数据，贯通企业内外部信息，明确财务管理数据资产需求与数据标准，构建完整、及时、准确的财务管理数据资产，解决数据缺失、数据不准等常见问题，集中支持上层精细化、敏捷化管理应用。

（2）打造"数据大脑"，赋能财务管理场景

财务数据中台的核心是打通财务管理相关各个领域的数据，包括财务数据、业务数据、内部数据、外部数据、结构化数据和非结构化数据等，形成统一的财务数据平台，把数据变成知识、洞见。通过业财数据分析，快速定位经营问题及原因，及时制定经营问题的应对措施。

利用数据资产进行精细化数据运营和管控，进而推动财务决策智能化。由面向过去的结果分析，转型面向未来的预测和趋势分析。

（3）数据服务化提供数据"自助"消费

①保障"数出同源"，提升数据的一致性；

②数据消费者不再需要关注技术细节，不需要知道数据来自哪个数据库、物理表，只需要清楚自身的数据需求，就能找到对应的数据服务；

③提升数据敏捷响应能力。数据服务一旦建设完成，并不需要使用者重复构建集成通

道，可以通过"订阅"该服务的形式快速获取数据；

④满足数据消费者多样化的需求，但数据提供商并不需要关心用户怎么"消费"数据；

⑤兼顾数据安全，所有数据使用者可管理，可追踪。

（4）数据统一汇聚，促进企业实现"业财一体化"

财务数据中台是大势所趋。在业财一体化建设阶段，通过释放财务数据价值，财务数据将成为企业重要的数据资产。通过财务数据中台建设，把分散存储的历史和现有财务数据、相关业务数据、跨部门数据等按照统一的技术标准、质量标准进行采集、整合入库，构建财务数据资源中心，实现财务数据集中管理。分级分类进行治理，并统一向内外部提供财务数据服务，保证数据的一致性，真正实现"一数一源、一源多用"。

善变的外部市场与求稳的内部体系的冲突、业财一体化进程加快以及科技发展为企业财务带来的挑战，财务数据中台建设正是这种需求下的产物。

财务数据中台与业务系统交互布局实现真正的"业财一体化"，通过建立标准的数据流，将数据进行交互和数据共享，以实现管理系统集成交互、财务数据标准化并可穿透。

10.2 财务数据治理

《经济学人》杂志将数据类比为21世纪的石油，而作者认为这个说法只说对了一半。由于技术的快速发展和信息化的普及，如今企业已经能够积累很多数据，然而，数据量大并不意味着数据的价值密度大，也并不意味着数据能够直接被应用、能够直接作为资产并为企业带来经济价值。

因此数据只是数字化转型背景下的原油，正如原油需要经过蒸馏、催化、裂化等一系列流程才能最终提炼为石油，数据也是同理，也需要经过数据治理这套完整的体系加工之后，才能实现企业数据可见、可懂、可用、可运营，之后再通过数据分析和应用，进一步释放其所蕴含的巨大潜力和无限价值。

2019年是中国企业的数据治理元年，数据治理是数据价值变现的前提，已经成为企业的广泛共识。以往的传统厂商聚焦于对数据现状（事后）的治理，然而过去二十年实践证明，在木已成舟时，就算付出再多，也是收效甚微。要实施全面数据治理或数据管理策略，只有通过高效安全的数据服务让企业员工方便、及时地查询所需数据，才能有效降低企业运营成本，改善产品，提高运营效率。

本节将会从数据治理的内涵、为何要进行数据治理、财务数据治理的主要着力点以及数据治理产出的数据资产这些角度展开叙述。

10.2.1 数据治理的核心内容

（1）数据治理的内涵

目前，关于数据治理的定义业界尚未形成统一的、权威的定义，经过作者的整理，目前对于数据治理的定义主要从两个角度出发，分别是战略角度和流程角度。

①规划层面（战略角度）：这个层面强调管理层要制定企业级数据治理规划，这是从治理本身的含义出发的，与经常听到的国家治理、公司治理的概念类似，将治理视为一种自顶向下的策略或活动。

所以数据治理应当依照企业数据战略设定目标，进行顶层设计和数据战略规划，以及组织模式、职责分工和标准规范的制定，从而形成组织中涉及数据使用的一整套管理体系，是数据管理活动的总纲和指导。

②执行层面（流程角度）：我国国家标准《信息技术大数据术语》（GB/T 35295－2017）中对数据治理的定义是"对数据进行处置、格式化和规范化的过程"。

这个角度将数据治理视为数据产生、采集、清洗、整合、分析和应用的全生命周期治理体系，要在这个流程中不断完善数据标准、规则、技术、模型，提升数据质量，维护数据资产，激活数据价值。

这里以土豆从地里长出到被端上餐桌的全生命流程来与数据治理流程进行类比：

- 数据采集（人工或用机械将土豆挖出来）
- 数据传输和存储（将土豆转运到仓库或者厨房）
- 数据标准（设定评选方法，确定切块的大小、切丝的长度）
- 数据清洗（清洗泥土，削去表皮，按照标准切成方块、长条、土豆丝）
- 数据应用（厨师烹饪，出锅、摆盘、端上餐桌）

（2）为何进行数据治理

从业务视角来看，企业在业务价值链或数据场景中可能会暴露出由于数据质量不达标、数据规范不统一而影响工作效率的问题。从技术视角来看，数据问题可能导致底层数据管理困难，数据处理效率低下。图10-3呈现了自下而上和自上而下梳理数据治理需求的逻辑链路。

"数据"正在成为制约企业财务管理价值提升的主要因素。数据在企业日常流转的过程中，很容易暴露出以下问题，进而促使企业从以下角度思考进行数据治理的必要性：

①在日常数据维护过程中，缺乏统一明确的管理机制，导致数据重复、数据不一致、数据不完整的情况，产生了大量的垃圾数据（可通过数据标准管理改善）。数据中存在垃圾数据，并不是所有数据都可以沉淀为数据资产（可通过数据质量管理、主数据管理改善）。

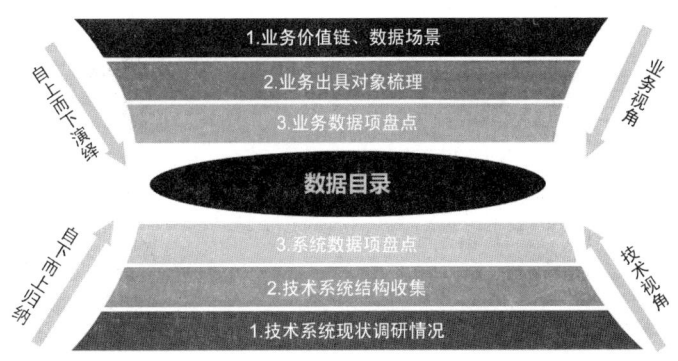

图 10-3 数据治理需求的逻辑链路

② "数据孤岛"问题。企业在早期业务、财务系统建设时，未过多考虑系统间的集成关系，未建立数据共享制度和共享标准，导致数据不能互联互通，造成了数据的重复、冗余、无效等情况，数据不能按照用户的指令进行有意义的交流，数据的价值不能充分发挥。

（3）数据治理的认知误区

"数字转型，治理先行"，这句广为流传的话让很多企业认识到数据治理的重要性。所以开始希望建立起统一、清洁、智能的数据底座，来实现企业数据的标准化、提高数据质量、提升业务处理的效率，为数据分析提供准确的数据支撑，赋能业务，助力企业实现数字化转型。

但这恰恰是很多企业在一开始进行数据治理时都会陷入的一个认知误区，认为进行数据治理的第一步就应该是分析并解决当前数据存在的问题，其实存在这个误区是由于没有思考明白企业到底为什么要进行治理。数据治理要知其然，更要知其所以然。

企业数字化转型需要业务和技术的双轮驱动，而数据就是连接双轮的"轴"。所以数据治理的根本目标是更好地帮助企业利用技术满足核心的业务诉求，因此数据治理的出发点应该是分析业务问题，通过明确核心业务诉求，再进行数据治理目标和范围的划定，最终赋能业务。显然，数据治理是手段而不是目标。

数据治理是所有数字化必经的过程，数据治理是系统化、体系化、持续化的工程；需要对数据全盘梳理、逻辑化呈现、标准化存储，只有这样才能形成真正的数据资产。

通过数据治理，使企业内部的财务、业务、运营等各类数据能够以统一的标准进行跨业务单元、跨职能部门、跨信息系统的业财协同、决策支持。

10.2.2 财务数据治理的主要着力点

财务部门汇聚了企业从业务前端到财务管理后端的大量数据，可以称之为企业的"数据中枢"，所以财务数据治理乃企业数据治理的核心。

随着业财融合的不断推进，财务管理所需的数据维度早已不再局限于"四表一注"，财务的触觉已经前置到业务活动中,当下财务管理对于数据要求具有囊括范围更广、精度要求更细、质量要求更高的特点。

(1) 囊括范围更广

主要体现在不仅要实现企业全业务产品的覆盖,且对单个产品需要涵盖业务交易信息、现金流信息、管理信息、各项收支及成本指标信息等多项数据要素。此外,随着企业生态战略布局的逐步完善,以上数据要素不再局限于企业内部的数据,外部供应商的数据、行业数据、平台数据、市场数据也逐步纳入财务分析数据范畴。

(2) 精度要求更细

主要体现在财务管理应用不再局限于过往的科目、报表,往往需要将管理粒度下沉到单笔资产、单笔负债业务层级,并将各项收入、支出与对应业务明细进行逐一匹配,实现业财信息打通,同时满足企业内部精细化管理需求。

(3) 质量要求更高

主要体现在财务管理需要统一、及时、精准的数据作为基础,为企业战略决策、业务经营提供量化工具支持。放眼国内企业,数据缺失、粒度不足、数据不准等一直是企业财务管理者口中最常提及的问题,这些问题很可能造成数据看不全、问题看不到、决策缺乏数据支撑等现象,进而导致财务管理价值不高。究其原因,可能是系统缺失,可能是前端业务人员未录入,也可能是数据加工过程导致数据丢失、精度缺失等。

以上几方面变化,又对企业本身就面临的数据困境产生了催化作用,再加之财务人员普遍缺乏数据科学的知识背景,一方面无法说清楚所需的数据该从哪里来、什么时候来,另一方面无法说清楚数据流转过程中的具体要求和标准。这种种原因相互叠加,就从如图10-4所示方面严重阻碍了财务工作的高效开展。

图10-4 阻碍财务工作开展示意图

由于面临以上种种阻碍财务工作开展的问题,梳理、明确财务管理数据需求、标准、来源、链路就成为解决数据质量问题的主要难点。为解决这些难点，财务数据治理应从如图 10-5 所示的几个方面着力。

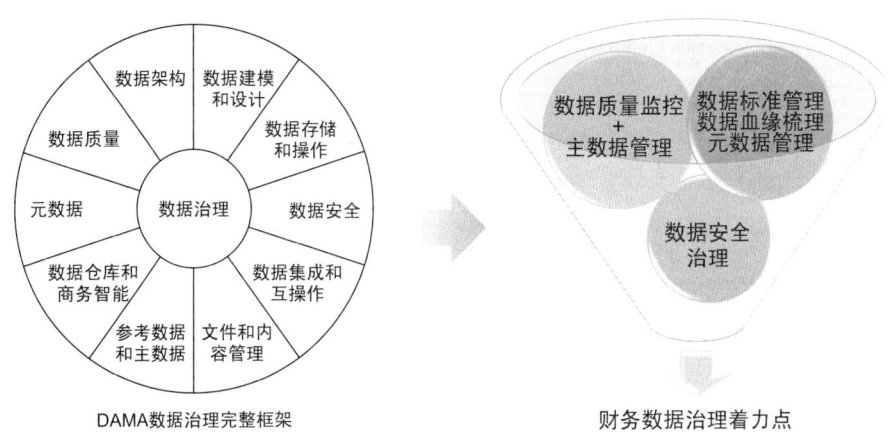

图 10-5　财务数据治理示意图

这些概念对财务人员来说还是稍显晦涩，所以我们先将超市陈列的水果当作数据，做一个类比：

- 数据标准管理：水果规格应该一致
- 数据质量管理：保证品质，没有烂果和未成熟的水果
- 元数据管理：描述水果品种、价钱、产地的标签必不可少
- 主数据管理：将应季、高价值、受欢迎的水果放入专区
- 数据安全管理：全域监控，防止水果被人偷吃或损坏

接下来，将会对各种管理方式如何在财务领域落地展开叙述。

（1）数据标准管理 + 元数据管理

①数据标准的内涵。业财系统在数据命名、编码上的差异，以及业财不同的管理需求和视角导致数据指标选择、指标定义、统计口径、记录规范不同，造成企业整体数据标准不统一，难以实现数据跨部门的共享和复用。这些问题都可以通过数据标准管理得以解决，具体如图 10-6 所示。前面讲到数据治理是涵盖数据的采集、处理、分析、使用的全流程管理体系，数据标准则是数据治理各项活动的基础，是企业数据治理理论和方法与实际信息系统和数据的桥梁。

具体来讲，数据标准是指数据的命名、定义、结构和取值的规则，是保证数据内外部使用与交换一致性和准确性的规范体系。通过这套体系的推广，应用统一的数据定义、数据分类、记录格式和转换、编码等去实现数据的标准化。

提到数据标准，很容易联想到公司也有相关的产品设计的标准、质量检验的标准、安全环保的标准，对于金融企业而言，还有市场监管相关的标准。这些标准其实都不是我们要讲的数据标准，以上的标准最多只能被称作规范。需要注意的是，所谓的数据标准并不

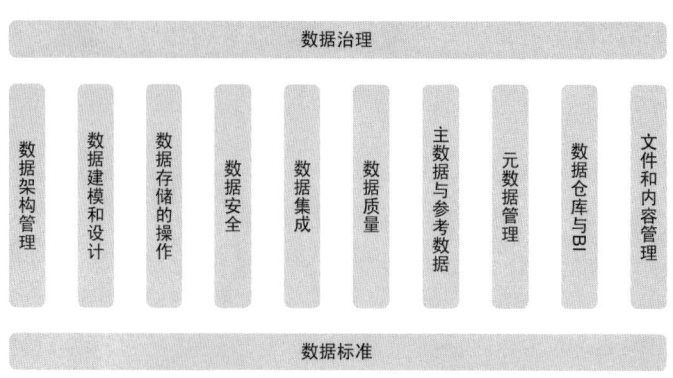

图10-6　数据标准管理示意图

能只是停留在文件文档层面，它应是企业各部门、各利益相关者共同发展的一套共通语言。就像我们彼此交流的语言一样，是在数字化环境中使用的一种语言。数据标准的含义如图10-7所示。

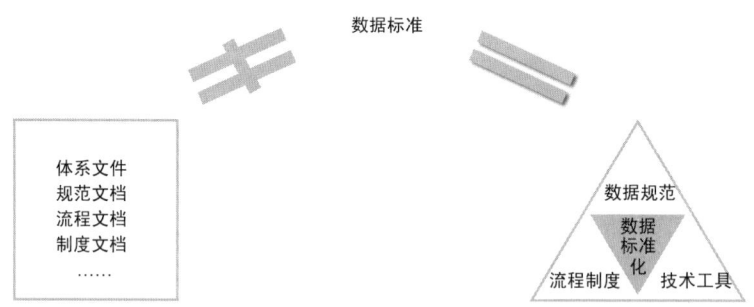

图10-7　数据标准的含义

②数据标准化的范围。要讲如何进行数据标准化，就应当先讲清楚需要对哪些数据进行标准化。企业的数据可以大致分为如图10-8所示的三类。

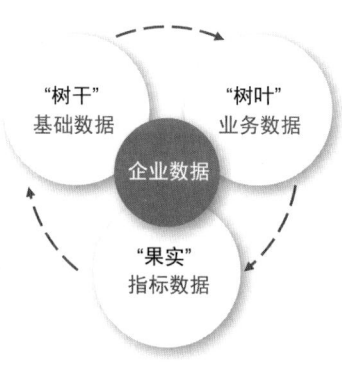

图10-8　企业数据分类

如果把企业数据资源看作是一棵树的话，基础数据就是它的"树干"。基础数据是指描述企业核心业务流程产生的、未经加工的数据。它具有一致且统一的属性，是企业开展业务的基础，比如财务数据、产品基础数据、客户基础数据、供应商基础数据，还有一些所谓的代码基础数据，也是基础数据的一部分。

业务数据是"树叶"，是记录企业日常经营过程中发生的各种事件以及交易的数据，主要包括发票凭证、业务活动数据、销售订单数据。

最后一类是指标数据，它更像是一棵树的"果实"，因为指标是经过业务财务数据计算、整理而成，并纳入到管理报表中，是管理层进行管理、决策的依据。

介绍完企业数据的分类，很自然地会提出下一个问题"是否这三类数据都需要制定数据标准呢？"

按照目前业界的实践经验来看，数据标准只涵盖了其中两类，第一类是基础数据，第二类是指标数据。那么，业务数据需不需要做标准化呢？其实从实战经验来讲，只要把基础数据做好，业务数据自然而然就会规范了，所以一般没必要针对某业务去定义标准。图10-9为企业数据标准框架。

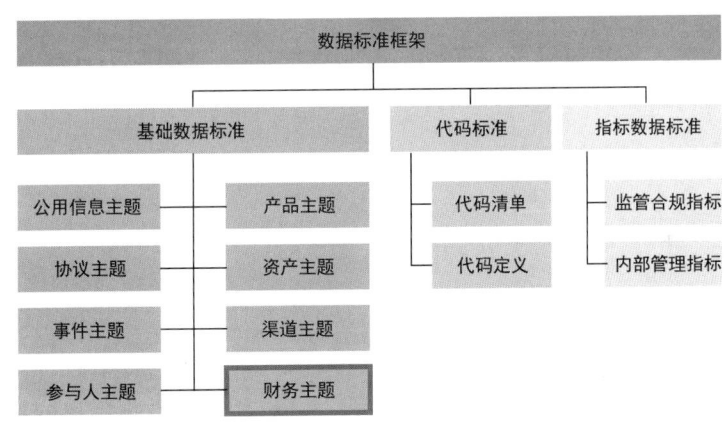

图10-9 企业数据标准框架示意图

③元数据管理。元数据（Metadata）是企业中用来描述数据的数据。这一概念仍然十分抽象，但在前面我们进行过类比，如果将一个苹果比作数据，那么这个苹果的品种、价钱、产地的标签就是它的元数据，对应到数据来说，一条数据的字段类型、字段长度、血缘信息、储存位置、生命周期等信息就是它的元数据。其可进一步细分为技术元数据、业务元数据和管理过程元数据。其差别及具体范围如下：

业务元数据：用于描述系统中业务领域相关概念、关系和规则的数据，主要包括业务术语、信息分类、指标定义和业务规则等信息。业务元数据为管理层和业务分析人员服务，从业务角度描述数据，包括商务术语、数据仓库中有什么数据、数据的位置和数据的可用性等，帮助业务人员更好地理解数据仓库中哪些数据是可用的以及如何使用。

技术元数据：用于描述系统中技术领域相关概念、关系和规则的数据，主要包招对数据结构、数据处理方面的特征描述，覆盖系统数据源接口、数据仓库与数据集市存储、ETL、OLAP、数据封装和前端展现等全部数据处理环节。

管理过程元数据：用于描述系统中管理领域相关概念、关系和规则的数据，主要包括人员角色、岗位职责和管理流程等信息。

元数据具体分类如图 10-10 所示。

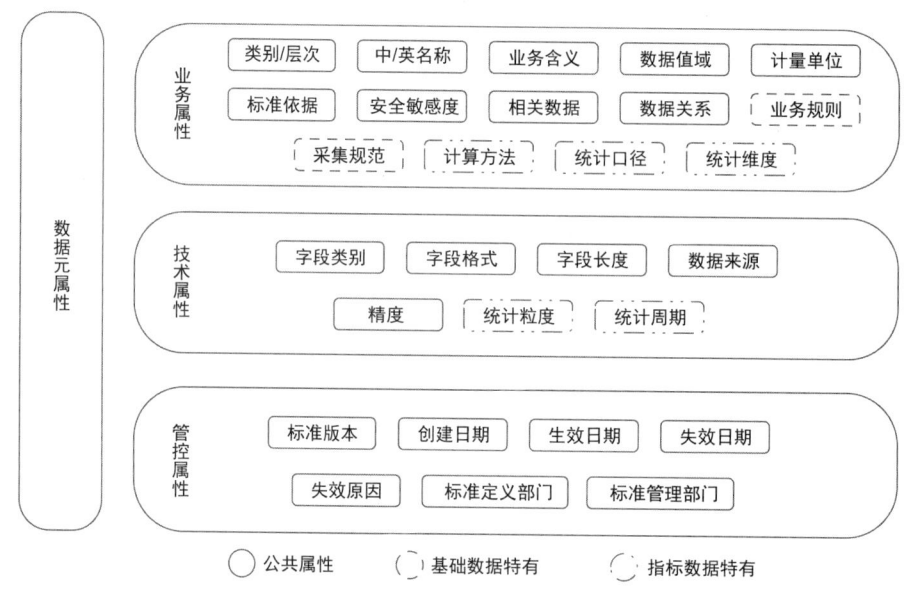

图 10-10 元数据分类示意图

元数据管理是数据中台建设的重要组成部分，是企业实现数据资产梳理、资产服务化的重要基础，在数据管理大环境下，元数据和数据安全、数据质量、数据架构、数据模型等有着千丝万缕的关系，也是业务和技术互通的桥梁。因此元数据建设的好坏会对企业整体数据以及管理带来重要的影响。从功能角度来看，元数据管理具有以下两方面功能：

迅速定位数据：通过元数据以企业全局视角对企业各业务域的数据资产进行盘点，实现企业数据资源的统一梳理和盘查，有助于发现分布在不同系统、位置的数据，让隐匿的数据显性化。

追溯问题本质：企业在做数据分析的时候，数据分析结果不正确，原因可能是数据分析过程出现数据问题，也可能是数据源本身就有问题，还可能是数据在加工处理过程中出现了数据问题。通过元数据血缘分析，能够快速定位数据来源和加工处理过程，帮助数据分析人员快速定位数据问题。

④数据标准制定。做好元数据之后，就可以针对元数据建立统一的数据标准了，因为数据标准本质上是一种数据的规范化描述，企业在制定数据标准的时候最先需要明确的就是数据业务属性、技术属性和管理属性，而这三类属性就是我们所说的业务元数据、技术元数据和管理元数据，但元数据不等于数据标准，因为元数据如果不进行规范化约束，就

无法成为数据标准。因此在讲完元数据管理之后,下面进入关于数据标准制定流程的介绍,企业在制定标准的过程中一般需要经历图10-11所示步骤。

图 10-11 数据标准制定流程示意图

第一步,收集资料:这一步主要由IT部门负责,需要收集现有的一些材料,包括数据的质量情况、数据的管理情况、数据的标准化情况等。

第二步,调研访谈:前面提到过,数据治理不是为了改善数据而治理,而是为了满足企业的业务需求而治理,所以IT部门要与数据标准的利益相关方进行充分访谈,了解业务需求。

第三步,分析评估:对整体的情况做分析评估,尽可能量化评估企业目前和业界最佳实践或者最理想情况的差距是多大。

第四步,标准制定:根据分析评估的条件来定义数据,进而制定数据标准。制定好的数据标准一般以类似表10-1的形式呈现。

表 10-1　　　　　　　　　　数据标准呈现方式

编号	中文字段名	字段英文缩写	字段类型	字段长度
1	账户期初余额	ACCT_BEG_BAL	BIGINT	
2	账户编码	ACCT_ID	BIGINT	64
3	账户名称	ACCT_NAME	VARCHAR	256
4	账户实时余额	ACCT_RL_TM	BIGINT	
5	账户状态	ACCT. STATE	SMALLINT	2
6	账户状态名称	ACCT_STATE_NAME	VARCHAR	32
7	账户类型	ACCT. TYPE	SMALLINT	2
8	活动标识	CMPN_FLAG	SMALLINT	2
9	激活标识	ACT. FLAG	SMALLINT	2

第五步,意见征集:标准定义完之后,形成的标准文件还需要下发到各个业务单位去收集意见,再根据意见的反馈情况修订标准。

第六步，标准发布：标准发布并非数据标准化的终点，而是数据标准化走出的第一步，后续的重点工作其实需要把标准真正地用起来，要在业务过程中、业务系统中有效执行，数据标准的贯标和应用就显得十分重要。在标准贯标和应用的过程中，又需要对新发现定义不准确的标准进行迭代和更新。

在此介绍一种数据标准的梳理方法，叫 BOR（Behavior、Object、Relationship）法。首先根据企业每项业务活动，比如说销售活动，提炼出销售业务相关的数据对象：客户、销售的产品、销售订单，这些都是相应的实体数据。实体数据都有相应的属性信息，需要把它的每一项属性信息从业务、技术、管理三个角度进行统一梳理，最后归纳出与实体之间的关系，形成数据的整体模型，具体如图 10-12 所示。

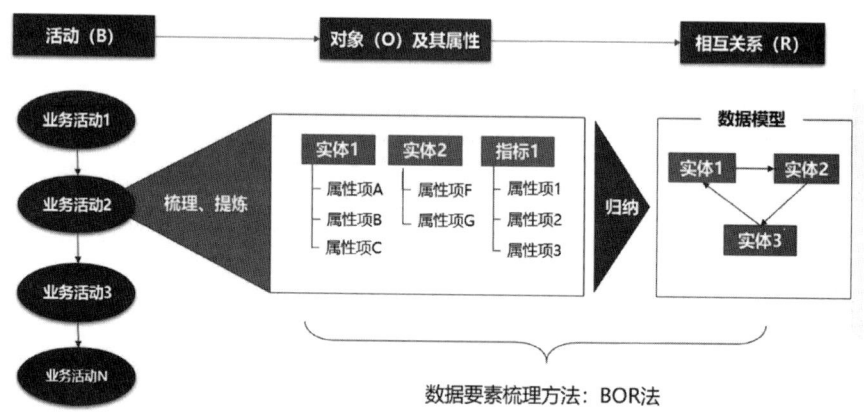

图 10-12　BOR 法数据标准梳理示意图

由于篇幅限制，如果读者对有关数据标准制定的更详细内容感兴趣，可参考信通院发布的《数据标准管理实践白皮书》进行系统的学习。

⑤数据标准管理的价值。数据是企业经营过程中积累的宝贵资产，做好数据标准管理这个全局性、技术性的工程，能让企业从数据这个"原油"中提炼出更多价值。

车同轨，书同文。财务数字化时代，数据标准化是企业进行数字化转型的根基。建立起一个完善的数据标准并保持其生命力，能让企业的数据治理与数字化进程如虎添翼。通过统一的数据标准制定和发布等一系列的活动，结合制度约束、系统控制等手段，也为后续数据质量检查、数据安全管理等提供标准依据。

（2）数据血缘梳理

数据从产生，通过加工融合流转产生新的数据，到最终消亡的全生命周期中，数据与数据之间会形成多种多样的关系，这些关系与人类的血缘关系类似，所以被称作数据的血缘关系。通过数据血缘图，可以知道一个表依赖了哪些表，谁是它的母表，又是在此基础上怎么生成的。再进一步追溯它所依赖的母表又是怎么生成的，从而形成完整的数据地图。数据血缘是元数据管理的一部分，通过对数据血缘的梳理，能够帮助企业实现以下主要功能：

①追踪数据溯源：当数据发生异常时，帮助追踪到异常发生的原因。

②评估数据价值：从数据受众、更新量级、更新频次等方面提供数据价值的评估依据。

③生命周期：直观地得到数据整个生命周期，为数据治理提供依据。

④安全管控：对源头打上敏感等级标签后，传递敏感等级标签到下游。

由于财务数据存在着复杂的勾稽关系，因此梳理清楚数据血缘尤为重要。实时掌握财务数据资源全貌，分析数据资源流向、依赖关系、血缘关系等数据脉络，可以为提高数据质量、挖掘数据价值奠定基础。图 10-13 呈现了组成最终利息净收入的数据血缘。

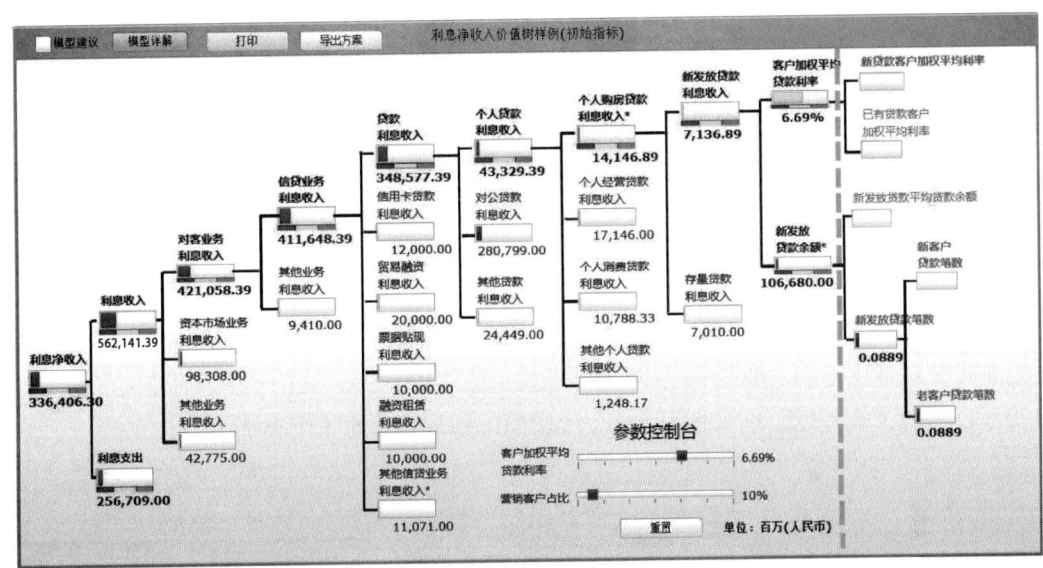

图 10-13 利息净收入数据血缘示意图

数据血缘包括了数据资源的基本信息、存储位置信息、数据结构信息、各数据之间关系信息、数据和人之间的关系信息以及数据使用情况信息等，使数据资源信息详细、统一、透明，降低"找数据"的沟通成本，为数据的使用和大数据挖掘提供支撑。

（3）数据质量监控 + 主数据管理

①常见数据质量问题。大数据时代数据的核心不是"大"，而在于"有价值"，而有价值的关键在于"质量"。因此在采集好元数据，搭建好数据标准体系后，企业必须攀登数据治理的又一座大山——数据质量管理。

从较为严密的定义来看，数据质量管理是指对数据从计划、获取、存储、共享、维护、应用、消亡生命周期的每个阶段可能引发的各类数据质量问题，进行识别、度量、监控、预警等一系列管理活动，并通过改善和提高组织的管理水平使数据质量获得进一步提高。数据质量管理是企业数据治理的重要组成部分，企业数据治理的所有工作都是围绕提升数据质量这一目标而开展的。

数据质量的问题千变万化，比如说数据自相矛盾（商品库存大幅减少但订单数却没有增加），或者某一个时间段的数据莫名其妙消失，或者字段的取值类型不符合期望等，国家颁布的《信息技术数据质量评价指标》中将林林总总的数据质量问题分为如图 10 – 14 所示五类。

图 10 – 14　数据质量问题分类示意图

准确性：其用来表示数据描述其实体"真实值"的程度。这个概念比较拗口，通俗来讲就是数据的正确程度。准确性可以分为如图 10 – 15 所示的四个类别。

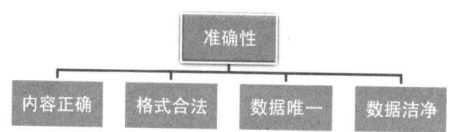

图 10 – 15　数据准确性分类示意图

此处以前面讲过的移动支付为例来做进一步解释，假设用户在我们的公司下单，但是订单又对接给第三方移动支付平台，月底双方对订单数据进行核对结算。这一过程中数据的准确性就体现为：假如对方给我们的订单数据中，订单最终金额这一列填成了优惠前的金额，那数据的内容就错了；如果我们期望订单金额是 float 类型（浮点数）精度为 2，但对方给我们的是 string 类型（字符串）且添加了 RMB 的前缀，就不满足格式的合法性；如果对方给我们的订单数据中有重复的，就不符合数据唯一性；如果对方给我们的订单数据中有不属于两家合作范围的，就构成了脏数据。以上就是不符合数据准确性的内容，我们可以通过程序规则，统计出每一条符合规范数据的比例，从而定量评估数据集的准确性。

完整性：指按照数据规范的要求，元素被赋予值的程度。通俗来讲数据够不够，有没有空的或者缺失的，一方面是记录完整性，另一方面是元素完整性。记录完整性比较好理解，比如，我们期望第三方支付平台发来3000笔订单对账，但实际只发来2900单，就不满足记录完整性。元素完整性是指每张表每个字段是否被填充完整，比如，订单数目对上了，但有的订单金额为空，则不满足元素完整性。

一致性：用来形容数据无矛盾的程度。可以从两个方面来理解，一方面是相同数据一致性，另一方面是关联数据一致性。对于相同数据一致性，比如订单明细表中已经有所记录，在商品表中也有记录，当两个地方价格不一致时，这种冲突和矛盾就是相同数据不一致。对于关联数据一致性，比如有500个用户下单了，那么网站上应当有500条对应的访问日志记录，如果实际上只发现了490条，那就是关联数据的不一致。

规范性：是指数据是否符合国家或者行业标准和模型的定义。比如，我们在元数据中定义了性别，是int（整型），并且值域为"0, 1, 2, 9"，但实际数据可能不是int或者不在这个范围，那么就称它违反了规范性。

时效性：指在时间变化下数据的正确程度。一般从两个方面展开，一方面看基于时间段的分布是否符合预期，比如，过去每年的销售额都是10%的提升，但某一年突然变为60%的骤降，就可能是异常。另一方面是数据的合规率，比如，正常情况下，下单时间一定早于客户的付款时间，但如果时间先后不符合这一规律，就很可能不合规。

②数据质量管理方法论。上一节提到的全面提升运维数据的"准确性、完整性、一致性、规范性、时效性"指标是运维数据质量管理的技术目标导向，而要进一步落实数据质量管理，要从组织、流程、平台三个维度建立三位一体的运维数据质量管理体系，具体如图10-16所示。

图10-16 运维数据质量管理体系示意图

第一，建立体系化的数据质量组织管理：随着数据的广泛应用，业务、财务和管理人员会发现有不少数据质量问题影响了数据洞察、决策的准确性，由此开始了运维数据治理工作，但由于缺乏体系化的组织管理，数据质量管理存在方法论不够、沟通成本高、职责不明确等问题，所以需要从职能、能力、文化三方面考虑质量管理的组织建设。

组织职能方面，数据质量管理需要建立明确的数据质量管理职责，包括运维数据质量管理角色与运维数据质量责任人角色。

能力建设方面,要从运维平台的互联互通,故障发现与应急,系统性能与容量分析能力方面对数据质量管理体系进行能力评估。

文化建设方面,良好的运维数据质量文化表现为质量和运维目标的一致性,运维团队专注于持续改进和自我激励,并将质量观念融入员工的日常工作。员工敢于指出错误并提出改进建议,每个人都了解其工作对于整个运维数据质量体系的重要性。只有建立良好的数据质量文化,才能让流程与工具更好地落地。

第二,制定数据质量管理流程闭环:运维数据质量管理建设工作贯穿整个运维数据平台建设的全过程,是数据或智能运维工作的指导和规范,因此要构建一个完整的运维数据质量管理流程闭环。运维数据质量管理流程闭环要全面关注事前质量标准,事中监测,事后分析。

第三,落地数据质量全生命周期的技术平台:技术平台是为了数据质量组织能够有效地落实质量管理工作流程,平台的作用是赋能。从功能角度看,数据质量管理平台应提供从数据采集、数据检测、质量分析、问题跟进等运维数据质量管理全过程涉及的功能。

③主数据管理。主数据是企业需要被共享的,在各个业务系统、各个部门之间具有高价值的数据。主数据管理的思想内核是把企业有限的精力首先用于对那些价值最高的数据进行质量管理,因此主数据往往也被称为"黄金"数据。主数据管理可以确保各个系统间"黄金"数据的一致性、完整性、可控性、正确性,从而提高数据质量,统一实体定义,简化改进流程并提高业务的响应速度。

通过前面介绍的元数据管理→数据标准管理→数据血缘梳理→数据质量管理→主数据管理,企业可以建立起如图 10-17 所示的一套全方位的财务数据治理体系。

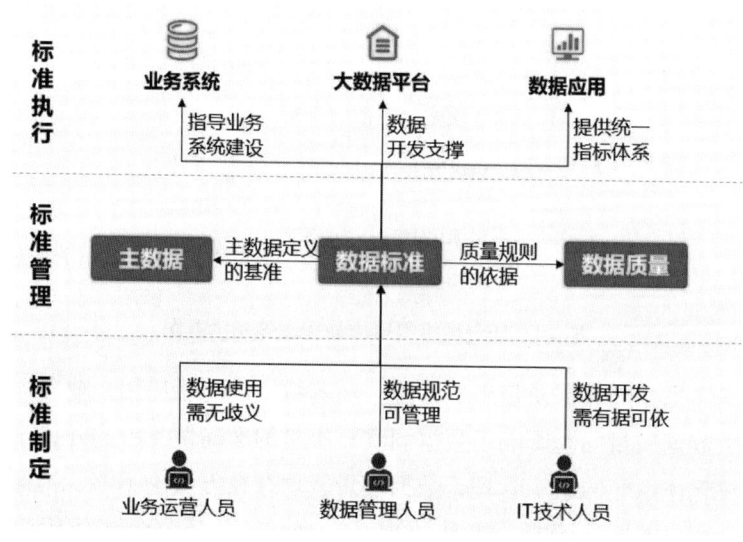

图 10-17　全方位财务数据治理体系示意图

打破固有的一切从"科目余额表"查询的思维模式,将科目体系中与业务数据紧密结合的部分逐渐向业务系统发散。

(4) 数据安全治理

随着数据对企业整体战略的重要性不断提高,数据资产变得越来越重要。近年来,我国发布了一系列与数据安全相关的法律法规和标准规范。法律法规包含《国家安全法》《网络安全法》《数据安全法》《网络安全审查办法》等,明确了政府部门和企业将持续加大在数据治理、数据存储、数据保护、数据加密等方面的重视程度和投资力度。因此数据安全成为企业在数据治理过程中必须着重考虑的问题。

数据安全治理是指从企业战略、企业文化、组织建设、流程重构、规章制度、技术工具等方面提升和优化数据安全防护能力并提高数据质量的过程。其主要包括敏感数据发现、数据脱敏、数据分级、安全审计等方面,具体如图 10-18 所示。

图 10-18 数据安全治理示意图

由于数据安全并不只涉及数据中台建设的过程,而是在包括 RPA、电子会计档案等其他财务数字化转型的所有系统平台建设中都起着十分重要的作用,所以本书的第 12 章会对财务数字化转型过程中的数据安全问题进行重点着墨,此处不再赘述。

10.2.3 财务数据标准化输出

经过数据治理,企业可以形成统一、清洁、智能的数据底座。再往上一步就可以实现数据应用的标准化,从而实现对内和对外报告的标准化输出。下面从对内和对外两个维度展开介绍。

(1) 满足外部合规需求

企业在元数据的规划阶段,就可以将外部合规性的标准纳入考虑,例如,考虑纳税申报表上对于相关字段的长度、字段类型的要求,这样提取输出的数据可直接满足统计、税务、工商系统的合规需求,无需再进行人工的匹配。在此基础上还可以结合 RPA 技术进行自动填报,进一步减少人工填报造成的失误,同时可以通过设置 RPA 的定时运行满足填报时间合规性的要求，自动化技术的应用可以无限地放大标准化成果带来的收益。

（2）满足内部管理需求

经过数据治理，各个"数据孤岛"之间搭起了统一的传输桥梁，内部系统之间可以进行标准化的数据传送，这也为对管理层的报告呈现带来了极大便利。

以管理报告为例，通过数据治理，各部门数据统计分析的口径进行了统一，这样很好地解决了过往各部门可能由于对某个指标的计算分析方式不同导致对业绩经营效果评价不统一的状况。

管理报告另一大要求就是保持时效性，数据治理之后，由于数据标准完成了统一，这极大降低了基础数据转化为指标数据所需的时间，保障了管理报告支撑决策的时效性。

10.2.4 财务数据资产全景呈现

（1）财务数据资产概要

①财务数据资产定义。从会计上对于"资产"的定义出发，可以将财务数据资产定义为由企业拥有或者控制的，能够为企业未来带来经济利益的，以物理或电子的方式记录的财务相关数据资源，如财务报表、电子发票等。

如果从企业流程角度，财务数据资产可以看作是企业在财务活动中形成的，由企业拥有，在数据的产生、获取、处理、存储、传输和应用全过程可控的，并能够给企业带来价值的财务数据资源，是对原始数据和数据处理流程以及数据处理结果进行的沉淀。

②财务数据资产特征。通过上述概念的梳理，可以总结出财务数据资产至少具有以下四方面特征：

- 可管控：能够明确数据的权限归属，并建立了相应的数据管控制度，以保障数据资产安全和按需使用。
- 可增值：能够直接服务于各种业务场景，为企业及组织直接或间接带来未来的经济利益。
- 可流动：能够实现跨部门的数据资源共享交换，支撑不同部门的数据应用需求。
- 可计量：能够进行数据价值量化，未来需要逐步完善数据价值量化和数据交易体系。

③财务数据资产管理。数据资产管理是在数据治理的基础之上，以价值为驱动，对数据进行全生命周期的资产化管理，促进数据资产价值变现的过程。通过实时掌握财务数据资源现状、数据浏览及订阅、共享情况，一键完成数据间流转关系、依赖关系及血缘分析，全方位、多视角展现财务数据资源范围、内容、质量及价值。数据资产管理又可以大致分为数据资产检索、数据资产统计、数据资产报告、数据图谱。这些流程与已经沉淀的数据资产就像齿轮一样相互咬合，通过共同转动推进企业价值创造。具体数据资产管理内容如图10-19所示。

图 10-19 数据资产管理示意图

（2）财务数据资产分类

数据资产从技术角度来看，从不同维度可以有很多种分类方式，比如，按照结构特征划分可以分为结构化数据、非结构化数据及半结构化数据；按照数据性质划分可以分为参考数据、主数据、事务数据（或交易数据）、统计数据、观测数据（又叫时序数据）；按照存储方式划分可以分为关系型数据库存储数据、键值数据库存储数据、列式数据库存储数据、图数据库存储数据、文档数据库存储数据等。

但这些都太偏重技术了，既然是财务数据资产分类，此处提供一种更贴近财务工作习惯的分类方式：

- 数据维度：各类报表、财务账簿、财务指标分析数据、电子会计信息。
- 流程维度：已经统一好的线上业务处理流程，如标准报销流程图、合同审批流程等。
- 知识图谱：是一种网络拓扑结构图，其构建起了"数据+流程"的关联，强调各个实体之间的协作关系。在大数据时代，常常需要通过海量数据寻找到业务关联，梳理业务展示场景，在常见的业务场景中，知识图谱扮演了很重要的分析角色。图 10-20 为投融资管理中的知识图谱。

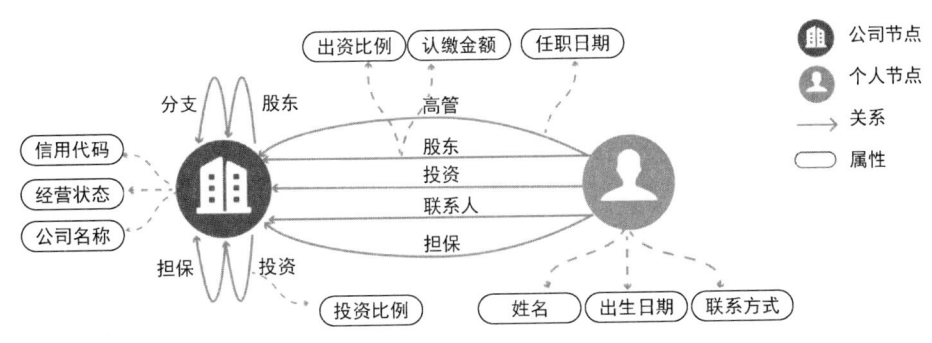

图 10-20 投融资管理中的知识图谱

(3) 数据资产管理框架

在财务数据资产沉淀之后，还需要有一套与之配套的资产管理框架，以保证在业务需要时能够及时调用，日常管理中定时维护。支持按照不同的业务维度进行分类，也可以根据企业的组织结构、业务维度或知识来源等实际业务场景进行分类，同时支持无限层级的知识目录体系，遵循本地使用习惯，扁平化浏览目录，最大限度地方便用户快速在系统中查找自己所需要的知识内容，从而促进企业高效运转。数据资产规范管理框架如图10-21所示。

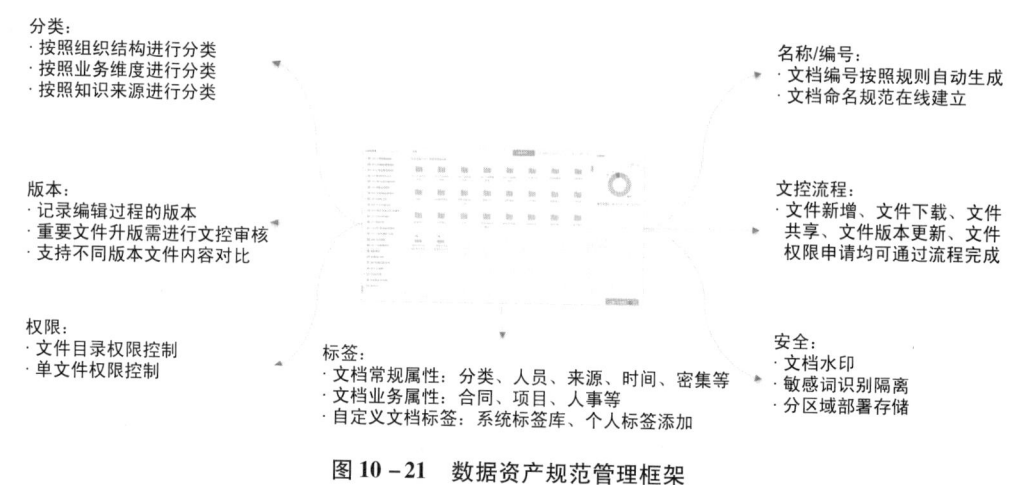

图10-21 数据资产规范管理框架

10.3 财务数据中台建设

10.3.1 财务数据中台建设目标

财务数据中台具体来说可分解为如下建设目标：

(1) 可见

能明确呈现财务数据中台中有哪些数据资产，这些资产都是哪里来的，都被谁使用，又是如何被用的。

(2) 可用

财务数据中台的可用性主要体现在以下三个维度：

①提供数据驱动的决策支持：通过财务数据中台建设，打造出清洁的数据底座，从而助力数据挖掘，进行决策支持。希望通过财务数据中台的建设进一步提升数据的可获得性和分析能力，将财务数据的采集核算工作转为线上，把大量历史数据转化成有用的决策依

据，以提高领导层的决策水平和质量。

②提供业务价值链的业务支持：通过中台提升业务数据和财务数据的集成度，为业务绩效提供多维度的灵活分析。在交易处理方面，促使流程管理更加实时、集中、标准和自动化，特别是在数据的管理和应用方面，通过财务数据中台提供准确、实时的财务分析报告。

③提供事前风险预警功能：财务数据中台基于数据做出前瞻性的分析和预测，使财务工作不再仅仅满足于被动地记录和分析历史，公司管理层也不只是通过财务部门提供的报表被动接受企业的经营结果，而是进行事前预算和事中控制，帮助企业管理层把握未来发展的方向，防范风险。

（3）可运营

建设过程中需思考如何保障财务数据资产的可维护性，怎么权衡数据资产的构建成本，怎么保证在出现新的数据维度时，能被快速纳入到现有的体系中。

10.3.2 财务数据中台架构规划

财务数据中台与最底层的数据存储结构和最上层的数据应用，共同构成了一套完整的数据管理体系。目前业内对于财务数据中台普遍处于探索阶段，尚未形成统一的架构，但这套体系通常需包括以下六层结构：

（1）数据存储层

将多来源的原始数据通过 ETL（提取、转换和加载）工具导入中央数据库或"数据湖"。具体可见图 10-22。

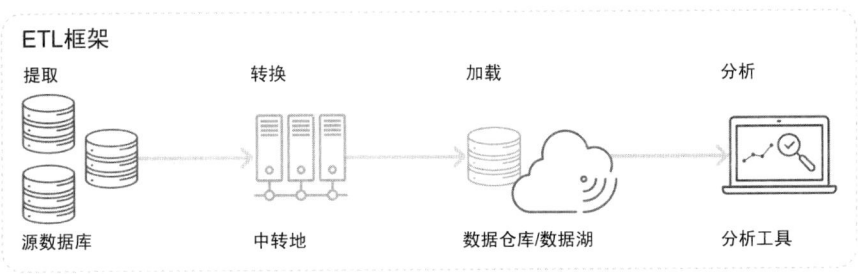

图 10-22 数据存储层示意图

（2）数据采集层

负责从底层数据存储结构中（数据库、数据仓库、数据湖）搬运数据，这一层可以深度结合本书第 8 章介绍过的低代码技术以及第 9 章介绍过的 RPA 机器人流程自动化技术，通过低代码开发 UI 交互界面，实现人机数据交互、分类及清洗确认，数据的查询及应用。

（3）数据资产层

这一层的作用是将提取出的数据进一步展开数据治理，进而沉淀为高价值的数据资产。

（4）数据处理层

这一层封装了各种业务和财务分析中所需的模型算法，为最上层的数据应用提供底层技术支持。

（5）数据服务层

这一层是财务数据中台最为核心的一层，它实现了数据的服务化，提供各种接口/报表/分析服务，直接赋能业财融合中的各种日常业务和管理决策。通常包括 BI、定制化报表呈现等服务。

（6）数据应用层

数据真正开始在业务中发挥价值，包括智慧财务、智慧风控、数据门户等。

财务数据中台架构规划参见图 10-23。

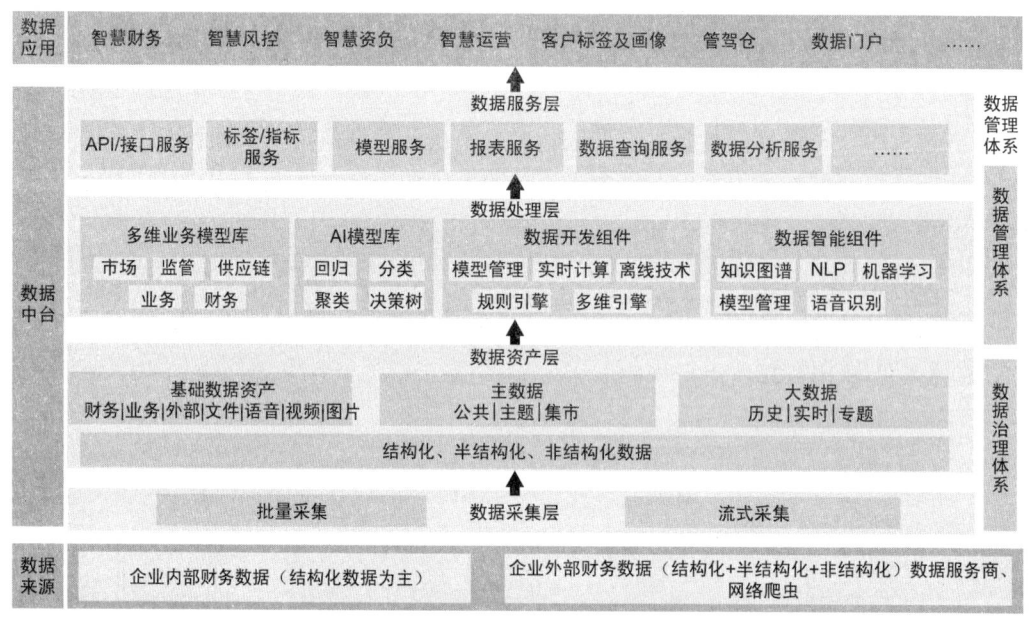

图片来源：毕马威 KPMG。

图 10-23 财务数据中台架构规划示意图

10.3.3 财务数据中台落地路径

财务就如同企业的"血液循环系统"，通过财务数据可以串连起企业经营的方方面面，所以许多企业在没有能力建设企业级数据中台时会优先选择建立财务数据中台。

要想让财务数据中台最终落地，服务于企业内部和外部运营和决策，最重要的是需要有一套成熟的建设方法论作为指导。一套好的方法论就像菜谱，初学者可以根据菜谱按部就班地完成一道道菜肴，高阶玩家也可以根据菜谱查漏补缺，精进厨艺。无论是企业级的数据中台还是财务数据中台，其建设方法论都是一脉相承的，可分为高阶规划、系统设计、开发实施、试运行和持续运营五个阶段，具体如图 10-24 所示。

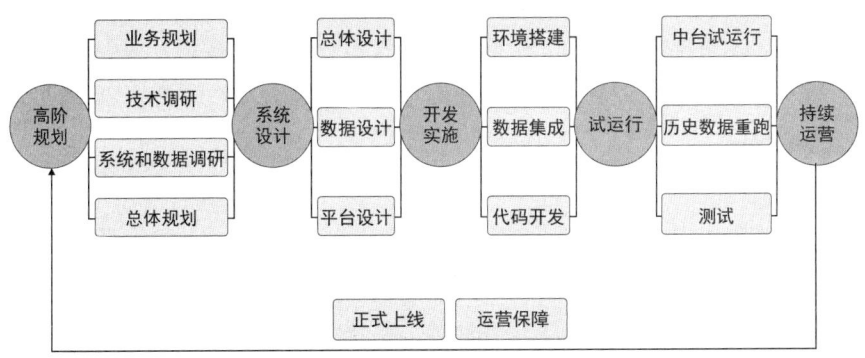

图片来源：云徒科技。

图 10-24　数据中台建设阶段示意图

（1）高阶规划

细心的读者可以发现，其实财务数据中台的建设方法论与第 9 章 RPA 机器人的方法论大同小异，这种类似其实是由于二者都采用"自上而下建设，业务需求导向"的建设思路。

在第 9 章中我们曾将 RPA 搭建的准备阶段类比为"土木工程相关人员要建造大厦先要到实地去评价建设场地的地质、地理环境和岩土特征等方面"，在财务数据中台建设过程中也是同理，需要先对企业的数据源、存储数据的方式、数据服务诉求等信息进行摸查，帮助构建未来的蓝图。

高阶规划又可进一步细分为如图 10-25 所示的四个方面。

图 10-25　高阶规划示意图

高阶规划直接影响着我们在建设目标中提到过的可用性，在这一阶段，财务人员要作为业务架构师与企业 IT 部门的数据架构师进行充分沟通，沟通的内容包括但不限于对于财务数据中台在企业中战略定位的确认，明确财务的组织架构，熟悉企业的业务模式，了解企业的业务板块，梳理企业的业务和财务流程。

通过调研了解企业，结合数据现状与业务痛点，将企业不同实体的数据进行提炼、抽象，形成数据域，将数据资产按照一定的体系进行规整，再结合业务诉求对数据分析场景进行提炼，最终形成一张囊括企业数据现状与未来的蓝图，为后续数据中台的建设提供宏观与发展路线的指导。

（2）系统设计

在完成第一阶段盘点企业数据应用需求及数据情况后，就进入到了系统设计阶段，此阶段需要回答以下问题：如何构建统一、规范、可共享的数据体系，如何避免数据的冗余和重复建设，如何规避数据烟囱和不一致性等，系统设计可进一步分为总体设计和数据设计。在系统设计阶段，可参照阿里巴巴提出的 OneData 的核心思想：统一数据主体、统一数据建模、统一数据服务以及一系列的数据管理体系，这一阶段主要由 IT 部门的架构师负责，财务人员稍作了解即可。一般可从图 10 – 26 所示角度进行。

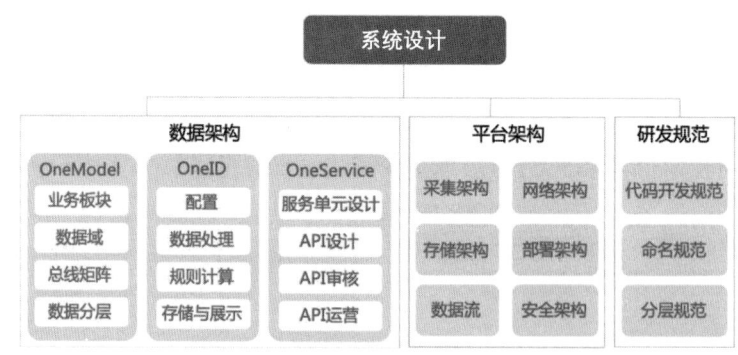

图片来源：云徒科技。

图 10 – 26　系统设计示意图

（3）开发实施

开发实施阶段基本也是完全从技术角度开展的，具体可分为环境搭建、数据集成、代码研发三个层面。

①环境搭建：平台层面的环境搭建，包括数据集群、数据研发平台、智能数据应用产品等相关工具的部署。

②数据集成：数据集成方案从宏观上设计和规范了数据源级别的数据集成流程和同步策略。

③代码研发：包括数据研发与验证、应用研发与测试、性能测试三部分。数据研发与验证主要包括数据模型的业务代码开发、数据监控代码开发、数据准确性验证。从数据模型开发、数据监控开发到数据验证，再到模型上线，需要一整套开发流程来保障数据的产出。应用研发与测试主要包括数据应用层面的开发和测试工作，如数据服务、数据应用前

端开发。性能测试包括数据产出时间、数据接口服务性能、数据应用访问性能等方面的测试。

（4）试运行

财务数据中台部署完成后，用作财务分析的指标口径、数据应用效果等多方面的数据准确性都需要通过真实的运行数据去验证。所以在这个时间段还不太适合在整个企业内推广应用。通常需要在小范围内进行一段时间的试运行。

试运行中很重要的一步就是历史数据重跑和测试，在试运行过程中，数据中台的指标或标签可能会因为业务侧的口径变更而进行历史数据的重刷动作。在这种情况下，要保证数据准确且可逆。

（5）持续运营

财务数据中台的搭建不是一锤子买卖，财务人员在使用过程中需要不断向IT部门反馈以保证系统的持续更新迭代。由于财务人员是中台建设的最直接获益者，所以财务人员需要尽量主动地与中台的建设者沟通，反馈数据使用情况，总结财务数据中台带来的价值，以此作为持续优化的依据。

10.4 数据中台建设经验总结与常见问题

Q1：实际推行过程中数据治理的难点体现在哪些方面？

①管理标的对象大：大数据时代，数据具有规模性（Volume）、高速性（Velocity）、多样性（Variety）、价值性（Value）的"4V特征"。企业要处理的数据维度迅速增长，且需要处理Tb级甚至Pb级数据。

②责任权衡难：数据源提供方和数据使用者之间的利益难协调，数据使用者无法辨别自己提出的诉求是否合理，导致双方的关系可能会像程序员和产品经理一样"相爱相杀"。

③价值体现慢：数据的病是慢性病，不想着去治不会检查出问题。但发现问题到解决问题之间，仍有一场持久战要打。数据治理见效慢，企业不可急功近利，也不可因噎废食。

④基础性工作很难得到回报：任何的团队和个人都想做数据应用或AI模型，直接带来应用价值，而基础的数据质量标准化是一项长期的工作，对于个人绩效很难带来直接的回报。要为员工在这方面树立正确的认知，让其意识到参与企业数据治理是一项"打地基"的光荣事业。

Q2：在实际市场中，数据中台还是各互联网大厂、龙头企业的专属，大部分企业还是只能观望，为什么呢？

①认知滞后：大部分企业可能没有意识到数字化浪潮之下，数据能为企业创造价值，所以出于短期成本效益的考量，并没有搭建数据中台的想法。

②面临建设困境：缺乏行之有效的建设路径、技术选择思路和有效的组织支撑，本书为解决这一困境给出了破局之法。

③没意识到数据治理是基础：部分企业只盯着"高大上"的数据中台概念，但却忽略了又苦又累的数据治理是企业可以搭建数据中台的基础。临渊羡鱼不如退而结网，如果企业暂时还没有能力搭建起数据中台的话，从数据治理开始做起也不失为一个好的选择。

Q3：同样是支持业务，数据中台和数据仓库有什么区别？

如果把数据中台和数据仓库都看作一家银行，提供现金、黄金存取等多项业务。数据仓库这家银行，它会在门口安排一门卫，门卫会先问你，是取现金还是办其他业务？然后再告诉你走进去、推开××门，就能取到你想要的东西。而数据中台这家银行，你刚到门口就能看到写着"现金""黄金"的窗口，只需要走到对应窗口就有专人帮你办理业务。

所以说从本质上来看，数据仓库仍是一种数据存储结构，而数据中台是一套实现数据服务化的体系架构。数据中台的核心是避免数据的重复加工，通过数据服务化，提高数据的共享能力，赋能数据应用。

Q4：业务中台和财务数据中台之间的关系是什么？

概括来讲，财务数据中台重点在业财数据的打通和统一，而业务中台强调流程类、交易类服务的高效复用。

举例来说，比如某零售企业已经有微信商城，想再做一套App，考虑到每个平台的交易模式会有差别，直接在微信商城上改造技术难度较大，通常做法是让团队从头开发，但实际上这套App有很多业务与微信商城是一样的，比如商品中心、交易中心、用户中心等。如果企业具备业务中台的能力，就可以将上述通用的业务剥离出来，成为共享业务。今后不管要开发几套App，都能从业务中台直接"调用"相同的流程及服务，技术人员只要做前端轻量级开发就能快速完成，降低成本，提高效率。

而财务数据中台在这个场景中的功能是通过把微信商城、App，包括其他系统里的订单等数据采集过来，进行清洗、存储和加工，最终围绕一个属性，比如客户手机号、微信ID等，形成数据口径和标准的统一，只要我们发现某项数据来自这个手机号或微信ID，就能归到这个客户的"画像"里。有了完整的客户画像，企业更了解客户，就能不断优化前端投放策略，投其所好、促成交易。

10.5 财务数据中台应用案例

10.5.1 企业简介

汇付天下是中国领先的支付科技公司,基于聚合支付的数字化解决方案服务商,以数字化的技术与运营,为各类商户提供基于聚合支付的数字化解决方案,并提供数字化时代的支付处理和账户结算服务;保护客户数据资产安全,为客户持续创造价值。汇付天下业务主要覆盖四大板块,即综合商户收单、行业解决方案、SaaS 服务及跨境与国际业务。

公司为近千万小微商户,以及航旅、健康、教育、物流、零售、基金、产业链、跨境电商等近万家行业客户提供聚合支付、账户服务、营销服务、数据服务以及金融增值服务,能够全面满足商户支付、账户、营销、数字化运营等全方位需求。

作为财务数字化转型的持续探索者,汇付天下对于转型过程中的问题解决有着较为新颖实用的方法,本案例将针对其基于人机协同的财务数据中台构建展开介绍。

10.5.2 汇付天下财务数据中台模块规划

汇付天下采用的财务数据中台搭建模式是从数据采集到通过 RPA 将数据自动写入财务数据中台,之后根据业务需要、财务要求以及优化后的业务流程实现业务/财务数据输出、查询以及按照确认的规则进行数据呈现。财务数据中台首页模块如图 10-27 所示。

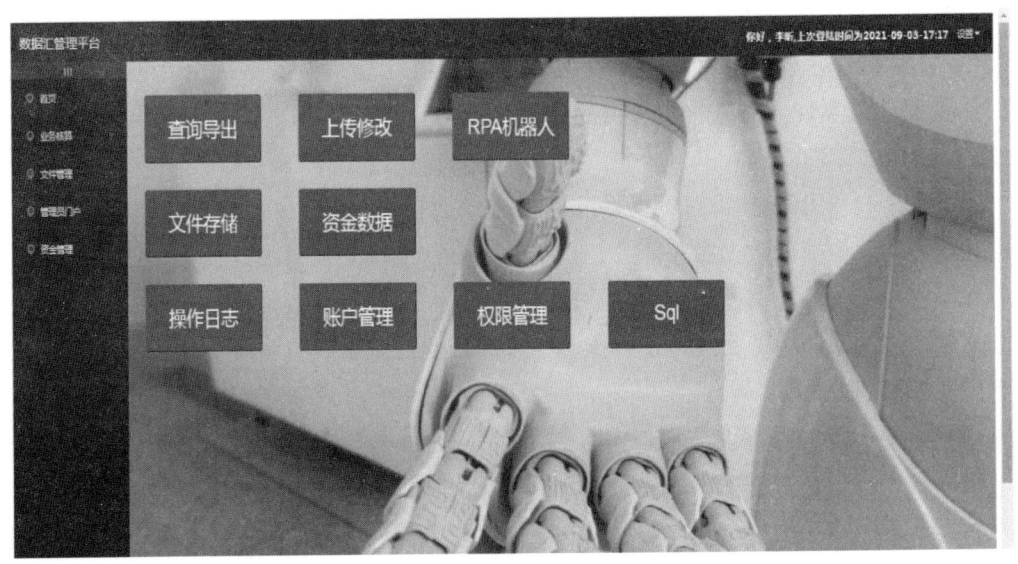

图 10-27 财务数据中台首页

财务数据中台与一般数据仓库的区别在于其更加贴近业务、为业务服务。财务数据中台可以解决数据割裂问题，体现数据的价值，重点解决企业数据体系的"四化"，即孤岛化、阻塞化、缺失化、困难化问题。汇付天下财务数据智能支撑平台系统架构如图10-28所示。

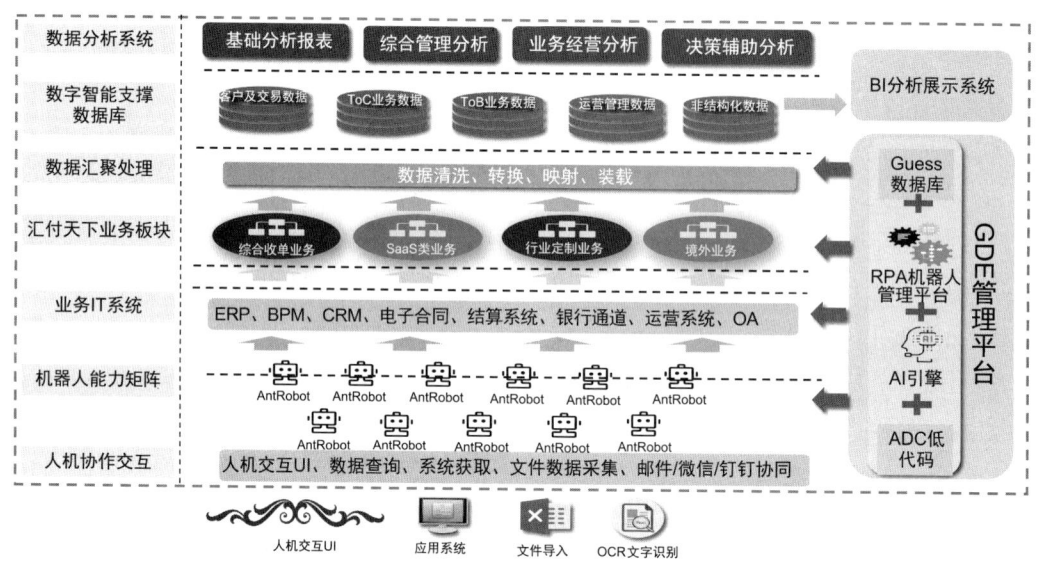

图10-28　汇付天下财务数据智能支撑平台系统架构

10.5.3　汇付天下数据中台建设步骤

（1）完成多种财务数据汇聚

财务数据中台建设的第一步是实现与业财系统以及底层数据存储的对接，以实现业务/财务数据在财务数据中台的初步交互。通过业财互通，做到数据分析结果的及时展现，并按照计划实现业务数据的多级条件筛选、查询导出，以及存量数据的新增及修改等。

接下来，利用RPA技术对数据提纯加工完成数据资产化，然后通过共享形式，复用数据，快速构建敏捷的数据服务能力，以提升效率和支撑决策，由此便形成了财务数据中台的数据管理能力、数据服务能力和数据共享能力。其核心价值是将数据服务直接嵌入到财务日常使用的系统中，实时通过数据洞察来改变业务流程，将传统的数据服务模式从事后管控变为事前评估。

（2）部署RPA机器人矩阵

RPA技术在财务数据中台的建设中发挥着重大作用，其可以将原先零散分布、手工处理的数据，通过标准化的能力自动生成并存储于财务数据中台的数据汇数据库中，实现业务财务的联动及融合，有效支持业务决策。其实现过程如图10-29所示。

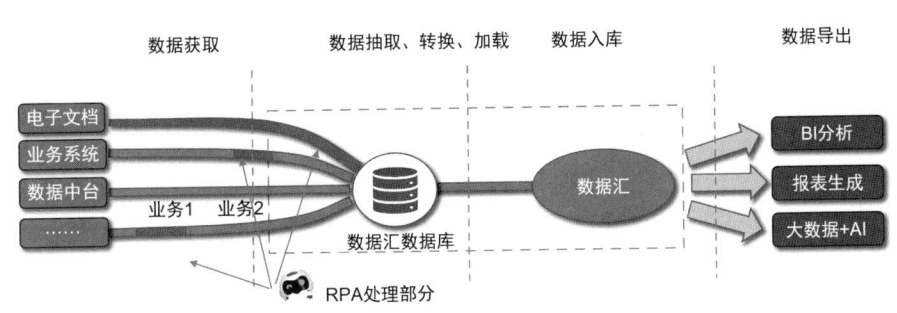

图 10-29　RPA 实现数据自动获取

（3）实现数据管理及敏捷响应

通过财务数据中台完成对异构数据的集中管理，将散落的业财数据整合于一个平台，该平台可以确保同一类或同一个数据的来源是唯一的，其他系统可以复用、共享这些数据，使以此数据产生出来的后续处理的数据结果具有准确性、唯一性。同时，其他系统不必为取得同一个数据再做重复工作，节约了时间和成本。图 10-30 呈现了财务数据中台异构数据的统一管理模式。

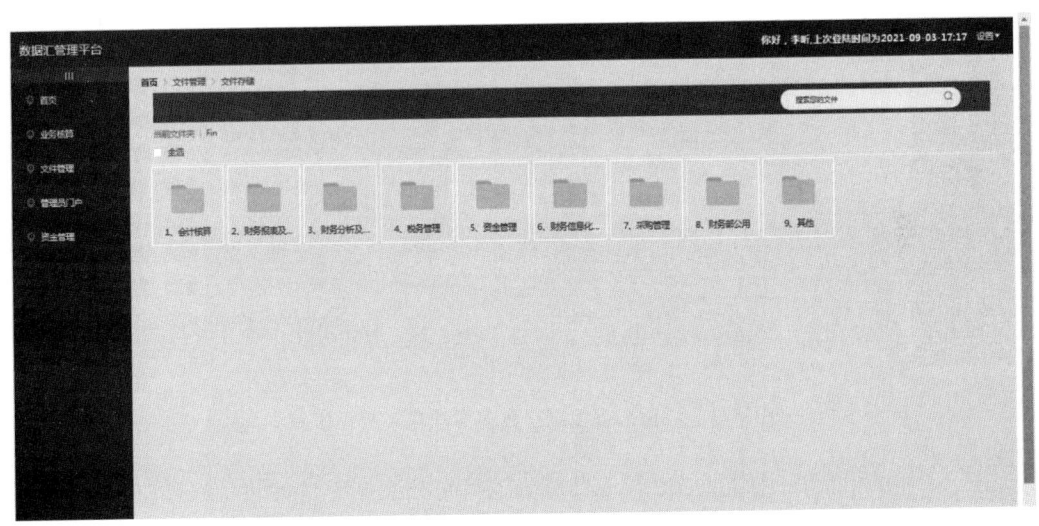

图 10-30　财务数据中台中异构数据统一管理模式

财务数据中台的使命是让财务数据用起来。在实际应用中，财务数据中台可以使财务数据作为生产资料融入业务价值的创造过程，并持续产生价值。当出现新的市场变化或需要构建新的前台应用时，财务数据中台可以迅速提供财务数据服务，让服务业务化，敏捷响应业务的创新。

（4）完成多业务拓展

在实施过程中，企业需要将新的业务领域数据持续扩展进财务数据中台，以实现数据抓取、整理、存储、导出并自动生成报表。所有进入中台的数据均可以通过 RPA 以及低代码工具实现自动导入及输出，尤其是配以即时通信工具，实现了与业务/财务人员的及时交互。

财务数据中台所实现的数据能力是实现智能财务的基础，它通过内外部数据的深层次洞察捕获新的商业机会，再通过智能分析技术构建不同部分不同领域的数据模型来实现数据的可视化，优化企业的财务决策与商业决策。

（5）多层次权限管理设置

财务数据中台建设的下一步就是使财务数据中台实现账户管理、权限管理、SQL以及操作日志等功能，这样管理员就可以按照业务需求、管理要求规范不同业务/财务人员按照权限、规则实施操作。操作日志可以做到操作流程全程监控、操作流程回溯以及一定程度的合规性管理，同时实现数据和相关文件在权限管理下的上传、查询以及导出。图10-31为汇付天下数据中台多层次权限管理设置界面。

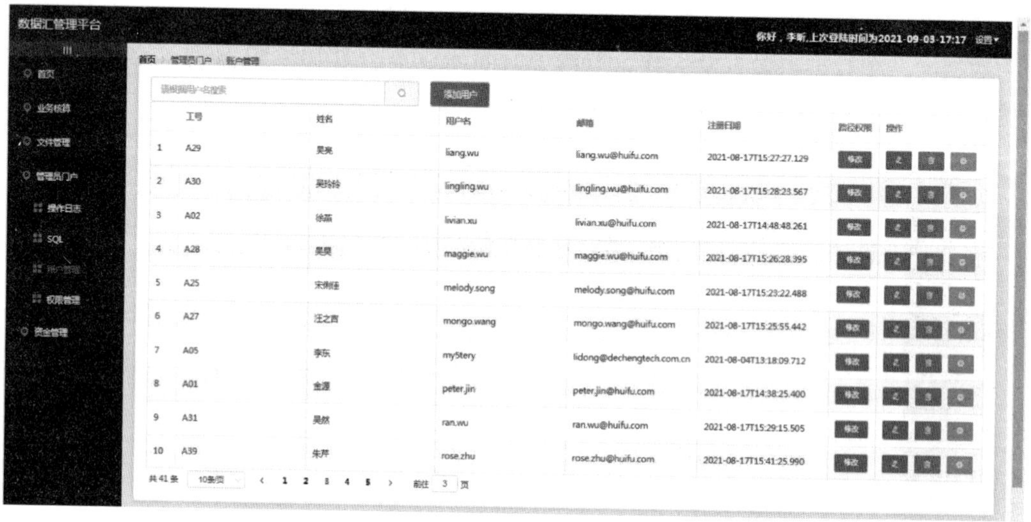

图10-31　汇付天下数据中台多层次权限管理设置界面

财务工作的价值在于用数据更好地支持决策。财务数据中台的价值在于如何协助企业利用数据的"人"，更好地支持决策。权限管理正是对财务流程中不同管理职责、业务流程需要的工作数据以及对应人员进行数据化管理。

（6）工作过程管理

这一步需要让财务数据中台实现对RPA基础信息的查询、RPA运行流程的实时状态记录、展现以及查询，做到对智能工具的可管、可控，并可以通过RPA实现对数据趋势、数据分类、数据统计的可视化展现及数据的多路径输出。图10-32为汇付天下RPA工作过程管理。

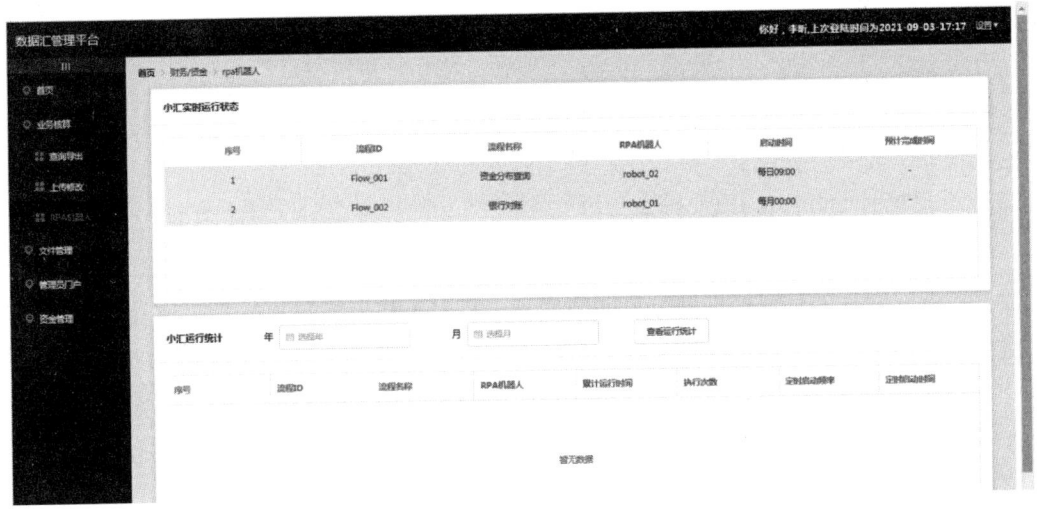

图 10-32 汇付天下 RPA 工作过程管理

10.5.4 建设中的人机协同

（1）RPA 的作用

RPA 根据事先设定好的程序逻辑，模拟原先手工操作的各项工作内容，7×24 小时无间断提供服务，实现了降本增效。同时，RPA 可以有效降低错误率，提升企业的竞争力。此外，由于 RPA 使用其他应用程序用户界面，在规则明确的常规任务中，RPA 可以与现有系统快速适配，随需迭代，无需耗费大量开发资源。

（2）财务人员的作用

财务人员需要对工作架构进行重新梳理，总结归纳出 RPA 处理部分与需要利用人的经验进行分析决策的部分；需要与业务团队、IT 团队及外部供应商团队进行合作，确保需求切实落地；需要对 RPA 工作的结果进行监控，及时调整 RPA 的工作状态，以匹配相关业务流程的迭代变化。财务人员的数字化素养、对业务的理解等都对建设的成效起着至关重要的作用。

（3）人机协同

机器和人各具优势，只有充分发挥两者各自优势的人机协同共生系统，才是一个可以不断学习不断进化的系统。在这样的人机协同系统中，财务人员并不会被 RPA 所替代，反而因为 RPA 的使用推动自我升级，适应数字化转型的需要，成为智能化新时代的财务专家。财务人员作为人机协同系统的大脑和中心，指挥 RPA 去完成各项标准化流程，以创造更大的价值。

10.5.5 建设成效

作为企业的天然数据中心，财务部门可以汇聚、分析经营相关数据，RPA 的应用可以帮助财务部门洞察市场、预测趋势，为企业实现更加高效、科学、精准的决策，大幅提升经营管理效率。

整体来看，基于人机协同的财务数据中台在汇付天下的建设已经初具雏形，达到了预计的效果。

（1）提供数据驱动的决策支持

随着汇付天下RPA、低代码开发系统的使用以及数据中台的建设，建立数据仓库并重视数据挖掘，数据的可获得性和分析能力提升，将财务数据的采集核算工作转为线上，把大量历史数据转化为有用的决策依据，提高了领导层的决策水平和质量，为财务会计向管理会计转型和升级提供了技术支持。同时，汇付天下运用aPaaS低代码工具以及RPA等弥补断点部分，打通交互数据，将数据通过BI工具形成各项数据看板，为企业决策赋能。

（2）提供业务价值链的业务支持

汇付天下高度重视业务数据的清洗、抽取、转换，提升了业务数据和财务数据的集成度，为业务绩效提供多维度的灵活分析。从汇付天下数据的体量和范围来看，数据来源和形态更加多样化，大量的外部数据和内部交易数据都可以作为财务大数据的基础，非结构化数据也逐渐引入到财务数据分析中，使业务和财务分析包含更丰富的洞察。在交易处理方面，流程管理更加实时、集中、标准和自动化，特别是在数据的管理和应用方面，提供了更加准确、实时的财务分析报告。

（3）共享财务和智能技术提升效率

公司建立了共享服务中心以及实施数据汇等项目，提高了企业财务管理流程的标准化水平、运营效率和管控能力。汇付天下的智能自动化机器人的应用降低了成本，尤其是将人工成本缩减了90%，拥有了超强的工作效率，尤其是操作类、数据整理类等工作效率可达人工的15倍。公司低代码的开发交付仅需2~6周，速度快、效率高。同时，财务数据中台的建设能集成大量的数据，比如核算数据、预算数据、资金数据、资产数据、成本数据、外部标杆数据等与高层管理和决策相关的信息，成为公司决策最重要的数据支持平台。

（4）事前预测管控，有效控制风险

在汇付天下迈向数字化的进程中，数据和分析技术是核心驱动力，融入了企业业务的价值链，基于数据做出前瞻性的分析和预测。财务工作不再仅仅满足于被动地记录和分析历史，公司管理层也不只是通过财务部门提供的报表被动接受企业的经营结果，而是进行事前预算和事中控制，帮助企业管理层把握未来发展的方向，并防范风险。

综上，汇付天下已经按照计划完成了财务数据中台的搭建，实现了财务中台与智能工具的有效结合。财务数据中台已经具备了业务/财务主数据的准入，针对财务属性数据的查询与报表输出能力，也基本具备了业务核算以及数据校验功能与异常报警机制。

财务数据中台的建设思路有利于财务共享服务中心进一步打破企业财务数据与业务数

据的"孤岛"现象，实现数据的汇聚联通，形成统一的数据平台，为后续数据资产的价值挖掘提供原始材料，同时可以推动财务共享服务的数字化转型，真正实现财务数据的价值。

财务数据中台的平台建设思路是需要财务人员将其作为数字化转型的工具进行掌握和运用，并结合自身的实践，思考其落地实施问题，尤其是在解放基础会计烦琐工作的同时，让很多管理会计的实施交由机器人自动化执行。财务人员和机器共同协作能力将得到高速发展，基于数据中台的智能财务决策也将真正得以变成现实。

第四部分

全面赋能：实现财务决策支持的数智化

　　财务数字化转型不仅仅只是系统建设，其最终落脚点是全面赋能财务管理，实现企业价值创造。本部分（第11章）将针对企业面临海量数据无法深度挖掘，难以利用数据支持管理决策等痛点问题，探讨如何释放数据价值，让数据全面赋能企业财务管理的数智化。

第四部分　全面赋能：实现财务决策支持的数智化

第 11 章　数据分析与决策支持

当前的数据复杂性正在不断提升，如今拥有海量数据和各种数据集的不再仅是企业的销售部、市场部、财务部和制造部。在数据的洪流中，管理层面临着行动决策方面的困难。在数字经济时代，数据驱动将给企业决策带来什么变化？我们应该使用哪些分析工具将大数据发挥出大价值？面对庞大而复杂的数据，我们如何利用计算机提升解决问题的效率呢？

在本章中，我们将从数据驱动下的决策支持入手，逐步揭开业财数据分析的神秘面纱；之后我们将展现数据分析工具和 BI 工具的功能、应用场景等，近距离了解这些常用的分析工具；在此基础上我们将一起实现统计学到机器学习的进阶，介绍机器学习的渊源、算法、深度学习等方面，并举例说明机器学习是如何预测产品销量的。最后，我们将根据数据分析的相关工作经验，就企业在数据分析和决策支持中可能存在的问题提供相关建议和对策。

11.1　数据驱动下的决策支持

11.1.1　从数据到智慧

1934 年，T. S. 艾略特在诗作《岩石》中写下了这样一段话：

我们在知识中失掉的智慧在哪里？

我们在信息中失掉的知识在哪里？

这段话乍看之下很让人费解，因为在日常工作中，我们通常将财务数据、财务信息这样的概念混用，也经常会认为有知识的人就是有智慧的，而且因为这种混用并不会影响日常交流，所以也很少有人去对它们进行严格区分。

但理清它们之间的关系对进一步理解如何用数据驱动决策至关重要，所以在对"数据驱动的决策支持"展开进一步讲述之前，需要先对数据、信息、知识、智慧的概念进行以下简单界定。

为了理解以上四个概念，我们先从一个例子入手：

数据：700万元；1400万元；0.5

信息：XYZ公司流动资产为700万元，流动负债为1400万元，流动比率为0.5（流动资产/流动负债）。

知识：一般来说，流动比率大于等于2时，对于企业短期来说是健康的；流动比率等于1，说明企业短期流动性储备刚好能满足短期的偿债需求；但是，企业还有经营方面的资金需求，这就要求企业的流动比率要大于1。XYZ公司的短期流动性状况不容乐观。

智慧：为保证企业良好的流动性状况，企业未来需要建立良好的流动性管理架构、适当的预警和报告机制、合理的危机管理程序和阶段性的实时检查制度。

由此，我们再将这些例子与抽象的概念进行对应，形成DIKW体系，如图11-1所示。

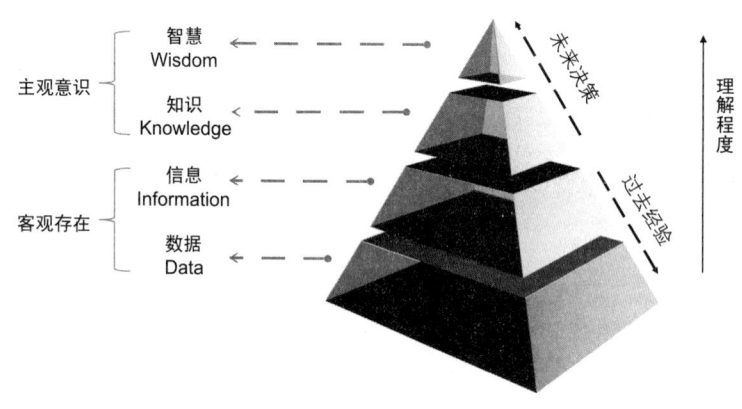

图11-1 DIKW体系

数据：是事实或观察的结果，是对客观事物的逻辑归纳，是用于表示客观事物的未经加工的原始素材。

信息：是关于事件的、相关联的、有意义的数据。信息通常可以回答一些简单的问题，比如：谁？什么？哪里？什么时候？所以信息也可以看成是被理解了的，具有一定含义和逻辑的数据流，信息=数据+处理。

知识：是经过实践证明的、有用的、有意义的、可以用来支持决策和行动的信息，是能将信息化为行动的能力，是对信息认知、分析和确认的过程。这个过程结合了经验、上下文、诠释和反省。可以说，知识是派上用场的信息帮。

智慧：是认知层次中最高的一级，它同时也是人类区别于其他生物的重要特征。它是对知识进行独立的思考分析、得出的某些结论在脑中形成的一套思维体系。与前几个阶段不同，智慧关注的是未来，对企业决策至关重要，它试图理解过去未曾理解的东西、过去未做过的事。

总结来说，数据和信息都是对客观世界或者企业中真实的业务财务状况的一种描述，是对过去发生的事项的一种记录。而知识和智慧则产生于人的主观意识，更多是面向未来，知识是对信息之间联系的进一步提炼，员工利用获取的知识完成日常工作，管理层利用获取的知识进行未来的决策。

在从噪音中分拣出来数据，转化为信息，升级为知识，升华为智慧整个流程中，理解的深度在不断增加，"清楚、简明、完整、正确"的程度也在不断增加。区分清楚这四者，无论是在当今信息爆炸的时代，还是在财务的工作中，都有助于增强知识的鉴别能力，进而做出更智慧的决策。

11.1.2 传统财务分析

（1）传统财务分析的内涵

财务分析的出现远早于近年来流行的"数据分析"概念。因为财务问题涉及企业税收、合规经营、投融资管理等安身立命的基本问题，所以企业很自然地会将财务数据沉淀下来形成利润表、现金流量表、资产负债表以及报表附注。

既然有了账本，自然可以对账本进行数据分析，这就是财务分析的最早来源。传统财务分析由于数据之间运算逻辑明确，数据之间转化也基本只涉及加减乘除的基本运算，对运算工具并没有过高要求，所以更注重的是分析的逻辑。

狭义财务分析即财务报表分析，以会计核算和报表资料为依据，对企业等经济组织过去和现在有关的筹资活动、投资活动、经营活动的绩效进行分析与评价。

（2）传统财务分析的维度

传统财务分析是基于财务报表数据的分析，常用的分析方法相信读者也已十分熟悉，在此不再赘述，只对其分类做简单阐述。

①定量方法：包括对比分析、趋势分析、杜邦分析体系（偿债能力、营运能力、盈利能力，详见图11-2）、财务比率分析模型、外币存款与汇率相关性分析。

②定性方法：包括财务战略矩阵、供应链分析、市场舆情分析等。

在传统财务分析中，由于可用于分析的数据十分有限，所能进行决策支持的也只是围绕企业的成本中心、收入中心、利润中心、投资中心进行一些财务高度相关的成本控制、收入预测、预算制定、投融资管理等决策。

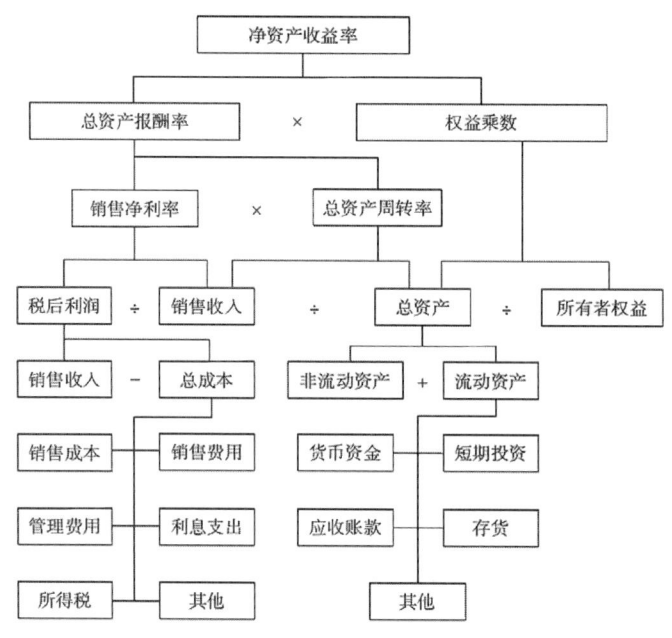

图 11-2 经典杜邦分析体系

11.1.3 支持决策的业财数据分析

（1）决策要会让数据说话

在过去企业外部经营环境相对稳定的情况下，企业的产品推出、市场活动的开展等决策，通过简单的财务数据分析，管理层就可以依据经验和个人智慧拍板。

在当今时代，中美贸易战、新冠肺炎疫情以及突如其来的各种意外状况，使每个企业都处于这种不稳定（Volatile）、不确定（Uncertain）、复杂（Complex）、模糊（Ambiguous）的商业环境中。这也使我们步入了一个产品过剩、消费升级的时代，企业间的市场竞争也日趋残酷。在这种背景下，如果管理层做出的决策没有严密的数据支持和足够的风险考量，将使企业"立于危墙之下"。所以企业的决策必须要从数据出发，让数据说话，这就是我们这一节要讲的支持决策的数据分析。

至于数据分析和决策之间的关系，作者认为分析是科学的，决策是艺术的，而且随着数据分析工具的不断进化迭代，分析的科学性会进一步提升，但无论技术发展到何种程度，决策都将保持其艺术性。因为人的直觉、对知识的综合升华能力，依然是模型算法暂时难以超越的，决策要让数据说话，但是不能只有数据在说话。

（2）业财融合下的数据分析

业财数据分析是指在财务报表分析之外还包括大量经营业务数据分析，即借助企业经济活动所提供的资料，对企业各种资源的配备、使用情况和经济效益进行分析和评价，以不断寻求提高经济效益的途径。其与传统的财务分析在 DIKW 四个维度上的差异如图 11-3 所示。

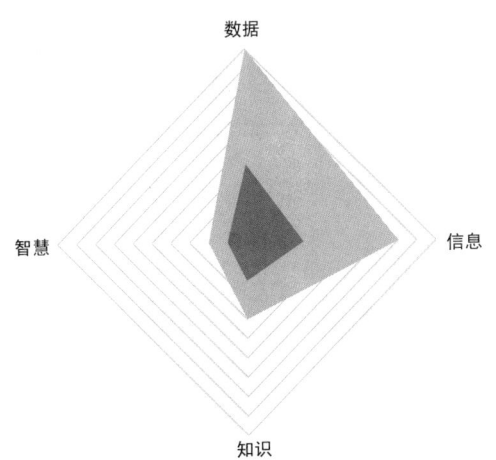

图 11-3 业财数据分析与传统财务分析的差异

这就要求企业不仅关注自身的情况，还要了解对手的情况、供应商的情况、客户的情况，了解每个国家的政治经济情况。不仅有财务的数据，还要有非财务的数据；不仅有内部的数据，还要有外部的数据；不仅有事后的数据，还要有实时的数据。仅仅是收入数据，就要把它分解到项目、合同、产品、办事处、客户，仅仅知道是某一个客户还不够，还要知道该客户的属性是民企还是国企，处在什么行业，在哪个城市，购买的是咨询产品还是软件产品，是一次性收费还是多期的订阅，是私有云部署还是公有云部署，是自主销售还是渠道销售……所有这些管理者都需要知道，因为这些信息的背后对应着每一项决策，比如销售渠道应该怎么搭建，研发资源应该怎么投入等，这些信息用传统财务报表是很难获取的。企业必须构建起自己的 DIKW（数据-信息-知识-智慧）体系，并将这套体系模型沉淀为软件里面的知识、算法，从而更好支撑企业做好预测和决策。

数字化相比于之前的信息化，一个重要的变化就是数据采集方式的变化。以商品入库为例，在信息化时代，往往是一个仓管员拿着出入库单，录入到仓库管理（WMS）系统内，来完成数据采集；而数字化时代可以借助于产品包装上的二维码、RFID 标签，通过扫码来进行识别，或者使用我们前面介绍过的 RPA+OCR 实现数据的实时自动采集。这两者带来的差异，一是数据的实时性，二是数据的准确性；这极大增加了可获取的数据量和数据维度，像过去那样"一个会计、一杆笔、一个计算器"显然无法满足这样的数据处理需求。

数据分析工具的丰富使财务分析内涵的拓展成为可能，帮助分析的范围实现从财务数据到业财数据综合分析的拓展。业财融合的数据分析可以通过如图 11-4 所示的四步逐步递进。

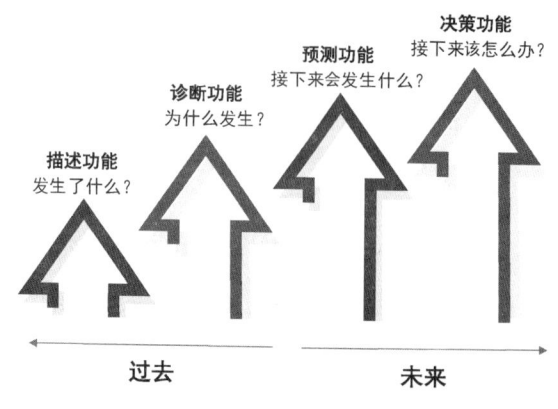

图11-4 业财融合的四步递进

①描述功能：发生了什么？进行一些描述性的分析，例如，模板化的报告、可视化的图表、使用报告、财务仪表盘创建的业务快照以及查询过去数据的功能。这种类型的分析工具无法告知我们数据中所蕴含的规律，只是试图在解释过去"已经发生了什么？"

②诊断功能：为什么发生？这一阶段的主要功能是诊断异常，询问和深究异常发生的原因。在这一阶段需要具备从全局钻到细节的能力，也要具备隔离所有混淆信息的能力，常用的分析方法有归因分析、关联规则挖掘算法等，后续会逐一介绍。

上述两种功能都是站在现在望过去，但随着企业竞争环境日益复杂，事后描述性的数据分析已不能满足业务飞速发展的需求，事前预测性的分析才能帮助企业进行智能决策，领先一步。以数据观全貌，以数据透析本质，是管理者洞察业务、做出决策的必然之选。

③预测功能：接下来会发生什么？预测分析工具利用历史数据建立统计模型，从而对未来事件或价值进行预测。这是机器学习算法主要实现的功能之一。

④决策功能：接下来该怎么办？决策功能是要给出问题的解决建议，业财融合极大增加了数据分析可支持的决策层场景，这是由于在业财融合背景下，出现了两种业财交互点，一种是连接点，就是说这件事情如果不走流程是跑不通的，比如财务不开发票，业务人员是没有办法进行收款的，这个流程就断掉了。另一种是决策点，这类事情如果不做，公司也可以运转，但是未来的风险会很大，比如说供应商的风险评估，在做一次招标的时候，可以通过大数据、知识图谱对供应商的关联关系和风险进行分析，从而找到更合适的供应商，这件事情可以不做，也不影响这次采购招标的流程执行，但会对未来留下隐患。

决策点是传统财务分析不太关注的地方，这件事要么企业没有做，要么是由非财务部门来做，比如说市场如何选择、客户如何选择，应该如何评估客户的授信额度，供应商风险是不是进行了充分的评估，研发项目应该如何立项等。在业财融合背景下，这些决策均可以靠财务人员通过数据分析来支持。

11.1.4 决策支持的步骤

通过前面对于数据分析的介绍读者可以感受到，业财融合背景下，CFO和财务人员的定位不再只是传统的财务监督,更需要作为企业的顾问,根据实时数据对企业进行决策支持。实现从对历史数据的描述和分析到对未来预测和决策的赋能。

"财务分析的理念+数据分析的工具方法"促成了最终财务相关的决策支持。通过打通业务和财务数据,为高层的经营和决策提供及时、准确的仪表盘的同时,用数据驱动业务运营乃至战略相关的全方位决策。

图 11-5 是我们给出的以业务需求为起点,通过数据分析,最终支持决策的一套方法论。

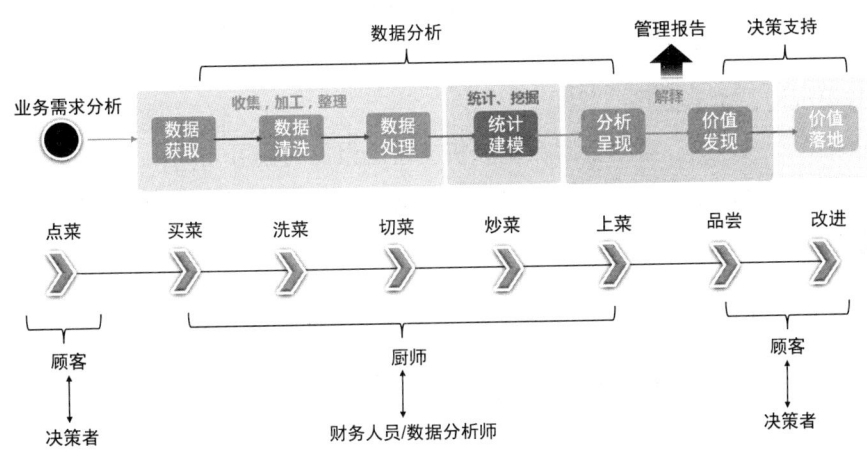

图 11-5 决策支持的方法论

(1) 业务导向,发现问题

此处,我们将整个从数据分析到决策支持的过程比喻为顾客从走进餐馆点菜,厨师做菜到顾客最终结账离开的全过程。首先要做的就是顾客点菜,这里的顾客对应企业的决策者,这个菜谱主要有以下三个模块:

①运营层面。

生产决策:包括最优批次生产量、自产或外购决策、最优化产品结构决策等。

销售决策:包括产品定价、用户画像、用户生命周期、流失客户召回、销售量异常变动归因分析等。

财务决策:包括预算分配、营运资金管理等。

②风控层面。

风险管理决策:包括风险识别、风险后果度量、风险评价。

金融风险决策:包括贷款资格审查、自动审批、贷款额度测算、贷后预警。

③战略层面。

企业战略层面的决策场景包括收购并购、市场分析、研发战略等,但随着战略层级的提升,决策的艺术性相比于科学性越来越突出,数据分析在这一阶段只能起到辅助作用,还是要依靠人工进行最终拍板。

(2) 数据挖掘，洞察原因

顾客点完菜之后，厨师就要根据顾客的需要炒菜，这里的厨师就是企业的数据分析师或者掌握数据分析技能的财务人员。整个数据分析流程就是数据的全生命周期处理，包括数据获取、清理、处理、建模以及可视化呈现，分别对应着做菜过程中的买菜、洗菜、切菜、炒菜、上菜的过程。这一部分涉及的技术工具我们会在后面展开介绍。

(3) 支持决策，价值落地

数据分析的结果一般以管理报告或可视化图表的形式呈现给管理者，管理者要根据数据分析发现的企业问题制定相应的对策，从而实现数据价值的最终落地。这一过程就像顾客品评菜品，针对菜品的瑕疵对整个饭店提出改进建议。

(4) 知识沉淀，聚沙成塔

企业管理者要意识到，整个业财数据分析支持决策的过程并不是一个线性流程，而是一个环形结构，因此在流程中累积的经验和有效的模型算法要沉淀为企业的知识资产，从而不断完备企业决策支持的"武器库"。

11.2 常用数据分析工具

"工欲善其事，必先利其器"，要从数据分析跨越到决策支持，除了要有前面讲的方法论支撑外，一个顺手的工具也是必不可少的。根据ACCA《财会分析工具报告》指出，目前企业内习惯使用的数据分析和处理工具及比例如图11-6所示。

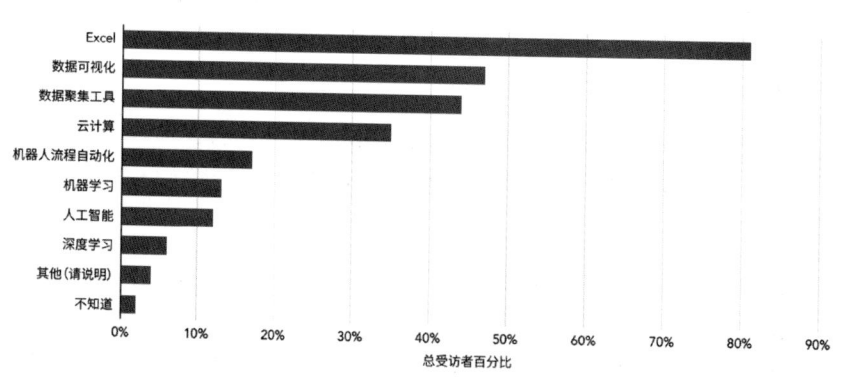

数据来源：ACCA《财会分析工具报告》。

图11-6 数据分析的技术支持使用比例

《孙子兵法》有云："不尽知用兵之害者，则不能尽知用兵之利也。"不同的数据分析工具以及编程语言各有优劣，不同应用场景下都有自己的"傍身之技"。有人难免会想，我在日常工作中做数据分析处理时Excel已经能满足大多数的要求，VBA编程以及RPA

(机器人流程自动化)也能够将我从一些重复劳动中解放出来,就算 Python 或其他高级分析工具再好,我在工作中真的有应用的必要性吗?表 11-1 对常用数据分析工具的优劣作了简单介绍,给大家一个直观的体会。

表 11-1　　　　　　　　　　　常用数据分析工具的优劣

	Python	Excel	Excel 宏/VBA	RPA
特点概况	全能、无上限	灵活轻量	代替 Excel 中的机械劳动	代替电脑端几乎所有机械劳动
上手难度	高(但低于大多数编程语言)	低	宏较低/VBA 较高	较低
主观判断多的场景	适合(机器学习)	较适合(人主观判断)	不适合	不太适合(可 RPA + AI)
复杂的客观判断场景	适合(函数)	较适合	适合	适合
海量重复劳动	适合	致命缺陷	适合	适合
本质	编程语言	—	宏:流程录制 VBA:编程语言	可视化编程
破防瞬间	Bug 改到地老天荒	文件 10M + 以上开始卡顿	复杂流程宏无法实现 VBA 写起来又太麻烦	付费版太贵 免费版功能受限

11.2.1　数据分析工具

(1)数据分析工具功能

数据分析是指有针对性地收集、加工、整理数据,并采用统计、挖掘技术分析和解释数据,为了提取有用信息和形成结论而对数据加以详细研究和概括总结的过程。其具体思路如图 11-7 所示,在前面介绍支持决策的业财数据时也有所提及。

图 11-7　数据分析的具体思路

通过对于数据全生命周期的分析,希望达到以下功能:

①了解业务现状,预测业务趋势:根据可视化图表,呈现目前业务的概况,对整体情况有直观认识,并通过数据掌握业务开展的趋势。

②发现业务异常:针对业务数据呈现的异常点进行重点挖掘,探查异常源头。

③指导业务调整：一般在业务策略调整后，通过数据持续跟踪策略实施效果，判断效果优劣，方便做出相应调整。

（2）数据分析工具分类

目前，市面上数据分析工具可以说是"百家争鸣"，按照所属的"生态系统"大致可分为以下五类：

①Excel生态：不光包含表格软件，还有很多内置的数据分析工具和插件，从群众基础来说无人能及。具体包括Excel、VBA、PowerQuery、PowerPivot、PowerView、PowerMap等。

②数理统计工具：这类工具偏专业数学统计分析，可以做数据挖掘、数据建模、系统搭建等工作，适合学术和大型商业公司。具体包括SAS、SPSS、Stata、Minitab、Eviews、Statistica、MATLAB、Mathematica等。

③BI工具：BI（Business Intelligence，商务智能）一般用来分析商业数据，洞察商业机会。这是大部分数据分析岗位需要用到的工具，因为学习简单，且数据处理和展示功能强大。具体包括Power BI、Tableau、Qlikview、SAP BI、Oracel BI、FineBI、Yonghong BI等。

④数据库工具：数据库是数据存储的工具，一般企业都会有自己的私有部署数据库或者云数据库，每一位数据从业者几乎都需要和数据库打交道。因为熟悉各类数据库并编写SQL查询，是数据人必备技能之一。具体包括MySQL、PostgreSQL、Oracle、SQLServer、MongoDB、Hive等。

⑤编程工具：除了上述数据分析软件外，编程用于数据分析也是大趋势。越来越多的数据分析师通过Python、R等进行数据建模、可视化，而且编程语言快速、灵活、复用性强的特点也适合数据处理分析。具体包括Python、R、Julia、Scala、Spark、Java、Hadoop等。

（3）使用场景

这一点，其实大家在实务中很容易体会，以Excel为例，其应用几乎是全场景。而其他数据分析工具也大多如此。而商业思维驱动下的数据分析，大多以问题为导向，典型场景如下：

①归因分析：广义的归因分析指找到事件发生的原因，例如，判断企业某一个分部季度销售额的异常变化是由什么原因导致的？企业哪些营销渠道促成了销售？就可以使用归因分析模型进行分析。

②留存分析：是一种用来分析用户参与情况/活跃程度的分析模型，考查进行初始行为后的用户中，有多少用户会进行后续行为。这是衡量用户价值高低以及黏性的重要分析方式。例如，一个新客户在未来的一段时间内是否会完成企业期许用户完成的行为，如支付订单？想判断某项产品改动是否奏效，如新增了一个邀请好友的功能，观察是否有人因新增功能而多使用产品几个月？这些都属于留存分析。

③漏斗模型：漏斗分析模型在我们日常生活中随处可见，已经广泛应用于流量监控、

产品目标转化等日常数据运营与数据分析的工作中。以直播带货为例，一般的用户购物路径为激活 App、注册账号、进入直播间、参与互动、礼物花费五大阶段，漏斗能够展现出各个阶段的转化率，通过漏斗各环节相关数据的比较，能够直观地发现和说明问题所在，从而找到优化方向。

④用户分群：是依据用户的属性特征和行为特征将用户群体进行分类，对其进行观察和分析的方式，在后面机器学习的聚类算法中还会具体介绍，其他数据分析具体方法还包括 A/B 测试、链接标记、同期群分析、热图分析，但由于和财务联系并不如以上四种密切，此处不再赘述。

11.2.2 BI 工具

财务数据必定要和业务数据相融合，才能提供真正有价值的分析，在企业早期信息化建设过程中，企业系统中积累了大量冗杂的数据，如何将这些数据抽丝剥茧，对关键数据进行处理分析，是财务人员转型为数据分析师必须思考的问题。

在这种背景下，企业对于商业智能和数据可视化诉求日趋强烈，对于财务决策的影响也最为直观，因此我们将对数据分析工具中的 BI 工具单独做介绍，看看它如何助力实现"人人都是数据分析师"这一宏伟理念。

下面将从功能发展、分类、使用场景、选型四个维度展开介绍，以帮助企业找到最适合自身经营现状的 BI 工具。

(1) BI 工具功能进化论

BI 起源于决策支持系统（Decision Support System），传统型 BI 力求大而全的统一综合型报表和分析平台，侧重传统式报表开发。依托于大数据技术的普及，企业的业务模式快速迭代，促使自助式 BI 和敏捷 BI 得以迅速发展，如今 BI 在国内已经到了发展的第三阶段，即智能化 BI，开始逐渐融合 AI 能力，朝智能化更近一步。BI 工具的进化历程如图 11 - 8 所示。

图 11 - 8 BI 工具的进化历程

尽管 BI 工具的定位一直在不断进化，但其在升级迭代中也一直保留着三大核心功能，

分别是数据准备、数据处理、数据可视化,下面我们逐一展开介绍:

①数据准备(非数据中台化管理模式下):我们在第10章的数据治理部分已经讲过主数据产生、数据录入与输出的标准等数据管理规范。如果公司已经进行了很好的数据治理,则可以跳过利用BI进行数据准备这一步骤,直接进入到数据分析环节。

如果公司尚未成体系地进行数据治理,也就是在传统非中台模式下,数据准备是指将原始数据读取到BI平台并进行基础的管理和建模,为后续的分析奠定基础,具体包括数据存取/连接、数据管理等环节。

BI工具要允许用户连接到本地和云上各种类型存储平台中的结构化和非结构化数据。主流BI工具都支持将数据存储到本地服务器,以提高BI平台访问性能和数据安全性,减小对业务系统实时直连抽取数据的压力,避免因数据提取而导致业务系统宕机。同时,BI工具也提供直连数据库和数据仓库的功能备用。

②数据处理:在业财融合背景下,财务人员对于数据处理的需求更加灵活多变,并且经常需要对不同业务系统的数据根据相同的维度或者属性进行关联分析,IT部门提供的对数据的基本处理功能和基本的关联关系并不能完全满足需求。

例如,财务人员要根据公司产品销售明细数据分析用户的特征,并调整相应的销售策略。这个时候就需要基于销售清单数据,计算相应的分析指标,比如每个用户的消费频次、单笔消费最大金额、最近两次消费的时间间隔。这就要求BI工具提供数据处理功能(例如新增列、分组统计、过滤、排序、上下合并、左右合并等),使用户能以极低的学习成本将数据处理成自己需要的结果,也让IT部门更专注于准备基础数据的工作,将数据分析与处理的任务交给更熟悉业务的分析人员。

③数据可视化:数据可视化是大数据的最后一公里,但却是唤醒沉睡数据,支撑管理层决策支持的第一步。在后面的日常应用及决策支持场景中会对该内容展开介绍。

(2)BI工具分类

BI工具一般可分为传统BI、开源类、商业类,前两类较为偏重技术,开发人员使用居多,上手门槛也略高,在此不做过多介绍。图11-9介绍了商业类BI工具中名气比较大的FineBI、Tableau和Power BI。

①FineBI:FineBI是一款由帆软公司开发的国内一流的BI工具。FineBI有移动端、PAD端以及大屏,从发展阶段来看是一款自助式BI。提供各种样式的表格和多种图表服务,包括列表、分组、交叉表格,图表类型包括柱形图、条形图、饼图、面积图、组合图、仪表盘和地图。

②Tableau:是目前世界上最流行的BI工具之一,优点是数据分析、可视化能力强大,中型企业和大型企业应用较多。前端支持以拖拽式分析数据,对于用户不需要有IT基础。但ETL功能并没有集成,需要有非常好的数据仓库作为基础。

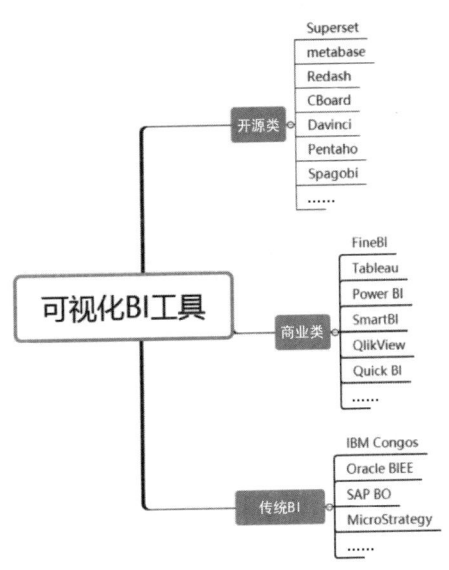

图11-9 可视化 BI 工具分类

③Power BI：微软系列的 BI 工具，也是目前世界上最流行的 BI 工具之一，最显著的优势是与微软的主要工具（包括 MS Excel、Azure Cloud Service 和 SQL Server）紧密集成。Power BI 简单且快速，能够从 Excel 电子表格或本地数据库中进行丰富的建模和实时分析及自定义开发。因此它既是用户的个人报表和可视化工具，也可用作组项目、部门或整个企业背后的分析和决策引擎。

（3）日常应用及决策支持场景

①直接对 Excel/数据库快速完成基础数据报表：财务基本每月都要做财务分析报表，以前需要从各业务系统中导出 Excel 数据，粘贴到 Excel 周报、月报模板中，再通过邮件的方式发给领导，但苦恼的是重复导出太费时费力，而且一遇到大数据量，Excel 更是卡得不行。Excel 可以通过调用 BI 工具的 For Excel 插件，实现复杂表头的场景下从发布到线上查看，数据实时更新，一劳永逸。

②迅速完成报表分析及可视化搭建：财务数字化转型背景下，管理层对于数据价值的利用意识越来越高，数据分析和展现需求日益增长。通过 BI 工具可实现一站式资产负债表分析，如图 11-10 所示。

③迅速完成企业级可视化大屏/管理层驾驶舱的搭建：企业的各项工作主要由各部门团队分工协作完成，彼此之间需要很好地进行沟通和配合，利用 BI 工具搭建管理层驾驶舱为各部门工作协调架起了有效的桥梁，其一般需要包含三个层面的数据指标，即企业战略层面、组织机构层面和业务流程层面自上而下的指标分级，管理层可以通过可视化发现异常、识别风险。

④智能化 BI 助力决策支持：智能决策是企业面向未来的核心需求，但要讲清楚这一部分需要配合机器学习相关知识，我们将在本章 11.3 节中展开介绍。

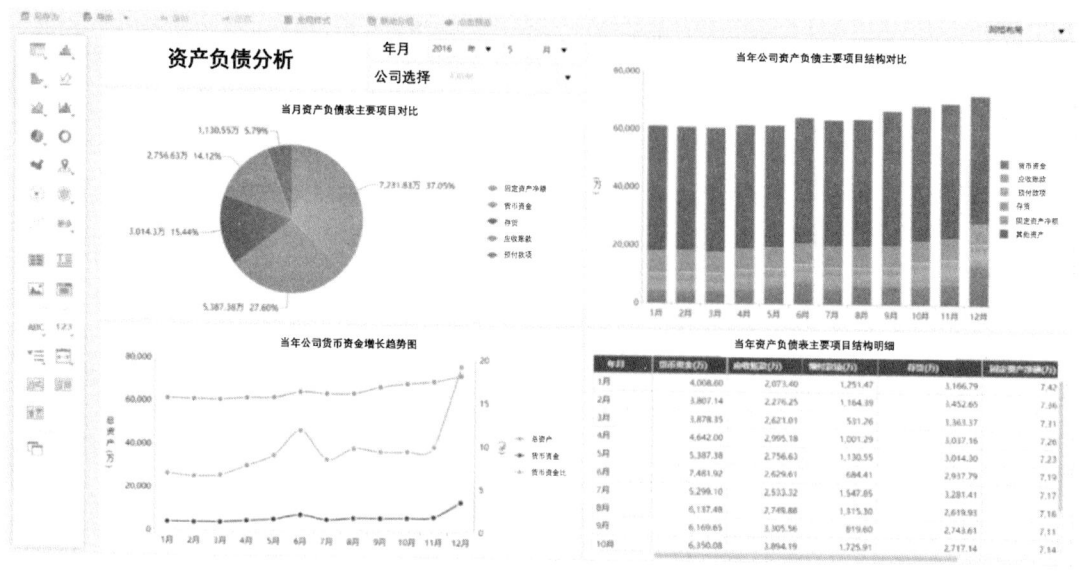

图 11-10 通过 BI 工具实现一站式资产负债表分析

（4）BI 工具选型

不同的企业在所属行业、具体业务、发展和管理水平、信息化水平、人员技术背景等方面都存在非常大的差异，照搬照抄别人的答案并不能解决问题。企业必须"量体裁衣"，找到最适合自己的 BI 工具。采用技术太过前沿的 BI 工具，如果没有落地场景，这些工具最终将变成 IT 部门的成本；而技术落后的 BI 工具很快就会过时，对企业发展也有很大的制约。因此，在 BI 工具选型时须慎重，走中庸之道，不保守、不激进，不盲目追求新技术。所选的工具不仅当下能发挥作用，而且在未来一段时间内其技术不至于过时。既关注工具本身，也要考虑企业自身实力。从场景出发选择 BI 工具，必将带来不错的回报。总之，BI 工具的选择需要贯彻一个原则——合适。

根据帆软数据应用研究院的调研数据，易用性、性能稳定性、功能完备、采购成本、BI 厂商的能力是企业在进行 BI 工具选型时主要看重的因素，百分比代表关注程度，具体可见图 11-11。

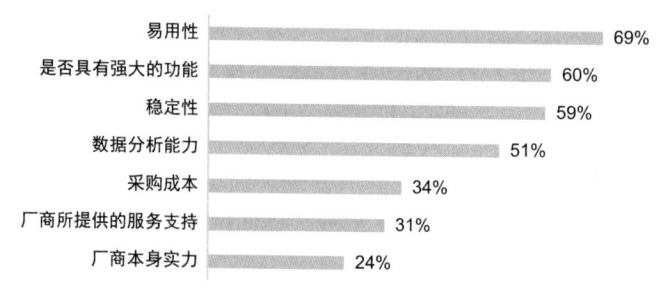

图 11-11 BI 工具选型关注因素

①易用性：易用性决定 BI 平台的整体使用体验，是影响用户持续使用的首要因素。具体来说，BI 工具的易用性主要体现在上手难度、交互体验、学习资源丰富度等方面。目前很多 BI 工具都融合了第 8 章介绍过的"零编码设计"的理念，目的是最大限度地降低用户的上手难度，能用可视化界面实现的操作，坚决不写代码，能用鼠标拖、拉、拽操作实现的分析，坚决不用函数，大大降低了学习门槛和成本。

②功能完备：BI 工具的功能众多，不同企业的需求也不同，但是有几个核心功能是必须具备的，包括数据准备、数据处理、数据分析与可视化、平台管控、场景需求转换等。总体来看，考虑 BI 工具的功能时，一定要符合强大、灵活、易用、安全、可视化程度高的特点。

③性能稳定性：BI 工具的性能决定 BI 平台的运行速度与运行质量，不仅要快，还要稳定。大数据时代，企业数据的量级不可同日而语，能支撑大数据也是对 BI 平台的关键要求。

④采购成本：BI 工具选型通常会受到财务预算的限制，因而采购成本也是不少企业在选型时重点考虑的因素。然而，对采购成本的控制不等于简单的报价和还价，价低者为最佳，还包含对很多隐性因素的考量。企业需要格外注意两点：一是综合考虑各项成本，二是学会用 ROI（Return On Investment，投资回报率）模型量化价值。

⑤BI 厂商的能力：这一点的考核维度和第 9 章 RPA 厂商甄选的维度十分类似，主要包括品牌声誉、过往客户评价、有没有过相同行业的成熟解决方案等。

当前，企业应用 BI 工具最普遍的场景是业务/财务人员通过报表工具进行数据可视化呈现，大多数的数据分析仍局限于日常业务分析，与管理决策之间仍然存在鸿沟。下一节我们将通过算法模型的介绍，进一步讲解如何依托于这些算法模型，助力自助式 BI 向智能化 BI 的进化。

11.3 数据分析进阶——从统计学到机器学习

11.3.1 统计学与机器学习的渊源

本节将在前面数据分析工具的基础上，介绍一些更进阶的数据分析方法，包括传统的统计学模型、机器学习算法以及机器学习中的深度学习。

从联系角度，机器学习本质上仍是基于统计学方法的。二者都关注模型中的参数推断，以及通过"消化"历史数据来进行预测。从区别角度，二者的侧重点不同，统计学的目的是探究变量之间的关系，更关心推断或预测的置信度（Confidence），而机器学习则更关心预测的效果（Performance）。

不同的侧重点也导致二者在研究问题的方法论上有很多不同。统计学会关心统计量服从什么分布、假设检验是否显著、模型拟合是否合理等问题。而机器学习关心的是与提高预测效果直接相关的问题，比如，怎样设计模型或目标函数、怎样训练、怎样提高算法效率等。

前面曾介绍过，从实用工具角度来看，数理统计工具如 SPSS、Stata 里面均有很多集成好的统计学模型，如描述性统计、均值比较、一般线性模型、相关分析等，而机器学习算法则需使用编程语言如 Python、C 语言、Java 来实现，但如今这些语言中有很多封装好的包可供初学者直接调用，例如，Python 中的 Pandas（含有灵活的数据结构）、Numpy（多维数组和矩阵处理）、Scikit - Learn（广泛的机器学习算法）、Pytorch 和 TensorFlow（广泛应用在 NLP、深度学习）。初学者通过调用这些包，可以极大减少初期对于算法原理的学习成本，从而快速掌握机器学习的应用思想。

11.3.2 机器学习算法

通俗来讲，机器学习（Machine Learning）是一个通过给机器喂一些"数据"（即训练集），使其获得知识，再利用另一部分数据（即测试集）来对学习成果进行检验，以不断提高预测精度。这一流程类似于"听课—考试—出成绩—改错—提分"的过程。

机器学习是人工智能（Artificial Intelligence）的一个分支，是实现人工智能的一种技术路径，其涉及概率论知识、统计学知识、近似理论知识和复杂算法知识，本质上是一种数学。机器学习的目标是基于输入的数据来预测结果，所有的机器学习任务都可以用这种方式来表示。其由三大基本成分构成，分别为数据（Data）、特征（Feature）和算法（Algorithms），如图 11 - 12 所示。

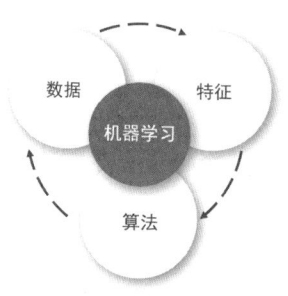

图 11 - 12　机器学习的三大基本成分

（1）算法

算法是计算机给出的解决方案，每一种算法都对应着解决一类问题。选择的算法会影响到最终模型的准确性和性能。由于本书面向的读者群体是财务人员，所以在介绍机器学习相关的模型算法时会侧重于介绍算法的用途，而弱化对于算法原理和类型的讲解。

（2）数据

我们再熟悉不过的概念，对于机器来说，在保证数据质量的前提下，输入的数据越多,机器学习的效果就越好,对于数据中的知识就可以提取得更充分,当然运行模型所需的时间也会响应延长。需要注意一点,如果数据质量差,即使采用最好的算法也无济于事。这被称为"垃圾进,垃圾出"(Garbage in Garbage out, GIGO)。所以,在把大量心思花到正确率之前,应该获取更多干净的数据。从数据分析角度我们把这个过程叫做数据清洗。

(3)特征

特征也可以称为"参数"或者"变量",比如汽车行驶公里数、用户性别、股票价格、文档中的词频等。换句话说,这些都是机器需要考虑的因素。可以简单理解为 Excel 表中的列名。

经典机器学习算法还可进一步分为有监督学习(Supervised Learning)和无监督学习(Unsupervised Learning)。

在"有监督学习"中,有一个"监督者"或者"老师"先向机器传授知识,"老师"通过打标签的形式完成数据集的划分——比如给图片标注上"猫"或"狗",机器就使用这些示例数据来学习,在经过训练之后,再给机器一些没有标签的图片来让其辨别是"猫"还是"狗",以检测其学习成果。

而"无监督学习"就意味着机器在一堆动物图片中独自完成区分谁是谁的任务。数据没有事先标注,也没有"老师",机器要自行找出所有可能的模式。

机器学习算法按其功能可分为回归算法、分类算法、聚类算法、关联规则挖掘算法等,其中"分类"和"回归"属于有监督学习,其他算法属于无监督学习。

不同类型的算法都有各自擅长处理的场景,需要在财务实际的场景中进行匹配和应用。下面对不同类型算法功能和应用场景进行讲解:

(1)分类算法

基于事先知道的一种属性来对物体划分类别,比如根据颜色来对袜子归类,根据语言对文档分类,根据风格来划分音乐。具体如图 11-13 所示。

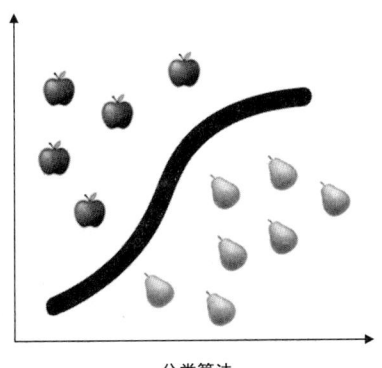

图 11-13 分类算法示意图

①场景：在类别标签已知的情况下预测未知对象的类别，例如，银行依据贷款偿还能力对客户进行预测分类、过滤垃圾邮件、识别手写字母（前面提到过的 OCR 就是基于分类算法）。

②原理：根据人工对数据打好的标签，将事物归类到不同的类别中，从而获得对事物的重新认知。

③类型：包括 KNN（K 近邻算法）、朴素贝叶斯、逻辑回归、决策树算法、随机森林算法、支持向量机（SVM）、BP 神经网络。

（2）回归算法

回归算法本质上也是分类算法，只不过预测的不是类别而是一个数值。它是通过历史数据找出普遍规律的过程。具体如图 11 – 14 所示。

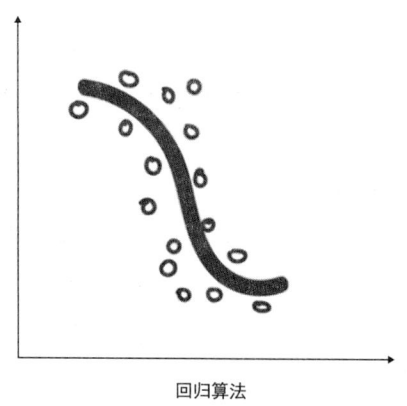

图 11 – 14 回归算法示意图

①场景：用于预测变量未来的趋势，预测企业经营收益、预测销售量、预测库存量、预测股票价格，寻找产品销售量和定价之间的关系等。

②原理：回归分析的核心是通过对于参数的合理估计，寻找自变量与因变量之间的关系。回归分析中又有三大参数估计方法，即最小二乘估计（OLS）、广义矩估计（GMM）和最大似然估计（MLE）。线性回归模型最简单的数学表达形式为：

$$Y_i = \beta_0 + \beta_i X_i$$

其中，β 为需要通过算法估计的参数，X_i 为自变量，Y_i 为因变量。

③类型：包括线性回归和非线性回归。

（3）聚类算法

这就像你记不住所有袜子的颜色，也可以根据特征将它们一一配对一样，机器会通过聚类算法选择最好的方式，基于一些未知的特征将事物区分开来。具体如图 11 – 15 所示。

①场景：用于分组预测，例如，对一批全新的客户（没有标注类别），根据用户特征进行分组预测，从而找到用户画像相似的人群进行市场细分。

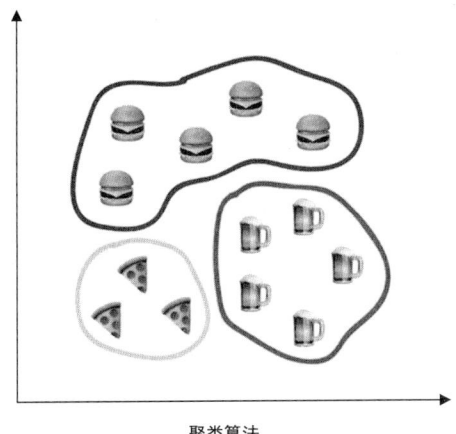

聚类算法

图 11-15 聚类算法示意图

②原理：对具有共同趋势和类似结构的数据进行分组，无需明确每组具体有什么属性。

③类型：包括 K-Means（K 均值）聚类、均值漂移聚类和凝聚层次聚类等。

（4）关联规则挖掘算法

关联规则挖掘算法用于预测或挖掘出数据集合中隐藏的关系网，简单来讲，就是在订单流水中查找模式。

①场景：购物篮分析问题，例如，用户在购买公司的 A 产品同时会购买 B 产品。利用电子商务场景，有助于判断顾客下一次的购买行为。也可以基于挖掘出的关联规则设置超市货架的排布，如在啤酒区到收银台的路上摆放花生米。

②原理：通过反映事件之间的依赖关系或关联关系，从而得出描述这种关系的规则。

③类型：包括 Apriori、Euclat、FP-growth。

（5）时间序列算法

在很多行业场景里，都会和时间序列数据打交道，例如，金融领域股票价格的涨跌、电商每日每月的销售额等，对于这种描述一个或多个特征随着时间发生变化的数据，就是时间序列数据。通过数据本身内在与时间的关联特性，用数据本身的历史找递推机制，预测未来数据，这个了解过去、预测未来的过程就是时间序列预测。

有的读者会觉得时间序列分析和前面讲到的回归十分类似，其实如果不考虑更复杂的数学层面上的独立性假设、平稳性以及因果性，时间序列分析的确可以视作自变量为时间的回归分析。

①原理：通过研究事物过去发展的历史记录，得出变量自身的发展规律。而想要利用数学语言去规范时间序列，最为适合的工具就是随机过程。但由于本书并不是一本算法书，对于随机过程的具体数学原理也就不再展开。

②类型：包括 ARMA 模型、ARIMA 模型。

11.3.3 深度学习和神经网络

(1) 概念理解

在上一节中我们主要介绍了数据分析,针对一些简单问题,通过数据分析即可实现,但对于一些复杂问题,则需引入机器学习算法。前面我们介绍过,机器学习有很多分支且不同的算法解决不同的问题。而深度学习是机器学习中的一个分支,机器学习与深度学习和数据分析三者的关系如图11-16所示。

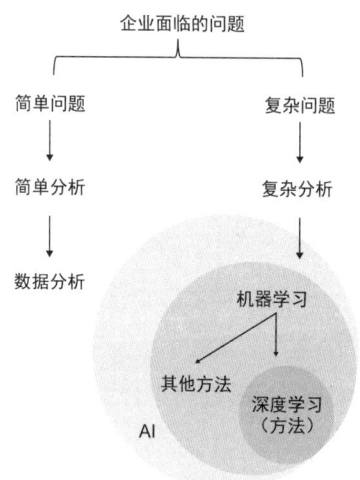

图11-16 机器学习、深度学习和数据分析关系图

深度学习在图像、语音等富媒体的分类和识别上取得了非常好的效果,比如,大家都听过的2016年谷歌旗下Deep Mind公司开发的阿尔法围棋(AlphaGo)战胜人类顶尖围棋选手李世石九段,阿尔法围棋的主要工作原理就是"深度学习"。

从较为官方的定义来看,深度学习是通过构建具有很多隐藏层的机器学习模型和海量的训练数据,来学习更有用的特征,从而最终提升分类或预测的准确性。相信读者看完这个说法还是一头雾水,"隐藏层是什么?""学习更有用的特征是什么意思?"要讲清楚这些问题,我们首先要了解一下深度学习的基本构造——神经网络(Neural Network)。

神经网络得名于其原理是对人大脑思考过程中神经元间相互作用方式的模仿。

通常,我们的大脑在思考一个问题时,首先要给出一个问题,然后大脑开始思考,最终得到答案(可能是错误的)。如果答案正确,我们相当开心。

如果答案错误呢?我们便会寻求他人帮助或者查阅资料等,这个过程就是在积累经验(也就是在调整误差);通过查阅资料,我们的大脑又进行了思考,认为此时想出的答案是正确的,最终便得到调整后的答案。学习过程如图11-17所示。

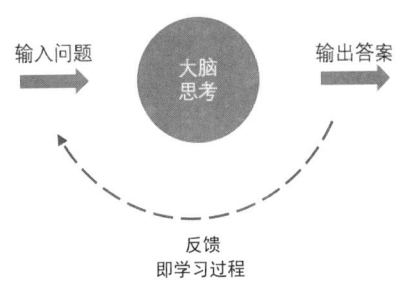

图 11 – 17　学习过程示意图

神经网络就是对这个流程的进一步抽象，将上述结构对应为输入层、隐藏层（也称中间层）、输出层，具体可见图 11 – 18。其中又包含了两个重要概念：激励函数和学习规则。激励函数是触发计算的阈值函数，可以简单理解为激活函数的作用是将各种各样的输入数据统一映射到一个神经元比较容易处理的范围，比如 0～1 之间。而学习规则是不断通过"犯错误—纠正错误"的迭代降低误差的过程。

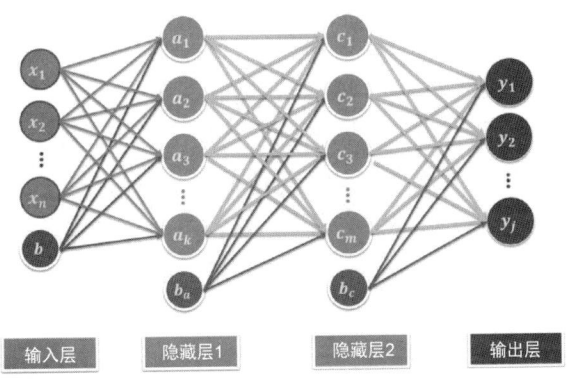

图 11 – 18　神经网络学习示意图

而"深度学习"中所谓的"深度"，是指神经网络的深度变深了（即隐藏层更多了），更加突出特征学习的重要性。特征学习这个概念，是我们下面介绍的重点。

（2）特征学习

我们先从一个小例子来看，请看图 11 – 19 的两幅图片。

图 11 – 19　特征学习举例图

这两张图片虽然从像素构成来说十分相似，但人类还是可以非常轻易地辨别出左边是人右边是狗狗。我们的大脑之所以能辨别二者是因为大脑里通过长期学习已经储存了一些关于人和狗的特征，比如，人的眼睛有白眼球黑眼仁，人的嘴唇是粉红的等特征，来帮助我们对狗和人进行鉴别，而教会机器这一思维的过程，就叫特征学习。

像前面这些特征都是人可以看到的，但是有些特征是隐性的，比如说一些线条轮廓的特征，这些特征很难用语言精准描绘，而深度学习的最大优势就是它能够自动地去通过"输入—训练—输出—反馈"这个流程，学习到更有表征力而且更深度的特征。

同时，特征提取也是深度学习区别于传统机器学习最核心的一点，因为机器学习所应用的特征还是人工来提取的，通过把特征输入进去，再进行学习，但是人工提取的这个特征不一定是准确的。

虽然深度学习能提取出更多更深层的特征，但与此同时它又带来了另一个问题——模糊逻辑。模糊逻辑是指人工智能在判断的时候像是一个"黑盒子"，比如，深度神经网络在提取特征的过程中往往会经过若干次的非线性变换将输入数据转化为向量（Vector），导致原本的输入数据已经"面目全非"，这也导致了深度学习模型的可解释性很差，无法呈现出一个清晰的逻辑判断链条，回到我们本章的主题决策支持上，也就是说深度学习会给出决策结果，而很难给出决策的依据，这种不可解释性极大限制了AI的落地，对管理层决策的帮助在目前来看也十分有限，但目前学术界也在研究可解释AI，随着这一技术的不断成熟，未来机器学习会在财务场景中对决策支持起到越来越关键的作用。

11.3.4 机器学习的财务应用场景归纳

虽然深度学习目前在财务实践中应用比较有限，但其他机器学习算法已得到较广泛的应用，具体有如下方面：

①资金管理方面：算法可以做支付欺诈扫描、授信/担保额度的管理、短期现金流的收支预测、短期现金流管理、投融资管理、资金风险预警。

②税务方面：可以做税务分析、纳税筹划、税务风险预警。

③预算管理方面：可以做收入的预算推演、经营成本的预算推演、现金流的预算推演、资产负债表的预算推演、预算的多维分析。

④成本管理方面：可以做目标成本体系的建立、最优库存模型的建立、成本分摊计算、供应商价格评价、多维分析体系等。审查和批准费用以确保费用符合预算及公司政策非常耗时。机器可以读取收据，审计费用，并在可能发生违规时发出警报。

⑤应付/应收账款处理方面：使用人工智能驱动的发票管理系统，由于实施了数字化工作流程，可以使发票处理更加精简。

⑥供应商选择方面：通过机器学习来审查新供应商的信用评分或税务信息，并在系

中进行设置,无需人工参与,通过查询门户即可获得供应商的所有信息。

⑦采购方面:大多数组织的采购和采购流程使用不同的系统,彼此不兼容。通过机器集成,对非结构化数据进行处理,最终实现采购流程的无纸化。且机器学习非常适合跟踪多个供应商之间的价格变化。

⑧审计方面:审计过程的数字化将有助于提高其安全性,它允许对每个文件的访问时间和访问人员进行数字化跟踪。审计人员将能够利用数字文件,而不是在文件柜中搜索审计过程中所需的文档。数字化审计提高了审计的效率和准确性,使被审计公司接近100%的财务交易都可以成为样本,而不仅仅是一个样本。

在月度/年度结账过程中,越快获得数据,组织就有越多的时间策略性地思考如何处理这些数据。机器可以发布来自多个渠道的数据,并对其进行整合和协调,每月/年度结账过程将更快更准确。

人工智能的尽头是数学,包括其中的优化理论、神经网络的设计、特征提取过程、输入输出过程,要弄懂这些都是需要许多前置专业知识作为铺垫的。由于本书的定位是一本实战工具书,本部分对机器学习和深度学习的介绍也只为引起大家的学习兴趣,故对具体原理在此不做更深一步探讨,接下来将利用一个小例子让大家对机器学习有一个更直观的了解。

11.3.5 应用举例:机器学习预测产品销量

(1)业务背景

BXD是某汽车生产企业,近几年乘着新能源汽车的东风,该公司传统汽车销量的上升趋势正在放缓,如图11-20所示,还有一些较为老旧的车型正在逐步退出市场,同时新能源汽车的销量日趋增长,如图11-21所示,现要预测该企业下一年的汽车总销量。

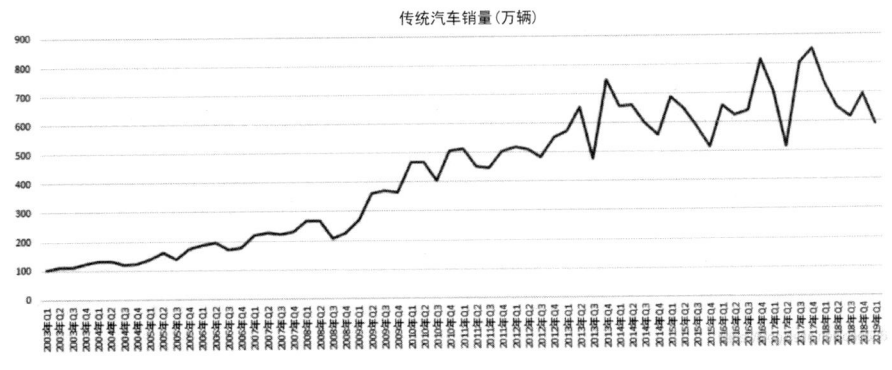

图11-20 传统汽车销量示意图

(2)问题分析

面对企业众多的产品线,不同产品有不同的生命周期、展业策略及定价模式。从数据分析上可分为以下几类:

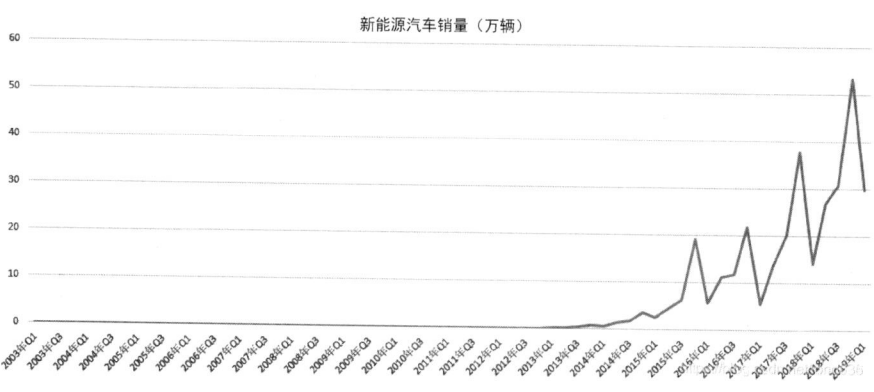

图 11-21　新能源汽车销量示意图

①正在展业中的新品（如新能源汽车）：销量呈上升趋势，且受营销策略影响较大。

②已进入稳定期的产品（如传统汽车）：此类产品销量逐月自然流失，虽整体呈下降趋势，但依然有一定比例的存量用户。

③销量较低的其他产品（如逐渐淘汰的车型）：数据量不足以支撑预测。

若要预测 BXD 公司下一年的销售量，一个较为合理的做法是将总销售量按以上三类进行分解，然后逐一预测。

（3）时间序列分析在销量预测上的应用

机器学习建模较为简化的思路如图 11-22 所示。

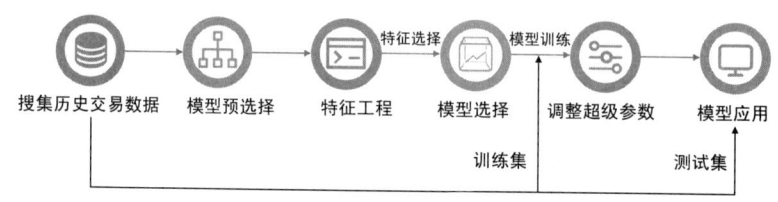

图 11-22　机器学习建模示意图

前面对该流程的思想内涵已经有所介绍，但考虑到该流程仍较为偏重实战，故对其中涉及的一些技术概念稍作解释：

①搜集历史交易数据：需要从样本范围和预测周期两个角度考量，以 BXD 公司为例，一方面需要用传统汽车和新能源汽车分别作为样本训练各自的模型，另一方面从预测周期来看，对于新能源汽车来说，2013 年 Q1 之后才开始呈现出明显的趋势，故该时点之前的数据不应纳入模型。

②模型预选择：根据待解决问题的特点，选择适合的算法大类（分类、回归、聚类、时间序列等）。以 BXD 公司为例，如果与销量有关的自变量有时间、分店 ID、每周开店天数、是否有促销活动等多个维度，则适合选择回归算法，如果自变量只有时间一个维度，则可以选择时间序列算法。

③特征工程：业内有一句广为流传的话是：数据和特征决定了机器学习的上限，而模型和算法是在逼近这个上限而已。所谓特征工程，是指用一系列工程化的方式从原始数据中筛选出更好的数据特征，以提升模型的训练效果。这一过程可以简单理解为数据表"列的处理"，具体包括：第一，基于业务理解，尽可能筛选出所有对因变量有影响的自变量；第二，对多个特征进一步降维、清洗和筛选（减少列的数量）；第三，对每列中的缺失值进行填充；第四，对每列进行标准化处理等步骤。其主要目的是尽可能减少数据表的宽度，留下那些对销量影响最为显著的特征。

④模型选择：如果在模型预选择阶段决定使用回归模型，可根据数据分布特征，在线性回归和非线性回归之间选择。

⑤训练集进行模型训练：这一步骤是从全数据中随机抽取出一部分"喂"给模型进行训练（一般为70%左右），是一个用数据教机器进行"学习"的过程。

⑥调整超级参数：机器学习算法一般在现有主流语言中都已经被直接封装好，可以视作一个黑盒子，这极大方便了算法使用者，因为无需知道算法的底层数学实现，直接调用相关 Package 就可实现（如 Python 中的 Sklearn 库）。这就使机器学习模型使用中大部分的工作量都落在了超级参数调节中，所谓超级参数就是机器模型算法的一些框架性参数，比如，要形成聚类簇的数量，随机森林中决策树的"棵数"等，这些都是为了使模型达到更高精度，在训练过程中要反复调节的变量。

⑦模型应用：一个模型训练出来后，如何判断它的学习成果呢？我们很容易想到就是对模型进行"考试"，那试题从何而来呢？还记得我们在训练模型过程中只用了全数据的70%，剩下的部分就可以作为测试集来检验模型的"学习成果"了，而机器学习调优的方向就是通过不断调节超级参数，使模型在测试集上表现更佳。

11.4　数据分析与决策支持相关问题解答

Q1：在决策支持过程中，对算法模型的依赖该达到何种程度？

正如中兴新云执行总裁陈东升所说："财务数据本就是精确的不准确。"之所以这样说，是因为一方面财报数据是精确的，财报数据可以精确到小数点后两位，借贷平衡自成体系，但另一方面报表涉及大量会计估计，所以本质上并不能完全反映企业真实的业务状况。基于财务数据本身尚不能完全反映企业的真实状况，那模型基于财务数据进行的预测分析，企业也不能完全依赖。

但随着业务数据的引入，业财数据之间又多了相互补充验证的逻辑关联，这会使模型的可靠性有所提高。

此外，我们在机器学习一节中提到，机器学习算法大多数是"黑盒子"，是基于模糊逻辑，这种模糊逻辑使模型往往只会给出决策的结果，但无法叙述出完整的逻辑链条。因此对于关乎企业未来的重大决策，管理层当然无法完全基于算法的理性，更多的是要基于自身的智慧。

Q2：在从数据到智慧的四阶段中，现在的AI做到哪一步了？

DIKW金字塔适用于人，当然也适用于AI。如果AI也有鄙视链，那么基于数据的AI，一定会被基于知识的AI碾压。

从初级人工智能向高级人工智能、通用人工智能发展的过程，也是一个攀爬DIKW金字塔的过程。近年来，AI领域的诸多学术力量、产业力量，从强调"数据出奇迹"的蛮力计算，向着"知识金字塔"的更高层级进发，推动知识计算引领AI应用的未来潮流。可以说，如今正处于一个向基于知识的AI过渡的关键阶段。

但一个基本的共识是，在可见的未来，机械性的、可重复的、可结构化的脑力劳动，甚至较为复杂的分析任务都会被人工智能所取代。但AI由知识向智慧迈进需要多久，这仍是未可知的。

Q3：商务智能（BI）和数据可视化的区别？

首先明确一点，BI是一套完整的解决方案，用于将企业中现有的数据进行有效的整合，快速准确地提供报表并提出决策依据，帮助企业做出明智的业务经营决策，而数据可视化只是BI的功能之一。

之所以很多人会将BI与数据可视化进行混淆，一方面是由于正如我们在前面用做菜类比数据分析时所讲，可视化是数据分析的最后一步，是数据分析结果最直观的呈现，BI通常用于分析报表后将结果可视化；另一方面，BI工具相较于其他可视化工具例如Excel、Python等绘图更为便捷，是其一大特色优势，这也导致很多人将二者划上了等号。

此外，二者的目的也有较大不同，例如，我们用Excel已经做了各地区分部的销售状况表，在此基础上做一个柱形图的目的主要是展示Top N的销售分部，其核心是输出结论。而BI可视化更多是为管理层搭建一个仪表盘，以方便其对某一业务场景的持续跟踪。

Q4：在RPA章节介绍过的自然语言处理（NLP）与机器学习是什么关系？

首先说结论，二者可以视为人工智能（AI）下面并列的两条支线，AI主要包括如图11-23所示分支。

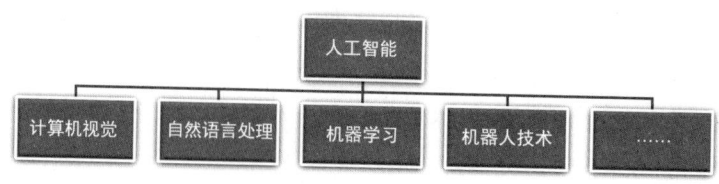

图11-23 人工智能分类图

简单来说，NLP 的目的是让机器能够理解人类的语言，是人和机器进行交流的技术。它正通过例如智能问答、机器翻译、文本分类、文本摘要等功能慢慢影响我们的生活。

11.5 数据分析与决策支持应用案例

11.5.1 案例背景

（1）案例单位简介

科大讯飞股份有限公司（以下简称"科大讯飞"）成立于 1999 年，是亚太地区知名的智能语音和人工智能上市企业。自成立以来，一直从事智能语音、自然语言理解、计算机视觉等核心技术研究并保持了国际前沿技术水平；积极推动人工智能产品和行业应用落地，致力让机器"能听会说，能理解会思考"，用人工智能建设美好世界。2008 年，公司在深圳证券交易所挂牌上市（股票代码：002230）。

科大讯飞坚持"平台＋赛道"的发展战略。2010 年，基于拥有自主知识产权的核心技术，科大讯飞在业界发布以智能语音和人机交互为核心的人工智能开放平台——讯飞开放平台，为开发者提供一站式人工智能解决方案。截至 2022 年 5 月 31 日，讯飞开放平台已开放 493 项 AI 产品及能力，聚集超过 337.3 万开发者团队，总应用数超过 150.1 万，累计覆盖终端设备数 35.1 亿＋，AI 大学堂学员总量达到 69.9 万，链接超过 420 万生态伙伴，以科大讯飞为中心的人工智能产业生态正在持续构建。

科大讯飞在智能语音和人工智能核心研究与产业化方面的突出成绩得到了社会各界和国内外的广泛认可，作为"中国人工智能国家队"一员已形成共识。创新坚守，初心不改，科大讯飞愿携手广大合作伙伴一起：用人工智能建设美好世界！

（2）智能财务建设动机

①公司战略牵引智能财务建设。2019 年，公司首次提出 AI＋IT 战略，通过坚定不移地落实用人工智能和 IT 技术提升经营管理水平。2021 年，公司更是提出"十四五"期间的奋斗目标：到 2025 年，通过根据地业务和系统性创新，实现"十亿用户、千亿收入、万亿生态"。基于 AI＋IT 的发展战略，通过"数据驱动、AI 赋能、全面联接"，深入推进数智化升级，为公司的业务发展持续赋能，图 11－24 呈现了"AI＋IT"的战略目标全景。

财务中心积极贯彻集团 AI＋IT 战略，开启智能财务的新探索。通过多轮调研与路径研究，集成公司先进的 AI 技术，与财务中心丰富的场景结合，打造讯飞特色的智能财务建设，规划建设报账机器人、会计机器人、财务机器人等一系列智能财务应用，提高财务工作效率与质量，为公司经营管理提供支持。

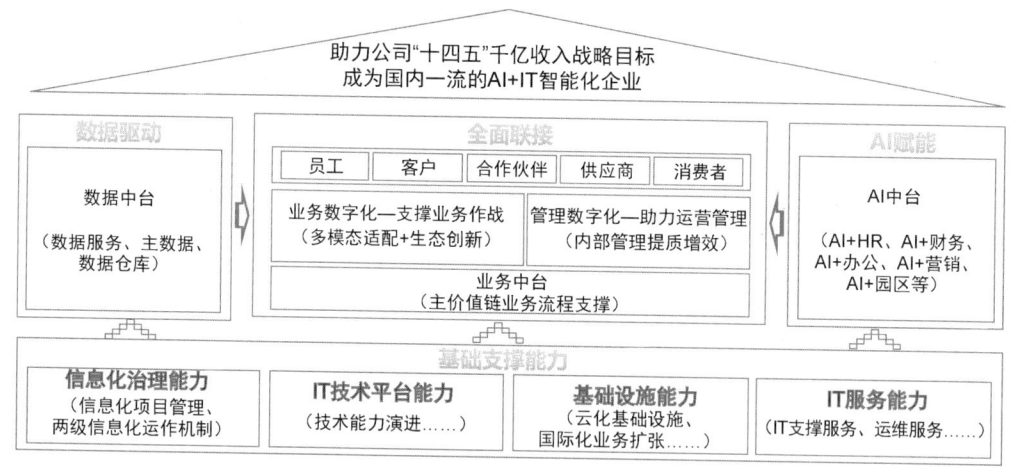

图 11-24 十四五"AI+IT"战略目标

报账机器人主要用来解决传统对公、对私报账方式下,报销过程长、管控力度弹性不足、单据错误率高等共性问题,通过借助感知智能技术、规范业务流程、建立标准制度、强化人机交互模式,落地智能填报、智能审批、智能审核、智能问答、自动支付、机制凭证等整体解决方案。

会计机器人主要应用于财务会计场景,使用认知智能技术,让机器人基于核算过程、会计领域的专业知识,建立具体场景下的账务处理模型,进行大量的数据学习模拟训练,使之具备中级会计师的专业水平,最终达到能基于对会计准则、公司的各种财务管理制度的理解,处理全盘账务的能力,降低公司财务核算的工作强度。

财务机器人主要应用于管理会计场景,期望通过认知智能技术对管理科学的理解,来实现企业管理在规划、控制、分析和预测等方面的支持与落地,辅助企业的 CFO、COO、CEO 进行管理决策。

②财务组织发展的刚性需求。科大讯飞财务中心的愿景目标是以客户需求为中心,成为公司战略目标实现中的重要无形资产,晋升为行业一流的财务管理团队。基于此,从 2008 年助力集团 IPO 开始,财务部不断深化组织改造,逐渐搭建共享财务、业务财务、专业财务的"三驾马车"财务管理体系,各一级组织分工协作,通过决策支持、风险管控、价值创造开展各项财务工作。从客户角度,坚定不移走向业务前端,为公司可持续发展提供决策支持与保障,持续支撑有现金流的利润达成;从自身角度,向标准化要效果,向信息化要效率,向创新要增量,通过数字化实现工作提升。通过营造积极向上的氛围,快速成长,向财务精兵组织迈进。基于三大组织的职能目标,在提升效率、实现自动化、风险管控等不同角度,均对智能财务建设提出了更高的要求。科大讯飞财务中心发展历程如图 11-25 所示。

共享财务建设以提供会计核算和财务报表等会计职能服务为基础,建立标准化共享服务中心,推进智能化数据工厂建设,很大程度上依赖于信息化智能化建设。将标准流程固化至系统，做到共享作业的标准化、自动化，提高共享财务工作效率，防范操作风险。打造业务管理经营的财务数据信息服务中心，协同搭建公司的数据分析引擎，为经营管理提供各项数据支持。

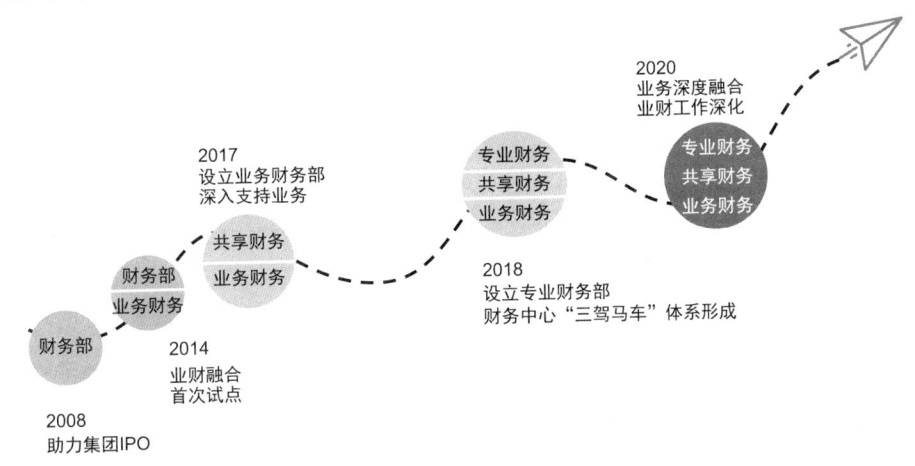

图 11-25 科大讯飞财务中心发展历程

业务财务建设以业财工作的三大职能"风险管控、交易支持、决策支持"为基础，提供多维度的经营分析，助力业务经营决策健康可持续发展。

专业财务建设通过解读财税金融政策，结合公司经营管理现状，制定各项方案，开展集团资金管理、投资融资、税收筹划等各项工作。需要智能化财务建设为财税及资金管理提供支持，打造一体化财税风控平台。

11.5.2 案例具体实践

（1）智能财务建设方案设计

①建设目标及思路。科大讯飞财务中心致力于打造业界一流的流程标准化、业务自动化、服务智能化财务体系。从组织职能出发，为财务管理和业务运营提供信息化智能化平台支撑；规范基础操作、防控财税风险、提升数据价值，实现真正的业财融合。科大讯飞智能化财务建设愿景目标如图 11-26 所示。

通过流程优化、组织再造、数据治理、IT 实施、AI 赋能五个维度展开工作，分阶段去实现智能化财务目标。让管理规范业务、业务驱动财务，实现业务流程、数据结构的标准化；通过信息系统的搭建、集成拉通和不断优化，实现财务工作的效率提高和质量提升；通过数据驱动管理，借助数据洞察驱动管理提升，为经营管理、风险控制提供数据支持。

②智能财务系统框架。智能化财务系统建设构建了前、中、后三个不同层次的平台，分别承载业务操作、数据处理和能力支撑三种需求。财务作业平台作为直接面向财务数据生产者和使用者的平台，集成了共享作业、经营管理分析和对外数据报送等多个子功能模

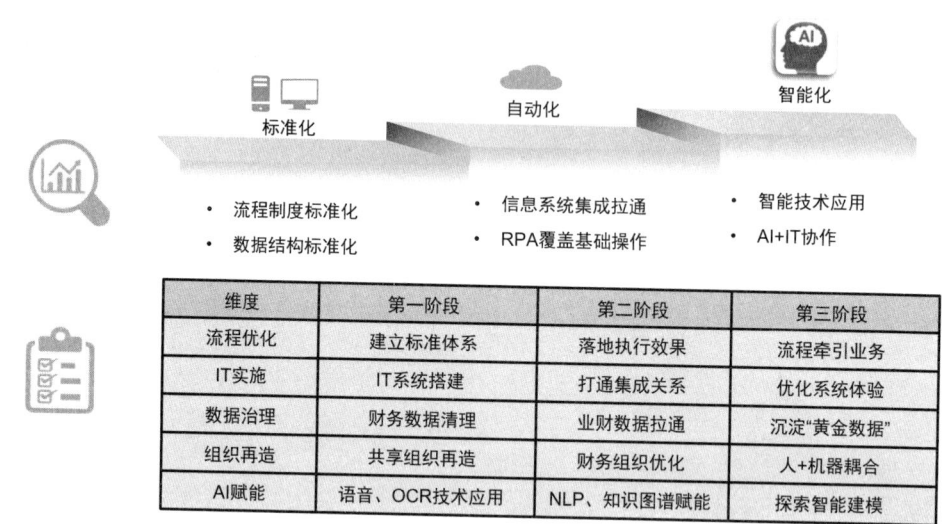

图 11-26 智能化财务建设愿景目标

块。核算共享平台、财税风控平台、管理会计平台的建设，满足对共享财务、专业财务、业务财务组织业务的支撑需求。对内，集成人力资源、项目管理、商机管理等业务系统打通数据流；对外，连接商旅平台、银行系统等专业服务体系以提升效率；向下，有数据处理和 AI 能力的平台支撑；向上，能够形成有效及时的决策信息。通过整体平台的构建，能够充分发挥出科大讯飞的 AI 能力和平台优势，既提升财经运作管理的数字化水平，也反哺给各业务平台进行数据应用，助力企业经营决策及业绩健康达成。科大讯飞智能财务应用框架如图 11-27 所示。

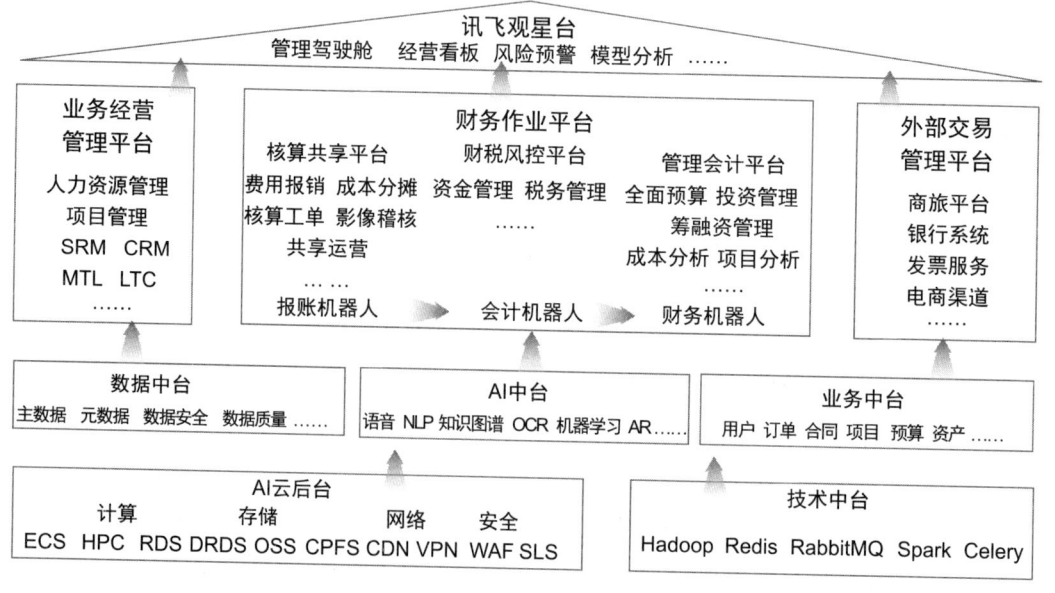

图 11-27 科大讯飞智能财务应用框架

(2) 智能财务典型场景——观星台

传统财务数据的分析更多偏向于已发生数据的事后展示，加上与前端业务系统的割裂，导致财务人员需要耗费大量时间收集业务数据，在财务数据基础上做加工整理。一方面工作量大，准确性和及时性无法保证；另一方面，相关的财务经营分析等无法完全满足支撑业务需求，未达到业财融合的真正目标。

为支撑集团数字化转型，建立运营数据体系，为数据驱动管理和决策打下基础，提升运营管理的精细化程度，依托公司的数据中台，建立了相应的数据集成、数据资产管理、数据服务、数据应用和分析平台，在规范集团数据管理规则的同时，完成了对集团财务、项目、销售、人力等各业务领域数据的梳理、集成、治理和整合，为集团运作支持、增量绩效和经营管理提供了基础数据支撑。讯飞观星台示意图如图 11-28 所示。

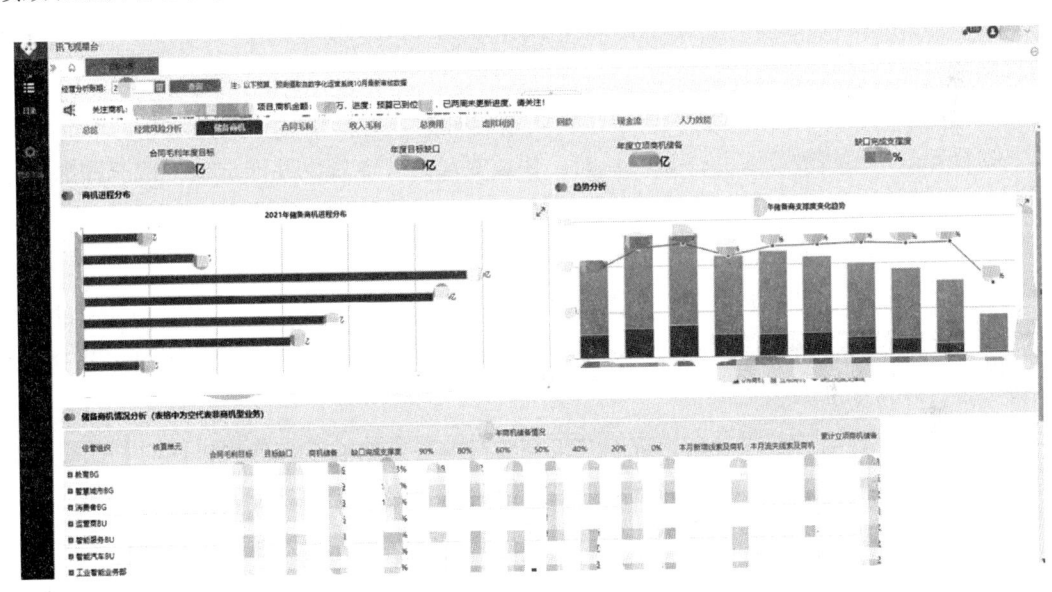

图 11-28 观星台示意图

作为业财数据一体化最终的展示平台，观星台通过抓取集团数据中台数据，为集团经营管理提供可视化仪表盘展示，进行大数据分析、预警。借助自然语言处理（NLP）、知识图谱技术以及各类机器学习模型，通过对日常业务中产生的海量数据的学习和建模，科大讯飞在收入的预算推演、经营成本的预算推演、短期现金流的收支预测、短期现金流管理、投融资管理、资金风险预警等方面均实现了"AI+财务"的智慧赋能。

同时，在数据中台的支撑下，为更好地解决运作支持数据需大量的线下手工加工和分析，无法通过数据看清实质的问题，提升运作支持和经营分析的效能，通过与讯飞的观星台进行连通，对集团主数据进行梳理和规范，整合 LTC 全生命周期的各类数据，上线了经营账本管理模块，实现了集团经营指标的线上获取和实时计算，集团经营可视化看板、BGBU 经营可视化看板、各核算单元虚拟利润表、各业务领域分析报表，奠定了人、财、物流的经营分析和相关预警机制建立的基础。

（3）规则引擎技术助力智能决策

规则引擎为流程各个审核环节提供智能化审单服务，从单据合规、附件合规、票据合规、员工信用、客商征信、预算控制等业务和财务审核关注重点进行全方位自动化校验和审核，并将审核结果以卡片、图表等方式在移动端和网页端直观展现给用户。

在财务领域以风险管控为导向，针对不同场景操作特点，为企业构建分层级分应用场景智能风控防线。同时，可以将财务规范、管控要求嵌入流程设计当中，通过填单助手、审单助手完成财务标准、预算、合规、风险控制。主要场景应用介绍如下。

①智能稽核：票据信息全面结构化，通过规则配置，系统自动审核。对于符合全部审单规则的单据智能跳过稽核，机器自动审单通过的随机抽样推送至稽核岗进行人工复核（设定抽样百分比）；机器审单警告事项未通过的直接推送到稽核岗进行人工稽核，通过这种规则配置大幅降低稽核工作量。

②应收/应付：合同执行进度预警，如通过识别发票、采购合同及发货单上金额、数量、物料号码等关键要素进行一致性比对，快速完成确收审查，并能准确提取合同账期知晓逾期时间进行智能预警。辅助业务缩短应收账款周期，加速流动资金周转。

（4）财务自助分析平台

为进一步提高财务团队支撑企业战略决策的科学准确性，科大讯飞搭建了财务自助分析平台，借助该分析平台，财务团队可以自助实现对核心财务指标的事前预测、事中监控告警和事后异常诊断归因。

①归因分析模块。归因分析模块能对关键指标的异常波动给出告警，同时利用归因分析算法迅速定位问题发生节点，并自动生成归因分析报告。

在异常检测方法选择方面，自助分析平台提供了四大类备选方案，财务分析人员可以根据决策场景的及时性、准确性等需要自行选择检测方法。图11-29呈现了自助分析平台使用的统计学和机器学习算法。

统计方法	通过历史同期的数据分布来确定当前数据的合理波动范围（3σ法则、分位数异常检测等） · 优点：无需训练模型，极低的时间成本 · 缺点：容易将较多点识别为异常	时间序列预测	比较预测值和真实值的差异，超出阈值认为是异常点（ARIMA模型、Prophet模型等） · 优点：训练快，直观容易理解 · 缺点：异常检测效果受预测效果影响
直接异常检测	将数据聚为多个类，如果某个数据和类中心比较远，则该数据认为是异常（孤立森林、One-class SVM等） · 优点：有较多成熟的算法 · 缺点：没有充分利用时序信息	深度学习模型	先降维，再还原至原始数据维度，如不能良好复原的点被认为是异常点（LSTM-AE等） · 优点：方法新颖、效果较好 · 缺点：需要手动设置阈值

图11-29 自助分析平台使用的算法

财务团队原本分析涨跌幅贡献度需要半天时间，现在依托自主分析平台半小时就可完成，极大提升了业财数据分析的效率。

②数据预测模块。数据预测模块中，IT 部门将复杂的统计学和机器学习算法封装到平台中，让财务部门的同事无需过多关注技术细节，只需学习各个算法的适用场景，通过下拉菜单即可选择需要分析的指标和使用的算法，拖动滑块即可选择用于预测的窗口期，极大降低了财务人员的使用门槛。

11.5.3 实践成效与未来展望

（1）实践成效

基于科大讯飞的智能财务建设需求，聚焦打造了一个业务财务、专业财务、共享财务"三驾马车"驱动的财务组织模式。这其中，业务财务聚焦绩效目标达成，助力集团高效运营；共享财务支持公司经营，管控财务风险，提升财务流程运营效率；专业财务识别税务风险，建立健全资金税务管理体系，加强银企和税务合作，运用产业链金融助推业务发展。此三大组织分工合作、协同推进，履行不同的管理职责，使财务管理更加专业化、财务核算更加集中化、财务业务更加一体化。

（2）未来展望

未来，科大讯飞财务智能化建设将延续"AI + IT"的发展战略，根据财务中心整体智能化建设规划，集成公司先进的 AI 技术，实现更多的智能化财务落地应用。不仅提升科大讯飞的智能化财务水平，同时依托自身技术优势面向行业输出优秀的智能化财务产品，赋能企业及会计人员的财务管理工作。

①从智能化财务到企业数字化转型：目前，科大讯飞在智能化财务建设方面已经取得了一些成果，根据三年规划后续将进一步完善与深化整体建设。随着智能化建设工作的深化，如何集成更多更全的业务数据，实现全面业财一体化的企业数字化转型，将是下一步的重点目标。此处说的业务数据不是传统财务入账的业务信息，而是围绕前端业务挖掘的多维度、多因素的各类数据集成。当前已经落地了一些数字化转型案例，未来要建成更加系统全面的数字化转型应用，为公司千亿收入、万亿生态提供支持。

②从企业自用到产品化输出：目前，科大讯飞的智能化财务实践主要服务于企业自身，在经历了自用的考验后，将集结公司优秀的产品经理和开发人员，把经典的智能化财务实践，比如报账机器人打造成标准的产品，面向全社会输出，服务于更多的企业和会计人员，推动整个行业的智能化水平提升。运用 AI 技术为会计行业赋能，正如科大讯飞的使命，让机器能听会说、能理解会思考，用人工智能建设美好世界！

（案例作者：赵林悦，科大讯飞股份有限公司业务财务部总经理；高原，科大讯飞股份有限公司企业信息化部数字化运营部经理）

第五部分

总结展望：推动财务数字化的持续变革

本部分（第12章）首先对财务数字化建设过程中最关键的经验进行提炼总结，并对转型过程中容易忽略的信息安全问题给出必要的风险提醒和应对建议，然后对财务数字化的广阔未来展开进一步畅想。

第 12 章　财务数字化建设总结与展望

12.1　财务数字化建设总结

财务数字化建设并不是简单地将业务流程从线下搬到线上，而是利用先进技术工具 + 数字化思维，以系统化的形式对财务各类业务流程进行梳理与重构，用项目管理的思路和规范对待系统建设，配合组织和人员的转型支持，最终实现财务工作效能提高，财务数据赋能管理决策，推动乃至引领整个企业的价值创造。图 12 - 1 总结了财务数字化建设过程中的最核心经验。

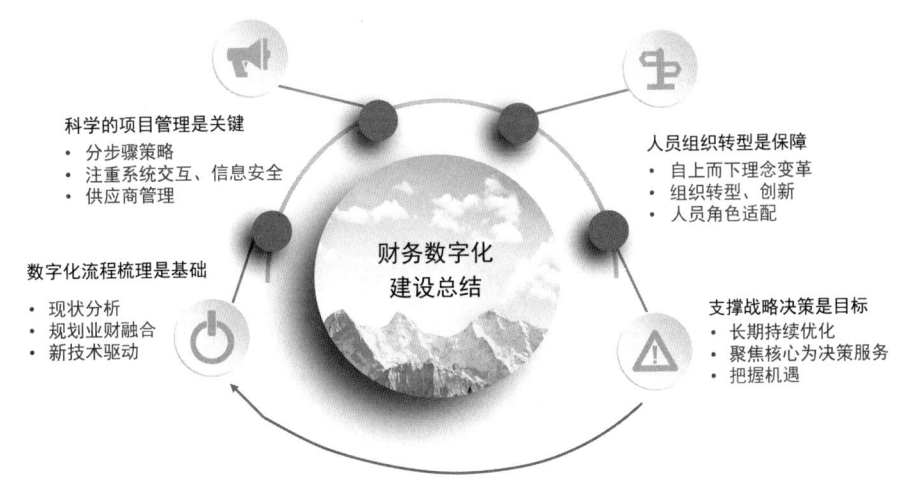

图 12 - 1　财务数字化建设核心经验

12.1.1　数字化流程梳理是基础

流程梳理是财务数字化建设的基础。首先，需要对企业自身状况进行分析评估，围绕财务工作主要的痛点难点，从亟需解决的问题入手规划设计方案；其次，要避免为了建设系统而建设，流程再造要真正立足业务需求，数据驱动价值导向；最后，善于借助数字技术工具实现流程优化，使财务基础工作更上一层楼。

（1）分析现状规划方案

对于不同规模和类型的企业而言，信息化建设程度不同，数字化终点也不尽相同，并不是所有企业的最终目标都是打通串联内部所有系统，达到全流程线上化和智能化。对于规模较小、预算有限的小微企业而言，可以先从基础功能开始做起，不要过于追求接入太多系统。还要考虑系统化的成本与带来的经济效益，评估投入产出比。

需要结合企业自身战略管理目标与企业特点，深入研究自身业务逻辑，对相关业务流程现状进行分类梳理，确定核心需求与建设目标，明确改造范围并制定对应计划，切忌照搬照抄。

除了业务流程，还需要梳理企业内部业务系统与ERP系统的功能与接口，进而实现并保障跨系统数据交互。打通各系统间壁垒，使资金流、数据流、票据流有效融合关联。前期准备工作充分，背景调研和计划详尽，对项目顺利开展意义重大。

（2）业财融合数据规范

系统建设的思路，应该用业务协同带动财务协同和数据协同，通过财务各个流程，推动串联业务相关信息接入与应用，最终达到业财融合的目的。应避免为了系统建设而系统建设，到处开花但各自为政，结果还需要花费大量人力去手工填补缺失的流程关联信息，这就背离了最初的数字化初心。系统设计不仅要满足业务需求，实现自动化智能化，还要兼顾灵活与质量的平衡。

同时，用资产的视角看待数据，明确各系统模块数据治理与数据规范，将有效数据归集进行系统化整理，打通企业各系统壁垒，实现系统间数据交互，连接孤岛与断点，形成数据中台。统一企业内业务和财务数据定义与口径，设置权限规则将数据开放和共享，提供唯一可信数据源作为所有分析和决策的基础。

（3）数字技术助力应用落地

数字技术是企业数字化转型的有力支撑。基础的财务工作可以快速借助各类成熟的产品和技术完成初步数字化整理，推动流程标准化、自动化和集成化，减少重复繁杂的事务性工作，产生明显的工作成效。人力与时间的节约，意味着财务工作能够更上一层楼。相关数据整理分析、更深层次的思考和洞察、支撑经营决策的工作也得以开展。

搭建安全通用的基础平台需要用到大数据、机器学习、OCR与云计算等技术，在此基础上还可以利用各种数字技术工具、方法论和模型，如移动支付、低代码工作流、RPA等构建具体的应用场景，打通内部系统，使流程畅通，使各个流程应用顺利落地，满足日渐复杂的业务需求。

12.1.2 科学的项目管理是关键

具体到系统落地实施阶段，应具有项目管理的规范要求。在系统建设层面，重点是清晰地界定目标，做好计划执行控制，避免把整体性的业务规划纳入阶段性的系统建设中去。规划好分步骤实施策略，控制业务需求的便捷与多系统交互集成，注重信息安全保护，并选择合适的供应商合作，做好供应商管理，以顺利实现项目管理的各阶段目标。

(1) 分步骤实施的策略

数字化建设可以有宏大而全面的目标，但具体到系统落地的策略层面，则需要细致且可行。企业可以分步骤进行系统搭建实施。先从无到有，再从有到精，可以快速看到成果，体现数字化的价值，增强信心，继而更有动力进行深化和推广。

项目建设初心是为了解决企业内积弊已久的各种问题。数字化整体的建设，可以先从数据规范采集开始，分系统推动平台搭建，通过费控系统解决报销问题，应用移动支付打通业务资金流程，搭建资金数字化与税务数字化管理系统平台，全面提升数字化管理能力，再结合财务工作流平台和 RPA 等技术工具实现流程交互，最终拾级而上走到高处，通过数据驱动决策支持。财务数字化平台搭建的分步骤实施建议如图 12 - 2 所示。

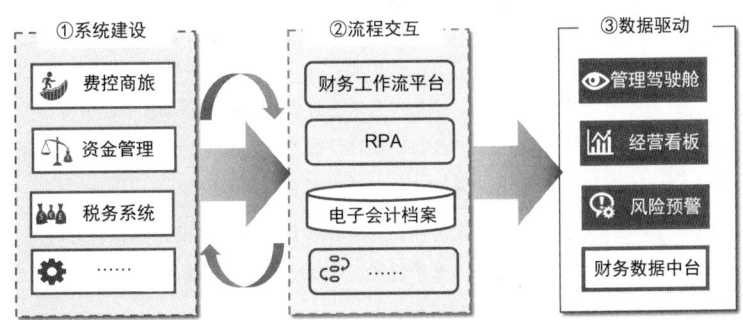

图 12 - 2　财务数字化平台搭建的分步骤实施建议

(2) 注重多系统集成交互

拟定目标和分步骤计划后，重点需要考虑各相关业务系统的建设情况，形成集合效应，避免重复造轮子，避免数据孤岛及断点。这就要求企业内部系统尽量不要建设成完全封闭型的，要提前预留对外集成的接口，才能将流程前后串联打通，实现系统间信息自动传递。在每一次数据转换或者跨系统交互时，做好输入与输出的校验，有效保障信息完整性。

但如果确实有无法打通的节点，也不意味着流程跑不下去，此时需要人工介入或利用辅助技术工具如 RPA，进行信息识别和处理，将流程节点跨系统传导进行后续处理。

梳理内部系统打通流程后，还要注重内部与外部系统对接，才能实现更多功能，如银企直联、投融资管理、一键报税等。因此也要关注外部系统的变化，如外部系统不稳定或需要升级维护，那么，内部系统也要相应地及时进行更新、优化，以保障业务流程正常运行。

(3) 信息安全与数据保护

多系统集成与交互是为了确保信息传递流程畅通，数据完整。但各系统的建设需要注意独立性与保密性。重要的数据多系统备份，避免过于依赖某些系统，尽量避免单一系统的数据损坏或系统异常导致不可恢复的影响。

此外,还需要注意系统的规则配置和多层次权限管理设置。系统跑通后也不是全自动智能化运行,还需要建立完善的人工介入操作规范与复核机制,以及提前准备应急容灾预案,以应对系统异常等情况,最大范围保护业务运转与信息安全。

(4)供应商选择与管理经验

评估企业财务数字化的应用场景,如果有明确技术要求及功能标准的系统,那么优先选择寻找外部专业供应商的支持合作。专业供应商能够提供行业标准的解决方案,避免自主开发的时候需要独自研究摸索。

选择供应商合作实施的时候,企业需要从自身业务需求和愿景出发,选择更契合企业自身长远的战略规划的厂商,主要考虑因素有:信息化系统安全程度高、标准模块适配性高、实施经验丰富、能够充分支持业务规划、提供与企业适配的解决方案并具有持续优化能力。具体的考虑因素与评价指标可参考表12-1。

表12-1 财务数字化实施供应商评价参考因素

序号	参考因素	评价指标说明
1	供应商综合实力	销售额与利润、市场占有率与排名、企业奖惩及社会信誉等 资质证书与基本授权:如软件能力认证、质量管理体系认证、服务管理体系认证、信息安全等级保护认证、技术服务能力评估等
2	需求设计方案和产品功能适配度	项目的实际情况与功能需求理解程度、总体设计方案合理性与系统功能匹配度、技术可靠性和未来扩展性、移动化能力与操作便利度
3	平台先进性与系统兼容性	技术先进性与独立开发支撑平台能力、是否支持多种部署方式、是否兼容主流操作系统与主流数据库
4	数据对接能力	系统数据获取和开放与读写能力、数据能力未来扩展性、数据加密能力与方案完善度、数据加密措施
5	落地实施能力	实施计划编制与周期合理性、质量控制措施是否清晰准确完善、实施团队的能力经验与本地化程度、培训方案内容与安排
6	成功案例	本区域同类项目成功案例情况
7	产品安全合规	安全合规资质是否齐全(满足网络安全等级保护、信息安全服务资质认证等)、系统部署支持能力、灾备能力等
8	售后服务能力	售后技术支持方案完善程度、IT售后服务标准复合性、是否提供专业的全天响应服务与现场服务
9	价格付款	报价、付款的横向对比

表12-1列出的参考因素是较为通用的一些指标,具体对供应商进行招投标与选择时,企业可以根据自身情况与个性化需求,增、删、改相关要素,并设置对应分值或权重,计算各供应商得分。此外,企业还需要投入一定精力对供应商进行充分调研与对比,考量方案与报价的合理性。

另外，不同规模与类型的企业，在选择供应商时的考虑要素和对供应商的管理要点也有较大区别，可参考表12-2。

表12-2　　　　　　　　　　财务数字化实施供应商选择与管理要点

企业类型	供应商选择	供应商管理
大中型企业	产品专业成熟	实施经验丰富，有专门团队对接评估与管理
	差异化服务能力	需求沟通清晰，实施进度把控，服务质量可验证
	系统安全	建立长期和信任的关系，成为战略合作伙伴
小微企业	产品稳定性	标准化模块，满足基本需求，升级维护少
	快速上线	使用云版本，门槛低，轻量灵活高效
	成本控制	系统投入占比低，简单管理

对于大中型企业来说，对数字化转型意愿强烈，资金实力雄厚，付费能力强，对应的企业内部组织架构与业务可能复杂多变，更加注重系统稳定性与信息的安全性。在选择标准产品之外的二次开发需求较高，对供应商的管理也需要有专业的团队跟进。

小微企业处于快速发展阶段，业务灵活，要求产品稳定性和效率并行，但对成本把控较为谨慎，所以可选择使用门槛低、比较灵活、轻量而快速的标准功能，如使用财务ERP内置模块、云端部署RPA、使用网页版电子发票服务平台等，可免除后期系统的维护成本，转化成本低，应用上手速度快。

12.1.3　人员组织转型是保障

数字化转型不仅是流程梳理和系统搭建，更重要的是人员和组织在管理理念、顶层战略、架构设计等多个层面的改变。这些变化随着系统建设同步发生，也是对原有的工作模式和思维方式的挑战，需要人员和组织转型相适配。

(1) 自上而下创新思维

数字化建设离不开人员的支持。首先需要企业负责人与管理层有战略决心进行变革，有远见卓识洞察未来，在数字化转型过程中持续关注与投入资源支持，这是项目实施、落地最重要的保障；其次，内部与外部富有经验且专业的项目管理与实施团队，能清晰理解业务本质，衡量需求价值，梳理流程逻辑，用创新思维解决问题，这是完成项目的坚实基础与核心；最后，对于直接使用和操作系统的财务人员，需要主动拥抱数字化变革，积极参与系统功能的需求调研与后续的完善优化，用数字化的逻辑重新认识工作流程，调整工作观念与重点。图12-3呈现了财务数字化转型中的人员支持金字塔。

(2) 组织转型与变革

财务数字化系统建设，本质上是对原有财务相关流程的调整与重构，目的是建设更加符合企业管理诉求及业务活动情况的优化工作流程，在提高效率的同时，更好地支撑公司的战略决策与长期发展。

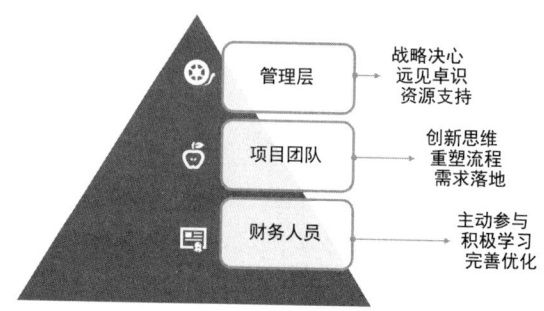

图 12-3 财务数字化转型自上而下人员支持

相应地，组织架构转型调整与数字化建设相辅相成，需要改变财务职能在企业的地位，从留在后方逐步向前迈进，提供建设性的分析和未来预测，引领公司治理模式的变革，承担更加重要的中坚力量的组织职能，进一步为组织赋能，完成支持业务成长价值创造的使命。

（3）财务人员角色定位

即便企业已经实现了系统建设，但在一些关键节点仍然需要人工介入，并且系统化程度越高，对相关人员的职能要求也会越高。简单重复的工作被机器替代，财务人员需要适应新的线上工作方式，注重工作规范，理解系统逻辑，工作重心转移到精细化运营提升专业能力、异常情况处理推动系统优化和成为机器的主人不断学习拓展潜能。

但能够使用技术工具进行独立开发的财务人员门槛较高，也有一定风险，可以选择承担一部分产品经理的职责，参与到产品的策略优化、功能演进、复杂业务形态和组织关系下的方案梳理工作中，高效沟通加强协作，对原本的业务流程的梳理而形成新的理解。

综上，财务人员要改变作为传统"账房先生"的思想观念，走出舒适区，应新而变，成为系统的主人、数字化变革领导者、需求分析与数据分析专家、企业战略合作伙伴，积极主动参与和推动财务数字化，科学管理，促进企业整体数字化转型，实现财务团队和整个公司的共同进步。财务人员转型矩阵如图 12-4 所示。

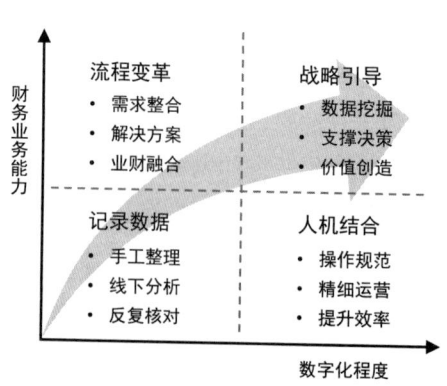

图 12-4 财务人员转型矩阵

12.1.4 支撑战略决策是目标

(1) 数字化是一个长期持续的过程

财务数字化建设任重而道远,不是一蹴而就,也不是一劳永逸的,而是一个长期、持续不断优化迭代的过程。要认识到数字化转型是复杂的系统工程,需要有明确目标、核心点、规划清晰有效的路径,再结合技术工具将每个环节按照规划路径进行逐步建设,仅仅解决一个环节的内容是绝对不够的。

新技术的发展不止步,数字化转型就是一个持续进步,持续为企业创造价值的过程,所以只有开始,没有结束,这就需要数字化变革的领导者,既要有决心、信心和执行力,又要有做长期战斗的耐心。既要脚踏实地快速解决当下的成本效率问题,也要展望未来预测未来,通过数字化建设推动企业实现更高的战略发展目标,保持长久竞争力。

(2) 核心是为战略决策服务

流程变革是系统化地梳理整合业务流程、制定业务执行层面的规范、推动业务相关数据前中后过程中的交互、实现数据的结构化抽取整理,统一输出展示,核心是降本增效与数据价值导向。最终是为了提供及时、可靠的数据分析及未来预测,为管理者洞察企业管理的异动,为企业制定战略和决策服务。

财务数字化推动流程变革,逐渐推动财务职能从事后总结数据分析,到实时财务应对变化,再向事前预测识别和管控风险迈进,更有力地支撑企业战略决策,为业务发展赋能,优化资源配置,最终推动企业整体能力和绩效不断提升。

(3) 顺应变化把握机遇

未来的世界是数字化的世界。完成系统搭建,只是迈出了开始的一步。各系统集成的设计不是完美固定、一成不变的,应适配企业业务流程,吸取优秀设计思路,并考虑公司个性化需求和长远发展的变化。当企业内部架构、业务流程或者行业政策出现较大变化时,可以快速高效地适配新流程。

理想的财务数字化大厦就像是能够自由搭建的积木,在出现变化时无需全盘重来,只要移动或升级或替换不同模块再次组合,就能够灵活地适配各种场景,顺应时代趋势变化,把握发展的机遇,在当前建设的基础上,敏捷快走不断深化,百尺竿头更进一步。

12.2 财务数字化建设中的信息安全

信息技术的快速迭代,为企业财务数字化转型吹来了"东风"。但在为技术的发展欢欣鼓舞时，同样不能忽视技术带来的风险。

数据正成为财务数字化转型中越来越重要的资源，所以对于数字化转型的企业而言，其面临的信息安全风险除了源于传统意义上的基础设施层面、网络环境层面、系统应用层面以外，更多的风险则产生在数据层面及创新应用层面。对信息安全的管控很大程度上会直接影响数字化转型最终的效果。

12.2.1 信息安全现状

2022 年 8 月 30 日，有消息称多家应用软件公司遭受到勒索病毒攻击，此次攻击影响终端数量超 2000 台，多家国内知名软件公司均受到此次事件不同程度的影响。

近年来，国内外数据泄露事件频发，涉及面广、影响大，相关企业因此陷入数据保护合规与社会舆情压力的双重危机。根据身份盗窃资源中心（ITRC）发布的《2021 Data Breach Report》，在 2021 年共发生了 1862 起数据泄露事件，事件数量同比增长 68%，据不完全统计，仅近一年里全球十大数据安全事件就共有近 8 亿人受到影响。数据泄露事件愈发频繁，但数据泄露总受害人数不断降低，说明网络攻击选择的目标规模逐减变小，信息安全问题不再只是巨头企业才应当重视的事。图 12-5 呈现了 2018-2021 年数据泄露情况。

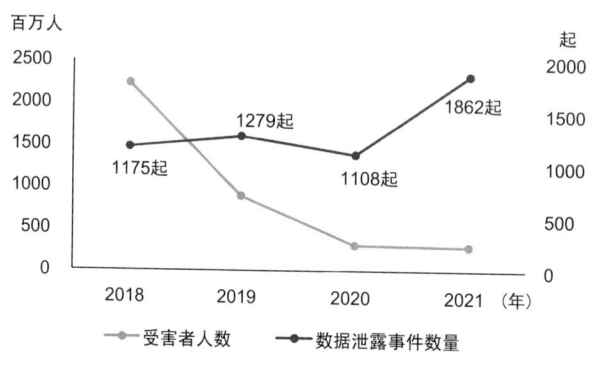

图 12-5 2018-2021 年数据泄露情况

财务数字化转型的大趋势让财务人员欢欣鼓舞，各行各业也积极探索新技术的应用。财务数字化系统不仅自身变得越来越复杂，还与外部系统有着大量的对接，面临着越来越多的安全风险。例如，在 2020 年某两家知名 ERP 企业公布并修复了 400 多个通用漏洞评分（CVSS）达 10 分和 9.8 分的高危漏洞。攻击者可以利用这些漏洞读取和修改财务记录、更改银行信息、查阅个人身份信息，甚至是删除或修改活动痕迹、日志和其他文件。尽管 ERP 厂商对这些已知漏洞发布了补丁，但还不知道有多少已存在但尚未发现的高危漏洞。

在这样的背景下，信息安全问题逐渐被企业领导者所关注。美国 AICPA 于 20 世纪末开始每年评选影响北美会计人员的十大信息技术，我们可以看到多项与安全相关的技术榜上有名且排名靠前，这包括隐私保护、IT 环境安全、数据管理和保存等，表明北美会计人员对信息安全的重视程度很高。图 12-6 呈现了 2012 年 AICPA 评选中数据安全技术占比情况。

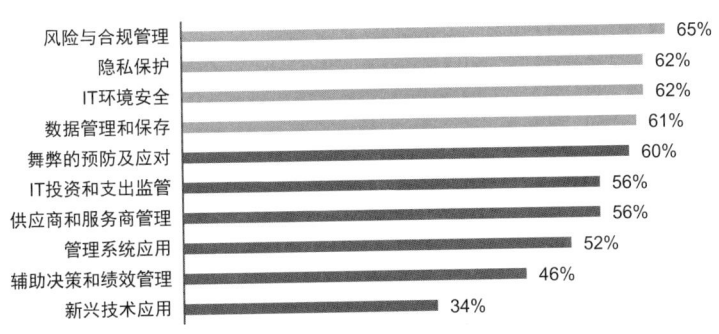

图 12-6　2012 年 AICPA 评选中数据安全技术占比情况

但是，根据近五年上海国家会计学院举办的"影响中国会计从业人员的十大信息技术"评选结果，我们不难发现，在 2017—2021 年榜单中，仅有身份认证和数据安全技术直接关乎信息安全问题，这说明在财务信息化建设过程中，会计人员对于信息安全技术的重视程度还不够。新技术的发展日新月异，但不能只看到技术带来的积极影响，还应进行风险与收益的二维考量。表 12-3 和图 12-7 分别呈现了近年来"影响中国会计从业人员的十大信息技术"排行。

表 12-3　2017—2021 年十大信息技术评选结果

排序	2021 技术名称	得票率	2020 技术名称	得票率	2019 技术名称	得票率	2018 技术名称	得票率	2017 技术名称	得票率
1	财务云	56.02%	财务云	73.14%	财务云	72.10%	财务云	90.22%	大数据	88.68%
2	电子发票	55.46%	电子发票	66.33%	电子发票	69.50%	电子发票	81.15%	电子发票	81.12%
3	会计数据分析与处理技术	52.19%	会计大数据技术	62.44%	移动支付	50.70%	移动支付	66.49%	云计算	71.26%
4	电子会计档案	47.69%	电子档案	50.56%	数据挖掘	46.90%	电子档案	62.25%	数据挖掘	58.26%
5	机器人流程自动化（RPA）	41.58%	RPA（机器人流程自动化）	48.41%	数字签名	44.50%	在线审计	62.19%	移动支付	54.69%
6	新一代ERP	33.66%	新一代ERP	47.91%	电子档案	43.10%	数据挖掘	54.77%	机器学习	50.27%
7	移动支付	33.38%	区块链技术	45.73%	在线审计	41.40%	数字签名	54.06%	移动互联	49.28%
8	数据中台	31.77%	移动支付	43.00%	区块链发票	41.10%	财务专家系统	53.30%	图像识别	47.48%
9	数据挖掘	31.03%	数据挖掘	42.77%	移动互联网	39.60%	移动互联网	48.41%	区块链	46.22%
10	智能流程自动化（IPA）	29.32%	在线审计	42.74%	财务专家系统	37.70%	身份认证	47.70%	数据安全技术	45.01%

从评选结果来看，近年来有关信息安全的技术正从榜上消失，这一现象应当引起财务人员的重视。

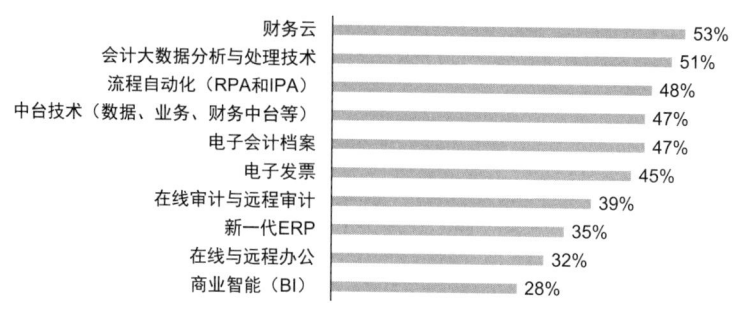

图 12-7　2022 年十大信息技术评选结果

12.2.2　传统的信息安全风险来源

（1）硬件设备风险

信息系统的硬件设备安全是信息安全的基础和首要关注的问题，其主要来源有自然灾害威胁（如火灾、地震等）、供应系统威胁（如停电、通信中断等）、人为威胁（如未授权访问、员工恶意删除数据库）。

通过对这些方面的控制，保证硬件设备能做到高可靠性、高稳定性和高可用性。

（2）软件系统风险

企业在数字化转型过程中会搭建起很多软件系统，可能会从以下方面产生风险：

①兼容风险：在实践中，资金管理人员会发现不同银行之间的 U 盾是冲突的，这可能是这些银行 U 盾的驱动程序不兼容导致的。

②维护风险：在软件的缺陷弥补、适应网络环境、数据环境、业务环境变化而对软件进行的迭代升级过程中，均可能导致维护风险。

③应用风险：是指业务人员在使用软件过程中由于未授权访问和改变数据、录入了不精确的信息、重复或错误地进行数据处理等不当操作引发的风险。

④程序被恶意篡改的风险：财务信息系统包含很多二次开发的模块，如果对程序员权限没有一定的控制和隔离，没有专业人员检查程序员的工作，那么就容易发生程序被未授权的人非法操作的情况。

（3）数据安全风险

数据治理，安全先行。数据安全包括数据本身的安全、数据防护的安全、数据处理的安全和数据存储的安全等，也是本书第 10 章中所提到的数据治理中的重要一环。

在数据治理过程中，企业需以保护数据安全为目的，将数据资产进一步理清，将此前未能推动的数据权责落实，建立起协同化的数据工作机制，后续再有数据质量问题，也更容易划分业务部门和 IT 部门之间的责任。

（4）网络安全风险

常见的网络安全风险包括病毒的侵袭、黑客攻击、数据窃听和拦截、拒绝服务攻击、垃圾邮件等,这些风险事件大概率会导致财务信息系统数据泄露。ITRC 发布的《2021 Data Breach Report》显示,2021 年共记录 1862 起数据泄露事件,其中网络攻击占比 87%。图 12-8 统计了 2021 年数据泄露事件原因。

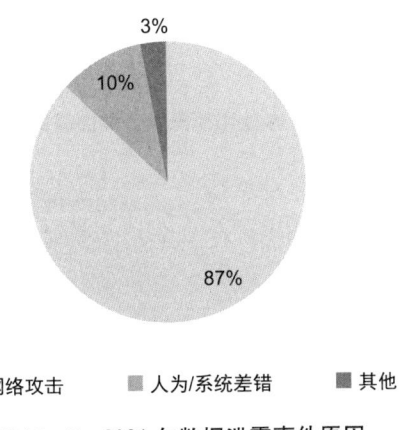

图 12-8　2021 年数据泄露事件原因

财务部门处理的数据信息主要以网络作为主要的传播渠道,即使在局域网中,在这个过程中也容易因为网络技术方面的原因而出现信息被恶意删除、修改或者窃听等风险。特别是在当前会计数据在一定程度上已经成为企业的重要资产之后,利用信息技术手段非法窃取企业内部的财务会计信息并将之用来售卖,获取不正当利益已经成为当前企业会计信息系统面临的主要风险之一。

12.2.3　财务数字化建设中的信息安全风险

数字化转型过程中,企业通常会加大对云计算、大数据、物联网等新兴技术的应用,伴随着这些技术的应用,企业往往需要针对性地克服新兴技术所带来的创新风险,并逐渐向市场证明其安全可靠,最终赢得市场信任,从而持续推动企业数字化转型发展。

本部分选取前面章节介绍过的对安全风险较敏感的云计算、RPA 和电子会计档案,用作对财务数字化建设中的信息安全风险提醒。

(1) 本地化部署与云端部署

随着云计算技术的发展和普及应用,为企业系统部署提供了除本地化之外的另一种选择,企业在进行选择时除了成本、维护便利度等方面的考量外,系统和数据安全风险也是一个重要考量点。

本地化部署企业自身要考虑硬件系统风险、软件系统风险、网络安全风险、数据存储风险等各项系统安全问题,而上云的时候云服务供应商会提供一站式硬件、存储等服务,企业自身可以少考虑很多信息安全问题,然而对云服务商的依赖又会引发另一个层面的安全问题,如果云服务商自身安全出现问题,企业可能会造成不可挽回的影响。本地化部署和云端部署的优劣势对比如图 12-9 所示。

本地化部署
- 服务器部署在本地，数据安全更可控
- 机器故障、民用电力设施的不稳定性导致的风险较难控制
- 存在内部运维人员泄露隐患

云端部署
- 依赖云服务供应商
- 专业服务商提供一站式硬件、存储等服务
- 服务商自备云端的备份和灾难恢复功能
- 若服务商选择不当，其自身安全问题容易导致内部重要信息丢失

图 12-9　本地化部署和云端部署的优劣势

（2）RPA 应用风险

在本书第 9 章中，详细介绍了 RPA 对于企业经营效率提升、效果改善等方面的种种好处，但 RPA 的应用本身也为企业带来了以下新的风险：

①滥用特权风险：RPA 需要特权访问凭据来执行其所需的任务，例如登录到 ERP、CRM、税务系统或其他业务系统以访问、复制或粘贴信息。这种特权通常通过特权访问凭据来实现，给网络攻击者以可乘之机。网络攻击者可以将其窃取，升级特权以获取对关键系统、应用程序和数据的访问权限。

②网络钓鱼风险：黑客可能通过向 RPA 监控的邮箱发送钓鱼网站的邮件，用来获取 RPA 在网页上录入的用户名和密码等信息。

③业务黑盒化风险：业务黑盒化是指 RPA 会将一些常用的业务流程进行封装。当黑盒化情况较普遍时，就导致在人员轮换或调离岗位时，给继任者带来困扰，当业务发生变化，原来的处理逻辑不再适用时，人工可能未发现故障导致错误持续。

④运行偏差风险：RPA 代码异常运行导致脏数据入库。

（3）电子会计档案风险

电子会计档案从数据采集、数据传输、数据匹配到数据归档，实现了多系统多平台的互联互通，采集和存储了大量的财务、业务数据。因此，需要特别注意数据的保密问题，系统部署方式也需要结合企业的管理诉求以及具体情况提前评估。档案系统的权限管控也需要进行精密的设计，避免数据异常泄露风险。

12.2.4　财务信息安全风险应对措施

（1）把握信息安全"两核心""三控制"

"两核心"是指技术防范+管理防范。

从技术角度，主要采用的方法有恶意软件防范、数据备份、密码技术、日志监控、通信安全控制、技术脆弱性管理等。以技术脆弱性管理为例，应遵循"最低权限"原则，即只安装会计活动所必须的软件，并要考虑所安装的软件间的兼容和冲突。

从管理角度，企业和财务部门应从整体信息安全出发，针对信息安全面临的威胁和薄弱点制订系统化、体系化的安全防范制度和管理规则，以规范信息管理，降低信息安全风

险，这些制度和规范涵盖服务器管理、存储设备管理、网络管理、数据库管理、数据备份、密码管理、介质安全管理、档案文件管理、信息资产生命周期管理等。

内部控制是重要的管理手段。主要涉及事前的预防性控制、事中的检查性控制以及事后的纠正性控制。信息安全的"两核心""三控制"如图 12-10 所示。

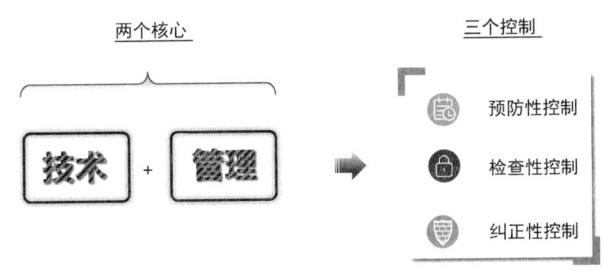

图 12-10　信息安全的"两核心""三控制"

（2）做好信息安全战略性规划

信息安全战略性规划主要分为以下三步：

①建立服从于企业整体战略的财务信息安全规划：企业需根据自身的 IT 策略，统一规划建设信息安全基础网络平台、硬件设备平台和应用基础平台。财务数字化安全的架构应符合企业的长远战略、全盘考虑和业务方向。

②建立纵深多层防御体系：信息安全防御应实施纵深的、多层的防护措施，一般来说，防护包括以下几层措施，其中，防护的核心层是会计数据。

- 政策、流程和安全意识：这一层是软性规章制度的建设，包括规范公司与会计相关的信息安全实践的政策和流程，以及对员工进行有效的安全培训等。
- 物理层：包括服务器加锁、设立安保人员、防火防洪设备、会计办公区域隔离、实物保管权限划分、保险柜等。
- 网络层：包括使用网络防火墙过滤包、设立专线等。
- 主机：包括密码定期更换、保障用户安全、软件包管理和文件系统防护等。
- 应用：包括安装本地杀毒软件、Web 应用防护、安装已知来源的会计软件等。
- 会计数据：包括对数据加密、防篡改措施、定期检查会计数据的可读性等。

网络安全多级防御体系如图 12-11 所示。

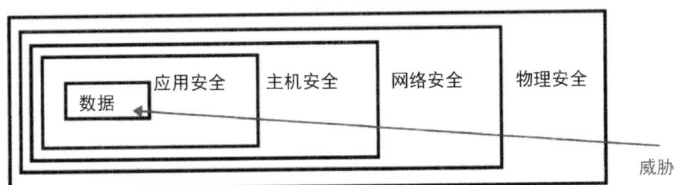

图 12-11　网络安全多级防御体系

③设计短中长期分步建设：短期策略的重点是在基于安全评估工作的基础上，识别高危风险，进行针对性的"对症下药"，做好制度性、流程性的基础建设，建立安全维护组织，同时立即开展全员安全教育和培训，提高员工的信息安全意识。中期目标是逐步建立纵深防御架构，具备应对攻击的防御能力。长期目标是利用平台化的系统，形成对安全风险的深度感知和自主防控能力。当然，信息安全建设随着攻防技术的不断发展是一个长期无止境的过程，会计人员要积极地参与到这个过程中，依赖专业人士的力量，完成财务数字化系统安全规划和建设工作。

（3）完善财务信息安全机制

企业还应结合财务工作的特点，根据实际情况，建立以下规范与制度保障财务信息安全。

①做好财务岗位职责分离：从财务系统里分离出来操作、审核与监控等多个角色，把相互牵制的角色分配给不同的人员，来实现系统内部不同角色之间的有效制衡。

②严控财务人员访问权限：系统安全的重中之重是充分关注人的要素。针对财务系统设立详细的访问权限，对操作人员设置专人专岗，并且根据不同岗位设置特定的访问口令及操作密码，明确访问权限，不得擅自越权。

③定期运行安全扫描：财务系统的用户所使用的操作系统或者应用软件可能存在漏洞，成为黑客攻击或感染病毒的入口。基于网络的安全扫描主要扫描设定网络内的服务器、路由器、网桥、交换机、访问服务器、防火墙等设备的安全漏洞，并可设定模拟攻击，以测试系统的防御能力。

④重视信息系统审计的作用：系统审计人员可以在系统开发实施阶段就开始参与，并且在系统运行过程中实时监控系统运行情况，对系统运行日志文件和各类安全检测情况进行事后分析，以及时发现系统安全隐患。

⑤做好应用系统备份：应用系统备份可以更快捷地把被破坏的系统恢复到可用状态。例如，ERP 软件一般包括应用服务器和数据库服务器，两个服务器之间实时通讯但相互分离，系统备份是对应用服务器系统的备份，在应用服务器被破坏时，备份可以迅速还原使系统可用。

⑥加强系统建设项目管理：财务人员不仅是系统的使用者，更要积极参与到系统建设过程中，否则可能会导致系统因蓝图设计不完善，测试环节用例不足导致系统在上线后出现异常，还可能会因关键人员的职位变动等原因导致关键设计文档缺失，因此企业应建立会计信息化系统的统一项目管理标准。

（4）加强数据安全管理

①设立数据分类分级保护制度：数据分类分级管理是实现数据安全的必经之路。财务系统数据庞杂，以不同形式存在于不同系统、不同地点，呈现多源异构的特点，数据价值也不尽相同。

2021年12月，全国信息安全标准化技术委员会发布的《网络安全标准实践指南——网络数据分类分级指引》中对数据分类分级的管理和具体实施工作提供了指引，对分类分级原则、架构、方法进行了描述，并在附录中对组织经营维度数据、个人信息、部分行业数据分类分级给出参考示例，可以作为会计信息化系统相关数据安全管理的参考。数据分类分级保护体系如图12-12所示。

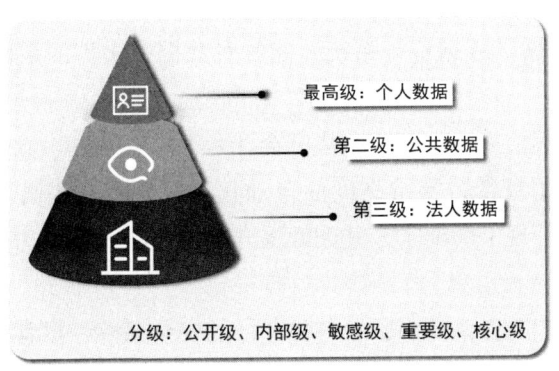

图12-12 数据分类分级保护

从分级上看，财务人员应重点关注如图12-13所示分类分级中相关的数据领域。

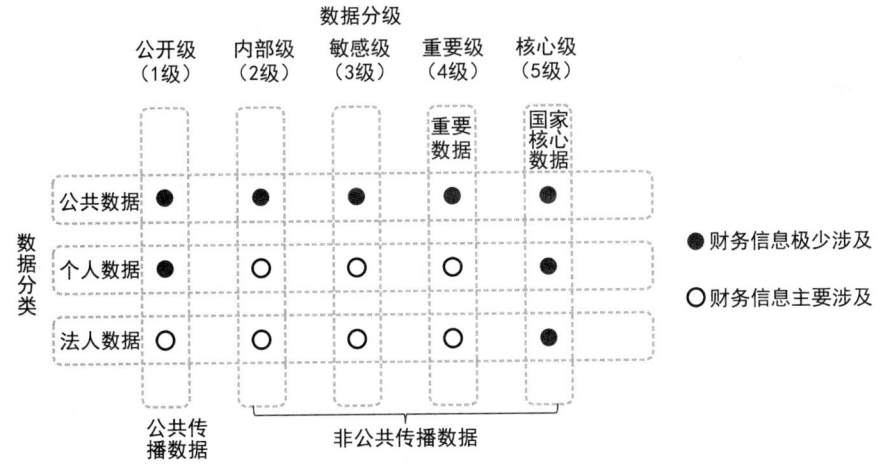

图12-13 财务相关的数据

②权限管理：与前面提到的系统权限不同，数据权限是从数据层面对数据表甚至对数据表字段进行的权限管理。企业应遵循数据权限最小化原则，对财务人员访问财务和非财务数据的权限实施控制，并且能做到实时监控数据访问行为和及时告警。

③隐私管理（数据加密/脱敏）：如果企业在信息系统里保存了个人隐私数据或客户数据，例如，身份证号码、银行记录及其他财务信息，那么需要对这些数据安全提供额外的保护。保护措施包括对隐私数据进行加密、脱敏、变形，把数据泄露的风险降到

最低。

④数据备份：数据备份是容灾的基础，主要是为了防止系统出现操作失误或系统故障导致数据丢失，而将全部或部分数据集合从应用主机的硬盘或阵列复制到其他存储介质的过程。财务部门应在数据分类分级的基础上，制定匹配的备份方式和备份策略。

⑤数据审计：数据审计一般采用旁路部署方式，数据审计系统会采集和记录数据库访问流量的行为。在发生数据库安全事件（例如数据篡改、泄露）后，数据审计系统可以为事件的追责定责提供依据。数据审计系统还能针对数据库操作的风险行为进行实时告警。

⑥区块链实现电子会计档案防篡改管理：区块链会计是去中心化的、共享的、不可篡改的唯一账本，公开可查，费用极低，支持高度的自动化和代码化，提高了报表制作效率。而且可以方便地支持监管合规上的要求，并大幅提升复式记账法的效力，缩减了人为调账的空间。

面对复杂的信息安全环境，财务系统面临着各种各样的安全风险，尽管近年来财务的系统安全意识逐渐提高，但对整个信息安全技术的重视还不够。只有做好财务信息安全，财务的数字化转型才能走得更加踏实。

12.3 财务数字化的"明天"和"后天"

纵观过去20多年财务职能演变之趋势，借助流程标准化和技术手段（如会计电算化系统、RPA财务机器人），越来越多的规则导向、重复性的财务会计工作已经被机器所取代，并从自动化走向数字化和智能化。"战略与洞见"越来越成为财务关注的重点。财务因为在组织中独特的优势地位，可以整合业务、财务数据，以更全面的视角来展现企业经营的全貌，并通过数据挖掘和洞察来支持管理决策。

未来财务"触觉"还将不断前伸，从后端职能转换为关乎企业生存发展的支柱性职能，通过深刻的商业洞察和决策支持来帮助企业制定和实施面向未来的战略。这些发展方向上的持续深化都是财务数字化可以预见的"明天"。此外，一些最前沿的技术理念也为财务带来了无限的可能性，例如，元宇宙中的财务、区块链上会计分布式记账等，尽管这些技术在财务领域还没有成熟的应用产品，却为财务未来创造了更为广阔的遐想空间，我们将其称为财务的"后天"。作为财务人员，我们既要在行动上积极拥抱"明天"，也要在视野上"站在后天看明天"。关于财务数字化的"明天"在本书的各章都已有所渗透，图12-14呈现了本书对财务数字化的"今天""明天""后天"的畅想。

第五部分 总结展望：推动财务数字化的持续变革

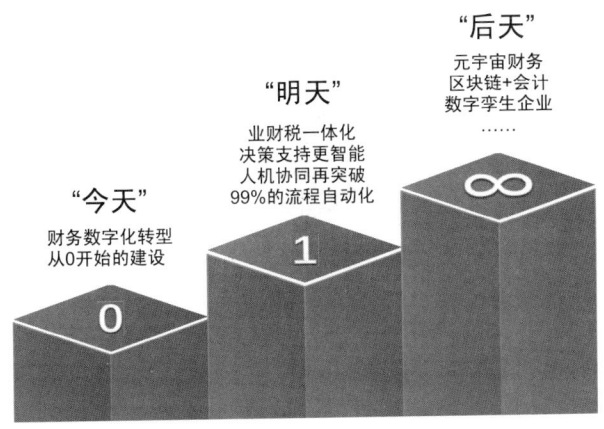

图 12-14 财务的"今天""明天"和"后天"

12.3.1 快步奔向财务的"明天"

（1）发挥财务专业性，推动业财深度融合

前面章节中提到过，在数字化转型深化过程中，财务需要不断打破自身边界，与业务部门相互渗透，引领业务部门实现业财融合，进而实现业财税一体的全局数字化。

此外，我们可以进一步思考一个问题：为什么在整个业财税一体的过程中，要以财务为引领呢？作者认为是由于财务人员本身具有专业性，这种专业性除了体现在财务人员精通财务专业知识和对数据的敏锐嗅觉外，更体现在财务作为连接企业采购、生产、运营、销售等经营行为的关键枢纽，帮助其培养出一种全局的思维模式，这种思维模式使财务人员可以从更高的角度去判断整体的风险和收益。未来，财务需要进一步发挥这种专业性，加速推动数字化转型的进程。

此外，由于监管环境和社会期待的持续变化，未来，财务还需以利益相关方视角审视组织目标，例如，更加关注 ESG 报告，即从企业对环境的影响、对社会的贡献、公司治理、服务客户、安全生产、员工发展等角度衡量企业绩效。

（2）决策支持更智能，培养可信任的"AI 同事"

未来，财务需要思考如何成为企业的领航员，通过与业务部门的紧密协作，提供及时、可靠的数据洞察方法，为企业制定战略和决策出谋划策。

本书第 11 章曾提到过，机器学习算法未来将会在企业决策支持中发挥越来越重要的作用，但在算法模型落地的过程中会遇到一个十分关键的问题，那就是模型算法在给出判断时，通常只会给出判断的结果，而无法梳理出支撑决策判断的逻辑链条，在管理层看来模型就像是一个"黑盒"，导致管理层对其并不能充分理解和信任。

未来，解决这一问题的主要出路有赖于可解释 AI 的发展，其应用可以带来如图 12-15 所示的好处。

图 12-15 可解释 AI 的好处

①可解释性是建立可信任 AI 的重要基础。正如前面所讲，决策者只有理解了 AI 做出判断的逻辑，才能对其建立起充分的信任。

②可解释性有助于实现 AI 的可问责性。在未来"AI+管理者"的决策模式下，如果出现重大决策失误，AI 的可解释性有助于实现管理者和 AI 之间的责任划分，从而可实现进一步的问责和责任追究。

③有助于企业进行风险控制。当 AI 算法运作机制是未知的时候，它的风险机制、风险大小、风险尺度也是未知的，就难以去管理风险，进而去控制风险。

（3）人机交互再突破，99%的流程自动化

在本书第 9 章中曾介绍过，财务数字化过程中通过应用 RPA 等多种智能技术，可推动数字员工、智能助手走进更多企业，替代基础、重复的财务工作，打通封闭的异构系统，实现数据交互，拓展财务共享中心在知识赋能、风险预警、数据洞察等方面的职能。在此基础上，可以通过"RPA+AI"的融合完成更多复杂的业务场景。从 IPA 再往前跨一步，就是超级自动化时代。图 12-16 呈现了人机协同未来的进化方向。

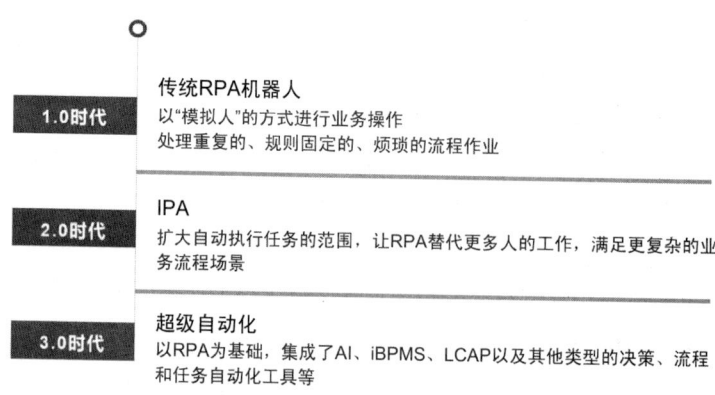

图 12-16 人机协同"进化史"

资料来源：上海国家会计学院微信公众号。

超级自动化（HyperAutomation）是以 RPA 为基础，集成了 AI（本书第 11 章介绍的内容）、BPM 和低代码应用平台（本书第 8 章介绍的内容）以及其他类型的决策、流程和任务自动化工具的一个集成理念。

通过引入超级自动化技术，可以实现财务审核、报表、报销等全流程自动化管理。但目前自动化理念在财务领域的总体应用还处于起步阶段，基本停留在 1.0 时代到 2.0 时代的过渡阶段，但可以确定的是，超级自动化是未来财务的大趋势，预计在未来五年内会迅速增长，理想状态下可帮助企业实现 99% + 的流程自动化。

12.3.2 从数字孪生到元宇宙

（1）数字孪生打造沉浸式的会计领域

所谓数字孪生（Digital Twin），是指运用技术手段把真实物理世界里的应用场景用数字化形式孪生出来，用虚幻的引擎去创造一个虚拟环境，并实现虚拟环境的运行。

其实，数字孪生与 2022 年爆火的元宇宙在内涵上还有一定差别，相对于既宏大又有些"缥缈"的元宇宙，数字孪生则务实的多，由于其是对现实世界的还原，因此更强调"对真实世界负责"，其目的是利用虚实结合技术，对物理空间进行全面观测，洞察其发展态势，进而科学分析、预测、决策，实现以虚拟网络的管控来提升实体的运行效率。

近年来，国家也在着力打造数字孪生城市、数字孪生企业等，试图为城市/企业/工厂打造出一个如图 12 - 17 所示的智慧大脑。

图片来源：泰瑞数创。

图 12 - 17　城市智慧大脑

这种从现实到虚拟的映射必然伴随着其中商业运转规则的映射，会计作为一门商业语言，也需要沉浸式地参与到这一过程中。从企业内部角度来看，数字孪生主要可用于对现有成本核算方法的优化，通过采用传感更新、历史数据运行等手段，集成多学科、多尺度、多概率的仿真过程，利用虚拟平台投射反映资产实体全生命周期的运行过程，并最终在系统中进行数字投影，方便财务部门进行精细化跟踪及核算。此外，利用数字孪生还可以将核算分配方法进一步精细化,可以采用远程数据采集技术,确认设备安装状态,利用拍照采集现场施工数据,并进行远程质检与清点,同时还可以将资产细分为标准化零件,在采购—安装—维护—使用的每个阶段进行数据采集,极大地提高成本分配的精确程度。

(2)展望元宇宙里的财务

准确地说,元宇宙不是一个新的概念,它更像是一个经典概念的重生,是在扩展现实(Extended Reality,XR)、区块链、云计算、数字孪生等新技术下的概念具化,通过这些技术的融合达到"1+1>2"的效果。其基本特征包括沉浸式体验、虚拟化分身、开放式创造、强社交属性、稳定化系统,这些特性将在未来给财务注入"新鲜血液"。

①线上办公的沉浸式体验:未来,企业员工的线上工作将成为新常态。疫情居家期间,相信大多数人都体验过远程办公,但是在当前的远程办公条件下,在需要实时互动的场景中,人们之间的沟通与互动无法比拟在办公室面对面的沟通。

通过虚拟现实设备接入元宇宙,可以使人们在虚拟空间中犹如身临公司现场,交谈过程中的肢体动作和面部表情也可以被虚拟现实设备捕捉并利用渲染技术实现仿真。财务人员作为元宇宙的用户经常性地进入元宇宙,参加在线会议、虚拟世界资产盘点、登录虚拟税务局办税等。可以打破空间、时间以及隐私性等多重限制。

随着企业会计核算从财务场景向业务场景转型,元宇宙在财务管理中的应用将更加广泛,包括创新商业模式、投融资决策、生态圈建设、新型财务共享中心创建等,均能通过虚拟现实的交互,赋能业务创新及管理决策。同时,在线审计、远程商务等应用场景都将极大便利财务相关工作的展开。

②道可道,非常DAO:在第2章中,我们提到过财务数字化转型第一步是要建立目标自主性组织(TAO),2022年Web3领域还有一个热词那就是DAO(Decentralized Autonomous Organization,分布式自治组织),很多人理想化地认为,未来DAO可能成为财务组织的底层范式。但作者对这一看法持保留态度,理由如下:

过往存在很多互联网创新,一开始大家都很认可,但在试错后才发现其实际上违反了经济运行规律,并不适合在我国进行本土化。比如说O2O以及某些形式的共享经济,在当时经过一段时间后被证明它可能是更偏重于重资产的租赁型经济,而不是共享经济。

DAO是一群志同道合的人围绕某一个使命而建立起来的组织,该组织通过在区块链上执行的一套规则(智能合约)进行协调和合作,最终以达成该使命。DAO模式的支持者认为其将打破等级森严的金字塔式的组织架构,改变财务人的组织和工作协作方式。以DAO构建的财务组织根据事前共识把权责划分规则、收入分配规则写入代码里,并且以公开透明的方式运行,从而建立起组织财务工作参与者之间的信任关系。财务组织变得更分散和更松散,按照能力组合到公开市场去寻找匹配的能力,传统员工转变为短期团队、自由职业者,越专业的财务人员越倾向于采用这种工作方式。其更强调社区自律,强调人合。

但依据中国现有的法律体系，境外盛行的 DAO 模式难以在我国合法落地。因为 DAO 不管在是业务模式的完善，还是在法律层面的兼容以及目前过于"原始"的智能合约模式的迭代，都还有很长的路要走。

③ "区块链+会计"：区块链作为一种新型的分布式账本，其拥有的去中心化、信息难以篡改、可追溯性和匿名性等特征，这既与会计信息不可篡改、可溯源、信息安全保密等要求有着天然的联系，但又将彻底颠覆现有的会计记账模式，使会计从单个主体集中式记账模式转为多个主体分布式记账模式。因此，我们试图从机遇和挑战两方面分析区块链对会计的影响，以探索未来"区块链+会计"的融合之道。

从机遇角度来看，"区块链+会计"有以下两大方面好处：

第一，去中心化实现降本增效。

首先，区块链中参与记账的各方通过同步协调机制保证多个主体之间数据的一致性，可以规避复杂的多方对账过程。其次，基于区块链技术的会计信息系统能够与企业内外部交易系统进行连接，相关交易事项一旦发生，有关数据就会从外部交易系统自动传入企业会计信息系统，会计信息系统根据预先设定的智能合约可以实现自动审核、自动生成凭证和账簿，从而实现账务处理的智能化。

从交易成本维度考量，目前的会计信息系统是一个高度中心化的结构，虽然在一定程度上提高了工作效率，但也容易引发财务欺诈等道德风险，从而形成较高的交易成本。"区块链+会计"可以通过缩减会计信息系统的中间管理层级等方式降低运营费用。共识机制等技术手段的运用还能降低道德风险发生的概率，同时，区块链技术支持点对点的数字资产登记和转移，资产转移结算在瞬间自动完成，无需人工验证操作，大幅降低了资金的运营成本和时间成本。

第二，定制高可信度报表。

这一优势是区块链特殊的存储结构带来的，区块链的每一个区块都包含前一区块的交易数据，区块之间按照时间顺序和密码学方法构成链式结构，这种环环相扣的数据存储方式应用于会计信息系统将增加会计数据被篡改的难度，在一定程度上遏制会计舞弊动机，提高会计信息的可靠性。区块链中的共识机制、时间戳等技术也能够大幅降低会计错误和财务舞弊发生的概率。

另外，现行财务报告是通用目的财务报告，如何提供不同信息以满足不同信息使用者的差异性需求是长期以来会计面临的一大难题，而基于区块链技术的会计有望解决这一难题。拥有不同访问权限的信息使用者根据自身需求，从区块链的分布式数据库中提取相关经济事项的信息，以帮助其做出合理的经济决策。

当然，区块链与会计的融合也是一个危与机并存的过程。从挑战角度来看，会计信息关乎企业的"经济命脉"，如果会计信息上链之后，区块链系统本身的稳定性无法达标，可能导致智能合约程序漏洞、非对称加密算法存在被破解以及私钥中心化管理等问题，将为企业健康运行带来极高风险。

上海国家会计学院联合多家单位推出了"2022年潜在影响中国会计从业人员的五大信息技术"评选活动，来自金融、财会、审计等领域的198位学术界和实务界的专家，对于未来三年将深刻影响会计从业人员的技术给出了如图12-18所示的洞见，图中百分比代表各项技术的得票率。

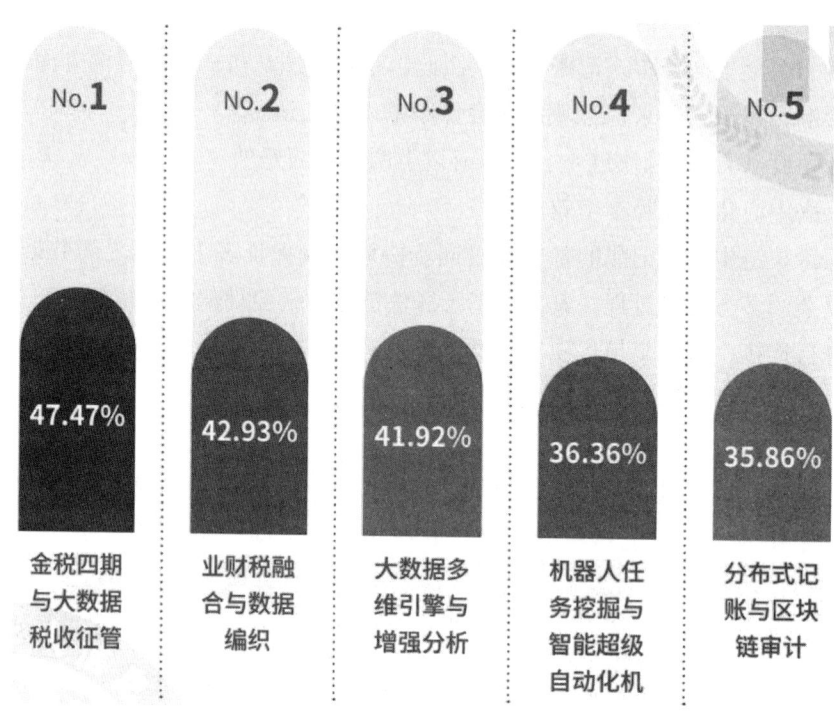

图12-18　潜在影响中国会计从业人员的五大信息技术

在作者看来，面对各种未来技术，财务人员既要充分认识到技术重构财务行业的可能性，又要避免盲目夸大技术对财务行业的颠覆作用。如《道德经》所云："有道无术，术尚可求也，有术无道，止于术。"技术的应用只是数字化转型之"术"，数字化变革之道，始于技术，但绝不能止于技术。未来财务数字化发展方向将是"无人会计、人人财务"。无人会计是指用数字化技术将标准的机械的会计事务性工作实现自动化，人人财务是指通过大数据、人工智能等技术，让每个业务人员都能为财务服务。

上海财经大学会计学院副院长朱凯教授认为未来"做会计的人越来越少，用会计的人越来越多"。一方面，财务机器人和会计智能化的普及会使信息生产的效率大为提高，就会减少会计人员的需求；另一方面，会计作为一个价值核算系统，只要我们需要通过价值来引导资源的配置，会计提供的信息就是不可或缺的，所以未来会计不可能消失。这与作者的想法在一定程度上形成了相互印证。

在财务数字化转型这场"持久战"中,既要抬头望天,也要低头寻路,抬头望天是指对于转型本身要有全局规划,对于财务的未来精准把握;低头看路是要认识到财务数字化转型绝非空喊口号,需要从实战的视角看待财务数字化转型,找准抓手,脚踏实地,才能快步走向财务的"明天",最终实现从 0 到 1 再到 N 的价值创造!

参考文献

[1] Cindy Greenman. Exploring the impact of artificial intelligence on the accounting profession [J]. Journal of Research in Business, Economics and Management, 2017 (8): 1451-1454.

[2] Jodie Moll, Ogan Yigitbasioglu. The role of internet-related technologies in shaping the work of accountants: New directions for accounting research [J]. The British Accounting Review, 2019 (51): 1-20.

[3] 刘勤. 智能财务的发展体系及其核心环节探索 [J]. 财务与会计, 2020 (10): 11-14.

[4] 金源. 新技术驱动的财务数字化转型：方向、理念与框架体系 [J]. 新会计, 2021 (04): 45-48.

[5] 刘勤, 吴忠生. 智能财务研究蓝皮书（第一辑）[M]. 上海：立信会计出版社, 2020.

[6] 杨寅, 刘勤, 黄虎. 企业财务智能化转型研究：体系架构与路径过程 [J]. 会计之友, 2020 (20): 145-150.

[7] 刘勤, 杨寅. 智能财务的体系架构、实现路径和应用趋势探讨 [J]. 管理会计研究, 2018, 1 (01): 84-90+96.

[8] 徐青松. 财务管理流程再造的几点探索与思考——基于S公司的案例研究 [J]. 全国流通经济, 2020 (17): 48-49.

[9] Deloitte. Enterprise_Value_Map_2_0 [Z]. MBA智库文档. 2009.

[10] 果亚跃. 基于财务共享服务的J企业费控系统优化研究 [D]. 北京化工大学, 2020.

[11] 金源. 移动支付助力财务数字化转型 [J]. 新会计, 2020 (11): 39-41.

[12] 纪曼, 卓翔芝, 庄道元. 新形势下移动支付的发展现状、问题及对策 [J]. 淮海工学院学报（人文社会科学版）, 2018 (9): 116-119.

[13] 文佳, 韩志雄, 邢诒俊, 温慧. 我国移动支付发展现状、问题及对策 [J]. 金融科技时代, 2017 (3): 51-54.

［14］张秋芬．我国第三方支付发展及对会计发展的影响［J］．中国乡镇企业会计，2019（12）：192－193．

［15］陈琳，谢光华．移动支付下的会计管理变革与发展对策［J］．财务与会计，2022（09）：31－35．

［16］李聪．"金税四期"背景下智慧税务的构建与实现［J］．地方财政研究，2022（08）：64－72．

［17］赵金梅．一文详解：企业税务数字化管理的变革及发展趋势［Z］．知乎业财税共享．2022．

［18］国家税务总局上海市税务局．关于开展全面数字化的电子发票试点工作的公告［Z］．国家税务总局上海市税务局公告2021年第3号，2021．

［19］国家税务总局上海市税务局．关于进一步开展全面数字化的电子发票试点工作的公告［Z］．国家税务总局上海市税务局公告2022年第1号，2022．

［20］国家税务总局上海市税务局．关于扩大全面数字化的电子发票受票方范围的公告［Z］．国家税务总局上海市税务局公告2022年第2号，2022．

［21］财政部．中华人民共和国财政部 国家档案局令第79号——会计档案管理办法［Z］．2015－12－15，2015．

［22］《会计档案管理办法讲解》编写组．会计档案管理办法讲解［M］．北京：中国财政经济出版社，2016．

［23］财政部．企业会计信息化工作规范［Z］．财会〔2013〕20号，2013．

［24］财政部，国家档案局．关于规范电子会计凭证报销入账归档的通知［Z］．财会〔2020〕6号，2020．

［25］中华人民共和国第十三届全国人民代表大会常务委员会．中华人民共和国档案法［Z］．中华人民共和国主席令第四十七号，2020．

［26］财政部．关于进一步扩大增值税电子发票电子化报销、入账、归档试点工作的通知［Z］．档办发〔2021〕1号，2021．

［27］国家档案局．电子会计档案管理规范［S］．DA/T94—2022．

［28］冯喆，张强．低代码开发平台在企业数字化转型中的应用研究［J］．互联网周刊，2022（10）：13－15．

［29］王晶，胡晓亮，崔然．基于工作流平台的电子审批系统［J］．计算机时代，2019（11）：58－61．

［30］刘勤，陆诗婷．人机协同模式下财务流程优化研究——以K公司费用报销流程为例［J］．财会月刊，2022（11）：115－120．

［31］王吉伟．从业务、组织、战略三个层面解析RPA在数字化转型中的应用［J］．大数据时代，2022（09）：40－53．

[32] 郑榆凡. RPA 财务机器人价值创造途径——基于德勤"小勤人"[J]. 今日财富, 2022（12）: 91-93.

[33] 程平, 李宛霖. RPA 财务机器人在企业中的应用与展望[J]. 财务与会计, 2022（06）: 74-78.

[34] 程平, 赵新星. 基于 RPA 的应付账款实质性程序审计机器人研究[J]. 财会月刊, 2021（23）: 98-104.

[35] 华为公司数据管理部. 华为数据之道[M]. 北京: 机械工业出版社, 2020.

[36] 华为企业架构与变革管理部. 华为数字化转型之道[M]. 北京: 机械工业出版社, 2022.

[37] 陈虎, 郭奕. 数据价值体系推动财务数字化转型[J]. 财会月刊, 2022（08）: 37-42.

[38] 陈虎, 杨利明. 数据分析在财务领域的应用研究[J]. 财会月刊, 2022（14）: 122-126.

[39] 陈虎, 孙彦丛, 郭奕, 赵旖旎. 财务数据价值链——数据、算法、分析、可视化[M]. 北京: 人民邮电出版社, 2022.

[40] 李琳, 刘凤委, 李扣庆. 会计演化逻辑与发展趋势探究——基于数据、算法与算力的解析[J]. 会计研究, 2021（07）: 3-16.

[41] 李丽. 基于 RPA 机器人与可视化技术的财务数据分析案例研究——以智能财务平台为例[J]. 中国集体经济, 2022（25）: 153-155.

[42] 田高良, 陈匡宇, 周汀滢. 智能流程自动化（IPA）技术解读及其应用[J]. 财务与会计, 2022（10）: 28-32.

[43] 刘勤, 吕晓雷, 赵健, 杨寅. Acctech: 影响会计行业的信息技术[J]. 财务与会计, 2021（22）: 54-57.

[44] 刘勤. 智能财务中的知识管理与人机协同[J]. 财会月刊, 2021（24）: 15-19.

[45] 杨寅, 刘勤, 吕晓雷. 中国企业智能财务应用现状及发展趋势分析——基于2021年调查问卷数据的例证[J]. 会计之友, 2022（20）: 111-117.

[46] 刘勤, 屈伊春. 智能财务最佳实践案例（第一辑）[M]. 上海: 立信会计出版社, 2021.